上海金融法院文库

金融审判前沿

FINANCIAL TRIALS *VOL.4*

第 *4* 辑

赵红 主编

法律出版社
LAW PRESS·CHINA
北京

图书在版编目(CIP)数据

金融审判前沿. 第4辑 / 赵红主编. -- 北京 : 法律出版社, 2023
ISBN 978-7-5197-7949-8

Ⅰ. ①金… Ⅱ. ①赵… Ⅲ. ①金融法—判例—上海 Ⅳ. ①D927.510.228.05

中国国家版本馆CIP数据核字(2023)第087915号

金融审判前沿(第4辑)
JINRONG SHENPAN QIANYAN (DI-4 JI)

赵 红 主编

策划编辑 沈小英
责任编辑 刘晓萌 张思婕
装帧设计 李 瞻

出版发行 法律出版社
编辑统筹 法治与经济出版分社
责任校对 王 丰
责任印制 吕亚莉
经 销 新华书店

开本 710毫米×1000毫米 1/16
印张 29.5 **字数** 467千
版本 2023年7月第1版
印次 2023年7月第1次印刷
印刷 北京中科印刷有限公司

地址:北京市丰台区莲花池西里7号(100073)
网址:www.lawpress.com.cn
投稿邮箱:info@lawpress.com.cn
举报盗版邮箱:jbwq@lawpress.com.cn
销售电话:010-83938349
客服电话:010-83938350
咨询电话:010-63939796

书号:ISBN 978-7-5197-7949-8
定价:166.00元
凡购买本社图书,如有印装错误,我社负责退换。电话:010-83938349

长三角一体化高质量发展的金融司法协同研究（代序）

长三角是我国经济发展最具活力、开放程度最高、创新能力最强的区域之一，该区域内金融机构聚集、金融要素市场完备、金融改革创新活跃。金融市场既是资本密集型市场，也是风险密集型市场，需要规则治理和司法保驾护航。金融司法高效协同是长三角一体化高质量发展的重要保障，为充分发挥区域金融法治的规范作用，形成长三角区域经济社会发展的坚强司法后盾，必须坚定党的全面领导，完整、准确、全面贯彻新发展理念，贴合长三角一体化发展的金融司法需求，整合区域金融司法资源，构建区域金融司法协同新局面，规范区域经济守正创新，推动区域经济发展在法治轨道上运行。

一、长三角一体化高质量发展的时代背景与内涵

（一）区域一体化发展是区域合作的最高层次

区域合作共分为三个层次，区域一体化是区域合作的最高层次。[①] 区域一体化应包括四方面的特征：一是一体规划，即基于区域整体统筹经济社会发展各项举措；二是全面协调，即基于各地区、各领域不同发展特征有机配套、协同推进、相互支撑；三是深层对接，即基于规制融通、市场统一下的资源

① 参见范恒山：《中国区域合作的理论、政策与操作》，中国财政经济出版社2022年版，第22页。

要素无障碍流通对接;四是有效约束,即构建保障体系抑制各地区基于本位利益的壁垒。

长三角地区一体化发展是我国区域经济合作发展的高级阶段,一是经济发展程度较高,综合实力较强,地区间发展较平衡,具有率先形成新发展格局、勇当我国科技和产业创新的开路先锋、加快打造改革开放新高地的共同使命和区位优势;二是地区间的经济联系非常紧密,互补性较强,形成了上海龙头带动、苏浙皖各扬所长的"一极三区一高地"战略一体规划;三是市场体制较完善,内外开放程度较高,围绕上海国际金融中心建设,在全球资源优化配置、关键核心技术攻关突破、产业链现代化水平提升、制度型开放等方面能够强化功能辐射、深层对接;四是地区间合作意识强,具有深厚的合作基础,有效抑制和克服了基于地区本位利益的逆离操作。支持长三角一体化发展已上升为国家战略,形成了包括顶层设计及配套规章在内的较为完备的一体化发展规则。

(二)全国统一大市场建设的全局性谋划和战略性布局

2020年以来,新冠病毒在全球肆虐,世界经济形势复杂多变,我国经济高质量发展面临重大机遇与挑战。党的二十大报告强调,要加快国内统一大市场建设,打通经济资源要素流动壁垒,提升国内经济韧性,夯实国内经济大循环基础,加快构建以国内大循环为主体、国内国际双循环相互促进的新发展格局。长三角地区作为我国经济发展的活跃力量,在科技创新驱动和战略性新兴产业特别是数字经济驱动下,已基本形成高质量发展的态势,区域内各地经济创新突出,增长迅速,优势互补。上海作为长三角区域发展的龙头,其战略性新兴产业增速迅猛,苏、浙、皖各省以新产业、新业态、新模式为主要特征的"三新"经济为区域经济创新发展注入强大活力。① 良好的区域经济发

① 2021年,上海市战略性新兴产业增加值8795亿元,增速达到15.2%;江苏省高新技术产业产值占规模以上工业产值比重达47.5%,增速达到14%;浙江省以新产业、新业态、新模式为主要特征的"三新"经济增加值占GDP的比例已达27.8%,数字经济核心产业增加值8348亿元,增速达到13.3%;安徽省战略性新兴产业产值增长28.8%,高于全部规模以上工业13.4个百分点。参见王振:《要素自由流动、共享平台建设、深度同城化 长三角一体化发展还能有这些新突破》,载微信公众号"长三角创新金融研究"2022年9月28日,https://mp.weixin.qq.com/s/22AEIgAShya10fJ_nkft1Q。

展态势,为全国统一大市场建设提供了丰富的发展经验。推动长三角一体化发展,增强长三角地区整体优势和竞争能力,以区域合作为抓手,推动全国统一大市场建设,应从要素流动、共享平台、深度同城化等方面入手,进行全局性谋划和战略性布局。

二、长三角一体化高质量发展对金融司法协同的要求

当前长三角金融市场一体化发展机遇与挑战并存:金融在区域经济中的核心地位日益凸显,但同时面临如何进一步促进金融服务实体经济的挑战;金融市场联动进程加快,但同时面临如何加速推动统一的法治化营商环境的挑战;金融创新在全国最为活跃,但同时面临如何统筹鼓励金融创新和防范金融风险的挑战;金融制度型开放走在全国前列,但同时面临如何统筹国内法治与涉外法治,用好国际国内两种资源的挑战。区域法治是基于国家法治发展的要求,以法治思维和法治方式根据区域发展的实际需求推进区域治理现代化的法治实践活动。① 长三角司法合作是一个由点及面、逐步推进的过程。长三角一体化发展对金融司法协同提出如下需求:

1. 积极引导区域金融服务实体经济。

吸引更多投资者,为投资者的合法权益提供高效专业的司法保障,是新时代长三角区域金融市场高质量发展的关键。在法律制度中充分保护产权、尊重合同自由、提高合同执行效率、规范政府干预行为,才能发展出良性的金融制度,促进金融发展和经济增长。② 加强区域金融司法协同,能更好引导金融切实服务实体经济,平等保护各类主体合法权益,规范金融交易行为,营造诚信市场环境,促进区域金融市场可持续发展。

2. 规范保障区域金融守正创新。

随着长三角金融市场发展和需求变化,金融创新使交易结构日趋复杂,新类型金融纠纷层出不穷,与跨境投融资、跨境担保、跨境支付结算、跨境金

---

① 参见公丕祥:《法治中国进程中的区域法治发展》,载《法学》2015 年第 1 期。

② R La Porta, et al., *Legal Determinants of External Finance*, 52(3) The Journal of Finance 1131 (1997).

融服务密切相关的金融民商事纠纷将不断涌现。金融司法应充分尊重市场主体意思自治,对既符合立法精神又符合金融发展规律的创新交易行为,及时予以确认和保护,同时应及时进行风险预警,严惩以创新之名规避金融监管的违法行为,引导保障金融创新正向发展,为实体经济提供有力金融支持。

3. 完善规制区域金融市场双向开放。

长三角是我国开放程度最高的区域之一,上海国际金融中心的建设也将进一步推进区域金融市场的双向开放。长三角区域金融市场的系统性与国际化在"引进来"与"走出去"的双向开放过程中得到充分体现。金融交易在场景、主体、内容、规则等各方面都表现出对国内国际的双向影响,由此,金融案件纠纷在诉讼主体、法律适用、判决执行等方面越来越多地呈现跨境化特点。这些发展变化要求长三角区域的金融市场运行、监管、纠纷解决机制等更加深度地与国际接轨。一方面,要立足长三角区域特征,进一步增强金融司法服务保障国家更高水平对外开放和经济社会发展的主动性与创造性,充分利用现有制度空间,特别是新发展格局下金融开放的制度政策红利,推动实验性金融法治机制建设,积极回应金融创新开放的司法需求。另一方面,更加积极地参与国际规则制定,提升我国的国际金融法治话语权,推动全球金融治理规则变革。

4. 防范化解区域金融市场风险。

从国家安全的角度看,安全、高效的金融市场对国民经济的健康稳定发展至关重要。金融市场的双向开放,既有利于境内外金融资本和交易的汇聚,又面临金融风险集聚的考验。金融市场风险的天然传导性,决定了若对区域市场风险防范不利,有可能引发全局性的市场风险。因此,要高度警惕境外金融市场风险向境内传导,筑牢境内外金融风险隔离墙,加强区域金融司法与金融监管的协同合作,在区域金融市场开放中深化落实金融对外开放政策,推进金融风险的源头治理。

三、长三角一体化高质量发展的金融司法协同路径探索

(一)把握长三角金融司法协同发展的辩证关系

一是把握国家决策、区域战略与金融司法保障之间的关系。金融司法应

以区域化、国际化、战略化的视野,秉承公正高效、服务金融、促进发展的金融司法理念,服务国家服务实体经济、防控金融风险、深化金融改革的金融工作大局,服务长三角区域一体化发展的国家战略。

二是把握金融市场发展、金融监管与金融司法协同之间的关系。金融市场的健康发展需要金融监管与金融司法协同发力。既要加深对金融业务和金融市场的本质认识,把握资本运行的规律与特征,规范金融市场创新发展,也要深化金融审判体制机制改革,为市场提供公正高效司法审判服务,通过个案审理向市场释放规则预期,规范金融主体行为,预警金融风险,协同监管治理金融市场秩序。

三是把握支持金融创新、防范金融风险与金融司法规范之间的关系。金融创新在推动金融发展、提高金融运行效率的同时,相关风险的隐蔽性、复杂性、传导性和危害性要树立规则引领发展方向,必须切实加深对金融市场、产品、工具和交易模式创新本质的认识。金融司法既要依法保障金融稳健运行,又要审慎引导金融改革创新,更要全力参与防范化解风险,坚决守住不发生系统风险的底线。

四是把握金融法律理论、金融市场实务与金融司法实践的关系。金融司法要接地气,在贯通金融理论与实务发展的基础上,金融司法应深入研究案件纠纷反映的难点与热点问题,以个案为切入点,明确案件审理的法律适用问题;金融司法又要高屋建瓴,通过打造一支既懂法律,又懂金融,并具备国际化视野的高素质司法人才队伍,以更广阔的格局视野和更全面的专业能力,推动金融司法协同高水平发展。

(二)确立长三角金融司法协同的原则

1. 整合优势司法资源,推动金融司法协同共建

长三角金融司法协同要坚持合作目标的体系化树立。更加注重整体性,统一思想,凝聚共识,将合作聚焦于统一长三角金融裁判规则、促进长三角一体化高质量发展、打造全国司法合作示范样板上来。更加注重阶段性,长三角金融司法合作是阶梯式递进、不断发展进步的过程,要更强调合作阶段特点,通过长、中和短期目标设定,保证金融司法合作的科学性和长远性。更加

注重开放性,把握国家金融发展战略方向,关注金融市场创新业态,加强对金融前沿的司法规制,更好规范金融创新、防范金融风险。

2. 集合协同优秀成果,推广落实常态化合作机制

长三角金融司法协同要坚持合作成果的品牌化培育,进一步加快合作产出。共同培育更多精品案例,培养更多审判人才,开展更多司法协助,构建全方位、一体化、高质量的金融司法合作体系。进一步打造特色亮点。持续开展长三角金融司法论坛等特色项目,探索建立跨院专业法官会议、法官专业委员会等跨域沟通协商机制,不断提亮长三角金融司法的协作成色。进一步形成宣传合力。加强对司法协同成果宣传的整体统筹,形成区域法院官方平台的联动宣传体系,不断提高长三角金融司法协作品牌的知名度和影响力。

3. 合力维护市场秩序,加强区域法治化营商环境共治

长三角金融司法协同要坚持高位推进,构建区域优质营商环境"新格局"。将金融审判工作纳入创优营商环境中去谋划推进,加强与地方金融监管机构、投资者保护机构等的沟通协作,着力构建上下联动、左右联合的金融审判工作大格局。坚持和发展新时代"枫桥经验",推动金融纠纷多元化解机制在长三角区域的全覆盖,最大限度集成解纷资源,让大量金融纠纷在法治轨道上高效、低成本、源头化解,减轻企业和群众解纷成本,有力促进区域营商环境优化。

(三)金融司法协同的实践路径

金融司法协同的具体路径主要包括四个方面:一是练好内功。完善各项金融审判机制,在多元解纷、智慧法院建设等方面提升区域金融司法协作的内在基础。二是把握司法协同服务方向。完善涉外金融纠纷审判机制,加强区域金融司法的规则供给,保障区域金融市场双向开放和统一大市场建设。三是加强风险防范。强化重大敏感案件的区域协同,深化金融司法与金融监管合作,加强司法大数据的开发应用,合力防控区域金融风险。四是注重人才培养。夯实"三化合一"金融审判人才基础,共享培养资源、强化互动交流、互通实务调研成果。

1. 完善金融审判机制,夯实区域金融司法协作基础

(1)创新系统化金融纠纷解决机制,提升区域金融案件类型化审理效率

在现代社会治理中,社会矛盾的化解是系统性的,司法必然要与各种其他纠纷解决方式协同,满足不同金融市场主体对纠纷化解的需求。因此,构建系统化纠纷解决机制,创新纠纷解决功能,是金融司法协同对长三角一体化高质量发展的积极回应,也是满足提升区域金融案件类型化审理效率的现实需要。

首先,系统化纠纷解决机制要精准把握金融纠纷的特点。上海金融法院探索的"五分法"案件分类管理审理,在实践中取得了良好效果。为提升长三角金融司法协同解纷效能,提高审理案件质效,可以对此加以借鉴。一是诉调案件专业化调解。通过强化诉调对接中心功能,打造行业全覆盖、流程全链条、服务全线上、司法监督和保障全周期的金融多元解纷机制,贯彻"能调则调、应调尽调"原则,促进纠纷高效率、低成本化解。二是平行案件集约化审理。发挥证券群体性纠纷示范判决机制效用,依法将示范判决认定的事实和法律适用标准扩张适用至平行案件,高效能处置群体性证券纠纷案件。三是简单案件快速化审理。严把简单二审金融案件审理节点,实现快速立案、快速审理、快速结案。四是重大案件精品化审理。建立精品案例发现、培育和评选机制,建立区域金融司法专家陪审、专家咨询和专家辅助三合一的专家支持工作机制,为重大案件的高质量审理提供智力支持。五是普通案件常规化审理。加强审判管理精细化水平,确保普通案件的审理程序规范,根据金融行业类别,分别设立区域法院银行、证券、保险专业法官常态沟通机制,加强金融类案适法统一。

其次,系统化纠纷解决机制要构建协同性司法,彰显社会治理功能价值。建立健全金融消费者协同保护模式。与金融监管部门、相关行业协会、金融机构等联合搭建金融纠纷多元化解机制建设的具体方案,注重纠纷的溯源治理,通过设立金融纠纷调解工作室构建非诉解纷网络,建立贯通区域法院的"投诉受理 + 调解 + 裁决"一站式金融纠纷服务平台,切实保护金融消费者合法权益。建立健全证券期货纠纷立体化解纷体系。整合区域司法创新成果,综合打造"诉前委派调解 + 司法确认""示范性诉讼 + 诉中委托调解""代表

人诉讼+诉后引导调解”的长三角区域证券期货纠纷化解体系。

最后,系统化纠纷解决机制要联合各种纠纷解决方式,发挥各种纠纷解决方式的特长。在长三角一体化发展进程中,上海国际金融中心建设进入能级提升新阶段,辐射效应不断增强。随着跨境创新金融业务在长三角地区的蓬勃发展,相关金融纠纷在主体范围、法律适用、财产执行等方面越来越多地呈现跨境化特点,需要金融纠纷解决机制更加深度地与国际接轨。多元纠纷化解机制是区域司法、调解、仲裁的有机融合,是诉讼程序与非诉讼程序的贯通联合。推进和完善金融纠纷多元化解决机制,依托专业调解和仲裁力量,尊重国际惯例和行业规则,妥善解决争议,有助于拓宽市场主体诉求表达渠道,提高金融纠纷化解效率。以长三角地区的金融司法协同实践,努力推动建设我国融合调解、仲裁、诉讼为一体的国际化金融纠纷解决体系。

(2)依靠信息技术赋能诉讼服务,更好实践司法公正、为民司法

在现代社会治理中,信息化是助力金融司法功能创新的捷径。长三角区域金融司法协同应坚持以精准服务办案、服务群众、服务决策为导向,深化推进科技赋能,打造金融审判的数字基底,推进现代科技应用和金融审判工作深度融合,依托信息化手段破解长期制约金融审判发展的瓶颈问题,以数字正义推动长三角区域更高水平的公平正义。

大力推进金融案件跨域在线立案、在线调解、在线审判、在线执行,加强和规范电子诉讼,推进区域内高级、中级、基层法院的立体化无纸化办案。融合人工智能、区块链、大数据等现代信息技术,全力打造区域金融智慧审判新模式,建设“智源、智审、智管、智慧法庭”四位一体智慧法院。打造便捷智能区域“一站式”诉讼服务平台。研发符合金融群体性纠纷特点的金融审判工作信息平台,推进解决案件审理与金融交易数据的对接问题,方便群体性纠纷当事人参加诉讼,促进提升审判质效和司法公信力。大力推动建设区域司法协助执行平台和金融财产处置智慧管理系统,提升区域金融案件联动执行效率。

2. 统筹国内法治与涉外法治,保障区域金融市场双向开放

(1)完善涉外金融纠纷审判机制,更好保障区域金融市场开放

对标国际一流金融审判实践,完善涉外金融案件审理规则。参考司法协

作成熟经验,联合调研区域涉外金融审判共同疑难问题,规范涉外金融案件审理程序,进一步完善涉外案件识别机制,完善域外送达、证据远程认证、调查取证、远程庭审等程序,提高涉外金融案件审理水平。

完善域外法查明机制,高效查明、全面精准适用域外法。互通区域法院参考相关域外经验,设立专业化域外法查明的成功经验、途径与方式,避免适法不准确问题。同时进一步完善域外法查明的国际司法协作机制,与域外机关、机构、专业组织等进行国际协作,规范查明机制、提高查明质量。在查明和适用域外法的过程中,还应充分考虑国际规则和国际惯例,结合实践情况,作出符合国际交易习惯的裁判。

建立区域共享国际专家支持工作机制,提升金融审判专业水准。金融纠纷的专业程度较高,需利用专业知识准确理解复杂的金融交易结构,解释其所涉及的域外法律与国际规则惯例,厘清交易所涉法律关系性质。通过建立区域共享国际专家智库,调动区域法院各自联络的精通金融法律、具有丰富实务经验和较高国际声誉的专家,联合进行区域涉外金融案件专家咨询,对涉外金融案件所涉及的国际条约、国际规则惯例、域外法律的查明和适用等专门性法律问题及金融业务焦点问题提供咨询意见,加强案件审理的专业支持。

(2)加强区域金融司法规则引领作用,为统一大市场建设提供司法支持

长三角区域作为推进全国统一大市场建设的率先示范窗口,金融司法协同要着重强调区域适法统一,打破行政区划间同案不同判的"规则壁垒",促进资本要素在区域间自由流动。充分利用长三角的区位一体化优势,通过联合发布具有区域特色的金融类案裁判指南,总结审判规律,统一区域裁判标准,为金融市场主体提供稳定的裁判预期,形成吸引国内外资本的投资"高地";积极回应金融市场创新需求,通过重大案件区域协调协商机制,妥善审理对区域金融市场发展具有规则创设意义的案件,为金融市场守正创新指明方向,为全国统一大市场建设提供规则范本。

3. 建立金融市场风险联防联控机制,有效预防金融风险区域内传导

(1)强化重大敏感案件的区域协同

金融市场是规则导向型市场,长三角法院应强化重大敏感案件的区域协

同,妥善审理市场高度关注、社会影响广泛的金融纠纷,协同引导金融机构规范经营,推动区域金融市场健康发展。近年来,长三角区域法院审理了光大资本案、五洋债案等重大敏感案件,在区域间强化重大敏感案件的协同处置上取得了显著成果,但仍需继续强化重大敏感案件的区域协同机制建设。要加强区域内金融司法、金融监管、金融机构等协作配合,推动健全由党委领导、政府主导、职能部门参加的防范化解金融风险工作机制,对重大非法集资案件、涉重大风险民商事案件的审判、资产处置和社会维稳工作统筹协调。稳妥办理涉金融机构和发行人企业破产案件,协调好诉讼、调解、破产重整、和解、清算等多种司法救济手段的关系,在长三角区域内集约审判资源,坚持风险处置成本最小化原则,切实做到化解风险、理顺关系、安定人心、维护秩序。

(2)司法与监管联动防控风险

金融司法与金融监管需要以各自的特点与功能优势互补,提升金融市场风险治理效率。[①] 长三角区域应建立完善防控化解金融风险区域联动机制,司法机关与金融监管部门共同制定构建防控化解金融风险监管与司法保障协作机制的工作细则,通过重要信息共享、重大工作共商、重要问题共研、重大风险共防等举措,夯实金融市场健康发展的监管基础。探索建立金融司法与金融监管、金融基础设施协同治理的"金融市场案例测试机制",通过对市场中前瞻性、重要性法律问题可能引发的纠纷进行案例测试,明确权利义务,为支持鼓励金融市场创新提供明确规则指引。进一步强化司法建议和宣传工作。长三角区域司法机关应注重发挥司法建议对金融风险防范的重要作用,就案件审理中发现的金融机构在业务操作、法律合规等方面存在的薄弱环节,及时向金融监管部门发出司法建议,帮助堵塞管理漏洞,防范化解风险隐患。进一步加强沟通联动。通过"专家咨询+监管政策查明+人才培养"实现金融监管与金融司法资源共享,借助监管专家的专业知识,更加精准解读金融交易内涵;依靠监管力量,查明纠纷所涉金融政策;通过人才交流,加快司法审判中法律逻辑与金融市场逻辑的衔接。

① 参见鲁篱:《论金融司法与金融监管协同治理机制》,载《中国法学》2021年第2期。

(3)加强司法大数据的开发应用

共享长三角区域金融司法数据资源，以金融案件大数据为依托，定期开展金融审判运行态势分析，向金融监管部门报送金融审判数据，着力做好普遍性、突出性、趋势性问题的研判。定期开展金融案件风险隐患排查摸底，对存在重大不稳定因素的金融案件，做好工作预案，确保其得到依法稳妥处置。立足案件审理中发现的金融市场治理问题，常态化发布专项化金融纠纷风险防范化解报告，预警市场风险，为规范区域金融行业发展提供参考。建立金融司法与金融基础设施信息交流机制，打造金融法治大数据平台，实现数据双向共享，充分运用大数据分析技术，全景式反映金融交易前端、中端、后端运行情况，时时监管并规范金融市场健康发展。

4. 形成区域审判人才联合培养机制，夯实"三化合一"金融审判人才基础

人才是践行法治的核心，金融司法功能创新最终要通过高素质的审判力量实现。应创新区域金融审判人才培养机制，在高素质人才培养、金融法律咨询、金融风险防范专题研究等领域共享资源、区域联动，与国内外一流院校开展深度合作，构建丰富多元的应用型审判业务培训机制和综合素质养成机制，推动形成金融审判人才培养的国际化格局，强化金融审判的智力支持，为统筹国内法治与国际法治提供坚实的人才基础。

(1)整合区域金融司法人才培养资源，打通联合培养多样化渠道

建立区域内法院与高校合作培养机制，打通金融司法人才培养的理论与实践的结合路径。上海金融法院与上海高级金融学院联合举办的"金融法治菁英班"已连续开班3年，长三角区域南京、苏州、合肥市中级人民法院都派员参与培训，推动长三角金融法官交流培训机制落实落地，促进优质培训资源区域共享。建立区域内法院与金融监管机构的定期人才挂职和交流培养机制，加强金融司法与监管的人员交流，促进司法审判工作与金融市场监管达成共识。选派优秀法官开展多种形式的研修，着力培养知识能力专业化、审判思维现代化、司法视野国际化的高层次复合型金融审判人才。

(2)推动优秀审判力量跨域流动，实现优势互补提升审判质效

人才合理有序流动是金融审判队伍实现新陈代谢、增强生机和活力的重要途径，应畅通长三角区域金融审判人才流动机制。建立与长三角金融审判

人才流动相匹配的配套机制,探索金融审判人员异地交流、挂职锻炼,搭建人才资源跨域交流的立交桥,推动各区域审判力量的资源互通、优势互补,切实提升长三角区域金融审判质效。在未来长三角区域户籍制度、社会保障制度等人才流动配套机制进一步打通的情况下,探索建立金融审判人员异地选任机制,提升跨域金融审判力量一体化建设,为长三角区域金融司法协同发展提供源源不断的人才动能。

长三角金融司法协同是长三角一体化高质量发展的重要实践,也是规范区域金融交易、稳定区域金融市场的必然要求。更好实现区域金融司法协作对区域金融市场的稳定作用,要从金融司法的核心功能出发,梳理金融司法协作难点,丰富金融司法协作内容,细化金融司法协作措施,把握政治方向,突出协作实效,为我国经济区域战略落实提供有力司法保障。

赵红*

2023年3月16日

---

* 上海金融法院党组书记、院长。

目　录

专题：金融司法功能的探索与创新

司法实务

前沿探讨

典型案例

会议综述

专题:金融司法功能的探索与创新

浦东引领区金融改革创新法律风险压力测试的司法探索

上海金融法院课题组*

一、金融改革创新法律风险压力测试机制对推进浦东引领区建设的重大意义

(一)推进建设中国金融法治化与中国(上海)自由贸易试验区临港新片区的宏观背景

经济的发展离不开金融的推动,而金融发展的动力在于创新。一方面,随着信息技术的广泛运用,金融领域借助于这一现代技术手段,使该领域创新的范围不断扩展并且速度不断加快,金融创新已成为金融业重要的话题之一。金融创新活动的开展极大地推动了整个社会经济的发展。另一方面,金融创新必然伴随金融风险,金融风险的防范也因此成为金融法治的重要课题。因而从法制上保障和促进金融创新与提高对于金融风险的防范力度对我国金融业安全稳定发展具有重要意义。

近年来,上海作为我国金融开放枢纽门户,地位日益凸显,目前已经成为境内外资金融机构最集中的城市,国际联通交流持续扩大。2021 年 8 月 24 日,上海市人民政府印发《上海国际金融中心建设"十四五"规划》,提出的总体目标为:到 2025 年,上海国际金融中心能级显著提升,服务全国经济高质

---

* 本课题由时任上海金融法院党组成员、副院长肖凯主持,课题组成员有符望、沈竹莺、杨晖、胡文丰,本课题获 2022 年度全面依法治市调研课题评选一等奖。

量发展作用进一步凸显,人民币金融资产配置和风险管理中心地位更加巩固,全球资源配置功能明显增强,为到2035年建成具有全球重要影响力的国际金融中心奠定坚实基础。此外,还提出了以提升上海国际金融中心建设能级为核心,体现国际化、市场化、数字化、绿色化、法治化的"五化"发展导向。其中金融法治化既是规划建设目标之一,同时又是实现这一系列目标的重要保障手段。

同时,国家也在积极推进上海自贸试验区及临港新片区金融开放先行先试。2019年,国务院颁布了《中国(上海)自由贸易试验区临港新片区总体方案》,这是党中央总揽全局、科学决策作出的进一步扩大开放的重大战略部署,是新时代彰显我国坚持全方位开放鲜明态度、主动引领经济全球化健康发展的重要举措。习近平总书记在《在浦东开发开放30周年庆祝大会上的讲话》中还提出,"支持浦东发展人民币离岸交易、跨境贸易结算和海外融资服务,建设国际金融资产交易平台"。基于此,上海国际金融中心建设将在更高层次加以推进。目前上海以浦东临港自贸区为平台,正在努力推进离岸人民币交易业务,筹建国际金融资产交易平台,试点推出离岸债券发行等。在党中央的部署下,各类金融创新业务将蓬勃发展,对司法提出了更高的需求。为此,上海金融法院发布了《关于服务保障中国(上海)自由贸易试验区临港新片区金融开放与创新发展的若干举措》,其中第13条专门提到,要"发挥案例指导作用,提升金融司法裁判的可预期性。探索建立'测试案例'机制,推动临港新片区内市场主体就对市场有重大影响的纠纷提起测试诉讼,以明确权利义务分界,及时规范金融市场行为"。

进入"十四五"时期,我国经济金融进入双循环高质量发展快车道,上海着力打造功能更加深化、制度更加开放的国际金融中心升级版。2021年7月,中共中央、国务院发布《关于支持浦东新区高水平改革开放、打造社会主义现代化建设引领区的意见》,提出发挥自贸区临港新片区市场主体就对市场有重大影响的纠纷提起测试诉讼,以明确权利义务分界。2022年1月,最高人民法院发布《关于人民法院支持和保障浦东新区高水平改革开放打造社会主义现代化建设引领区的意见》,提出"创新上海金融法院专业化金融审判机制,积极稳妥探索金融市场案例测试机制,依法保障各项金融创新举措的实施”。2022 年 6 月 22 日通过的《上海市浦东新区绿色金融发展若干规定》第 34 条也明确“支持上海金融法院探索金融市场案例测试机制，向金融市场提供规则指引，服务绿色金融创新”。

为全力服务保障上海浦东高水平改革开放，落实《关于支持浦东新区高水平改革开放打造社会主义现代化建设引领区的意见》要求，亟须创新审判机制，向金融市场提供明确规则指引，服务保障中国（上海）自由贸易试验区临港新片区建设。

（二）金融改革创新法律风险压力测试机制能够满足防范金融风险与金融市场对明晰规则的迫切需求

金融业的健康发展，有赖于法律制度及其运行体系的完善。当今世界大国博弈，很重要的一个方面就是金融博弈。中国金融业的发展也应该建立在制定、修改和完善法律制度、运行规则的基础上，我们应尽快完善金融法律体系。近年来，我国金融领域立法工作进展迅速，目前我国已经有了比较全面的金融法律体系，今后金融法治领域的工作除了进一步修订完善已有的金融法律外，探索建构符合我国实际的金融法律运行机制将是更加重要的内容。我国现有的金融法律体系基本是以金融机构这一主体为本位的，而对于金融的功能考虑得不够，如何根据已有法律体系健全金融市场的行为监管，以规范市场秩序，既规范市场主体避免违反禁令、触犯法律，又保障市场创新动力保持活力，就需要健全金融法院的运行保障机制。

当前金融开放与创新力度持续加大，资本市场治理力度不断加强，推出案例测试机制将为提升资本市场治理能力提供稳定预期，对确保金融市场的健康发展具有重要意义。上海金融法院在充分发挥审判职能作用的同时，通过这一机制的运行以测试案例的审理来更细致厘清市场规则，规范金融市场主体交易行为，努力使上海成为解决金融纠纷的优选地，为中外投资者营造稳定、公平、透明的法治化营商环境。

从理论上来说，任何法律公布时就可能滞后于现实生活，而在金融领域，这种滞后性较为明显与严重。金融的发展就是要创新，而创新本身就是产生之前未出现的新事物。特别是在当代这样一个信息网络化与智能化时代，信息技术的发展一日千里,金融创新搭上信息技术的便利更是行驶在社会的快车道,立法当然难以及时跟上金融创新的步伐。为化解法律滞后性问题,理论上认为法律规范在制定时就应当具备抽象性,以能涵摄相对广泛的社会生活现象,实现扩大法律调整社会生活的范围。但法律的抽象性又使法律在实际适用于社会生活时出现规范指向模糊的问题,因此需要主体运用多种法律解释方法对法律规范的含义予以解释。但法律解释存在的问题是由于解释主体多元与分散可能导致对法律的理解与适用上的不统一。我国最高人民法院规范性司法解释作为司法实践中的权威有效解释能够统一全国法律适用,但这种规范性解释需要在积累足够司法经验的基础上通过特定程序制定,因此在金融法制领域也存在如同立法一样的反应不够及时的问题。而且,规范性的司法解释虽然相对于立法规范有进一步具体化,但由于其并不针对具体案件中的特定具体情境,因而在适用时仍存在一定的模糊性,尚难为市场主体在涉及法律边界问题时提供更明确清晰的行为规范指引及更准确的法律风险评估。案例测试机制正是在以上问题的基础上为金融法制提出了一种较好的弥补方案,能够在一定程度上化解立法与规范性司法解释的滞后性与金融创新的新颖性的矛盾,也在一定程度上弥合了法律规范的抽象性与金融实践中对于规范指向明确清晰性的矛盾。

创新是社会发展的动力,尤其在金融领域,金融创新是金融业的生命线,是社会经济发展的活力源。但创新领域往往又是风险的聚集地,因为一般来说风险与收益总是相伴而生的。一定风险的存在对社会来说是不可避免的发展代价,但对社会民商事个体来说,风险绝对是负面的,无人不希望规避风险或实现风险的最小化。如果说在以工商业为代表的实体经济文明时期,金融业只是发挥辅助作用,金融风险依靠传统法治手段尚完全可控,而在世界经济进入后工业文明之后,以金融业为代表的虚拟经济文明取得了迅速发展,金融经济成为一个与实体经济相对应的对实体经济起主导作用的新经济领域。金融风险已成为社会难以承受的风险,而且这种风险越来越变得难以用传统法治手段与方法来加以控制。

风险与机遇的并存在金融市场上表现得尤为典型,对于市场交易主体来说,这样的精彩一幕或悲伤时刻在社会快速发展时期无时不在上演。法律作为人们的行为规范,自颁布后即自发调整社会主体的行为,为其在现实生活中划定了合法的运行轨道,这也是法律王国里的安全线。在人们的行为越过法律设定的安全轨道时,法律又可以作为裁判规范在司法诉讼中指引法官的判断方向,也给予诉讼当事人明确的裁判预期。特定行为将受到法律的消极评价或者在将来的诉讼中可能被判决败诉从而负担多样化的法律责任,这就是法律风险。无人不期望远离风险趋向安全,但在金融领域绝对的安全是不存在的,因为那意味着无利可图的一潭死水。安全与风险的边界蕴藏着大量的机遇,因此,唯有在此领域的小心探索可能指引成功的道路。在这一探索或冒险活动中,及时了解风险的范围即合法与非法的界限就是金融从业者需要日常配备的非常重要的安全装置。法律与司法解释可以提供大致方向的规范指引,但由于金融领域问题的高度复杂性与快速发展性,要真正探明这一边界,可能需要更紧密结合市场中的新事实与金融交易中发展新样态的规范依据。案例测试正是通过这一程序,为市场主体及时提供明晰具体规范意旨与行为指引的机制,其能更好地在鼓励和规范金融市场创新发展的同时防范金融风险。

(三)金融改革创新法律风险压力测试机制是协调金融纠纷诉源治理与金融“沙盒监管”的创新尝试

随着我国法治的发展,人们日渐认识到传统诉讼解决纠纷的效力与范围其实是有限的,且这一局限性在涉及大众利益的金融领域会被进一步放大。如近年在证券纠纷司法实践中,上海金融法院作了多方面的努力尝试,也取得了不错的效果,但仍存在纠纷增长迅速与司法资源有限性的效率困局,以及纠纷形态千变万化与司法依据规范的相对固定之间的连结难题。社会快速发展时期司法诉讼本身不可避免存在公正与效率的冲突,难以兼顾,只不过这在金融领域表现得更加明显。因此国家提出了尽可能从纠纷的源头上化解纠纷的诉源治理策略,期待实现如中医“不治已病治未病,不治已乱治未乱”的功能,为当今世界金融法治贡献中国智慧与方案。

2014 年《中共中央关于全面推进依法治国若干重大问题的决定》指出“系统治理、依法治理、综合治理、源头治理,提高社会治理法治化水平”。案例测试机制的提出与探索建立亦是响应这一顶层设计的要求,在金融法治领域进行“系统治理、综合治理、源头治理”的一种创新尝试。纠纷的产生往往是因为不同主体对于相关规则存在不同的理解与认识,而金融领域由于技术性与时效性特别强,对于相关行为的法律性质与相关规则的理解适用存在模糊认识从而可能引发纠纷的现象尤其普遍。本案例测试机制通过法院对于此种潜在纠纷的提前介入与审理,厘清市场期待明晰的规范指引问题,就可能使大量的潜在纠纷迎刃而解,不会发展成为现实的诉讼案件,从而减轻了司法诉讼的压力。2021 年 2 月 19 日,中央全面深化改革委员会第十八次会议审议通过《关于加强诉源治理推动矛盾纠纷源头化解的意见》,旨在完善预防性法律制度及从源头上减少诉讼增量。案例测试机制就是为响应这一重要指示而在金融法治领域进行诉源治理的一种新制度尝试。

金融领域案例测试机制是金融“沙盒监管”的一种尝试。当今时代,大数据、人工智能以及区块链等新技术与金融的结合,金融新产品、新业务、新服务等不断涌现,金融科技开始引领金融创新。然而金融创新在带来巨大金融前景的同时,亦导致金融市场的动荡变化。金融科技风险与传统风险叠加,创新性金融模糊甚至跳出了法律和制度的边界,科技与金融的相互渗透无疑会引发新一轮的金融创新,金融监管需要及时跟进。金融风险使金融监管空缺层出不穷,甚至带来监管真空。金融监管本来就存在难题:监管力度过大可能会挫伤金融创新和发展的积极性,而过度放任则可能引发新的金融风险。如何在金融科技大背景下实现金融创新与市场稳定的新平衡成为国际金融监管的新问题。

为缓解金融监管与金融市场创新间的紧张关系,以英国金融行为监管局(Financial Conduct Authority, FCA)为代表的西方金融市场的监管主体于 2015 年率先引入“沙盒监管”制度。“沙盒监管”的概念源于计算机领域的一种虚拟技术,沙盒(Sandbox)指在受限的安全环境中通过对应用程序的限制授权,为一些存在安全性问题的程序提供试验环境。金融领域的“沙盒监管”实际上是针对金融创新创设的安全测试区,在确保金融消费者权益的条件下,FCA 将通过简化的特定程序使企业获得一种安全控件以测试其金融产品和服务的资格。具体是指通过为新金融产品和服务提供试验区,在缩小的真实市场环境下适当放松制度约束,逐步实现监管“筛选”,保证金融创新的活力和监管审查的前瞻性。其目的在于通过鼓励和支持创新而促进竞争,从而更好地保护金融消费者。从“沙盒监管”创设的逻辑看,其反映出现有监管体制对于科技创新的不适应,制度难以及时跟进金融创新的发展。事后监管的方式不利于及时控制金融风险,也难以从制度层面鼓励金融创新与发展,因此,需要探索出一条以鼓励与监管并行的制度。

“沙盒监管”虽是金融行政监管领域的创举,但其创设背景、制度内容与制度目的可为上海金融司法领域的“案例测试机制”提供参考。

其一,金融创新与金融监管或金融司法存在内在紧张是这一制度创设的背景。相较于其他领域,金融市场的发展更为迅速。该领域的法律规范却因其具有一定的稳定性与滞后性而难以适应金融市场快速发展带来的纠纷解决需求,由此造成金融风险的溢出效应。大量新型金融纠纷的出现对金融案件的专业化审判提出了新要求,而该领域法律规范的供给不足无疑会使金融司法有时无所适从。修改法律虽是适应金融市场发展的良好选择,但频繁修法,一方面,会损害法律固有的权威性与稳定性;另一方面,因法律修改程序的复杂性、修改时间的冗长性、金融市场发展变化的快速性,导致以修法方式应对与规范金融市场的做法有时显得滞后性明显。为规范金融市场的良好运行,防范系统性金融风险的发生,金融立法与金融司法应在各自领域积极作为。

当前,我国法规范层面已就银行、证券及保险领域制定专门的法律,同时相关的司法解释及法规均不断跟进完善。就金融司法而言,最高人民法院关于金融法院案件管辖范围及示范性诉讼规定、线上立案等机制亦不断完善。然而,金融创新的大众性、创新性及专业性对金融司法提出了更高的要求,关注金融司法在维护社会稳定、市场规则完善方面的作用十分必要。推出的金融“案例测试机制”,即通过金融司法领域的主动出击,应对金融市场快速发展现实的产物。

其二,对金融市场主体的保护是该制度设立的重要出发点。投资者是金融市场发展与繁荣的核心与关键主体。正如 1998 年美国哈佛大学、芝加哥大学的四位学者发表的《法律与金融》这一奠基性文章中得出的研究结论那样,投资者保护与资本市场的发展和经济繁荣之间存在正相关关系。法律对投资者或潜在金融大众的保护,影响着金融体系与市场的成型与发展,能够使原本依赖于市场的风险溢价和交易成本降低,提高投资者投资预期。当法律加强对投资者保护的程度时,其更愿意进行投资,这会促进资本市场中的资本流通,即投资者保护程度决定着金融市场资本的有效配置和基本流向。

其三,金融创新主体作为推动金融市场快速发展的重要组成部分,对其的保护有助于其创新活力的激发,为金融市场的繁荣与发展注入司法动力。只有所有金融市场参与主体的合法权益均可以通过司法途径予以保护时,金融市场的创新与流动方能真正有保障。

"案例测试机制"正是以双方合意的事实为基础,通过对金融领域中专业性知识与法律规范的理解与适用,实现事实与法律的涵摄,进而使金融法律适用具有可预测性。通过"案例测试机制"这一法律适用过程,现有或潜在的市场主体可以此规则为行为指引,提高其投资预期,实现在规则明确前提下的投资决策,亦为防范日后金融风险发生与可能的纠纷解决提供较为明确的心理预期。金融创新主体可以通过规则不断调整自己的行为,将合法、合规的金融产品、服务和方法投入市场。同时,规则亦可以为其权益保护提供"护身符",避免因创新行为的司法规则不足导致利益遭受侵害。

"沙盒监管"中通过鼓励与监管并行的方式,预先防范金融创新风险的发生。"案例测试机制"亦以纠纷前置的方式,预先防范金融纠纷的产生,从而缓解金融市场主体间可能发生的紧张关系。通过当事人与金融市场其他主体积极参与,对该领域重大、典型、前沿、紧迫性问题进行预先测试,以此结果输出为不特定的潜在金融市场主体提供行为规则指引,同时也为金融法院日后的诉讼裁判提供规则指引。最终致力于金融市场的健康、高效发展,服务并保障上海国际金融中心建设的目标。

二、保障浦东引领区金融改革创新法律风险压力测试的金融案例测试机制的思路阐述

(一)金融案例测试机制的基本特性

金融市场案例测试机制,是指金融机构、交易相对方等主体针对准备开

展或正在开展的金融业务中具有前沿性、亟待法律明确且对金融市场具有重大影响的典型事实与法律问题而可能引发的纠纷,向上海金融法院申请案例测试,上海金融法院通过审理,向金融市场提供明确规则指引,以稳定金融市场的规则预期,切实防范法律风险,促进“诉源治理”。上海金融法院设立的本案例测试机制不属于民事诉讼程序,而是参照适用相关民事诉讼制度与原理所创设的一种契合金融市场发展的程序构造,是上海金融法院为回应金融改革创新对明确规则的现实需求,优化金融司法供给,立足于金融司法服务保障功能的一项创新举措。金融案例测试机制具有以下四个方面的重要特征:

一是测试案例涉及的法律问题具有重大性。也就是通过这一机制解决的问题必须对金融市场具有重大影响。一般性的问题不值得启动这一特殊的程序来加以探讨。如对于一般金融法律规范的解释和对于一般金融政策的理解,这些问题虽然也非常重要,但其本来就可以通过多渠道的多种法律解释来加以完成。案例测试机制解决的问题应当是现有相关法律机制不能或非常难以解决的问题,而这些问题的解决又具有迫切性,在市场交易中常常会遇到,如果没有明确的认识与解决办法可能会导致相关金融创新活动的受阻甚至停滞。

二是测试案例的案情具有测试性。不同于现有的指导案例、典型案例等通过诉讼程序形成一般性认识规律的机制,案例测试机制针对的诉讼尚未发生但极有可能发生。如果说特定新型纠纷引起的诉讼是“第一案”,则测试案例尚处于纠纷尚未完全显现,诉讼尚未真正成型的时期,是某些方面的“零号案”。但测试案例又并非“虚拟案例”,案例中涉及的问题是现实的,是正在发生或随时可能发生的,只不过由于该事实在法律上所可能产生或引发的法律后果尚未能在主体之间形成清晰明确的认识,故具备风险意识的主体尚未大范围或真正将其付之于现实。而一旦通过本测试机制对于所涉及的重要问题形成了明确的结论,则交易主体可能将立即实施相关行动,该类事实将因其上所附着的风险的祛除而成为合法的行为模式,从而给市场带来活力与创新。

三是案例测试机制的程序具有特殊性。本机制虽不属于我国《民事诉讼法》上的制度,但遵循基本程序原理,可参照适用相关民事诉讼原则与制度。

首先,案例测试程序并非民事案件的简易审理程序。简易程序只是对普通程序在程序与手续上的简化,目的在于提高诉讼的效率、节省司法资源、及时解决当事人间的纠纷,但并未改变其作为诉讼程序的性质。本案例测试机制是在当事人商定或假定事实确定前提下的法律适用问题,其并非通过程序的简化而对当事人之间的实质争议予以解决。因此,不应将其理解为民事诉讼中的简易程序。其次,案例测试机制也不是《民事诉讼法》上的非讼程序。因该机制不是对事实进行确认的程序,其制度目的主要是为解决潜在纠纷中的法律规范的适用问题。我国《民事诉讼法》上的非讼程序是对非讼事件的确认和解决的程序。非讼事件是指一般不存在直接对立的双方当事人,并且利害关系人在没有民事权益争议的情况下,请求法院确认某种事实是否存在,或某种法律关系发生、变更或消灭的民事事件。非讼程序是对事实或法律关系的确认。案例测试机制适用的前提是当事人之间对某一商定或假定事实并无争议,即该机制并不针对事实问题。其创设的主要目的是对具有重大争议的法律规范进行解释、阐明的法律适用问题。因此案例测试机制亦不同于非讼程序。

四是案例测试的效力具有前瞻性。其并不产生诉讼裁判的既判力,而是对金融市场规则的进一步明晰,并因此对将来相关纠纷的解决具有裁判指引性。上海金融法院今后受理的类似案件,裁判逻辑与理由应可参考适用通过案例测试形成的具体规则。案例测试机制并非为了解决一般意义上的法律解释问题。法律解释是普遍性的法律适用的前提性工作,任何法律在实际适用于现实生活时都不可避免要进行解释,此种解释可由学者进行学理解释,在我国,也可由最高人民法院发布有效的规范性解释,更好地统一全国的法律理解与适用。此类学理解释与司法解释都不是直接联系实际案例进行的,而是一般性的解释。本案例测试机制是在针对当事人提起的特定情境基础上,通过当事人充分实质参与的审理活动来对相关法律规范的适用予以推进,因此是一种将抽象法律规范适用于具体案件情境的裁量判断工作。一定意义上也可以说是一种基于具体情境的法律解释。案例测试解决的显然不是特定事实的认定问题,因为提交测试的案例中的基本事实是当事人双方商定的事实,双方只需提交基本的证据以表明此类事实在当前市场上是现实存在的,一般不存在需要双方举证证明或由哪一方当事人负担证明责任的问题;案例测试解决的也不是一般法律解释问题,因为法律解释在法律规范公布之后即可由学者通过理论研讨予以深化与明确,也可由立法机关或司法机关作出统一的权威性解释,而无须通过对具体案件的审理来进行。案例测试机制解释的是将生活事实与抽象法律进一步予以连结的法律适用问题。

因此,该机制所针对的问题是将来具体诉讼案件审理时需要解决的核心与前提性问题,是潜在诉讼中将可能遇到的典型性、复杂性法律适用问题。案件测试不是具体案件的审理,而是诉讼审理的一部分内容,但却是潜在诉讼中的核心问题。通过对这一部分内容的审理可以解决潜在纠纷中亟须具体化与细化的规范指引问题,从而有助于使市场主体更明确理解相关规范,对将来纠纷的裁判有更明晰的预期,进而促进此类纠纷的自动化解,或在今后面对同类纠纷诉讼中有更明确的法律适用指引。

(二)金融案例测试机制的创新举措

案例测试机制作为金融审判工作机制的创新举措,主要在以下三个方面进行了有益探索:

一是区别于民事诉讼制度的司法服务保障新场景。金融市场案例测试机制立足于我国法院的司法服务保障功能,参考了全球金融司法的最佳实践。案例测试机制不属于我国民事诉讼法中所规定的民事诉讼,而是法院发挥司法服务保障功能的新机制。同时,金融市场案例测试机制也参考民事诉讼原理进行测试审理,形成了基于合意启动、全面开示证据与资料、优选代理、充分实质答辩、社会各界充分参与等机制特点。为进一步稳定金融市场的规则预期,对测试案例中所形成的裁判逻辑与理由,上海金融法院将在之后受理的类似案件中予以参考。

二是契合金融市场监管沙盒治理的回应性司法新尝试。金融市场案例测试的适用范围是金融市场中尚未真实发生的纠纷,旨在通过测试,对潜在的重大法律问题从司法视角进行分析说理,发挥规则指引功能。这与金融监管沙盒治理的目的理念相一致,即给予市场创新更加宽松的治理空间,让市场充分选择,容错纠错,并同时将风险置于可控范围之内。因此,案例测试的目的不在于作出基于民事诉讼的有法律约束力的判决,而是在现有法律规则体系中对金融创新可能引发的纠纷提供法律风险压力测试,及时为金融市场主体的创新提供更加明确的规则预期,将风险控制在最小范围。

基于此,在案例测试程序的推进中,将给予当事人充分协商的空间。案例测试程序启动需要当事人达成合意,并确认基本事实和法律争点,程序性事项采用“倒协商一致规则”,以确保案例测试关注实体法律争议,提高审理效率。通过实质答辩、充分举证、开示资料、充分答辩,帮助法庭全面掌握证据、域内外相关法律规定、司法案例、市场实践和学说理论,深入理解金融市场行为的内在动因和外在影响,全面贯通法律逻辑与金融逻辑。

三是协同各方实现社会综合治理的纠纷解决新模式。金融市场案例测试机制充分体现公开透明包容特色,吸纳多方力量推动程序进行。案例测试全流程在社会公众监督之下进行,借助互联网技术最大限度公开案件审理情况及信息。除依法不予公开或不宜公开外,当事人的诉辩称意见、证据和材料、质证意见、无争议事实、法庭辩论意见均将对外公开。广泛提升社会参与度,案外相关主体可以通过多种途径参与案例测试过程,利益相关方、监管机构、学者专家可以向法院公开提交书面意见,法院可在测试案例司法意见书中对相关观点进行引用与回应。优化专家意见支持,具有专门知识的人可以经当事人申请或审理庭指定参与庭审,提升案例测试的专业水准,形成促进金融市场有序发展的规则指引。联合金融监管机构、行业自律组织等力量推动案例测试。金融监管机构、行业自律组织可引导协助当事人申请启动案例测试程序,在程序进行中也可就专门问题发表意见,在测试之后,法院还将通过司法建议等形式与监管、金融消费者和投资者保护机构等沟通案例测试中反映的相关市场问题与风险,协同各方共同推动案例测试取得实效,实现机制的功能目的。

(三)金融案例测试机制的制度功能

金融市场案例测试机制作为金融司法服务保障金融改革创新的务实举措,有利于实现以下三项功能:

一是提供稳定规则预期。金融离不开创新发展,动态的金融创新业务需要更具有回应性的规则供给，而在实践中，新型金融业务由于其前沿性和创新性，往往会因缺乏明确规则而引发纠纷，成为决策难点。通过案例测试，金融法院能够发挥专业化的司法服务功能，在金融创新业务尚未规模化开展之前即对潜在的法律争议明确相关规则，有助于市场主体稳定预期、提振信心、激发活力。

二是切实防范法律风险。以规则为基础的金融市场中，法律风险是金融创新的最大风险。金融创新通常会凸显现有交易规则、监管规定、法律规范的模糊空白之处，金融市场规则的形成和生长有赖于建立一个有效的金融创新试错容错机制，既通过创新发展提升金融市场的活力和竞争力，又充分保护金融消费者和投资者合法权益，使金融服务于好的社会。通过案例测试，有助于及时发现金融业务中存在的法律风险和缺陷，将合规要素无缝融入金融创新全过程，为金融市场的创新发展提供法律风险压力测试。

三是促进"诉源治理"。习近平总书记指出，要"从源头上减少诉讼增量"，中央政法委明确提出，"法院要在党委、政府领导下开展诉源治理"。通过案例测试机制，法院能够及时厘清具体金融交易场景下的规则适用，通过个案的"定分"实现类案的"止争"，避免同类金融交易产生批量纠纷，高效运用专业化金融司法资源，创新金融专门法院对金融市场的服务保障功能。

三、保障浦东引领区金融改革创新法律风险压力测试的金融市场案例测试机制的进一步思考

金融领域案例测试机制作为一种探索与创新，其实际效果如何，还有待实践检验。目前来看，至少在以下几个方面，尚需进一步观察和思考：

1.案例测试机制的实际应用场景有待落实

到底会有多少金融市场交易主体来利用这一机制，目前很难有太过积极的预判。金融市场交易主体往往有强大的法律团队，对于金融创新产品一般会有周密思考和设计，拟交易的各方在遇到分歧时一般也会通过协商的方式寻找共识，在现实争议发生前到法院来进行案例测试的意愿应该不会太过强烈。

2. 案例测试机制的各个程序环节如何平衡

根据测试机制的规定,申请测试的当事人在基本事实方面没有争议,主要是在法律问题上存在不同看法。那么案例测试过程必然侧重于法律上的论辩,涉及事实问题的攻击防御恐怕很难充分展开。如此一来,案例测试机制中不同的程序内容,在利用上恐怕难以保持完整与平衡,如涉及证据问题的规定,可能就成了摆设。

3. 案例测试是否应涉及程序争议问题

案例测试机制注重对实体法律问题进行测试,而疏于对程序问题展开测试,未必妥当。因为在真实的纠纷发生后,程序问题很可能会成为非常重要的争点,影响诉讼的效率、成本和当事人诉权的充分保护,尤其是存在复数当事人和多方当事人的情形,就更是如此。建议将重要的程序问题也纳入测试,为当事人预判交易成本提供更为充分的指引。

4. 案例测试的效力应在哪种层面理解

测试案例所确定的规则,并非正式判决确立的裁判规则,如果要作为上海金融法院自身的裁判参考,其在效力上应该如何评价?等同于学理观点或者域外经验还是其他?另外,上海金融法院以外的其他法院在裁判相似案件时并无参考适用的义务,其有权在真实案件中作出不同的裁判。按照最高人民法院有关同案同判的要求,其他法院的判例在效力上要强于测试案例所确定的规则,这是否意味着测试案例所确立的规则被推翻?

以上几个方面的问题,只是测试案例机制可能遇到的部分问题,在机制运行的过程中是否还会遇到其他问题,尚待进一步观察。

中国特色社会主义法治体系中的金融专门法院职能审视与创新①

杨　晖*　周嘉禾**

引　言

中国特色社会主义法治体系是内容丰富的有机整体,法治实施体系是其组成部分和重要保障,其中司法承担了保障法律公正有效实施的重要功能。区别于普通法院实现通才司法功能,金融专门法院是顺应社会经济发展和社会分工高度细化的专门司法功能载体,能更好保障国家政策目标实现,服务国家金融战略实施。在法治中国建设中,从国家治理现代化视角,在现有司法体制框架下,金融专门法院应全面参与社会治理,从规则指引到规则创制,从微观行为规范到社会秩序构建,从依法治国到国际治理重构,系统深化拓展金融专门法院职能。

一、中国特色社会主义法治体系中的金融专门法院职能之现状审视

2018年8月,全国首家金融法院——上海金融法院成立。北京金融法

---

① 本文获2022年上海法院系统学术讨论会优秀论文。

* 法学博士,上海金融法院申诉审查及审判监督庭法官助理。

** 法律硕士,上海金融法院申诉审查及审判监督庭法官助理。

院、成渝金融法院也相继成立。审视金融专门法院职能,总结推广已有经验,对于更好定位金融司法功能,更好实现专门金融法院设立目标具有重要的理论与现实意义。

(一)金融专门法院职能之内涵检视:通过法定职能实现政策目标

司法的定位随着社会发展而发生变化。除强调司法的被动性、终局性等特征外,关于法院角色和作用的认知也在发生改变,从“解决纠纷”向“分配正义”转变,从“规范适用”向“规范创制”转变,从“法律维护”向“法律发展”转变。①

从一般意义来看,司法具有原初功能和衍生功能。纠纷解决是司法的原初功能,又可细分为促进纠纷解决、对纠纷进行缓和等功能。司法的衍生功能则包括通过约束权力来实现对权利的保障、推进公共政策实施、进行规则创制等。② 通行观点认为法院的基本职责是解决纠纷,但这并不是法院的唯一职责,法院的职责已经发展为主要通过行使监督权或直接分配正义来实现司法功能。③ 金融司法在建设法治中国进程中,除发挥“定分止争”的传统功能外,还应积极发挥规则累积、裁判波及和政策形成机能等衍生功能。④ 2018年最高人民法院在向全国人大常委会汇报请示设立上海金融法院时,提出了三个重要理由:一是有利于提高中国金融司法的国际影响力;二是有利于国家金融战略的深入实施;三是有利于上海国际金融中心的发展建设。可见,金融专门法院除履行审判本职外,还必须服务国家发展大局,保障金融发展战略实施,主动承担金融市场治理责任。

(二)金融专门法院职能之展开维度:系统和发展

从国家治理角度看,从全面依法治国到建设法治中国,意味着中国特色社会主义法治从静态治理走向动态治理,从国内治理走向国际治理。阐释金

---

① 参见蒋惠岭:《司法改革的知与行》,法律出版社2018年版,第282~290页。

② 参见蒋红珍、李学尧:《论司法的原初与衍生功能》,载《法学论坛》2004年第2期。

③ 参见蒋惠岭:《司法改革的知与行》,法律出版社2018年版,第282~290页。

④ 参见民事诉讼法研究基金会:《民事诉讼法之研讨(四)》,台北,三民书局1993年版,第573页。

融专门法院职能，系统和发展观念是展开其功能的两个维度。

1. 金融专门法院职能的系统拓展

在中国特色社会主义法治体系中，在法治运行系统中定位金融专门法院职能，金融司法不仅要实现对内职能，保障法律公正高效实施，服务国家战略实施，还要实现对外职能，统筹国内法治和涉外法治，应对世界百年变局。

(1)对内职能：利益平衡与风险防范

金融纠纷不仅涉及当事各方利益，还牵涉金融市场秩序。履行金融审判职能，一方面实现当事人个体利益再平衡，另一方面兼顾公共利益均衡。金融案件不仅牵涉利益纷争，也暗藏金融风险。随着我国金融市场的双向开放不断深入，金融风险由点及面的内外交互渗透趋势逐渐增强，因此，在个案裁判中发现隐含风险，妥善解决纠纷，坚守不发生系统金融风险底线，维护金融市场稳定，金融司法须以裁判明确规则、规范市场行为，纠偏市场失序，从源头化解风险。

(2)对外职能：规则对接与规则创制的有机融合

在法治运行系统中，金融专门法院的基本职能是通过司法审判，正确适用法律，公正裁判，实施法律。在国内与国际秩序的结合治理中，金融司法的功能不能仅停留在定分止争。依法治国一方面要实现国内治理的法治化，另一方面在对外交往中，也要讲法治，善于法治斗争。因此，实施金融法治，一方面，要充分尊重国际金融规则与市场惯例，积极对接国内金融规则与国际金融规则，为国际金融交易提供稳定预期；另一方面，要发挥金融司法的规则创制功能。金融司法不仅是国际金融秩序的维护者，认可尊重金融市场规则，而且是金融市场规则的创制者。金融司法根据国情和现代金融交易活动规律，积极创制适应金融改革创新的司法规则，促进国际金融主体公平竞争、活跃交易，为国际金融司法贡献中国经验。

2. 金融专门法院职能的深化发展

建设法治中国，应静态的法治体系与动态的法治治理紧密结合，人民法治化生活，国家法治化治理，社会法治化运行。明代张居正在《请稽查章奏随事考成以修实政疏》中指出，“天下之事，不难于立法，而难于法之必行”。建设高效的法治实施体系是建设中国特色社会主义法治体系的重点难点。[①] 人民法院作为审判机关是法律实施的重要主体,金融专门法院的成立是法治实施体系不断完善的重要表现,专门司法意味着金融审判分工更加精细,金融司法功能更加专业。

习近平总书记强调:"坚定不移推进法治领域改革,坚决破除束缚全面推进依法治国的体制机制障碍。解决法治领域的突出问题,根本途径在于改革。"随着中国特色社会主义法治体系建设的深入推进,为完善金融法治,金融专门法院职能逐步向纵深发展。

首先,金融司法功能的能动性加强。从法治动态过程看,法律实施是司法审判被动适用法律的过程,司法权居中纠纷两造,公正解决纠纷,金融司法审判化解已发纠纷矛盾,也是被动实施法律。但随着现代市场经济对秩序规则愈加依赖,金融司法应主动介入金融治理,向市场主体提供稳定规则预期,提振市场信心。(上海金融法院金融司法能动保障职能构架如图1所示)

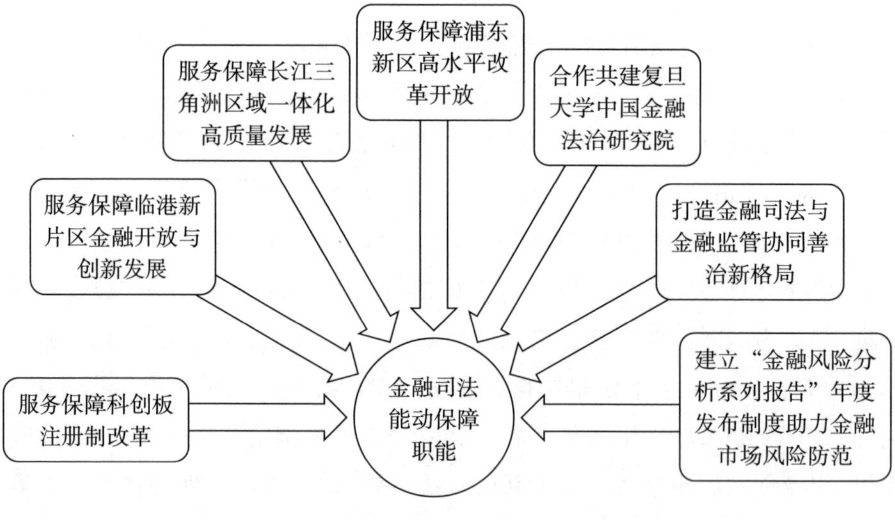

图1　上海金融法院金融司法能动保障职能构架

其次,金融司法功能的智慧化提升。现代信息技术革命为社会变革带来新动力,数字便利为提升社会治理效率、优化社会生活体验带来新景象。金

① 参见周强:《形成高效的法治实施体系》,载《求是》2014年第22期。

融司法的现代化也紧随时代发展,智慧技术助力金融司法功能提升走上快车道。线上线下相结合,虚拟实际相结合,不断拓宽当事人诉讼渠道和方式。(上海金融法院智慧法院建设构架如图2所示)

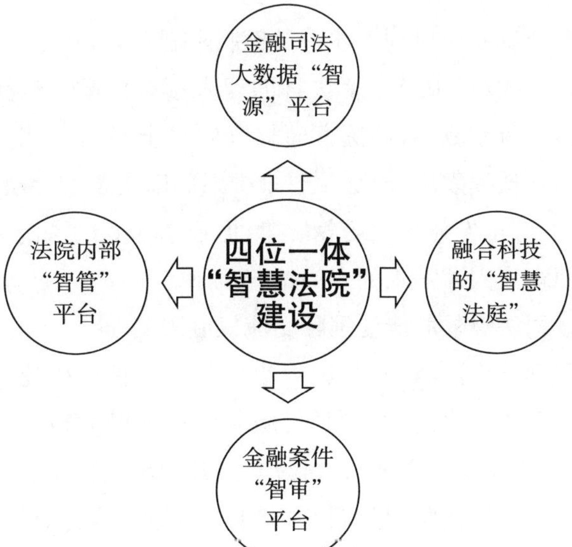

图2 上海金融法院智慧法院建设构架

最后,金融司法功能的协作力扩展。在中国特色社会主义法治体系建设中,立法、司法、执法、守法环环相扣,金融市场的法治化治理更加需要市场主体、监管部门、司法审判形成合力,市场自治、金融监管、司法规范通力协作,形成健康金融市场生态的立体保障。其中,金融司法作为市场秩序的防护底线,通过汇集个案裁判数据,分析相关市场风险态势,联动市场、监管,预测风险趋势,将重大系统风险消解于萌芽之中。

(三)金融专门法院职能之发展制约:管辖、人才及国际交流

金融专门法院职能的进一步发展,尚存一些机制制约。

1. 深化金融专门司法的规范功能受案件管辖行政区划限制

根据目前四级法院审判职能定位,金融专门法院为中级法院,案件管辖受行政区划限制。但从金融市场区域一体化发展以及金融要素市场集中化发展趋势看,金融纠纷往往跨行政区划,个案可能牵动区域市场,金融纠纷与

金融基础设施相关的诉讼链接点更易被当事人接受。为满足金融市场一体化发展,推动金融司法适法统一,需进一步推动跨行政区域集中管辖。成渝金融法院作为我国跨行政区域设立的首家金融专门法院,其具体的跨域审判管辖值得期待。

2. 贯通培养金融专门审判人才受员额制限制

目前的员额制改革,中级法院法官助理入额需到基层法院,而基层法院并未普遍设立金融审判庭,入额法官面临"转行"其他专业审判之困难,这于个人恐难实现职业持续发展,于法院恐难维系一以贯之的金融专业审判能力培养路径。因此,尊重专业人才培养规律,加强金融专门法院审判力量,需建立符合金融专门司法人才需求的专门培养机制。

3. 加强金融司法对外职能受国际交流机制限制

从依法治国到建设法治中国,国内治理与国际秩序构建关系越发紧密。金融专门法院统筹履行对内对外职能,服务国家金融战略实施,推动金融双向开放,必须不断拓宽国际金融司法合作,提升中国金融司法的国际影响力。金融专门法院作为中级法院,目前在外事权限方面受限,如引进外国专家支持、举行国际会议、开展人员国际交流等方面尚不能自主进行。拓展金融专门司法对外职能的发挥途径,加强吸收国际优质金融司法资源为我所用,需进一步放宽金融专门法院的国际交流权限。

二、中国特色社会主义法治体系中的金融专门法院职能之应然探讨

"法者,治之端也。"法治是实现国家治理体系和治理能力现代化的途径。若将立法看作"以文字为依托的静态法治",则司法是"以审判为依托的动态法治"。中国特色社会主义法治体系中,探讨金融专门法院职能应然内涵,要结合依法治国,建设法治中国的发展内核展开,要在人民法院基本职能基础上阐释金融专门法院职能定位。

(一)从依法治国到法治中国:人民法院职能与国家治理息息相关

从依法治国演变的历史进程看,人民法院职能始终围绕社会主义法治体

系中的法治实施环节,从纠纷解决、秩序恢复到深度参与国家治理。中国特色社会主义法治体系要形成完备的法律规范体系、高效的法治实施体系、严密的法治监督体系、有力的法治保障体系和完善的党内法规体系五方面治理的法治化。其中高效法治实施和有力法治保障均与人民法院职能密切相关。《中华人民共和国人民法院组织法》第 2 条规定从司法功能目的角度,明确人民法院职能定位。深刻理解中国特色社会主义法治体系语境下的人民法院职能内涵,必须明确中国特色社会主义法治体系是国家治理现代化的重要组成部分,必须明确法院职能是司法功能实现的载体。(中国特色社会主义法治体系与法院职能关系如图 3 所示)

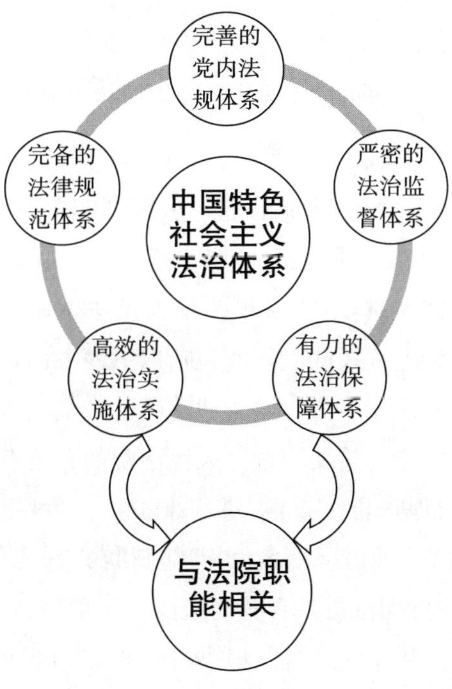

图 3　中国特色社会主义法治体系与法院职能关系

习近平法治思想指出,建设中国特色社会主义法治体系是全面依法治国总目标的重要组成部分,是建设社会主义法治国家的前提和基础。要将党和国家的各项工作纳入法治化轨道,善于运用制度和法治治理国家,才能最终实现国家治理体系和治理能力现代化。(中国特色社会主义法治体系的价值目标如图4所示)因此,从国家治理层面理解中国特色社会主义法治体系建设,把握其对人民法院职能的定位,必然要从司法功能的视角去理解把握人民法院职能内涵。

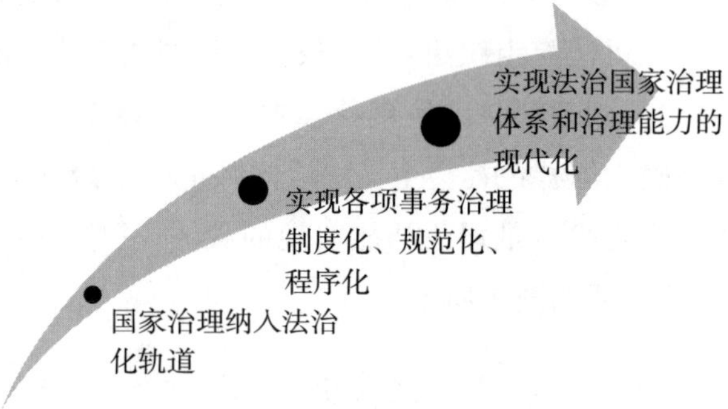

图4　中国特色社会主义法治体系的价值目标

在中国特色社会主义法治体系中,由人民法院行使司法权,履行审判职能,发挥法治实施功能。司法功能通过司法审判实现,司法功能是规范人民法院职能的内在逻辑。法院职能内涵取决于司法权在国家治理体系中的作用,充分发挥人民法院审判职能,必须匹配人民法院职能与司法功能。从始终运行中的司法角度看,人民法院职能包括以下两方面:

第一,以实质性解决矛盾为目的的纠纷化解功能。人民法院作为国家审判机关,是保证法治实施的重要力量。人民法院的首要职能是通过司法审判惩罚犯罪,定分止争,保护合法权益,进而维护社会秩序。化解矛盾纠纷、纠偏利益失衡、恢复失范秩序是人民法院审判职能的直接目标,须以矛盾实质性解决为最终目的。然司法有其自身局限性,"一般来说,法院只适合通常也只能够依据法律规则或司法先例来解决有关校正争议的问题,即个案的纠纷。但在社会中常常有些纠纷,乍看起来是有关校正争议的个案,隐含的却是分配正义的规则问题"①。因此,在中国特色社会主义法治体系中,人民法院的纠纷化解职能必须是形式上的纠纷解决与诉讼的源头治理相结合,真正做到"案结事了"。

---

① 苏力:《波斯纳及其他:译书之后》(修订本),北京大学出版社2018年版,第208页。

第二,以公正裁判进行规则指引的规则治理功能。人民法院是国家治理现代化的重要参与者和积极推动者。从国家治理层面看,在个案上投入司法资源和审判精力可以及时解决纠纷,但从规则示范角度理解,建设更加明确完善的社会整体秩序,从而消解纠纷,往往更具有长期示范效果。正如苏力教授所言,"仅仅抽象地理解法院的功能是解决纠纷显然不够。"①所谓规则治理,并非仅指最高人民法院政策形成功能,"规则治理"所包含的内容更加广泛,在各级法院的司法活动中均存在规则治理功能。② 例如,侵权责任法领域存在受害人遇有危险是否需要分担损害风险的问题,这在本质上是一个分配正义问题,恐无法通过裁判说理来进行清晰的界定,而需通过修改立法进行规定更为合理。但由于司法作为纠纷处理的最后一道防线的定位,以及司法没有拒绝裁判的权利,司法必须通过判决对问题予以回应。因此,司法实际上是先于立法的法治"前线",人民法院的规则治理职能必须以国家治理的整体视角,通过公正裁判稳定社会主体的预期来实现。

(二)从通才司法到专门司法:金融专门法院职能紧紧扎根国家金融战略实施

金融司法的专门化发展是时代发展和国家政策的必然产物。社会分工的精细化使通才司法在面对细分领域纠纷时,无法及时响应专业高效的司法审判需求。随着国家金融战略的加快推进,金融高质量发展和金融双向开放,对金融司法功能提出了新要求,即要求参与金融市场综合治理,建设金融健康生态秩序,助力金融市场全周期健康运行。

1. 引导金融服务实体经济,鼓励支持金融正向创新

从社会治理的角度看,金融专门法院职能不能仅停留在案件审理。纠纷解决是对金融市场运行的非秩序状态进行事后调整,金融司法要从维护秩序的最后防线走向秩序形成过程之中。

金融是经济的血脉,须服务实体经济。创新是金融发展的活力源泉。随着市场发展和需求变化,金融交易结构日趋复杂,新型金融民商事纠纷不断

---

① 苏力:《波斯纳及其他:译书之后》(修订本),北京大学出版社2018年版,第208页。

② 参见左卫民:《最高法院研究》,法律出版社2004年版,第25页。

涌现。金融专门审判应在充分尊重市场主体意思自治的基础上,在法律允许的范围内,对既符合立法精神又符合金融发展规律的交易行为,及时予以确认和保护,依法妥善审理涉及新技术、新产业、新业态、新商业模式的金融纠纷,充分保障市场交易主体的合法权益,不断提升金融交易的便捷程度,激发金融创新活力,引导保障金融创新正向发展,为实体经济提供更多金融支持。

2. 规范金融交易行为,促进金融市场可持续发展

正如前文所述,从法的规范作用看,指引/评价/教育/预测都直接作用于金融交易主体,规范交易行为,金融市场的微观基础与金融审判的联系最为密切。

金融市场活力源自活跃又稳定的金融市场主体,金融市场健康生态依赖交易行为的规范有序。吸引更多投资者并为投资者的合法权益提供高效专业的司法保障,是金融市场高质量发展的关键。在法律制度中充分保护产权、尊重合同自由、提高合同执行效率、规范政府干预行为,才能发展良性的金融业态。因此,专门金融司法被寄予厚望,从微观纠纷解决出发,力行更佳金融法治,规范金融交易行为,营造诚信市场环境,稳定金融主体预期,促进金融市场可持续发展。

3. 保障金融市场开放秩序,防范系统性金融风险

在国家金融战略中,金融高水平开放是推动金融高质量发展的必由之路。金融司法之于金融开放的作用,在法治中国建设中,牵涉国内治理与国际秩序。

在金融领域,由点及面是金融活动的特征之一,个案风险处置不当易引发系统风险。从国家安全的角度看,安全、高效的金融市场对国民经济的健康稳定发展至关重要。金融市场的双向开放,既有利于境内外金融资本和交易的汇聚,又面临金融风险集聚的考验。因此,要高度警惕境外金融市场风险向境内传导,筑牢境内外金融风险隔离墙。通过审理金融纠纷,可以向市场传递金融司法对金融对外开放行为的态度,纠偏脱离法律框架的交易秩序,推进金融风险的源头治理。

4. 有效接轨国际规则,提升金融司法国际竞争力与影响力

当今世界是开放的世界,旧秩序被打破,新秩序正在形成。从依法治国到法治中国,从国家治理到国际治理,一国的司法功能影响终归将走向世界。

可以说,仅仅依法治理国内事务已不能应对世界新格局的发展变化。

金融市场的系统性与国际化在双向开放中得到充分体现。金融交易在场景、主体、内容、规则等各方面都表现出国内国际的双向影响,由此,金融案件纠纷在诉讼主体、法律适用、判决执行等方面越来越多地呈现跨境化特点。这些发展变化需要我国的金融市场运行、监管、纠纷解决机制等更加深度地与国际接轨。金融司法功能也应与时俱进,主动出击,充分利用现有制度空间,特别是新发展格局下金融开放的制度政策红利,推动实验性金融法治机制建设,解决金融市场关切的前瞻性问题,回应金融创新开放的司法需求。以更加开放的心态,参考域外有益司法实践和法治文明成果,同时更加积极地参与国际规则制定,提升国际金融法治话语权,推动全球金融治理规则变革。

三、中国特色社会主义法治体系中的金融专门法院职能之创新路径

创新金融专门法院职能必须植根时代背景,围绕人民法院职能,提升规范功能,深化社会功能。(金融专门法院职能创新路径如图5所示)在新发展

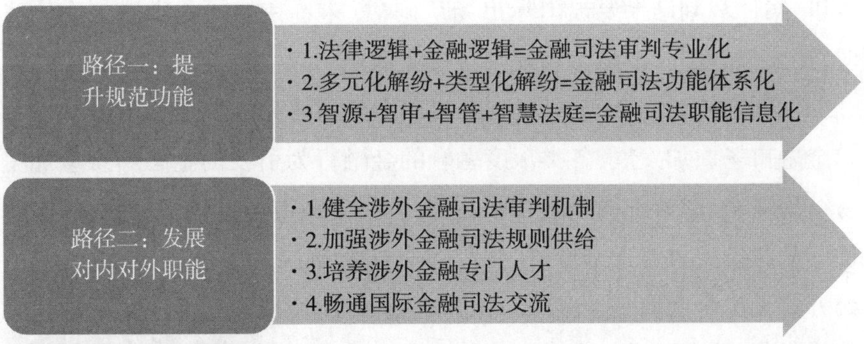

图5 金融专门法院职能创新路径

格局中,金融司法在做好审判本职的同时,还必须服务国家发展大局,保障金融战略实施,参与金融市场综合治理,更好发挥法治固根本、稳预期、利长远的保障作用。

(一)精细化规范功能:在全面精准解读金融市场行为的基础上,系统化定分止争

1. 贯通法律逻辑与金融逻辑,夯实金融专门司法专业基础

不同于通才司法裁判,金融司法裁判的客体是金融纠纷。从现代金融市场发展的趋势看,金融产品创新表现出结构复杂、层层嵌套、多领域混合等特点。对跨市场跨领域复合型金融行为进行精准法律解读,是化解金融纠纷矛盾的必然要求,也是金融司法专业性的必然要求。这意味着,专门金融司法权威必须建立在对金融纠纷内在本质的理解之上,金融审判必须贯通金融市场行为的商业逻辑与法律逻辑。在金融交易中,通过法律行为约定各方权利义务是固定金融交易的过程,适用法律则是从法律视角解读金融行为的过程。个案金融交易不仅涉及民法典、企业组织法、市场监管法等国内法律,还可能涉及国际法、国际交易惯例等。在精细化社会分工中,专门司法的优势在于全方位、精准适用法律,这是体现金融司法专业化水准的重要方面。进一步讲,案件裁判结果要被国际市场认同,意味着在兼顾程序法与实体法的同时,还要符合国际金融市场规则与行业惯例。

2. 创新系统解决金融纠纷机制,突出金融司法功能的体系化

金融市场愈加发展,各类深度融合的金融行为引发的金融纠纷愈加呈现交易结构复杂、牵涉不同金融领域、涉及不同金融市场主体、联通实体经济等特征。从纠纷处置方式来看,司法程序是纠纷解决的最后一道防线,单一的诉讼方式无法全面满足金融纠纷化解对效率性、便捷性的需求。在现代社会治理体系中,社会矛盾的化解也应是系统性的,司法需要也必然要与各种其他纠纷解决方式联合,满足不同金融市场主体对纠纷化解的需求。因此,金融专门法院应积极回应金融市场创新发展,构建系统化纠纷解决机制,突出金融专门司法功能的体系化解决纠纷。

一是联合各种纠纷解决方式,发挥各种纠纷解决方式特长。在新发展格

局中，金融开放进程加快，上海国际金融中心建设进入能级提升新阶段。随着跨境创新金融业务的蓬勃发展，相关金融纠纷在主体范围、法律适用、财产执行等方面越来越多地呈现跨境化特点，需要我国的金融纠纷解决机制更加深度地与国际接轨。多元纠纷化解机制有机融合司法、调解、仲裁，贯通联合诉讼程序与非诉讼程序，从理论到实践已得到世界各国的认可。推进和完善金融纠纷多元化解决机制，依托专业调解和仲裁力量，尊重国际惯例和行业规则，妥善解决争议，有助于拓宽市场主体诉求表达渠道，提高金融纠纷化解效率。金融专门法院在审理裁判职能之上应更进一步，积极参与金融纠纷诉源治理，努力推动建设融合调解、仲裁、诉讼为一体的国际化金融纠纷解决体系。

二是精准把握金融纠纷特点，探索金融案件类型化解决。金融专门司法之所以专业，就在于对金融纠纷特点的精准把握。现代金融市场是多层次的，金融主体多样，金融交易类型丰富，金融纠纷涉及多种法律关系，因此金融司法功能创新，应根据不同金融案件特点，构建分类分层的金融案件审理机制，实行快慢分道，轻重分离，繁简分流。金融专门法院应发挥专门司法优势，针对不同类型金融案件分类施策、精准处置，探索符合金融案件特点的“五分类型化”纠纷化解机制，促进金融司法资源科学配置，实现金融纠纷高效能化解。（金融案件“类型化”纠纷化解机制构架如图6所示）

图6　金融案件“类型化”纠纷化解机制构架

3. 依靠信息技术赋能,提升金融专门司法功能质效

全面依法治国,为人民谋福祉始终是法治中国的中心任务。金融专门法院履行职能,也应始终围绕人民群众关切,优化司法便民利民举措,努力提供优质高效便捷的金融司法服务。

在现代社会治理中,信息化是助力金融司法功能创新的捷径。金融专门法院职能创新离不开科技赋能。应深度融合人工智能、区块链、大数据等现代信息技术,全力打造金融智慧审判新模式,建设“智源、智审、智管、智慧法庭”四位一体金融智慧法院,以数字正义推动更高水平的公平正义,实现精准服务办案、服务群众、服务决策职能目标。

金融专门法院的智慧化职能可以通过以下方式展开:通过“一站式”诉讼服务平台、中英文双语智助立案系统、智能诉讼风险提示系统,实现全程自助立案,为人民提供更便捷司法服务;创新研发深度融合智能语音、大数据、语义理解等多种人工智能应用的中小投资者保护智慧舱,优化中小投资者诉讼服务体验;开发证券纠纷解决智能办案系统,打造符合代表人诉讼机制需求的电子诉讼平台,方便法官办案和当事人参加诉讼,提升证券群体性案件解决效率;建设更符合电子化庭审需求的科技法庭,研发“AI智审传译系统”,为涉外案件提供智能实时翻译和中英文双语字幕实时生成,方便外籍当事人参加诉讼;研发大宗股票司法协助执行平台和金融财产处置智慧管理系统,提升金融案件执行效率;深化大数据分析应用,打造金融风险防范预警信息平台,通过案件类型、涉诉标的、当事人等多个维度数据分析,研判潜在金融风险,为司法建议和金融监管提供数据支持。

(二)结合发展对内对外职能:在统筹国内法治与国际法治的基础上,全方位保障金融市场双向开放

在金融市场双向开放过程中,金融纠纷的涉外因素越来越多,因此应创新金融专门法院职能,统筹国内法治与国际法治,把社会主义法治优势转化为中国对国际金融规则的话语权优势。

1. 加强建设涉外金融纠纷审判机制,发展金融专门司法的对外职能

在法治中国建设中,金融专门法院不仅要履行好对内职能,也要积极履

行对外职能，审理好涉外金融纠纷。

一是对标国际一流金融审判实践，完善涉外金融案件审理规则。制定涉外金融审判指南，规范涉外金融案件审理程序；完善涉外案件识别，加强国内法的域外适用；完善域外送达、证据远程认证、调查取证、远程庭审等程序，提高涉外金融案件审理水平。

二是理顺域外法查明制度，高效查明、全面精准适用域外法。积极参考相关域外经验，设立专业化域外法查明中心，避免适法不准确问题。同时进一步完善域外法查明的国际司法协作机制，与域外机关、机构、专业组织等进行国际协作，规范查明机制、提高查明质量。在查明和适用域外法的过程中，还应充分考虑国际规则和国际惯例，结合我国的实践情况，作出符合国际交易习惯的裁判。

三是建立国际专家支持工作机制，提升金融审判专业水准。金融纠纷的专业程度较高，需利用专业知识准确理解复杂的金融交易结构，解释其所涉及的域外法律与国际规则惯例，厘清交易所涉法律关系性质。可以通过邀请精通金融法律、具有丰富实务经验和较高国际声誉的专家组建专家咨询委员会，就涉外金融案件所涉及的国际条约、国际规则惯例、域外法律的查明和适用等专门性法律问题及金融业务焦点问题提供咨询意见，加强对案件审理的专业支持。

2. 加强对涉外金融交易的规则供给，拓展金融专门司法的规范功能

用好涉外金融纠纷管辖权是发挥金融专门司法职能的首要环节，也是拓展对外职能的关键点。实践中，涉外金融交易合同多约定争议由外国机构管辖，应积极推行涉外金融合同的“争议解决”示范条款，支持涉外金融交易主体选择我国法院管辖，让更多具有示范意义的跨境金融交易纠纷进入我国司法程序，提升我国对国际金融交易规则的解释权和话语权。针对涉“一带一路”倡议、沪深港通、沪伦通和境外红筹企业境内上市等情形下可能出现的跨境诉讼，鼓励当事人协议选择中国法院管辖。加强对离岸人民币交易、海外融资交易等跨境金融纠纷的司法管辖权，为金融市场开放提供优质金融法治保障。

3. 培养“三化合一”的金融审判力量，夯实金融专门司法的人才基础

厉行法治离不开法治人才，金融司法功能创新依赖高素质审判力量。建

设一支知识能力专业化、审判思维现代化、司法视野国际化的高层次复合型金融审判人才队伍,对服务和保障国家金融发展战略、推动更高水平的金融对外开放至关重要。目前的法院审判人员培养机制主要是针对通才司法需求而设,金融专门司法的功能特点需要按照专业逻辑培养金融专门司法人才。因此,创新金融审判人才培养机制势在必行。在高素质人才培养、金融法律咨询、金融风险防范专题研究等领域与国内外一流院校开展深度合作,构建丰富多元的应用型审判业务培训机制和综合素质养成机制,推动形成金融审判人才培养的国际化格局,促进形成金融法律职业共同体,为金融专门法院职能发挥夯实人才基础。

4. 积极参与国际秩序治理,提高金融司法的国际影响力

不断加强金融专门法院的对外职能,巩固依法治国成果,争取更多国际治理空间。金融法治是营商环境的重要组成部分,司法声誉与金融市场信用密切相关。放眼全球,越来越多的国家建立了国际化专业审判机构,不仅在组织结构、审判制度、诉讼机制等方面有所突破创新,还形成了以审理发布重大案件为核心、组织参加国际交流合作为辅助的一系列措施,以此来增强其国际影响力和竞争力。加强双向交流,有助拓展中国金融司法的国际化视野。加强与国内、国际相关法律信息平台合作,积极向国际社会推介金融典型案例,发布裁判文书英译文本,有助于形成解决金融纠纷的“中国标准”,在国际舞台上唱响中国金融司法好声音。

(三)深化社会功能:在加强金融司法与金融监管协作的基础上,主动参与金融市场综合治理

1. 参与市场全周期治理,加强金融司法与金融监管协作

金融监管和宏观金融政策具有随金融周期性波动而不断调整的特征。金融司法应主动参与金融市场的全周期治理,并借助市场与监管的力量,在日新月异的市场创新中准确探究金融交易的结构和目的,提高法律逻辑解读金融逻辑的专业性,确保金融司法的权威与公正。

金融司法应当主动加强与金融监管的合作交流,构建重要信息共享、重大工作共商、重要问题共研、重大风险共防的协同善治新格局,夯实金融市场

健康发展的监管基础。金融司法可以将金融纠纷审理结果及反映的市场问题及时与金融监管沟通,参与金融交易的事后规范,也可以通过信息简报、司法建议等形式,揭示金融市场运行风险,向金融监管风险预警,参与市场管理的事前规划与事中调整。此外,通过“专家咨询 + 监管政策查明 + 人才培养”实现金融司法与金融监管资源共享。借助监管专家的专业知识,更加精准解读金融交易内涵;依靠监管力量,查明纠纷所涉金融政策;通过人才交流,加快法律逻辑与金融市场逻辑的衔接。

2. 积极运用数据治理,实现金融数据互通与市场秩序共建

金融基础设施为金融市场运行提供服务并履行自律监管职责,其在这一过程中积累了丰富的数据资源。数据是现代社会治理的基本元素,对其的妥善运用可以助力治理的精准与高效。金融司法与金融基础设施在各自领域中汇集的金融纠纷及金融市场运行第一手数据,均反映了纠纷的基本面与市场运行态势。建立金融司法与金融基础设施合作交流机制打造金融法治大数据平台,实现数据双向共享,充分运用大数据分析技术,全图景反映金融交易前端、中端、后端运行情况,有助于监管未雨绸缪,保障市场健康运行。此外,金融司法还可以立足案件审理中发现的金融市场治理问题,常态化发布金融纠纷风险防范化解报告,预警市场风险,为规范行业发展提供参考。

3. 配合“沙盒监管”治理,完善金融改革创新容错纠错机制

步入“十四五”时期,双循环发展战略加快推进,金融制度型开放进一步扩大,金融改革不断深入。金融市场发展面临新形势,健全完善的容错纠错机制是鼓足干劲、提高效率的重要保障。在做大金融市场规模的同时,要更加强调金融产业体系的完整与高质量,更加强调金融市场的活力与创新。因此,需要进一步健全完善我国制度创新中的容错纠错机制,加强金融司法与金融监管、金融基础设施的协同治理,为金融创新活力提供制度保障。从优化金融法治化营商环境来看,金融专门法院职能也必然从纠纷的事后解决,走向规范金融市场的全周期运行。因此,金融专门司法探索建立“金融市场案例测试机制”,参考国际金融司法最佳实践,通过对市场具有前瞻性、重要性的法律问题而可能引发的纠纷进行案例测试,明确权利义务,为支持鼓励金融市场创新开放提供明确规则指引。

结　语

习近平总书记指出,“要坚持在法治轨道上推进国家治理体系和治理能力现代化”。建设中国特色社会主义法治体系,金融司法必须也必然大显身手。金融专门法院自其设立之初,其职能已凸显出不同于普通法院职能的政策导向特点。深刻把握中国特色社会主义法治体系对金融专门法院职能的应然要求,要以规范功能为起点,深化社会功能,统筹国内法治与涉外法治,找准金融司法服务金融工作大局的切入点和着力点,把握金融本质和规律,契合金融发展态势,满足金融主体司法需求,补足规则供给,助力金融市场在法治轨道上良性运行。

论人民法院智慧执行系统之完善

——构建以财产执行为核心的结构化执行系统①

徐　俊*　胡文丰**

引　　言

执行是履行法律义务的最后一个环节。司法裁判得不到有效执行，裁判文书成为"法律白条"，"执行难"问题较为普遍，严重影响司法权威。2015 年 7 月，最高人民法院首次提出"智慧法院"的概念，旨在加快信息化建设，推进审判能力和审判体系的现代化。2016 年，最高人民法院制定《人民法院信息化建设五年发展规划（2016—2020）》，明确提出建设人民法院信息化建设 3.0 版"智慧法院"的目标任务。作为增强法院执行能力的"智慧执行"应运而生。近年来，各级人民法院采取一系列措施加快智慧执行建设，②取得了较明显的成效，但在提升执行规范化、效率化、公开化、专业化方面仍有不足。因此，有必要厘清当前执行工作向"智慧执行"模式真正转变过程中存在的问题，找到阻碍制度发展的突破点，探讨切实可行的对策措施。

---

① 本文获 2022 年上海法院系统学术讨论会优秀论文。

* 法学硕士，上海金融法院执行局法官助理。

** 法学硕士，上海金融法院申诉审查及审判监督庭法官助理。

② 2018 年起上海市高级人民法院、江苏省高级人民法院等相继推出"智慧执行"平台，最高人民法院于 2020 年开发上线了"智慧执行"App。

一、现状:现行智慧执行系统破解执行难的成效与不足

(一)智慧执行系统破解执行难的具体成效

与司法裁判通过明确权利义务实现定分止争不同,执行工作依靠国家强制力实现胜诉当事人胜诉权益,最终化解矛盾,彻底解决纠纷。因此,执行过程中必然矛盾冲突剧烈。长期以来,“执行难”不仅成为困扰人民法院的突出问题,也成为人民群众反映强烈、社会各界极为关注的热点问题。对此,最高人民法院在2016年向全国人大报告工作时提出“两到三年基本解决执行难”。报告同时提出要“加快建设智慧法院”。

近年来,“解决执行难”和“建设智慧法院”两项工作在全国各级法院齐头并进地开展,尤其是在执行领域,智慧执行建设在指挥协同、查人找物、失信惩戒、财产变现等方面发挥了重要作用。对此笔者归纳总结了一些具体措施(见表1)。

表1 智慧执行系统破解执行难的具体措施

智慧执行应用	具体措施
总对总网络查控破解被执行人财产发现难	“总对总”网络查控系统利用连通全国近4000个机构的网络化执行查控系统,办案干警足不出户、轻点鼠标就可以快速查询被执行人在全国范围的财产信息,提出查询申请后,系统自动查询并反馈查询信息;依法需要采取冻结或扣押等措施的,提出控制申请后,被执行人的财产就会受到相应的处置
联合惩戒体系建设破解被执行人查找难	最高人民法院利用连接民航、铁路等部门的失信惩戒系统,采取11类37大项150项惩戒措施,推进失信被执行人信用监督、警示和惩戒机制建设。执行人员通过“列入失信名单”和“限制高消费”功能,经审批后即可对失信被执行人进行联合信用惩戒,使其“一朝失信、处处受限”
网络司法拍卖破解财产变现难	基于中国法卖网等五大拍卖平台,传统拍卖程序中的公告、缴纳保证金、竞买、确认成交等所有拍卖行为,都在互联网拍卖平台上进行,无须执行人员参与,确保执行拍卖在完全公开、透明、公平、零佣金的条件下进行,既最大限度保障了当事人权益,也大幅度提升了司法公信力

续表

智慧执行应用	具体措施
执行案管理平台破解执行管理难	执行指挥中心综合管理平台为四级法院统一的执行指挥管理平台,能够对各地法院的执行工作进行全面实时监控,在线连通全国各级人民法院执行指挥中心和外出执行干警,指挥协调、督查督办重点执行案件,支持构建全国法院上下一体、横向联通的执行指控管理机制。 执行案件流程信息管理系统为法院执行干警提供统一的办案平台,从而规范了执行办案标准和流程,强化了关键节点管控

(二)现行智慧执行系统破解执行难的不足——以上海金融法院执行案件为分析样本

智慧执行系统为“基本解决执行难”这一阶段性目标的如期实现提供了重要助力,但与党中央提出的“切实解决执行难”目标和人民群众期待相比还有差距。笔者选取了上海金融法院为数据样本分析其金融执行案件特点,并在此基础上总结现行智慧执行系统破解上海金融法院执行难的不足。

1. 上海金融法院执行案件特点

本文选取的样本统计时间为上海金融法院 2018 年成立之日至 2022 年上半年,这段时间既是切实解决执行难的开局时期,也是智慧执行建设走向深水区的关键时期。案件数量多,分析样本充足;案件特点明显,具有代表性。选取这段时间对运用智慧执行系统“切实解决执行难”过程中遇到的现实问题进行深入分析有很强的参考意义。

(1)执行案件标的金额大、社会关注度高

根据上海金融法院通报数据,截至 2022 年 6 月 30 日,执行实施案件共收案 2717 件。其中,初次执行案件 2545 件,涉及标的金额 2303.10 亿元;恢复执行案件 172 件,涉及标的金额 275.25 亿元(见图 1),案件总标的金额为上海全部法院的 1/3 左右。案均标的金额近亿元,案件最高标的金额达 47 亿元。

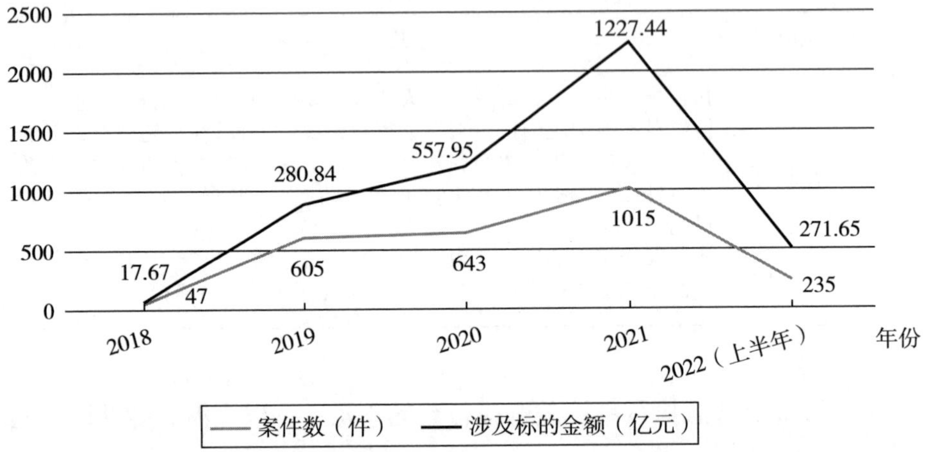

图1 上海金融法院历年执行案件收案情况

上海金融法院执行案件具有高社会关注度,一部分原因是执行案件标的金额高,另一部分原因是申请执行人的权益实现对于金融市场秩序的影响较大。金融案件的申请执行人主要分为两类:一类是银行、证券公司、融资租赁公司、资管公司等金融机构;另一类是股票、基金份额、资管计划的自然人投资者。自然人申请执行人申请执行标的金额虽然仅占总标的金额的0.44%,但案件数量上占比可达到17.05%。他们多为证券虚假陈述案件、基金纠纷案件的受害者,通过执行实现其胜诉权益,对于切实保护中小投资者的合法权益至关重要。与申请执行人相对的被执行人,有相当数量是上市公司、未上市的大型股份公司、融资平台公司等。这些公司与金融市场高度关联,牵一发而动全身,关系着金融市场的安全与稳定。

(2)有财产可供执行案件比例高

相较其他法院,金融专门法院的执行案件有财产可供执行的比例较高。一方面,是因为大部分案件的申请执行人为金融机构,基于合规等方面的要求,对被执行人的资信状况有一定的筛选,且往往需要提供担保物,如质押式证券回购纠纷中需要被执行人提供证券作为质押,金融借款合同纠纷中需要被执行人提供不动产等抵押品(见表2)。另一方面,金融机构提起财产保全的比例相对较高,取得财产首封权的比例也相对较高。

表 2　不同案由案件的当事人可供执行财产类型

案由	案件数量（件）	案件金额（亿元）	当事人	主要可供执行财产类型
金融借款合同纠纷	478	1104.48	银行、资管公司（申请执行人）	抵押不动产 质押股权
融资租赁合同纠纷	145	142.7	融资租赁公司（申请执行人）	融资租赁物
证券虚假陈述责任纠纷	115	1.19	上市公司（被执行人）	上市公司财产（不动产、动产、股权等）
质押式证券回购纠纷	107	184.76	证券公司（申请执行人） 上市公司股东（被执行人）	质押的上市公司股票

(3)涉案财产种类多、价值高、变价难度大

金融执行案件涉案财产的种类繁多，不仅包括银行存款、不动产、境内上市公司股票、非上市公司股权、动产等常见财产，而且还有基金份额、资产管理计划、信托受益权、境外上市公司股票、各类金融衍生品等特有的金融资产。众多涉案财产价值极高，绝大部分涉案抵押、质押财产的价值均达到千万元、亿元级别。四年来，上海金融法院共发起财产变价 544 次，涉及财产数量 347 项，其中 284 项财产变价成交(含以物抵债)，成交金额为 313.77 亿元，财产平均成交价为 1.1 亿元，最高成交价为 16.07 亿元(见图 2)。高财产价值随着财产处置变价难度大。以不动产为例，不动产分布全国各地、数量动辄百套以至千套，需要付出大量司法资源进行前期调查并与相关职能部门进行沟通，排除处置中可能存在的交付、过户等障碍，最终才能得以变价。

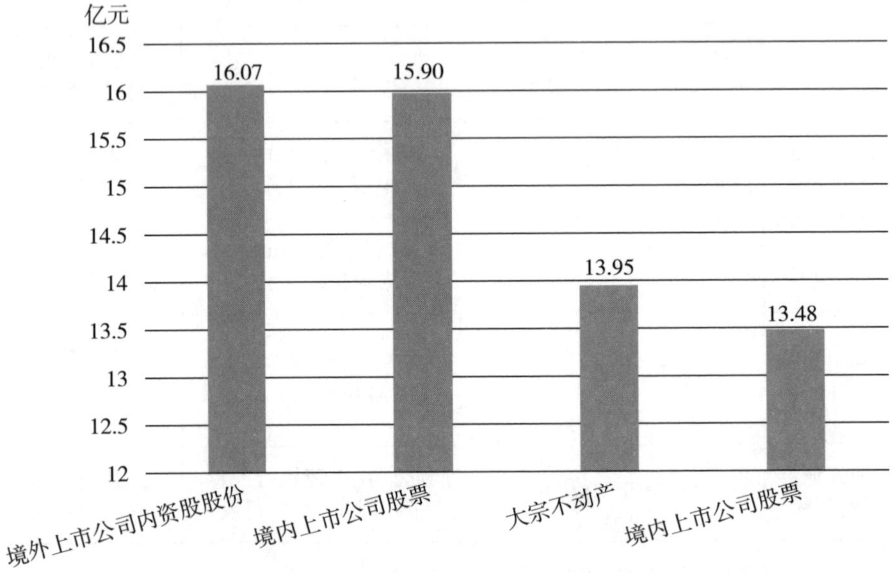

图2 上海金融法院财产变现成交价前四名的具体金额及财产类型

(4)小标的涉众执行案件多

小标的执行案件数量在上海金融法院案件中占比较高,但执行标的金额占比较低,有着明显的涉众性。以仲裁执行案件为例,该类型案件数量占案件总数的一半以上,共有1286件,但申请执行标的金额合计仅302.79亿元,占执行总金额的13%左右。大多数为涉自然人的小额贷款类案件和私募基金类案件。此外,因个别上市公司不履行证券虚假陈述赔偿责任,大量中小投资者向法院申请强制执行的情形也常有发生。该类案件单个申请执行标的金额从几百元至百万元不等,被执行人均为上市公司,执行具有明显的同质性。

2. 现行智慧执行系统破解金融专门法院执行难的不足分析

(1)规范要求低——系统执行规范嵌入不足,办案节点设置逻辑错位

从全国法院的情况来看,在最高人民法院构建的"一案一账号系统""一案双查制度"、执行工作考核机制、执行督办制度等推动下,全国法院执行工作的规范性有所提高,但是执行工作的规范化程度相较于审判工作,仍然有所欠缺。金融执行案件执行标的金额大,社会关注度高,对执行规范有着更

高的要求。执行领域,法律法规等办案规范纷繁复杂且修改频繁。在运用现行智慧执行系统的过程中发现指挥执行系统中对执行规范的要求偏低,主要体现在两个方面。一方面,现行系统中除对执行通知的发送、网络查询的发起、执行时限等有明确要求外,其他办案流程节点内容嵌入不足,管理节点分散且不实用,各地法院实际执行中适用率极低,导致执行人员可以按照自己的意愿办理案件,而忽视甚至无视执行规范的明确要求。同时,现行系统对接的人民法院委托执行系统、司法委托系统、公告管理系统等的主要作用仍是信息录入和交互,未能和智慧执行系统完全融合,无益于执行规范提升。另一方面,目前除执行通知作为强制前置办理节点外,其他节点之间并无先后逻辑顺序设置,执行人员可任意选择节点点击,无视该办案节点的前置办理要求。以确定财产处置参考价为例,根据最高人民法院《关于人民法院确定财产处置参考价若干问题的规定》的要求,确定参考价前,应当查明财产的权属、权利负担、占有使用、欠缴税费、质量瑕疵等事项,但现行系统中,并无确定参考价的前置节点设置。同时,当事人议价、定向询价、网络询价、委托评估四种方式具有前后顺序,当事人议价结果具有优先性,只要不损害他人合法权益的,应当以当事人议价结果为参考价,但是现行系统中并无该节点设置,实践中执行人员通常直接委托评估,不进行当事人议价程序。

(2)效率提升不足——未实现繁简分流,内部执行监督、管理亟待提升

部分金融执行涉众案件标的金额小,执行难度较低,执行同质化明显,要求简案速执。不同类型的执行案件对于执行的要求不一,执行领域繁简分流势在必行。现行执行系统中,并未嵌入繁简分流程序,未设置复杂案件与简单案件的确定标准和专属流转程序,每个执行案件必须单独采取各项执行措施,点击所有节点,录入相同信息,执行通知发送、总对总查询、案款发放、结案等均未实现批量办理。现行执行系统无法助力于精细执行复杂案件、快速执行简单案件,无法有效提升整体办案效率。

此外,现行系统对法院内部执行监督、管理的助力亟待提升。现行系统中法院院领导和执行局局领导等管理者对执行案件的监督、管理主要通过各项审批事项进行,了解案件只能通过查阅电子卷宗和线下沟通的方式获取信息。管理人员无法了解案件办理的各个节点,事前和事中管理设置匮乏,导

致内部管理行为滞后于外部执行行为,呈现粗放化管理的特点,无法有效监督管理。

(3)专业化程度低——无财产处置方式的嵌入和适配机制

随着我国金融市场快速发展和金融创新不断演进,产品创新层出不穷,金融交易形成的法律关系亦日趋复杂,新类型纠纷不断涌现、新类型财产不断出现。金融专门法院执行案件的涉案财产种类多,传统执行财产如不动产、动产等数量极多,新型执行财产亦不断涌现,如基金份额、保单、信托受益权、债券、资产支持证券以及期货、期权等金融衍生品等。涉案财产价值高,处置难度大,侧重点不一,对执行工作的专业性提出了更高的要求,需结合财产的特点和现状选择处置方式和方案,才能实现最大化兑现财产价值。

现行执行系统中对于专业化财产处置的节点设置较少,无财产处置方式的嵌入和适配机制,除总对总、点对点银行存款冻结、划拨,机动车的查封和扣押,司法委托系统等外,尚未对财产处置的流程进行程序化的搭建,现行执行系统及其关联的司法委托等系统很大程度上是一个走流程的平台,而非财产执行程序的专业化推进系统。对此,亟须探索不同类型财产适配的处置方式,并将具体的财产处置模式嵌入系统是提高财产处置的专业化程度的有效途径。

(4)公开化程度低——公开渠道不畅通,公开及时性不足

司法权的有效运作是司法场域中所有参与者互动的结果。① 司法实践中,法院所扮演的超职权角色体现在财产的调查处置、惩戒措施采用和执行程序的终结等环节,严重削弱了当事人的程序角色主体地位,当事人只是被动地等待、接受执行结果,许多应由其承担的角色义务与责任转嫁给了法院。② 与此同时,由于法院在执行程序中的权限较大,原本应由申请执行人承担的市场风险通过执行程序转嫁给法院,最终导致机械、盲目执行,忽视了当事人的程序参与和执行结果的公众认可问题。③

---

① 参见苏力:《司法制度的合成理论》,载《清华法学》2007年第1期。

② 参见卫一平、高旭:《从"单线执行"到"双线参与"执行公信力程序化的构建——基于程序理念、功能的考量与应用》,全国法院第23届学术讨论会获奖论文。

③ 参见浙江省高级人民法院执行局编:《执行改革探索与实践》,人民法院出版社2001年版,第35页。

与普通执行案件相比,金融案件标的金额大、社会关注度高,当事人对于执行情况更为关切。现行执行系统主要与中国执行信息公开网进行信息交互,向社会公众公开被执行人信息、财产处置信息、终结本次执行程序、法律文书等信息,并未根据公开对象的不同设置分级的信息公开。向执行当事人和社会公众公开的信息必然不同,执行当事人的公开需求应当更为迫切,但现行执行系统向执行当事人公开的执行信息与社会公众并无不同。

二、思辨:执行模式和智慧执行系统建设理念的逻辑转变

"建构合理的制度是一个不断试错的过程,是一个寻找理性与现实交集的过程,理性的谨慎选择和现实的小心求证都是不可缺少的环节。"[①]基于现实存在的问题,应明确智慧执行系统完善的目标,并结合问题出现的本源分析结果,对执行模式和执行系统进行改革,实现执行模式由"一人包案到底"向"结构化执行"转变,实现系统建设理念由"案件办理的单线建设"向"案件办理+事务处理+监督管理的立体建设"转变,重新构建以财产执行为核心的结构化执行系统。

(一)目标:实现执行规范化、效率化、专业化、公开化

执行规范化是公正司法和司法公正在执行领域的体现,关乎人民群众在执行案件中能否感受到公平正义。为改变"暗箱操作""执行不作为""执行乱作为"现象,人民法院应重视执行规范化建设,将执行权纳入规范化轨道,关进制度和数据"铁笼"。[②] 执行效率化则关系着快速兑现申请执行人的胜诉权益,深刻影响着人民群众的司法获得感,"拖延执行""消极执行""选择性执行"的情况频发,不可避免导致人民群众对司法强制执行的获得感。执行规范化和执行效率化之间存在必然的联系。民事执行应当以追求债权实现的高效化为优先价值,以追求债权实现的正当化为根本价值,债权实现的

① 苏力:《制度是如何形成的》,中山大学出版社1999年版,第83~99页。
② 参见刘贵祥:《人民法院执行工作现状与分析》,载《中国应用法学》2018年第1期。

正当化优位于债权实现的高效化。[①] 因此，智慧执行系统中每一项机制设计必须同时满足效率追求与规范追求。与此同时，面对飞速发展的金融市场，新类型的财产不断涌现，实现执行专业化成为更进一步的追求。

执行程序的"内在价值"即是应当通过当事人的充分参与体现对人性的尊重和理性公正的内核。[②] 当事人只有通过及时、全面的执行公开，知悉相关执行信息，充分了解自己在执行程序中享有的权利，才有可能恰当行使权利，履行义务，参与执行程序并充分发挥作用。最大限度保障当事人实现知情权是提升法院执行工作效果的关键，因此完善智慧执行系统必然以实现执行公开化为基本目标，通过系统设置，向当事人及时、充分公开执行信息。

（二）本源："一人包案到底"执行模式下形成的"案件办理的单线建设"

传统"一人包案到底"的执行模式中，执行人员几乎负责立案后案件办理的所有事项，包括各类法律文书的发送，财产的线上线下查询，财产的查封、续封、解封、过户，财产的调查、评估、拍卖、变卖、抵债，案款的发放以及执行结案等。社会转型时期矛盾纠纷易发多发，执行案件数量逐年递增，2021年全国法院受理执行案件949.3万件，是2016年415.99万件的两倍多，而同期执行力量几无增加，不断增长的办案任务与有限司法资源之间的矛盾日益突出。笔者结合上海金融法院的执法实践，总结出"一人包案到底"模式下办案压力过重导致的突出问题包括以下几点：办案不规范，经常出现"乱执行""选择性执行""错误执行"行为，同案不同执的情况亦广泛存在；执行效率低，未要求执行繁简分流，"消极执行""拖延执行"频发，未严格按照执行规范要求的时限处理执行通知、总对总查询、财产控制、财产变价等事项；专业性不足，基金份额、对资管计划份额等新型财产的研究不足，财产处置方式僵化适用，有损其他投资者合法权益；公开积极性低，人民群众经常反映执行人员"难联系"、沟通"冷、横、硬、推"，执行人员通常很少主动和当事人联系告知案件执行进展等。为解决上述问题，多地法院创新适用"团队办案""集约执行"等新模式，但是本质上并未真正消除"一人包案到底"的模式弊端。

---

① 参见金殿军：《民事执行机制研究》，复旦大学2010年博士学位论文，第6页。

② 参见李霄：《浅析民事诉讼改革中执行理念的错位及矫正》，载《法律适用》2003年第5期。

“团队办案”模式中，团队内部仍然适用“一人包案到底”的模式，执行案件仍是由一人单独办理；“集约执行”模式中，只是将简单文书的制作和送达、约谈排期等简单事务归集到特定人员办理，对于整个办案流程的分解程度低，作为执行核心的财产控制、变价等仍是由一人单独办理。

现行执行系统正是基于传统“一人包案到底”的执行模式搭建，以执行案件的办理过程为逻辑线构建而成，以“案件”作为基本建设单元，将核实当事人信息、执行通知、财产查询、财产处置、案款发放、制裁措施、结案等事项嵌入系统中，并辅之以司法委托系统、委托执行系统、财务管理系统、执行指挥中心系统保证执行程序的推进和执行监督管理的开展，总体的建设理念可以概括为“案件办理的单线建设”。以此理念建设的智慧执行系统，自是无法从本质上革除“一人包案到底”的弊端，无法解决执行中存在的规范、效率、专业和公开问题。

（三）革新：转变执行模式和系统建设理念

1. 执行模式：由“一人包案到底”向“结构化执行”转变

分工与权力制约是执行模式改革逻辑展开的两个基点。亚当·斯密曾言，“劳动生产力最大的改进，以及劳动在任何地方运作或应用中所体现的技能，熟练和判断的大部分，似乎都是劳动分工的结果”[①]，民事执行工作亦是如此。民事执行活动的阶段性和可分性为实现结构化执行提供了逻辑基础。传统“一人包案到底”执行模式存在的弊端，不利于维护司法公信力，不利于增强人民群众的司法获得感，执行模式应当由“一人包案到底”向“结构化执行”转变，从纵向管理和横向监督来对执行权制约进行逻辑展开。分权后的权力制约主要体现在对执行命令权和实施事务权[②]实施主体的管理以及实施主体之间的相互监督。

一方面，是实现执行实施权的分阶段行权，即执行活动的不同阶段具有

---

① ［英］亚当·斯密：《国富论》，胡长明译，人民日报出版社2009年版，第17页。

② 从概念的上下位阶来看，执行权由执行实施权和执行审查权“二元素”构成。执行实施权由执行命令权、实施事务权组成，权利范围涵盖财产调查、控制、处分、交付和分配以及罚款、拘留措施等实施事项。执行命令权涵盖统筹协调、管理督办、集约服务三重属性。实施事务权则是指具体执行事务的实施权。

明显的阶段性和可分性,如发送执行通知书、财产查询、财产可执行性甄别、财产处置等执行行为均可由不同的人员办理。另一方面,是实现执行命令权和实施事务权的分权制衡。[①] 个案中的执行实施权必须分解、细化为可以相互制衡的权力运行框架,[②]即根据不同人员的能力和特点,将执行人员划分为不同的组别,承担不同的工作任务。由执行指挥中心行使执行命令权,将执行案件办理过程中有必要一同办理的多项事务统筹办理,保证执行案件相同事项办理的一致性。[③] 笔者归纳了"结构化执行"对"一人包案到底"的突破,以明确"结构化执行"的制度先进性(见表3)。

表3 "结构化执行"对"一人包案到底"的突破

"一人包案到底"	对比维度	"结构化执行"
"乱执行""选择性执行""错误执行",同案不同执	规范	案件和事务均繁简分流;结构案件办理流程,人员分组,事项分工,相互协作相互监督,保证类案执行一致性;执行指挥中心全面监督管理,严格时限管理,消除"乱执行"等现象
未能实现繁简分流,消极执行、拖延执行,执行时限遵守不严格	效率	
财产处置方式单一,对新型财产僵化适用传统处置方式	专业	财产处置设置专业小组,不动产、动产、金融资产、股权等财产针对性适用不同处置方式
执行人员主动联系少、联系难,沟通"冷、横、硬、推"	公开	要求全流程、实时、主动公开执行信息,执行指挥中心予以监督

综上所述,"结构化执行"的执行模式,彻底改变了"一人包案到底"的传统执行模式,解构执行案件办理的全部流程节点,每一个案件的办理由多个流程节点的事务处理按照既定的结构逻辑有机组合而成,每个事务节点办理人员之间可以相互监督,执行指挥中心也可以通过监督每一个事务节点的办理来实现整个案件的有效管理,最终推动实现案件执行的规范化、效率化、专

① 参见陈磊:《执行信息化背景下分段集约执行的实效偏差与模式重构》,载《河北法学》2019年第9期。

② 参见栗峥:《中国民事执行的当下境遇》,载《政法论坛》2012年第2期。

③ 参见杜佳鑫、王娜嫚:《智能化有效缓解法院"执行难"》,载《人民邮电报》2020年6月19日,第3版。

业化、公开化目标。

2. 系统建设理念：由“案件办理的单线建设”向“案件办理+事务处理+监督管理的立体建设”转变

民事执行权是权利的公力救济实现方式之一，因此为最大化地保障民事权利的实现，必须加强民事执行权的强制性。① 加强民事执行权的强制性的内部要求之一便是通过智慧执行系统来规范和强化执行权的实施，构建与执行模式相适应的嵌入集中管理模式的智慧执行系统。②

随着“一人包案到底”模式的彻底改变，“团队办案”和“集约执行”模式的必要优化，“结构化执行”应运而生，执行系统建设的理念也应蜕变成“案件办理+事务处理+监督管理的立体建设”，以“案件”和“事务”作为“两元”基本建设单元，结合完备的监督管理机制设计，搭建“结构化”的智慧执行系统。

三、进路：构建以财产执行为核心的结构化执行系统

观念的转换，必须落实为智慧执行系统的完善。人民法院应构建以财产执行为核心的结构化执行系统，以规范化和效率化为目标搭建起系统的基本运行框架，并以公开化为目标打开执行公开的窗口，以专业化为目标构建财产执行的核心运行机制。

（一）以执行规范化和效率化为目标搭建基本框架

在“结构化执行”的模式下，应当从“人”与“案”两个维度展开设计，并在系统中嵌入现有的全部执行规范，保证执行系统与执行规范的一致性。“人”的角度又包括个体和集体两个视角，从个体视角来看，法院内部人员包括局领导、法官、法官助理、书记员等，每个人的实践经验和办案能力呈现明显的层次化，因此需要进行专业分组分工；从集体视角来看，个体属于集体，集体需要对个体的行为进行有效管理，因此集体的主要职责是对个体进行监督、

① 参见孙研：《权利视角下的民事执行权改革》，载《当代法学》2010年第3期。

② 参见陈恒：《执行管理长效机制的构建》，载《法律适用》2019年第11期。

管理,规范个体行为的同时提升个体行为效率。结构化执行系统应设置不同事务组和执行指挥中心,明确人员分工,各组各司其职、高效配合。“案”的角度则需要从内外两个视角来分析,案件的表象呈现以案号代指的执行案件,从内部解构来看,则是由众多事项组合而成,执行案件的办理其实是由一个个独立事项的处理组合而成。因此,不仅需要对案件进行繁简分流,更要对单个案件中的众多处理事项进行繁简分流。以上搭建逻辑的展开实则呼应了系统的建设理念,即“案件办理+事务处理+监督管理的立体建设”理念。由此展开,需要以下的基本框架:

1. 执行人员的结构化——解构执行办理流程,专业分组分工协作

构建符合执行工作规律和特征的执行管理长效机制是破解执行难的关键。人民法院应将执行实施程序分为财产查控、财产处置、款物发放等不同阶段并明确时限要求,由不同的执行人员集中办理,互相监督,分权制衡,提高执行工作质量和效率。在解构案件办理流程的基础上,设置前置集约组、综合执行组、财产查控组、财产处置组和执行指挥中心,并根据不同执行人员的能力和特点将其分配入对应组别。执行指挥中心以执行专业法官会议为核心驱动,管理全部执行活动。各组的人员构成及分工职责如下(见表4)。

表4 执行人员的分组及主要职责

组别	人员构成	主要职责
前置集约组	书记员	核对立案信息;发送受理通知;发送执行通知等;网络查询;其他
综合执行组	资深法官担任组长,若干法官助理为组员	约谈当事人;财产初判;发起财产查控;协调财产处置权;发起处置任务;采取惩戒措施;结案办理;其他
财产查控组	司法警察	线上、线下财产查控;办理限制出境;现场调查;配合实施搜查、拘传、拘留、强制迁出;其他
财产处置组	资深法官担任组长,若干法官和具备财产处置经验的法官助理作为组员	上市公司股票、不动产、非上市公司股权、金融资产等财产的处置

续表

组别	人员构成	主要职责
执行指挥中心（专业法官会议）	所有执行法官	执行指挥中心监督管理全部执行活动。同时通过召开执行专业法官会议的方式讨论和决定财产处置启动、暂缓、终止，执行财产分配方案，罚款、拘留等严厉惩戒措施，执行转破产，重大案件的结案，强制迁出等重大执行事项

相较于前置集约组，综合执行组对规范性、专业性的要求更高，可以说综合执行组是案件办理的中转站，其需要对接包括执行专业法官会议、前置集约组、财产查控组和财产处置组在内的所有人员。系统内各组的运行架构见图3。

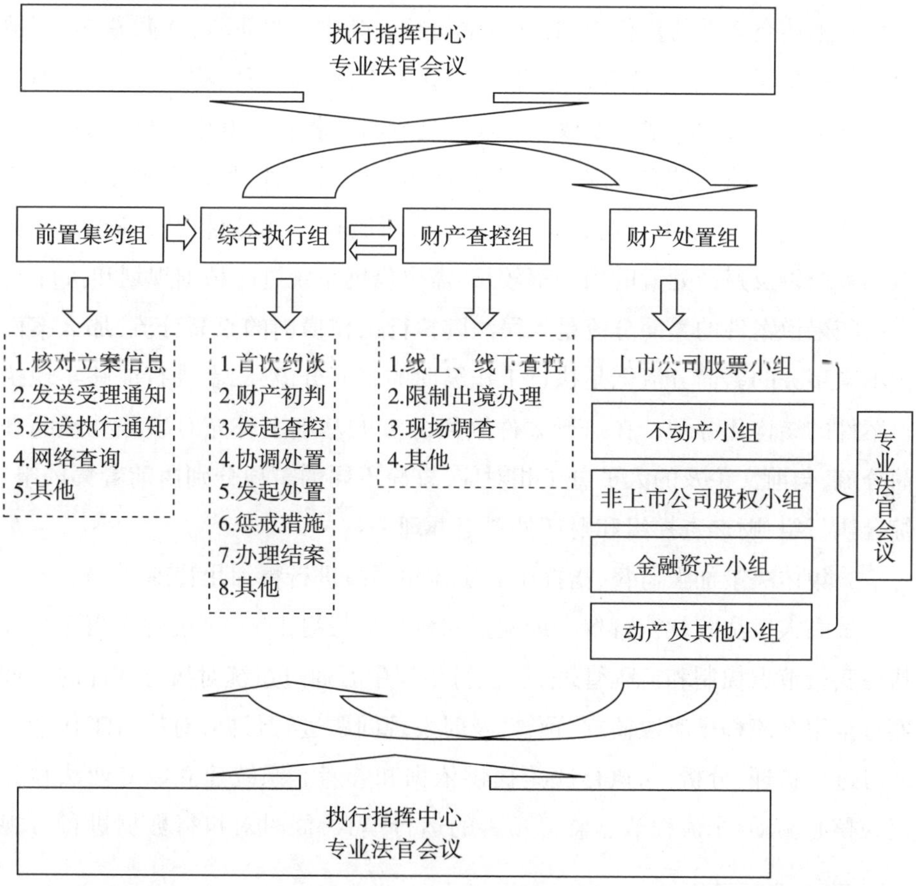

图3　系统内各组的运行架构

2. 执行案件的结构化——案件和事务的繁简分流

2021年12月,最高人民法院发布《关于进一步完善执行权制约机制加强执行监督的意见》,其中第7条规定,“健全事务集约、繁简分流的执行权运行机制”。在切实解决执行难路线明确勾勒完成以后,需要在执行领域加强繁简分流机制的改革探索,进一步明确繁简分流的程序设计,推进执行工作体系和能力现代化。实际上,可以通过系统的有序逻辑,以执行标的金额、财产数量和价值为区分标准,实现繁简分流。与普通案件相比,疑难、复杂案件数量少、标的大、案情复杂、财产价值高、处置难度高;简单案件数量多、标的小、案情类似、财产较少、处置速度快,繁简分流后以期实现“简案快执、难案精执”。其在系统中则体现为案件办理和事务处理时长的层次化设置。以证券虚假陈述类案件的执行为例,其申请执行人为中小投资者,人数众多,而被执行人则相同,为某一特定的上市公司,该类案件的执行流程基本一致,因此文书发送、执行约谈、案款发放等事项的处理时长相较于其他案件较短,一般应在一个月内执行结案。反之,部分金融借款纠纷案件,执行财产众多,需要同时处置不动产、上市公司股票、非上市公司股权等,前期执行约谈、财产调查和查控以及财产处置的周期都较长,需要借助系统进行精细规划和执行。

如果说案件的繁简分流是人民法院执行工作横向的繁简分流,那么案件中不同事务的繁简分流则是执行工作纵向的繁简分流,二者并行能够实现执行案件的结构化办理。在执行案件繁简分流的基础上补充对事务处理的繁简分流,与前文论及的人员分工相对应,繁简不同的事项分别由前置集约组、综合执行组、财产查控组和财产处置组办理。

3. 集体决策加强监督,指挥中心实体化运行进行精细化管理

最高人民法院就执行权合理配置和科学运行提出,人民法院应当对分段执行实行节点控制和流程管理。[①] 执行指挥中心通过系统对执行案件的办理实行全案全流程全时段监控、预警,及时发现问题进行督办,对执行工作情况及时进行梳理、分析,为执行决策提供依据和参考。系统建立以专业法官会议为核心驱动、全流程节点监督预警的运行模式,同时对执行数据进行可视

---

① 参见《最高人民法院关于执行权合理配置和科学运行的若干意见》第6条。

化处理，实现了执行指挥中心的实体化运行：一是执行指挥中心的实体化运行以专业法官会议为核心驱动。系统设置专业法官会议提起、召开、签发、结果反馈界面，每一个案件执行的关键事项必须经专业法官会议决议通过，否则系统无法运行至下一阶段。集体决策集体加强监督，能够有效防止廉政风险和自由裁量权不正当扩张。二是执行指挥中心实行全案全流程全时段监控、预警。系统不仅能够实时监测案件执限、超标的查控、财产控制期限、财产处置期限等关键节点信息，而且对于执行通知、总对总查询、点对点查询、当事人约谈等常规流程节点也能做到实时监测，真正做到每个案件“全方位、无死角”动态监管。三是执行指挥中心及时收集、分析执行数据，并做可视化处理反馈部门负责人。综合管理系统从案件办理和事务处理两个维度收集执行数据，并以高度可视化的方式呈现出来，便于执行指挥中心及时发现问题，实现大数据为执行工作强效赋能。具体操作流程见表5。

表5　执行案件与执行事务的繁简分流一览

案件繁简分流	简单案件	快执	执行指挥中心进行全流程监督、管理
	复杂案件	精执	
事务繁简分流	发送执行通知、发起网查等	前置集约组	
	执行约谈、财产初判等	综合执行组	
	财产查控、现场调查等	财产查控组	
	各类财产的处置	财产处置组	
	执行案件重要事项	专业法官会议	

（二）以执行公开化为目标打开执行公开的窗口

“正义不仅要实现，而且要以人们看得见的方式被实现。”针对执行当事人公开中存在的问题，系统应建立以下公开机制：

1. 执行信息“全流程公开”

结构化执行系统应当将执行案件办理的全流程信息向执行当事人公开，包括立案信息，受理案件通知书、执行通知书等文书送达信息，与当事人的约谈信息，财产查询、控制、初判、处置信息，执行款物到位和发放信息，惩戒措施信息，结案信息等。自案件立案后，执行系统便应对接公开网络，体系化、全方位公开前述信息,并告知执行当事人可登录自行查看。

2. 执行信息“实时公开”

滞后的信息公开会严重影响当事人在执行案件中的司法获得感。智慧执行系统应当将办案系统中的执行进展信息第一时间交互至公开网络,让当事人可以实时查看案件的执行情况,确保执行人员与执行当事人实时共享执行信息。

3. 执行信息“主动公开”

《最高人民法院关于人民法院执行公开的若干规定》第6条规定,人民法院在执行过程中,申请执行人要求了解案件执行进展情况的,执行人员应当如实告知。正是因为此条规定,人民法院的执行公开显现出被动公开的特点,若申请执行人未要求了解案件执行进展情况的,执行人员便不予告知。更有甚者,当事人明确要求时,执行人员以各种理由不告知,导致当事人的知情权无法获得有效保障。《最高人民法院关于进一步深化司法公开的意见》则明确了“主动公开”的基本原则,基于此,系统应当对接公开网络,将执行案件的全部办理信息强制交互至公开网络,对外公开,从而缩小执行人员在信息公开中不正当行使权利的空间。

4. 兼顾保密要求和坚持比例原则

人民法院在公开执行信息时,应兼顾保密的要求,对于涉及国家秘密、个人隐私和商业秘密等禁止公开的信息,应当不予公开;对于公开的财产信息,应进行保密处理,明确告知被公开主体不当传播执行信息的后果。与此同时,执行公开也应坚持比例原则,信息公开中涉及的财产价值不应明显超过案件的执行标的金额,公开财产的价值应当与执行标的金额相匹配,这是防止被执行人隐私和财产被不当侵犯的要求。

(三)以执行专业化为目标搭建财产执行的核心运行机制

执行专业化是对执行工作提出的更高要求,其集中体现在财产处置过程中。财产处置工作是兑现申请执行人胜诉权益的最关键环节。基于此,执行专业化的核心应是实现财产处置的专业化。结构化执行系统构建以财产执行为核心模块的运行机制,通过以下几个方面实现财产的专业化处置:一是前期准备工作专业。系统针对财产发现、甄别、控制的全流程进行有序引导、智慧辅助、精细管理,实现财产发现的全面化、财产甄别的精细化、财产控制的快速化。同时系统嵌入预估查封财产价值的智能算法,创立查封财产价值识别机制,避免超标的额执行,贯彻善意文明执行理念。二是人员配备专业。财产处置组中设置不同类型财产的专项处置小组,通过专业分工提高处置的效率和专业性。所有财产处置的启动、暂缓、终止等重大事项,需经执行专业法官会议讨论决定,通过集体决策,一方面有利于保证财产处置全流程的规范化,另一方面也有利于化解执行人员的工作压力,充分体现集体智慧和团队力量。三是处置方式专业。针对不同类型的财产,自动适用对应的处置方式,同时不断创新处置方式,探索最契合财产特点的处置方式。

1. 财产发现、甄别、控制进行精细化管理,筑牢处置基础

系统针对财产发现、甄别、控制、变价的全流程进行有序引导、智慧辅助、精细管理,实现财产发现的全面化、财产甄别的精细化、财产控制的快速化。

(1)财产发现全面化

发现财产是财产控制和变价的前提,全面搜寻被执行人财产线索是人民法院的职责所在。目前执行系统嵌入的财产发现渠道主要包括总对总系统、点对点系统和当事人信息关联系统。此外,执行系统补充自动抓取互联网信息的渠道和贯通当事人提供财产线索的渠道。针对当事人提供财产信息渠道,执行系统可以借助执行信息公开网络,在公开网络中开辟当事人录入财产信息窗口。当事人录入财产信息后,自动转入执行系统,由执行人员对财产线索进行可执行性判断,并将判断结果通过公开系统反馈给当事人。如此方能有效扩充系统的财产发现渠道,确保财产发现的全面化。

(2)财产甄别精准化

财产发现需要做到全面,是给财产"做加法",财产甄别则需要做到精准,给财产"做减法"。对于发现的财产线索,系统应能够初步识别财产的可执行性,并第一时间提醒综合执行组执行人员,由其人工判断财产是否需要采取控制措施。对于需要控制的财产,生成控制任务派发给财产查控组执行。"系统初识+人工判断"的运行机制,保证财产甄别的精准化,有效地增强财产控制的针对性。

同时,系统创建查封财产价值识别机制,嵌入预估查封财产价值的智能算法,通过互联网公开信息、其他执行案件处置信息、人工识别等方式准确预估股票、股权、基金份额、不动产等财产的价值,并自动计算对应案件的执行标的。若涉案查封财产的预估价值超过执行标的,系统自动预警,可以有效避免超标的额查封。

(3)财产控制快速化

快速查封、冻结、扣押涉案财产,是保障申请执行人胜诉权益的关键。系统对于综合执行组生成的控制任务,根据属地原则进行分派给财产查控组,同一地域的控制任务集约办理,设定不同财产的控制时限,有效提高财产控制的效率。对于出现财产可能被转移等紧急情况,由综合执行组提起加急办理需求,财产查控组应当立即加急办理,避免财产被转移。

2. 设置专项处置小组,专业法官集体评议,创新处置方式

(1)专业分工——设置财产专项处置小组

执行案件涉及的财产类型众多,包括不动产、上市公司股票、非上市公司股权、基金份额等,而每一类型财产的处置方式和流程有所差异。基于此,系统将财产划分为不动产、上市公司股票、非上市公司股权、金融资产、动产及其他,对应在财产处置组下设该类型财产的专项处置小组,即不动产处置小组、上市公司股票处置小组、非上市公司股权处置小组、金融资产处置小组、动产及其他财产处置小组,每一处置小组的人员对该种财产需具有丰富的处置经验,专业分工能够显著提高处置效率和专业性。系统运行过程中,实行财产处置任务智能派发、个别调度模式,专项小组的成员仅会被派发该小组专项处置的财产。

(2)专业评议——财产处置方式等关键事项集体决策

执行指挥中心实体化运行的核心驱动力便是专业法官会议的集体评议。作为执行案件的核心环节,财产处置关键事项的执行必须经专业法官会议决议通过。系统建立以执行专业法官会议为核心驱动、全流程节点监督预警的管理模式,实现执行指挥中心的实体化运行。对于所有财产处置的启动、暂缓、终止、案款分配方案、惩戒措施等,因涉及当事人或案外人重大利益,均需专业法官会议讨论决定,集体决策集体负责,保证财产处置全流程的规范性、

合理性。

(3)专业方式——创新财产处置方式

针对不同类型的财产,系统嵌入相应的处置方式判断逻辑,财产进入处置程序后,自动识别其类型并判断适用于何种处置方式,由系统给出处置方式判断建议。当然,处置方式的选择应由财产处置组提请执行指挥中心最终决定。另外,系统应嵌入财产处置的最新方式,如上海金融法院于2019年推出的大宗股票司法协助执行机制,创新股票的处置方式,智慧执行系统应将其嵌入其中。对于基金份额、债券、金融衍生品以及其他可能出现的新型财产,应给予执行人员探索创新处置方式的空间。

结　语

司法是维护社会公平正义的最后一道防线,而执行工作则是最后一道防线的最后一个环节,是胜诉当事人实现权益的最终保障。多年来,执行难问题一直困扰着法院工作。本文以上海金融法院的执行案件为分析样本,分析现行执行系统在破解执行难过程中存在的不足,提出执行模式由“一人包案到底”改革为“结构化执行”,系统建设理念由“案件办理的单线建设”转变为“案件办理+事务处理+监督管理的立体建设”,探索建立以财产执行为核心的结构化执行系统,实现科技赋能智慧执行,以期为切实解决执行难、为推动执行工作高质量发展作出积极的努力和应有的贡献。

司法实务

上市公司股票司法处置的探索与思考

——以上海金融法院2020年以来的司法实践为样本①

金殿军*　陈思远**

司法处置作为人民法院执行程序中一项重要的财产变价措施，是兑现胜诉当事人权益的关键一环。随着我国资本市场的高速发展，股票质押式回购交易激增，涉上市公司股票特别是大宗股票的执行案件呈逐年多发趋势。股票司法处置工作专业性强、涉及面广，若处置不当，极有可能引发股价的大幅波动，影响二级市场正常交易秩序，损害当事人、上市公司及中小投资者的合法权益。对此，上海金融法院于2019年11月推出大宗股票司法协助执行机制，开创了在证券交易场所内处置股票的先例，并形成了多元化的股票司法处置机制。本文以2020年1月至2022年6月上海金融法院的司法实践为样本，从中梳理出股票司法处置的整体情况，从规则设计、处置质效等角度，对比不同的司法处置方式，并针对实践中发现的问题与难点提出若干建议，以期为全国法院办理同类案件提供更多可复制、可推广的经验。

一、涉上市公司股票司法处置概况

2020年1月至2022年6月，上海金融法院办理的涉上市公司股票执行

① 本文获2022年上海法院优秀司法统计分析二等奖。

* 法学博士，上海金融法院执行局副局长。
** 法律硕士，上海金融法院执行局法官助理。

案件呈现出以下特点：

(一)司法处置标的多、类型广、金额大，整体处置质效良好

统计期内，累计发起处置上市公司股票242次，对应股票标的181件，其中，167件处置成功(103件最终成交，64件流拍后以物抵债或者第三人以流拍价购买)，7件悔拍，5件最终处置失败，1件因被执行人移送破产审查中止处置，1件尚未处置完毕。总体而言，股票处置成功率为92.27%。(见图1)

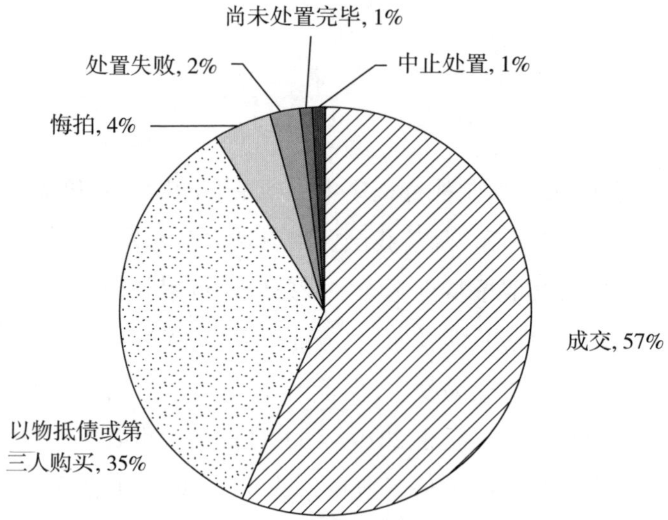

图1 标的处置情况

处置数量上，共发起处置各类股票6,723,924,737股，[①]最终成功处置5,012,330,029股(成交2,904,542,638股，抵债及第三人购买2,107,787,391股)；为当事人兑现胜诉权益23,562,290,099元(成交11,885,951,558元，抵债及第三人购买11,676,338,541元)。总体而言，成交平均溢价达11%。(见图2)

① 为避免重复，仅包含第一次处置程序中发起处置的股票数量；成功处置的股票中已剔除悔拍标的。

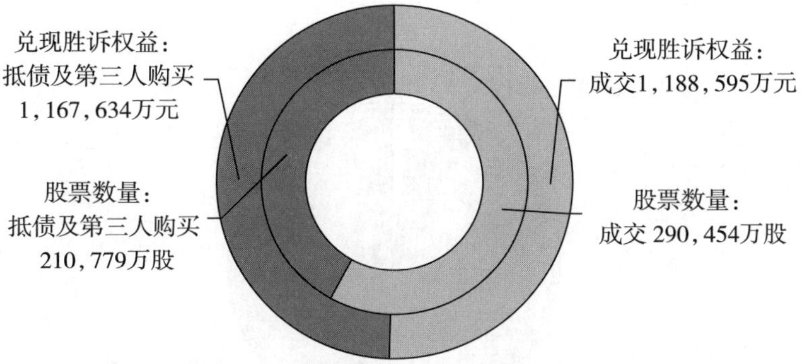

图 2 成功处置股票及兑现胜诉权益情况

股票类型上,共成功处置 A 股无限售流通股 4,603,683,829 股,A 股限售流通股 382,646,200 股,新三板无限售流通股 25,000,000 股,新三板限售流通股 1,000,000 股。尽管司法处置涉及多个股票类型,但 A 股无限售流通股以其较强的流动性成为主要的融资担保物。(见图 3)

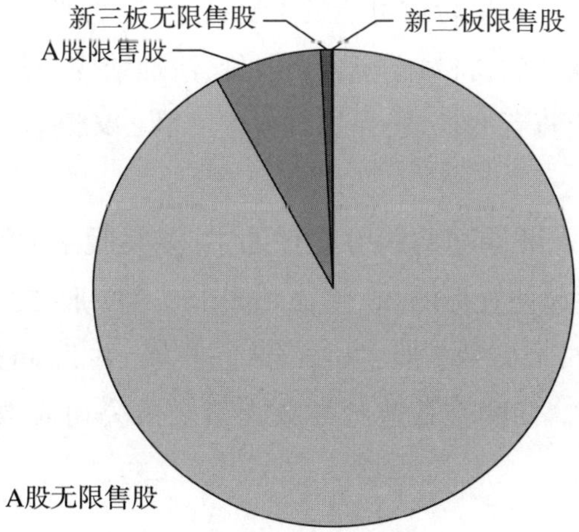

图 3 处置股票的类型情况

(二)司法处置影响广泛,部分标的公司发生控制权变更

统计期内,涉大宗股票司法处置的上市公司共 48 家,其中,A 股 44 家、新三板挂牌 3 家、B 股 1 家。各标的中,处置股票占公司总股本比例最高的为通过大宗股票司法协助执行机制(以下简称大宗协助机制)处置的“ST 安

信"股票(占比26.60%)及"*ST拉夏"股票(占比25.84%)。(见图4)

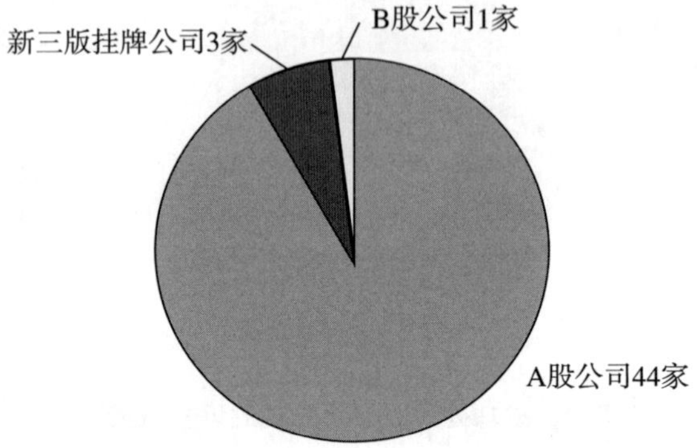

图4 涉大宗股票处置的上市公司情况

从股东身份来看,被执行人为控股股东、实际控制人(或者一致行动人)的上市公司共23家。涉案股票过户完成后,1家上市公司的控制权易主;[①]3家上市公司变更为无控股股东/实际控制人状态;[②]3家上市公司公告称,公司的控制权存在不稳定风险或可能发生变更。[③] 因大股东被动减持而导致的上市公司股权结构变动,将对上市公司股价、治理结构及经营决策产生影响,并涉及众多中小投资者的权益,在执行中应当慎之又慎。

(三)以质押式证券回购纠纷案件为主,涉案股票处置规模持续增长

2020年,共发起处置标的66件、2,168,188,347股;2021年,共发起处置标的81件、2,055,459,726股;2022年上半年,共发起处置标的34件、2,500,276,664股。回购交易违约导致大量上市公司股票进入司法处置程序。(见图5)

---

① 证券简称(可能发生变动,下同):ST瀚叶。
② 证券简称:上海莱士、银禧科技、*ST拉夏。
③ 证券简称:迪威迅、首航高科、*ST东洋。

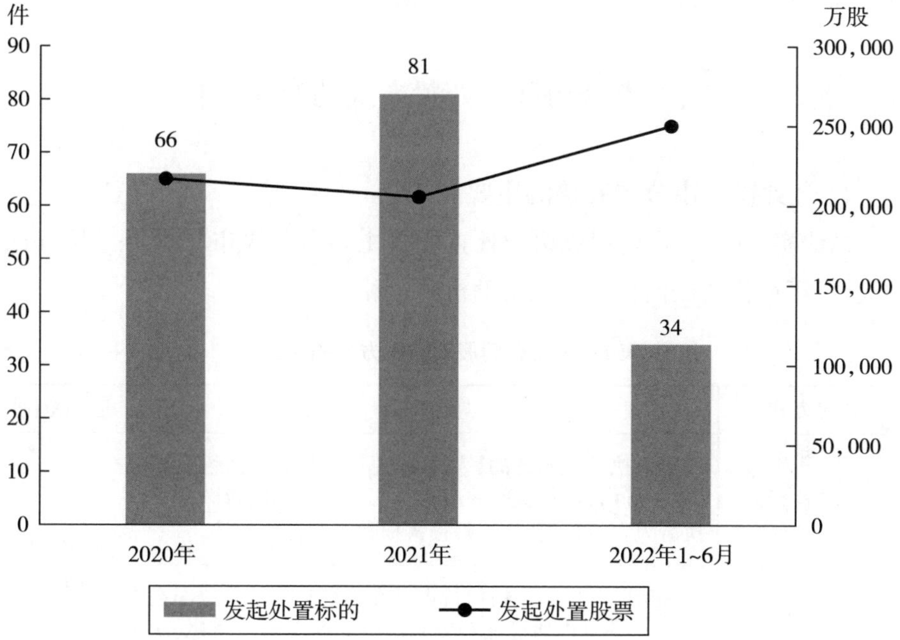

图5 各年度发起处置情况

统计期内,涉大宗股票处置的初次执行案件共计111件,超80%的案件系因约定购回式证券交易或质押式证券回购交易违约产生的纠纷,另有少量以股票担保的金融借款合同纠纷案件。此类案件之所以占绝对比重,需要归因于近年来股票质押融资业务的迅猛发展。

上市公司股票的约定购回式或质押式回购多属于场内交易,可以对资金融入方、融出方进行适当性管理,便于业务监管,且程序便捷、融资规模大,故受到市场青睐。自2011年、2013年分别批准开展以来,交易规模高速增长,逐步发展为证券公司的重要业务。但2018年的A股市场经历了大幅回撤,部分大股东因无法及时补充质押而出现爆仓,暴露其风险管理不善、规范运作意识不强的问题,同时对证券监管与上市公司治理提出了严峻挑战。例如,先后共33件初执案件涉及处置被执行人持有的“上海莱士”股票,合计占比超24%。

综上所述,多元化的股票处置机制有效保障了处置工作的科学化、精细化和规范化。但是,上市公司股票本身的特殊性叠加纠纷多发等因素的影响,无疑对司法变价程序的设计及实施提出了更加严格的要求。

二、上市公司股票处置方式的对比分析

(一)处置上市公司股票的主要方式

司法实践中,上市公司股票的处置方式主要有二级市场变价、网络司法拍卖(以下简称司法网拍)、大宗协助机制三种①(见表1)。

表1 上市公司股票处置方式的对比

<table>
<tr><th colspan="2">处置方式</th><th>具体内容</th><th>适用范围</th></tr>
<tr><td rowspan="2">二级市场变价</td><td>责令被执行人自行变价</td><td>经申请执行人同意的,人民法院可以责令被执行人限期30日内自行处置,并由执行法院控制相应价款。被执行人自行处置时,不得损害债权人利益[1]</td><td rowspan="2">小规模无限售流通股</td></tr>
<tr><td>指令证券公司变价</td><td>人民法院可以指令被执行人所在的证券公司营业部在30个交易日内通过证券交易将该证券卖出,并将变卖所得价款直接划付到人民法院指定的账户[2]</td></tr>
<tr><td colspan="2">司法网拍</td><td>人民法院依法通过互联网拍卖平台,以网络电子竞价方式公开处置大宗股票的强制执行行为</td><td rowspan="2">限售流通股、无限售流通股,主要针对大宗股票</td></tr>
<tr><td colspan="2">大宗协助机制</td><td>法院通过与证券交易所约定的渠道发布司法处置公告,依托于证券交易所内的司法协助执行平台完成竞买申报、竞价匹配、结果公示等询价竞买事项的强制变价措施</td></tr>
</table>

[1]参见《江苏省高级人民法院关于执行疑难问题的解答》第6条。
[2]参见《最高人民法院关于冻结、扣划证券交易结算资金有关问题的通知》第5条。

(二)二级市场变价的利弊分析

人民法院选择通过二级市场变价股票时,应当向被执行人或证券公司明确系通过集中竞价或大宗交易方式实施变价。二者的区别如表2所示:

① 对于即将满足解限售条件的限售流通股,部分法院还有先行强制扣划至申请执行人名下、待解除限售后再行变价的做法,但实践中适用较少。

表 2　二级市场变价方式的对比

变价方式	适用范围	优势	弊端
集中竞价(抛售)	零星股票	灵活简便	1. 在交易时段大量抛售股票极有可能对股价产生冲击; 2. 由于被执行人或证券公司必须限期完成抛售,难以保障股票价值的最大化
大宗交易	大宗股票	不影响二级市场实时行情	1. 有明确的最低数量限制;[1] 2. 影响投资者次日的交易信心; 3. 如拟处置的股票数量过多或者金额过大,可能无法成交

[1]参见《上海证券交易所交易规则》(2023 年修订)第 3.6.1 条、《深圳证券交易所交易规则》(2023 年修订)第 3.5.1 条,A 股单笔交易数量不低于 30 万股,或者交易金额不低于 200 万元,可以采用大宗交易方式。

此外,二级市场变价的弊端还有:难以实现较高溢价;无法用于处置限售流通股;受交易所减持规定的限制;①法院只能进行事后约束而无法全程监督等。因此,尽管二级市场变价可以在一定程度上节约司法资源,但其更适宜处置数量较少、金额较小的股票。统计期内,共委托证券公司处置小标的股票 18 件,涉及无限售流通股 171, 264, 100 股,处置金额 643, 371, 597 元。

(三)司法网拍与大宗协助机制的对比分析

针对大宗股票,实践中主要采用司法网拍与大宗协助机制两种方式进行处置。二者的根本区别在于,前者系在场外处置股票,而后者必须依托于证券交易所内的司法协助执行平台完成公告发布、竞买申报、竞价匹配、结果公示等事项。具体内容如表 3 所示。

① 参见沪深证券交易所关于就《上市公司股东及董事、监事、高级管理人员减持股份实施细则》的问题解答。

表3 司法网拍与大宗协助机制的规则对比

处置方式	司法网拍	大宗协助机制
处置平台	网络司法拍卖平台	交易场所内部平台
分拆规则	无明确规定,法院有自由裁量权	除不适宜分拆的外,均按1%进行分拆
最小单位	标的	竞买单元
竞买规则	公开竞价	场内询价
成交规则	竞价结束前确定,最后5分钟内有出价的相应顺延	询价结束后确定,以竞买期内的最后一次出价为有效出价
无限售股定价基准	实践中不统一,部分二拍起拍价与市价脱钩	统一以竞买日前二十个交易日收盘均价为基准
折扣比例	实践中不统一	按流通股、科创板流通股、限售股进行划分
处置程序	两次	三次
推介渠道	无	有
监管协作	无	有

1. 参与程度上,明确分拆标准、开辟推介渠道更有利于激发竞买人的积极性

作为处置的重要一环,对拟处置股票的分拆影响着竞买人的参与意愿与最终处置效果。目前,法律法规并未规定具体、明确的分拆规则,是否分拆处置以及如何进行分拆均属于法院的自由裁量范畴,需要由法官视个案情况而定。尽管足额分拆更有利于成交并契合善意文明执行理念,但公告制作、尾款催缴、送达及过户等工作量也将增加。在人案矛盾突出的背景下,部分案件中可能存在处置效率优先于效果的倾向,从而形成了不予分拆、参照5%的股票减持红线分拆、按照股票质押单元分拆等多种做法。各地司法网拍实践中存在分拆不足的问题,导致标的起拍价、保证金金额过高,竞买人在报名时不得不更加慎重。

基于此,大宗协助机制设置了兼具原则性与灵活性的分拆处置规则,明确以分拆处置为原则,以整体处置为例外。在第一次处置程序启动前,将数量较大、占比较高且不宜整体处置的股票分拆为若干个竞买单元批量处置,

每个单元所包含的最小竞买申报股数不应超过总股本的1%,竞买人可就一个或多个单元缴纳保证金,既保留了一定的自由裁量权,又赋予司法竞买以足够的灵活性。在通过大宗协助机制处置的31件标的中,除2件大额标的因可能产生控制权转让溢价而不宜分拆外,[①]其余标的均按每单元1%以下的标准进行分拆,合计分拆竞买单元156个,分拆最多的达20个。[②]

分拆后,股票起拍价及保证金大幅降低:司法网拍方式下,一拍标的的平均起拍价为149,799,027元,平均保证金为15,372,612元;大宗协助机制下,按竞买单元提交保证金,一拍单元的平均起拍价为84,932,728元,平均保证金为10,857,311元,较司法网拍分别下降43%、29%(见图6)。

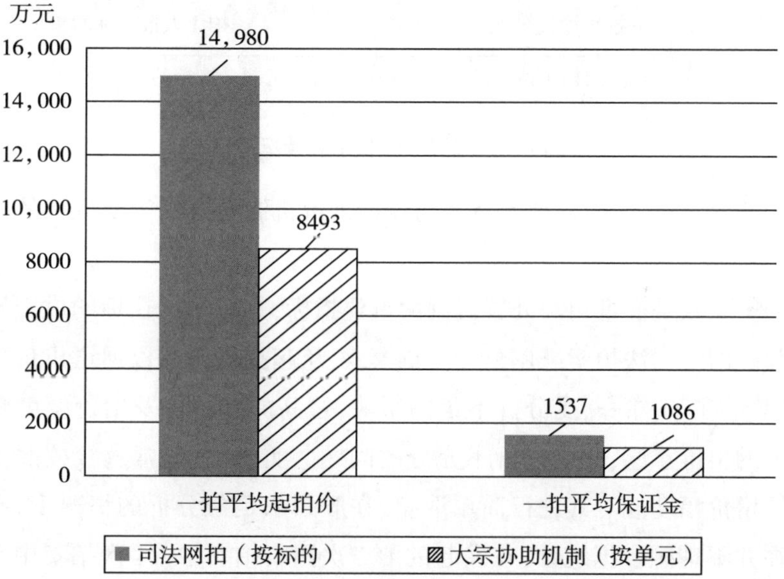

图6 大宗股票一拍平均起拍价与保证金对比

报名门槛的降低显著提高了竞买人的参与积极性:司法网拍方式下,一拍标的的平均报名1.21人次,共56件标的无人报名,占44%;大宗协助机制下,一拍标的的平均报名1.94人次,共9件标的无人报名,占29%(见图7)。

① 证券简称:ST安信、ST瀚叶。

② 证券简称:ST环球。

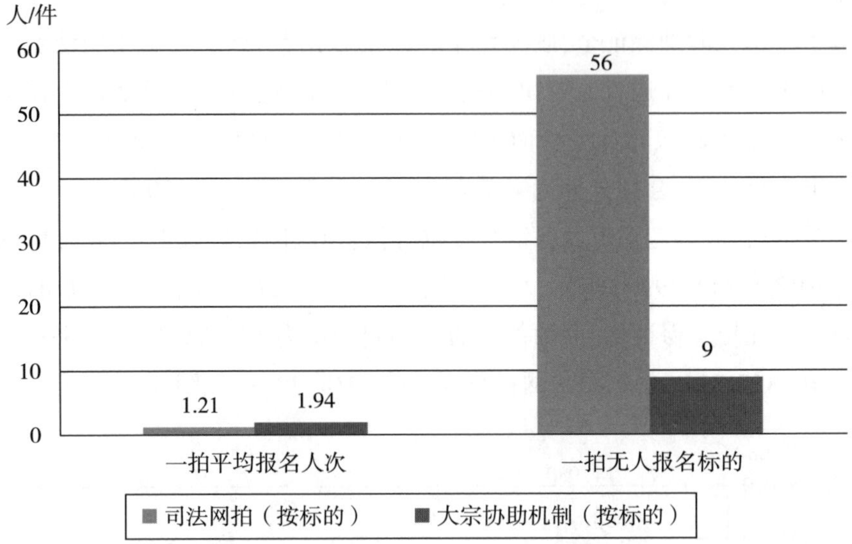

图7　大宗股票一拍报名情况对比

2. 处置质效上,引入单元竞买与投标询价机制更有利于实现标的成交与溢价

处置质效是衡量司法处置机制的重要指标,具体体现在标的成交及溢价两方面。网络司法拍卖采用公开竞价模式,从起拍价开始以递增出价方式竞价,其弊端在于:第一,受分拆不足的影响,过高的起拍价及增价幅度将影响竞买人的出价意愿,造成竞价不充分的问题。实践中,通常直接按照法定上限设置增价幅度或对其进行简单取整,在股票未足额分拆的情况下,出价情况往往并不理想。据统计,在发起的182次网络拍卖中,74次拍卖中无人报名,34次拍卖中虽有报名,但并无出价,21次拍卖中仅有1次出价。第二,报名和竞买过程全程公开,容易诱发压价、串标、突击报名等问题。

针对上述问题,大宗协助机制从程序设计上提供了双重保障:第一,改变传统的"标的批发"式竞买,代以更加灵活的"单元零售"方式,减轻竞买人的资金压力。第二,改变原有的公开竞价机制,借鉴IPO网下询价规定,①代以"场内投标询价"模式。明确在竞买人通过指定通道申报后、竞价匹配结果确

① 参见上海证券交易所《上海市场首次公开发行股票网下发行实施细则》第16条。

认前,报名人数、保证金缴纳、出价金额等情况均严格保密,以竞买结束前的最后一次申报为唯一有效出价,最终按照申报价格、竞买数量、出价时间的优先顺序自动匹配成交。由此,成交结果将更加符合股票的真实价值与投资者的价值认同,使司法处置回归价值发现的本源而非投机渠道。

成交方面,统计期内,共通过司法网拍方式发起处置 132 件标的,最终成交 63 件标的,成交率为 47.73%,成交金额 6,980,278,617 元;通过大宗协助机制发起处置 31 件标的,最终成交 22 件标的,成交率为 70.97%,成交金额 4,262,301,345 元(见图 8)。[①]

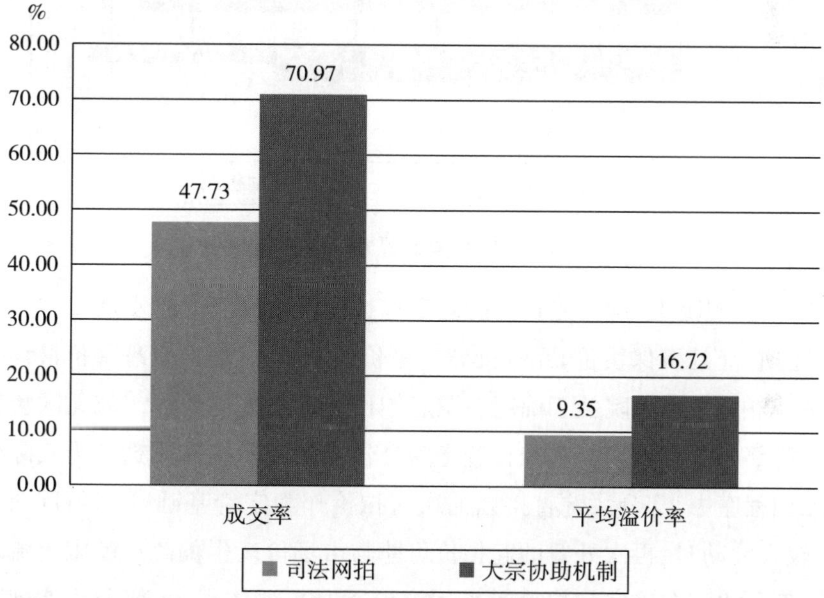

图 8　大宗股票处置质效对比

溢价方面,司法网拍方式下,成交平均溢价率为 9.35%,其中,零溢价成交的处置次数最多,占 36.51%;大宗协助机制下,成交平均溢价率为 16.72%,零溢价成交的处置次数占 25%(见图 9)。

① 为对比处置质效,本节未统计流拍后以物抵债及第三人购买的情况。

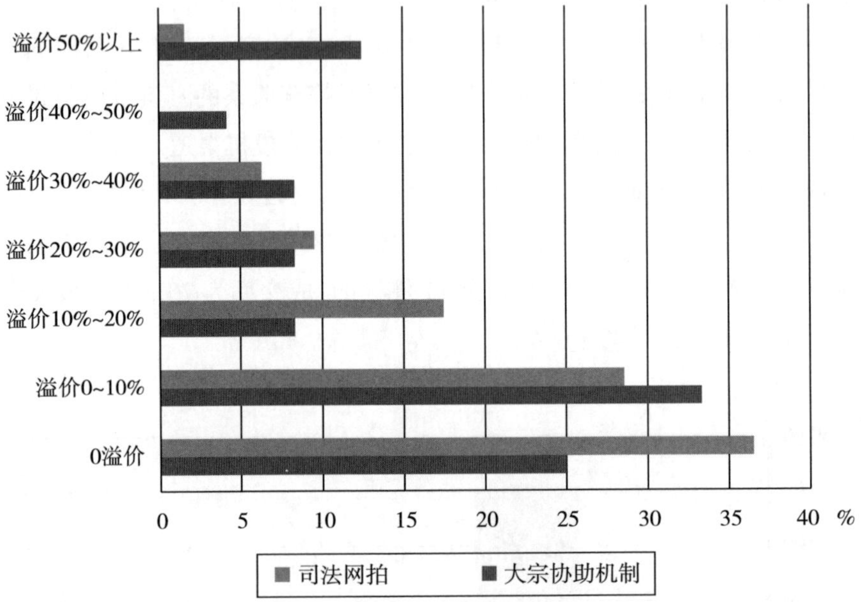

图9 大宗股票处置溢价情况对比

3.定价规范上,统一起拍价的确定标准使股票价值更加公允

起拍价(处置保留价)系在处置参考价的基础上,经过合理降价最终确定的。实践中,各地法院关于确定股票起拍价的做法差异较大。就无限售流通股而言,部分法院将定价基准日选定为公告日,[①]部分法院则选定为实际处置日;二拍程序中,部分法院直接以前次流拍价作为定价基础,[②]而当近期股价发生较大波动时,再次处置的起拍价可能与市场价产生偏离。就限售流通股而言,部分法院在确定起拍价时采用议价、询价、评估程序,部分法院则直接比照无限售流通股的价格确定。[③] 造成以上分歧的根源在于:一方面,股票的

① 参见北京市高级人民法院执行裁定书,(2022)京执复72号:"本院认为……北京二中院以拍卖公告日前20个交易日的收盘价均价乘以总股数的90%作为案涉股票起拍价,未违反上述司法解释的规定。"

② 参见深圳市中级人民法院《关于拍卖被执行人科瑞天诚投资控股有限公司持有的证券简称"上海莱士"18000000股质押股票的公告》,载淘宝网司法拍卖2022年5月24日,https://sf-item.taobao.com/sf_item/675755323836.htm。

③ 参见江苏省无锡市中级人民法院执行裁定书,(2021)苏02执异12号:"本院认为……对于限售流通股可比照上市流通股确定其股权价值。"

价值波动性较强，不同类型的股票之间差异较大；另一方面，现行的起拍价确定方法原则性较强、针对性较弱，并未结合各类股票的特点作出专门性规定。①

为此，大宗协助机制规定了明确的定价方法：首先，对于无限售流通股，统一按竞买日前20个交易日的收盘均价作为定价基准，对于限售流通股，则按照议价、询价、评估的流程确定起拍价；其次，结合不同性质股票的特点分别规定最高降价幅度；最后，明确根据处置前的交易活跃程度确定新三板股票的定价依据。

4. 监管协作上，建立互联互通机制有助于堵塞监管漏洞

证券监管方面，除适用《中华人民共和国公司法》及《中华人民共和国证券法》外，还应当针对不同行业的上市公司区分适用特定的监管规则。如变价程序启动前未与证券监管机构沟通，极有可能致使不适格主体参与竞买，引发后续争议。通过大宗协助机制，法院能够协助监管部门及时履行对证券市场主体的监管职能，证券交易所能够实时掌握股票处置进度及被执行人涉案情况。以通过大宗协助机制处置的"ST安信"股票为例，根据监管要求，金融产品、境内外的金融或非金融机构担任信托公司股东时需满足不同的资格条件。② 对此，处置公告中对竞买资格的事先确认作了特别提示。

三、上市公司股票司法处置的问题与难点

（一）各地法院关于股票的变价规范不统一

如前所述，现行法律及司法解释尚未就股票的司法处置事项作出明确、统一的规定，实践中，各地法院更多地依据经验做法或通过出台指导性意见加以规范。以无限售流通股的处置路径为例，深圳市中级人民法院规定，当拟变价股票数量占上市公司总股本比例为5%以下，符合大宗交易条件的，可

① 参见《最高人民法院关于人民法院网络司法拍卖若干问题的规定》第10条。

② 参见中国银行保险监督管理委员会《信托公司股权管理暂行办法》第11条至第16条。

以指令所托管的证券公司营业部在合理期限内以大宗交易的方式卖出;[①]上海金融法院规定,拟处置的上市公司股票数量超过上市公司股份总数的1%,或虽不到1%但受到减持限制无法通过二级市场集中竞价方式售出的,优先选择适用大宗股票司法协助执行方式。[②] 两地法院的做法有所差异。从善意文明执行理念及实践效果考量,如何统一大宗股票的处置方式,规范执行司法实践,成为亟待解决的问题。

(二)大宗股票协助机制存在上位法的缺失及适用上的空白

作为一项全新的变价措施,大宗协助机制尚缺乏法律和司法解释的明确支撑。此前,被执行人曾就上海金融法院采用大宗协助机制处置其持有的股票提起执行异议及复议。一方面,执行裁判部门经审查后认为,采用该种变价方式有利于保证股票价值的最大化和处置的公开、公正、高效,据此裁定驳回异议和复议。但另一方面,本案也反映出大宗协助机制的上位法依据尚未明确,在法律适用上容易引发不必要的争议。此外,该机制的性质为网络拍卖的新形式还是协助执行方式、证券交易所的地位是司法处置平台还是协助执行义务人等问题均有待明确。

目前,上海金融法院已与上海证券交易所就司法协助执行平台的搭建及运行达成了合作协议。该机制仅适用于沪市股票的处置,对于在深圳证券交易所、北京证券交易所、新三板市场交易的股票暂时无法适用,此项空白有待填补。

(三)上市公司股票的变价规则有待进一步完善

除前述关于起拍价的确定方法缺乏针对性外,现有法律及司法解释在股票变价方面还存在若干空白:对于处在退市整理期的股票或已转入代办股份转让系统的股票,起拍价应如何确定;变卖未成交的股票,市场价值确实发生重大变化的,重新启动处置程序的合理性及标准;限售股买受人对原股东公

---

① 参见广东省深圳市中级人民法院《关于强制执行上市公司股票的工作指引(试行)》第15条。

② 参见上海金融法院《关于执行程序中处置上市公司股票的规定》第17条。

开承诺的承继问题;限售股被冻结后,被执行人恶意阻却达成解禁条件的认定与买受人救济;就特定类型股票的竞买资格审核一节,是否有必要作为司法变价的前置程序以及实现路径;过户登记过程中新派发股息的归属等问题,均有待立法予以回应。

(四)司法机关与行政监管的协同效应有待加强

长期以来,司法变价尤其是网络拍卖程序独立于证券监管而实施,法院与证券监管部门之间信息沟通不畅、协同效应不强的问题时有发生,由于监管部门通常无法第一时间获取处置进展,信息披露依赖于上市公司、大股东的自觉履行,形成证券监管的盲区。常见的情形有,因司法被动减持导致被执行人的持股比例触及5%时,负有信息披露义务的相关主体怠于履行披露义务。[①] 例如,“巴安水务”股票被成功拍卖后,因被执行人未将案件进展告知上市公司,导致公司信息披露延迟;“仁东控股”股票二次流拍后以物抵债,但被执行人未能及时编制并披露权益变动报告书,反映出网络拍卖过程中司法与监管协作机制的缺失。

四、上市公司股票司法处置的对策与建议

(一)加强上市公司股票司法处置的立法供给与制度保障

在民事强制执行法即将出台的背景下,应通过立法的形式增设场内投标竞买的股票处置方式,明确大宗协助执行的性质,为扩大大宗协助机制的适用范围提供法律依据。同时,针对长期困扰上市公司股票执行司法实践的问题,应出台专门司法解释,弥补法律适用上的空白,为人民法院办理同类型案件提供明确指引。

(二)搭建全国统一的大宗协助执行平台

通过最高人民法院与中国证券监督管理委员会会商的形式,推动人民法

---

① 参见中国证券监督管理委员会《上市公司收购管理办法》第13条。

院与各证券交易所之间建立完善的大宗协助执行平台,早日实现同类股票适用同种处置机制。具体而言,明确证券交易所在司法协助执行中的主体地位,扩展证券交易所的司法协助职能,进一步覆盖保证金收退、竞买人资格审核等处置节点,扩大处置信息的推送范围。

(三)健全人民法院与证券监管部门的沟通协作

建立人民法院与证券监管部门的信息对接专用渠道,以实现司法变价程序与证券监管要求的有效衔接。针对执行中发现的问题,第一时间向监管部门反馈,共同防范、化解金融风险,维护金融安全稳定;对于纠纷多发、风控薄弱的证券公司,通过司法建议的形式,督促其规范开展场内、场外股票质押融资业务,完善尽职调查,严控项目质量,从源头上减少纠纷的产生;对于违约事件频发、滥用融资工具的上市公司股东,及时将风险隐患反馈至监管部门,敦促上市公司及股东树立风险管理意识,提醒相关义务人及时、准确履行信息披露义务,合力维护中小投资者的合法权益。

跨境金融民商事纠纷管辖规定适用问题研究

上海金融法院课题组*

一、域外管辖权的历史回溯

国际法上有关国内法律域外适用与国内法律域外管辖概念多有交叉，一般情况下可以替代使用。① 域外管辖是一国在其域外行使管辖权，包括域外立法管辖、域外执法管辖和域外司法管辖。② 从逻辑关系看，国内法律规定能够域外适用才会产生该法律域外管辖的效果，此处的域外适用是就立法适用空间范围而言，而域外管辖是根据司法执行的结果来定的，无论如何，域外适用和域外管辖二者密切相关，可以互为因果。③ 本文着重讨论域外司法管辖，域外立法管辖和域外执法管辖亦有涉及。

威斯特伐利亚时代确立了以地理边界作为划分一个国家法律权威和主权范围的重要标准，每个国家都可以要求对其边界内的所有活动和人员拥有完全管辖权。同理任何国家也不能要求对另一国境内的活动和人员拥有管辖权。这种模式也面临一定挑战，如在公海上的行为以及涉外案件。最初的解决方案是重新定义有关活动的地点，如将公海上的行为分配给船舶登记

---

* 本课题由上海金融法院立案庭庭长徐玮主持，课题组成员有杨仁感、石洋洋。本文节选自上海市高级人民法院2022年度优秀报批课题“浅析跨境金融民商事纠纷管辖规定的适用”。

① 参见马忠法、龚文娜：《法律域外适用的国际法依据及中国实践》，载《武陵学刊》2020年第5期。

② 参见李庆明：《论美国域外管辖：概念、实践及中国因应》，载《国际法研究》2019年第3期。

③ 参见马忠法、龚文娜：《法律域外适用的国际法依据及中国实践》，载《武陵学刊》2020年第5期。

国,将具有外国因素的案件虚构为国内案件以取得管辖权。[①] 之后转而寻求其他方案。

这期间具有标志性的案件是1927年"莲花号案"(The Lotus case)。该案判决指出,一个国家可以颁布旨在适用于其领土边界以外的人或行为的法律(立法管辖权),并可以授权其法院裁决由此产生的索赔(司法管辖权)。[②]"莲花号案"确立了国家突破传统管辖权的国际法依据。常设国际法院指出,在缺乏具体规则的情况下,国家有拓展立法管辖权的自由。[③] "莲花号案"确立的标准过于宽松,受到广泛批评。不过,"莲花号案"毕竟为国家行使域外管辖权提供了依据。随着国际贸易和其他形式的跨境活动的增多,域外管制变得更加频繁,特别是在20世纪下半叶加速,由此也引发了管辖权冲突国际合法性的讨论。

(一)基于管辖权基础的域外管辖权扩展

国际习惯法允许行使域外管辖权,前提是规范国和规范目标国之间存在适当的联系。[④] 这种联系需要具备具体的管辖权基础。最常见的基础是领土(属地原则)和国籍(属人原则)。领土包括主观领土和客观领土,分别针对行为发生在国内而影响到国外和行为发生在国外而伤害及于国内的情形。国籍也包括主动国籍和被动国籍,分别针对其国民在国外实施行为和其国民受到领土外行为影响的情形。特殊的管辖权基础包括保护原则(一个国家可以对发生在其领土之外影响其自身安全或其国家基本利益的行为进行监管)和普遍管辖原则(规范涉及所有国家共同利益的某些危害国际社会的罪行)。随着时间推移,域外管辖权依据这些理论均存在不同程度的扩展。

1. 基于属人原则的扩展

常见的非属地管辖权基础是主动国籍。无论在刑事还是民事领域,主动

---

① See K. Miles, *Uneven Empires: Extraterritoriality and the Early Trading Companies*, The Extraterritoriality of Law: History, Theory, Politics, 2019, p. 87.

② See SS Lotus (France v. Turkey), (1927) PCIJ Series A. No. 10, at 19.

③ 参见孙南翔:《裁量余地原则在国际争端解决中的适用及其拓展》,载《国际法研究》2018年第4期。

④ See C. Ryngaert, *Jurisdiction in International Law*, Oxford University Press, 2015, p. 35.

国籍管辖权在主体范围和行使频率方面都受到限制。到了20世纪,基于国籍行使管辖权进一步扩大。

2. 基于普遍管辖原则的扩展

对于国际法规定的特别严重罪行,一国具有普遍管辖权,当无异议。国际习惯法允许普遍的刑事管辖权,[①]但只适用于严格限定的一类罪行,即不仅违反起诉国的公共秩序,而且违反整个国际社会公共秩序的罪行。罪行的具体类别仍然存在争议。将普遍管辖权扩大到民事范围同样具有争议。如美国法院曾基于外国公司在其他国家发生的活动损害了非美国公民的利益,以《外国人侵权法》(Alien Tort Statute,ATS)作为手段,对其行使了管辖权。

3. 基于属地原则的扩展

属地管辖仍然属于一国行使管辖权的典型形式。但是,有些情况下行使属地管辖权往往被认为是过度行使并遭到抵制。

(1)弱联系(Weak links)扩展

在某些情况下,微弱联系即可成为一个国家主张管辖权的依据。在英美两国,即使非居民被告在法院区内短暂存在,只要他在法院区内被送达,也被认为足以允许对被告的任何索赔拥有管辖权。[②] 根据德国《民事诉讼法》第23条的规定,如果被告的任何财产位于法院地区,法院可以对缺席的非居民被告主张管辖权。[③] 与这些典型弱联系相比,依据更微弱的联系而行使管辖权的典型是美国,如制定了许多针对欺诈和其他形式的金融不当行为的法规,这些法规延伸到使用美国电汇或支付系统的任何情况。经济合作与发展组织(Organization for Economic Co-operation and Development,OECD)《关于打击国际商业交易中行贿外国公职人员行为的公约》明确鼓励成员国广泛解释管辖权的领土基础,如“不需要与贿赂法有广泛的物理联系”[④]。这类管辖权行使被认为不符合国际法,近年来受到限制。

---

① See UN Secretary-General, The Scope and Application of the Principle of Universal Jurisdiction, UN Doc. A/66/93 (20 June 2011).

② Burnham v. Superior Court, 495 US 604 (1990).

③ Zivilprozessordnung (ZPO), para. 23,1877.

④ Convention on Combating Bribery of Foreign Public Officials in International Business Transactions Article 4 (1).

(2)主观领土扩展

在某些情况下,基于领土管辖权的国内管制措施可能对其他国家产生重大影响,从而形成一种间接的域外管辖权形式。美国的《萨班斯-奥克斯利法案》(Sarbanes-Oxley Act)就是一个例证。[①] 再如,欧盟碳排放交易计划对航空公司的监管。在某些情况下,这种类型监管的域外影响可能非常大,足以形成一种全球形式域外管辖权。

(3)效力管辖权扩展

在20世纪中,管辖权的属地基础扩展到行为发生在其他地方、但其影响及于国内的情形,即后来众所周知的"效力"原则。例如,美国铝业(Alcoa)案认为,仅本地损害就足以支持行使管辖权。[②] 同样地,这种扩展也带来争议。如英国就认为,效力管辖权不符合国际法,只有在有关行为发生在该国时才存在领土管辖权。[③] 但是,随着时间的推移,效力管辖权成为各国在全球化面前维持对其市场的管制控制的必要工具,特别是在竞争法领域。许多最初反对的国家最终进行了自己的效力管辖权实践。[④]

(二)基于条约扩展域外管辖权

在20世纪下半叶,国际社会越来越多地求助于多边条约,以其作为应对跨国监管挑战的途径。这一战略在国际环境管制领域很明显,如《里约环境与发展宣言》。反腐败立法的发展特别清楚地说明条约制度在扩大域外管辖权做法方面的影响。随着时间推移及全球化的发展,在公法领域,各国越来越多地依靠条约来分配对特定空间和活动的管辖权。比如《维也纳外交关系公约》和《维也纳领事关系公约》,外交和领事场所在授权国的领土内,因此

① The Public Company Accounting Reform and Investor Protection Act of 2002, Pub. L. No. 107－204, 107th Congress, 2nd Session.

② See US v. Aluminum Co. of America, 148 F.2d 416, 443 (2d. Cir. 1945).

③ See A. Vaughan Lowe, *Extraterritorial Jurisdiction: The British Practice*, Rabels Zeitschrift für ausländisches und internationales Privatrecht p.157－203 (1988).

④ See Restatement (Fourth) of Foreign Relations Law of the United States at para. 409.

在领土管辖范围内。① 这种地方法律豁免基于国家同意。

(三)对域外管辖权扩展的限制

域外管辖权的扩展给管辖权冲突的国家带来挑战,因此需要对此进行限制。国际法并不禁止域外管辖权本身,但将其限定于"合理"的范围内。例如,在影响原则最初发展的竞争法领域,为了建立对外国行为的管辖权,地方影响必须是"重大的"或"实质性的"。② 美国联邦最高法院(US Supreme Court)在莫里森(Morrison)证券诉讼中的裁决主旨是,不能依靠与相关法律的监管目标无关的领土联系来确立对外国行为的管辖权,"真正联系"的要求只是对域外法律适用的最低限度的限制。③ 此外,"礼让原则"也成为各国处理管辖权冲突的重要考量因素。④ 考虑到互惠合作的好处,各机构在作出单方面执法决定时常常考虑外国利益,它们还通过双边和多边文书,旨在促进这种形式的相对尊重。

二、金融领域域外管辖权比较研究

(一)国际法对于域外管辖的态度

一般认为,域外立法管辖和域外司法管辖在国际法上均具有正当性,域外执法管辖则需要严格限制在一国领土范围内。⑤ 在遵循基本的国际法原则前提下,一国金融法规的域外适用并没有过多的国际法障碍,只需要寻找一定的管辖连接即可。近年来,随着金融法规的域外适用情形越来越多,国际

---

① See Convention on Diplomatic Relations, 500 UNTS 95 (entered into force 24 April 1964), Article 21; Convention on Consular Relations, 596 UNTS 261 (entered into force 19 March 1967), Article 4 (1).

② See International Law Commission, Report to the General Assembly, Annex V [2006] 2 (2) (Report prepared by the ILC Secretariat).

③ See Morrison v. National Australia Bank, 561 US 247 (2010).

④ See F. A. Mann, *The Doctrine of International Jurisdiction Revisited after Twenty Years*, Collected Courses of the Hague Academy of International Law Vol. 186, p. 9(1984).

⑤ See F. A. Mann, *The Doctrine of International Jurisdiction Revisited after Twenty Years*, Collected Courses of the Hague Academy of International Law Vol. 186, p. 9(1984);宋晓:《域外管辖的体系构造:立法管辖与司法管辖之界分》,载《法学研究》2021 年第 3 期。

法层面也曾有过努力推动形成统一的规则,但并未取得实质进展。现阶段,虽然不同国家在决定其国内金融法规的域外适用与否、域外适用管辖连接时通常会考虑国际法基本原则,但这更大程度上是基于本国利益和国际关系协调的考量,而非慑于国际法的强制力。

(二)美国域外管辖实践

美国的法院和政府部门对金融法规域外适用效力的认识并不一致。在一系列民事诉讼案件中,美国联邦最高法院重申了对美国法律域外适用的假设,即假定美国法律只适用于发生在美国境内的行为,除非特定法律规则明确规定它具有域外适用的效力。在实践中,这种假设对美国检察官和监管机构调查、提起涉及外国行为的诉讼的权力是一种重要但有限的制约。①

在证券法领域,2010年美国联邦最高法院在莫里森案中首次对证券欺诈案件中美国国内法的域外适用问题作出判决,并创设了"交易标准"。莫里森案判决作为美国联邦最高法院的先例极大限缩了美国《证券交易法》反欺诈条款的域外适用范围。但紧随着莫里森案判决的作出,美国国会通过了《多德-弗兰克法案》(Dodd-Frank Act),表达了美国国会对于维持美国证券法规先前域外适用范围的明确意图,如《多德-弗兰克法案》第929P(b)条的规定。② 由此,美国证券法规的域外适用出现了一分为二的局面:在美国证券交易委员会(United States Securities and Exchange Commission, SEC)等行政监管部门提起的公共执法诉讼中采用《多德-弗兰克法案》规定的行为标准和影响标准,故而具有广泛的域外适用效力;在投资者提起的私人诉讼中采用莫里森案判决中确立的交易标准,故而域外适用的范围较为有限。③ 在衍生品市场和大宗商品市场,也均体现出与证券市场类似的思路。④

---

① See Horder J., *The Practitioner's Guide to Global Investigations*, Criminal Law Review, p. 96-97(2020).

② See Dodd-Frank Wall Street Reform and Consumer Protection Act. Public Law 111-203, July 21, 2010.

③ 上海金融法院课题组:《金融法领域的域外管辖与适用研究——以证券法域外适用为例》,载赵红主编:《金融审判前沿》第3辑,法律出版社2022年版。

④ See John C. Coffee Jr., *Extraterritorial Financial Regulation: Why E. T. Can't Come Home*, 99 Cornell L. Rev. p. 1259-1274(2014).

(三)新加坡域外管辖实践

在金融法规域外适用问题上,新加坡基本持肯定态度,但也比较谨慎。新加坡《证券和期货法》第 339 条规定[①],域外行为在新加坡的影响必须是实质性的和合理可预见的。从上述规定看,新加坡《证券和期货法》的域外适用必须具备十分严格的条件。

此外,在考虑新加坡《证券和期货法》第 339(2)条是否适用于完全在新加坡境外实施活动的外国实体时,新加坡金融监管局(Monetary Authority of Singapore,MAS)在新加坡《证券和期货法》的"适用指引"中列明了考虑因素,并对"实质性"和"合理可预见"进行详细阐释;同时,该"适用指引"还列明了新加坡《证券和期货法》第 339(2)条不适用的一般原则。[②] 上述新加坡《证券和期货法》域外适用中所采用的"实质性"和"合理可预见"标准,一定程度上也参考了美国证券法的域外适用规则,同时兼顾了自身金融市场发展、金融行业监管的需求。

(四)欧盟域外管辖实践

欧盟国家积极采取管辖权冲突的多边解决之道:首先,欧盟通过法院判例审慎确立了"实施地"原则,避免欧盟各成员法院过度行使域外管辖权;其次,欧盟区分了一国经济法(或称经济管理法)中的私法和公法,对于涉及侵权赔偿的私法问题采用多边方法制定冲突法规则,而对于外国经济法中的公法规则,授权法院作为事实在个案中斟酌适用,从法律适用方面减缓了域外管辖(国内法规域外适用)的负面影响。[③] 例如,欧盟为反制美国"长臂管辖",于 1996 年通过了《关于反对第三国立法域外适用的第 2271/96 号条例》。2021 年 1 月 19 日,欧盟宣布将考虑修订上述条例,以进一步遏制和抵

---

① See The Statutes of the Republic of Singapore Securities Futures Act 2001, The Law Revision Commission under the Authority of the Revised Edition of the Laws Act 1983.

② See Guidelines on the Application of Section 339 (Extra-Territoriality) of the Securities and Futures Act [SFA 15 - G01].

③ 参见许庆坤:《美国长臂管辖权的多维检视及我国因应之策》,载《环球法律评论》2021 年第 6 期。

制欧盟以外国家对欧盟运营商实施非法的域外制裁。但其在实践中如何实施及其实施效果,仍有待观察。从金融行业角度看,主要原因还是因为美国金融行业在全球占据主导地位,欧洲的金融机构如果不执行美国的域外制裁、不遵守美国的法律,可能就无法与美国金融机构进行交易,而这可能意味着该机构在全球将很难找到合适的交易对手,导致其无法经营。[①]

(五)英国域外管辖实践

作为普通法起源地的英国,也长期谨守经济法的属地性,英国的立法一般推定不具有域外效力;这种推定做法,既植根于国际法的要求,也植根于建立在国家间相互尊重基础上的礼让概念。在近期一个案例中,英国最高法院作出一项重要决定,限制英国严重欺诈办公室(the Serious Fraud Office, SFO)根据英国 1987 年《刑事司法法案》第 2(3)条的规定强制出示在英国境外持有的文件的权力范围。在金融制裁领域,英国司法管辖的范围较广,只要当事人与英国建立了某种联系。比如,在英国境内的任何人,即在英国领土内从事活动的人以及所有英国国民和所有英国法人实体(包括分支机构和外国公司的英国子公司),无论他们在世界上的何处,也无论他们的活动在何处发生。[②]

(六)澳大利亚域外管辖实践

澳大利亚的域外立法规范澳大利亚本国人和外国人的行为。例如,《反洗钱和反恐怖融资法案》第 26(1)条规定,"该法案适用于澳大利亚以外的行为、不作为、事项和事物"。2012 年《公司立法修正案(衍生交易)法案》则体现了澳大利亚在法律域外适用领域的克制。澳大利亚和一些国家的政府意识到,每个国家都通过立法履行自己的义务,可能会导致法律冲突。国家政府及其监管机构应共同努力,以减少潜在的冲突。为了实现这一目标,澳大

---

① 参见"金融监管域外管辖权"课题组:《欧美金融监管域外管辖权扩张影响几何?》,载《金融市场研究》2013 年第 1 期。

② See Horder J., *The Practitioner's Guide to Global Investigations*, Criminal Law Review, p. 96 – 97(2020).

利亚没有制定详细的规则，而是制定了一个框架，以建立一种机制，通过辅助条例和规则以及跨境便利，以实现多国协调。[①] 澳大利亚在主张竞争法事项的域外司法管辖权方面采取了一种保守的做法，在澳大利亚，只有当涉及的实体在澳大利亚注册、经营或是澳大利亚的公民或普通居民时，澳大利亚法院才有管辖权。[②] 坚持严格的属地原则、属人原则，是多数国家对待金融法规等经济法域外适用的基本态度。

三、管辖跨境金融民商事纠纷的现实考察

（一）管辖跨境金融民商事纠纷的背景

1. 跨境金融交易活动越发普遍

近年来，随着我国金融市场的进一步改革开放，跨境金融交易活动越发普遍，参与跨境证券、期货、保险等金融交易活动的境内投资者（包括机构、个人等）越来越多，资金规模也越来越大。招商银行和贝恩银行联合发布的《2021 年中国私人财富报告》预测，2022 年，中国"高净值人群"境外可投资资产占比将升至 30%，我国香港特别行政区、美国、新加坡是 2021 年提及率最高的三个资产中转站。[③] 据"智研咨询"统计，2021 年，中国对外证券投资资产 9796.8 亿美元，较上年增加 798.3 亿美元，同比增长 8.87%。[④]

2. 跨境金融民商事纠纷不断出现

近年来，境外上市公司信息披露违法违规、境外保险公司拒绝理赔等引发的境内投资者与境外金融市场主体之间的证券侵权纠纷、保险合同纠纷等跨境金融民商事纠纷越来越多。以瑞幸咖啡财务造假事件为例，上海某一律

---

① See Edmond Wong, *Australia's Extraterritorial Legislation and the Financial Sector: Challenges and Options in the Asian Century* (masters' thesis, UNSW Business School, 2019).

② See Deborah Senz & Hilary Charlesworth, *Building Blocks: Australia's Response to Foreign Extraterritorial Legislation*, Melbourne Journal of International Law, Vol. 2, p. 69 – 121 (2001).

③ 参见招商银行、贝恩公司：《2021 中国私人财富报告》，载贝恩官网 2021 年 8 月 26 日，https://www.bain.cn/pdfs/202108260549406724.pdf。

④ 参见《2021 年中国对外证券投资资产统计分析：对外证券投资资产 9796.8 亿美元》，载产业信息网智研观点 2022 年 6 月 20 日，https://www.chyxx.com/industry/1113211.html。

所自称先后有20名意向者和百余人向其咨询诉讼事宜,[①]从这一事件相关数据可以预计,潜在的跨境金融民商事纠纷数量非常庞大。

3. 境内个人投资者在境外提起诉讼存在诸多困难

境外发起诉讼对于境内个人投资者来说,存在一些难题。首先,境内个人投资者欠缺境外诉讼的法律知识和操作经验。不同国家和地区的民事诉讼规则差异较大,美国、英国等国家法律体系与我国法律体系完全不同,诉讼程序也有较大差别,境内投资者很难适应。其次,境内个人投资者委托境外律师代理诉讼较为不便。一方面,因为不熟悉境外诉讼程序、境外律师行业资质、境外律师收费标准等,境内个人投资者难以顺利找到符合案件需求的境外律师,往往需要耗费大量的时间精力。另一方面,即便能够联系到符合案件需求的境外律师,由于审阅聘请律师合同、授权文件等较困难,缺乏专业法律知识的境内个人投资者也容易落入各类"文字陷阱",导致自身在委托代理关系中较为被动,乃至被"坑害"。最后,境内个人投资者难以负担境外诉讼的高成本。境外律师收费标准通常较高,且一旦在境外败诉,将因此负担胜诉方高额的律师费用及法院审理费用(包括案件受理费、法庭调查、证人出庭等费用),[②]这对于境内个人投资者而言将是沉重的负担。

(二)管辖跨境金融民商事纠纷的意义

1. 推动《中华人民共和国证券法》(以下简称《证券法》)域外适用条款的真正落地

最高人民法院《关于北京金融法院案件管辖的规定》与修订后的《关于上海金融法院案件管辖的规定》(以下简称《管辖规定》)关于域外管辖的条款的法律依据正是《证券法》第2条第4款,可以说,《管辖规定》是为了《证券法》第2条第4款而生的。《管辖规定》出台后,我国境内投资者可以援引

---

① 参见李婷、石丹:《瑞幸或成中概股投资人境内集体起诉首案"暴雷"之下何处安身?》,载腾讯网2021年5月14日,https://new.qq.com/rain/a/20210514A08R1P00。

② 以美国联邦法院为例,当事人在美国联邦法院诉讼应交纳的审理费用包括案件受理费、因庭外录取证言和庭审速记而支付给法院记录员的费用、出庭证人的费用、胜诉方在诉讼中支付的诸如文件费、复印费等小额费用、执行官/法庭任命的专家和翻译人员的费用等。参见周成泓:《美国民事诉讼费用制度及其对我国的启示》,载《法律适用》2006年第3期。

《证券法》第 2 条第 4 款向北京金融法院、上海金融法院提起跨境金融民商事纠纷诉讼，解决了跨境金融民商事纠纷境内管辖的难题。《证券法》第 2 条第 4 款也将在具体案件中得以适用，该条款将不仅作为“宣示性条文”存在，而将真正发挥其作用。

2. 有效维护境内投资者的合法权益

《管辖规定》出台后，境内个人或机构可依据《管辖规定》选择至北京金融法院、上海金融法院提起跨境金融民商事纠纷诉讼，境内管辖法院难以寻觅的问题将迎刃而解。境内投资者依据《管辖规定》提起跨境金融民商事纠纷诉讼，将适用《中华人民共和国民事诉讼法》(以下简称《民事诉讼法》)等境内民事诉讼程序规定，可以委托境内律师或符合《民事诉讼法》规定的代理人参加诉讼，可以更方便、更容易地提交诉状、举证质证、参与庭审、申请执行、申诉再审等，省去了上文提及的境外诉讼的大量麻烦。同时，境内投资者可以节约大量诉讼成本，包括法律咨询费用、境外律师代理费用、差旅费用、翻译费用、身份材料及证据材料的公证认证转递费用等。

3. 维护我国在国际金融纠纷中的司法主权

《管辖规定》通过赋予上海金融法院、北京金融法院对跨境金融民商事纠纷的管辖权，有助于将上海、北京打造成为国际金融纠纷解决的优选地，[①]推动更多国际金融纠纷在我国司法体系中的最终解决，有利于维护我国在国际金融纠纷中的司法主权。通过比较观察可以发现，目前许多国家已有对跨境金融民商事纠纷行使管辖权的先例，部分国家迈出的步伐还比较大。为维护境内金融市场秩序，保护境内投资者等境内金融市场主体的合法权益，我国法院也有必要对跨境金融民商事纠纷行使司法管辖权。

---

① 参见《完善案件管辖范围 充分发挥金融司法职能——最高法民二庭负责人就修改〈最高人民法院关于上海金融法院案件管辖的规定〉答记者问》，载最高人民法院网 2021 年 4 月 22 日，https://www.court.gov.cn/zixun-xiangqing-297961.html。

四、管辖跨境金融民商事纠纷的实践思考

(一)管辖跨境金融民商事纠纷的原则

通过对管辖跨境金融民商事纠纷的比较研究及现实考察,本文对管辖跨境金融民商事纠纷总结了如下原则。

1. 对等原则

我国《民事诉讼法》有关于对等原则的规定。《民事诉讼法》第5条第2款规定:"外国法院对中华人民共和国公民、法人和其他组织的民事诉讼权利加以限制的,中华人民共和国人民法院对该国公民、企业和组织的民事诉讼权利,实行对等原则。"这一规定是针对外国法院限制我国当事人民事诉讼权利的做法,看似与管辖跨境金融民商事纠纷无关,但从广义角度来看,外国法院对跨境金融民商事纠纷行使司法管辖权也可视作对我国当事人民事诉讼权利的限制。因此,将对等原则适用于管辖跨境金融民商事纠纷,也符合我国《民事诉讼法》的规定和立法精神。

跨境金融民商事纠纷诉讼,因涉及国内金融法规的域外适用、境外金融交易活动等,将产生一定国际影响。我国虽然不应当任意扩大国内法的域外适用范围,但也不能不在国际法许可范围内构建我国法的域外适用法律体系。① 根据对等原则,对于管辖跨境金融民商事纠纷较为克制的外国法院,我国法院也可在管辖与该国相关的跨境金融民商事纠纷时保持克制、谦抑的态度。对于管辖跨境金融民商事纠纷较为恣意的外国法院,我国法院也可在管辖与该国相关的跨境金融民商事纠纷时保持更积极的态度。

2. 限制适用原则

跨境金融民商事纠纷诉讼属于私法领域的诉讼,诉讼目的是维护境内投资者的合法权益。对于此类私法领域诉讼,各国的通行做法是对国内金融法规的域外适用效力、国内法院的域外管辖权予以限制。从纠纷内容上看,跨境金融民商事纠纷一般不涉及本国国家利益、公共利益等。

---

① 参见肖永平:《"长臂管辖权"的法理分析与对策研究》,载《中国法学》2019年第6期。

限制对跨境金融民商事纠纷的管辖,可以从管辖连结点角度进行思考。我们适用《管辖规定》时,应找到我国境内与诉争金融交易行为之间的管辖连结点。这个管辖连结点应当是诉争金融交易行为部分发生在境内或诉争金融交易行为与境内有实质性联系。具体而言,受诉法院适用《管辖规定》管辖跨境金融民商事纠纷诉讼,必须存在以下管辖连结点之一:(1)诉争金融交易行为部分发生在境内。以理财产品销售为例,如境外金融机构经过境内备案或许可程序在境内直接销售理财产品,境外金融机构通过境内代理商、服务商等在境内开展金融产品的推介、宣传、代收款等,境外金融机构通过境内代理商、服务等在境内开展理财分红、资金回报等。(2)金融交易行为与境内有实质性联系。这种联系并非投资者为境内主体这种交易主体上的关联,而应是交易行为上的实质联系。还以理财产品销售为例,理财合同募集的资金投入境内的项目中,理财产品的清算、兑付等在境内进行等。受诉法院在评估诉争金融交易行为与境内的联系时,需要综合考虑交易行为人的国籍、住所、行为过程、行为结果等与我国的联系程度,认定是否与我国境内存在实质性联系。

3. 国际礼让原则

国际礼让,是指各个国家在彼此交往中所遵守的礼貌、便利、友善的规则。根据国际礼让学说,外国法只有得到内国的承认才能发生域外效力,适用外国法并不是基于一国法律本身有什么域外效力,纯粹是出于国家礼让,因此,域外司法管辖权冲突的解决应当坚持国际礼让原则。[①] 国际礼让原则要求在涉外纠纷中适用国内法、行使域外司法管辖权时充分尊重国际法、充分尊重域外国家的国家利益、公共利益等重大利益,体现国家间的友善、谦和、礼貌。

遵循国际礼让原则,也并非始终采取忍让、妥协的态度。如果外国法院不当行使域外管辖权,一国法院也可以采取措施予以反制,此时的反制,并不违背国际礼让原则。例如,在我国法院审理的华为技术公司等诉康文森无线

---

① 参见郭玉军、王岩:《美国域外管辖权限制因素研究——以第三和第四版〈美国对外关系法重述〉为中心》,载《国际法研究》2021 年第 6 期。

许可有限公司确认不侵害专利权及标准必要专利许可纠纷系列案件中,[①]我国法院就积极采取了反制外国法院不当域外管辖的措施,既遵循了国际礼让原则,又保护了我国当事人的正当权益。

4. 便利诉讼原则

我国《民事诉讼法》第8条及《最高人民法院关于适用〈中华人民共和国民事诉讼法〉的解释》(以下简称《民事诉讼法解释》)第530条的规定均体现了便利诉讼原则。跨境金融民商事纠纷诉讼,属于涉外民事诉讼,应适用《民事诉讼法解释》第530条的规定。考虑到跨境金融民商事纠纷的特殊性,适用上述规定的条件应当予以放宽,如不以被告提出由更方便的外国法院管辖的请求为条件,受诉法院可以主动审查审理该案件是否存在"不方便"情形。受诉法院认为审理该案件存在"不方便"情形时,可以对该案件拒绝行使管辖权,告知当事人向更方便的外国法院提起诉讼。具体审查时,除参照《民事诉讼法解释》第530条的规定外,还应当着重从审理案件的"便利性"和"适当性"两个要素进行评估。

笔者认为,同时满足以下条件的,受诉法院应当属于"不方便法院":(1)纠纷当事人之间不存在选择中华人民共和国法院管辖的协议。此种情形包括当事人之间存在选择境外法院管辖的协议、当事人之间不存在选择法院管辖的协议等。如果当事人之间存在有效的仲裁条款,受诉法院当然不能行使管辖权。(2)纠纷涉及的金融交易活动的主要行为发生在中华人民共和国境外,且案件不适用中华人民共和国法律,受诉法院审理该纠纷案件在认定事实和适用法律方面存在重大困难。认定事实困难主要考虑开展调查活动困难、调取证据困难等,适用法律困难主要指查明外国法律困难、外国法律理解困难等。(3)境外法院对该纠纷案件享有管辖权,且审理该案件更加便利。境外法院审理案件更为便利一般是指纠纷涉及的金融交易活动发生在境外、主要当事人住所地位于境外、主要事实证据位于境外等。(4)当事人在境外诉讼的权利并未被阻断。例外情形主要指,当事人曾援引管辖协议或境外法律规定向境外法院提起诉讼,但境外法院以不具有管辖权等理由拒绝受理。

① 参见华为技术有限公司等与康文森无线许可有限公司确认不侵害专利权及标准必要专利许可纠纷案,载《最高人民法院公报》2022年第1期。

(二)《管辖规定》与涉外民事诉讼管辖规定的衔接

除北京金融法院、上海金融法院外,除非当事人另有约定,我国其他法院对跨境金融民商事纠纷诉讼已不具有管辖权。北京金融法院、上海金融法院管辖跨境金融民商事纠纷,也无须根据《民事诉讼法》第272条的规定寻找合同签订地、合同履行地、诉讼标的物所在地、可供扣押财产所在地、侵权行为地或者代表机构住所地等管辖连结点。

实践中,若北京金融法院或上海金融法院对某一跨境金融民商事纠纷诉讼裁定不予受理,裁定生效后将产生拘束力,境内其他法院(包括对跨境金融民商事纠纷诉讼享有管辖权的专门法院)均不得受理该诉讼。若北京金融法院或上海金融法院对当事人提起的涉外民事诉讼认定不属于跨境金融民商事纠纷诉讼,并以不享有管辖权为由裁定不予受理,裁定生效后,当事人可依法向享有管辖权的其他境内法院(不包括对跨境金融民商事纠纷享有管辖权的专门法院)提起诉讼。

(三)存在协议管辖情形的跨境金融民商事纠纷的管辖

根据《民事诉讼法》第34条和第273条的规定,属于中华人民共和国法院专属管辖的案件,当事人不得协议选择外国法院管辖,但协议选择仲裁的除外。根据《海牙协议选择法院公约》第6条的规定,在当事人已通过有效的协议管辖约定境外法院管辖跨境金融民商事纠纷的情形下,北京金融法院、上海金融法院不具有管辖权。当然,若当事人协议选择的境外法院以协议属于无效的或者可以撤销的、诉讼的标的属于我国专属管辖等为由拒绝行使管辖权的,为保护我国境内当事人的诉权,北京金融法院、上海金融法院可以行使管辖权。

跨境金融民商事纠纷的当事人通过协议管辖约定北京金融法院、上海金融法院之外的境内其他法院管辖纠纷的,只要管辖协议合法,该管辖协议即有效,约定的管辖法院具有管辖权。

需要注意的是,《海牙协议选择法院公约》第15条规定,任何缔约国得保留对选择法院协议不予承认的权利,如果争端与所选择法院并无联系,或者在具体情况下,由所选择法院处理该事项实属严重不便,协议管辖条款可能被认为无效。

(四)存在境外平行诉讼情形的跨境金融民商事纠纷的管辖

跨境金融民商事纠纷,特别是《管辖规定》第1条所指向的境外证券发行、交易活动或者期货交易活动涉及的投资者较多,且投资者来源广泛,不仅有该国国内的投资者,也有来自全球各地的投资者。此类证券发行、交易活动或者期货交易活动一旦发生损害投资者利益的情形,波及面将非常大,全球各地的投资者都会受损。全球各地的投资者一旦开始维权,将会引发大量诉讼。美国、德国等国家都建立了证券领域的集团诉讼、示范诉讼机制。因此,存在与某一跨境金融民商事纠纷诉讼相关的境外平行诉讼,将是北京金融法院、上海金融法院受理此类诉讼时较常见的情形。这种情形包括境外法院已经受理了同类纠纷案件并已开始审理、境外法院已经开展集团诉讼程序或破产清算程序等。

根据上文提及的国际礼让原则,为尊重境外平行诉讼的程序,境内法院在审查是否对跨境金融民商事纠纷诉讼行使管辖权时,应充分考虑该跨境金融民商事纠纷是否已被在先受理的境外平行诉讼程序吸收。例如,境外法院已经受理关于上市公司证券欺诈发行的集团诉讼案件(类似特别代表人诉讼),境内投资者若购买了该上市公司证券,且未明示退出该集团诉讼,将自动加入该集团诉讼,此时,境内法院宜拒绝行使管辖权,并告知起诉人已参与了该集团诉讼的情况。如果跨境金融民商事纠纷未被在先受理的境外平行诉讼程序吸收,则境内法院应当行使管辖权,以保护我国境内投资者的合法权益。

五、管辖跨境金融民商事纠纷的完善建议

(一)细化跨境金融民商事纠纷的管辖范围

《证券法》第2条第4款规定及《中华人民共和国期货和衍生品法》(以下简称《期货法》)第2条第2款规定均设置"扰乱中华人民共和国境内市场

秩序"作为域外适用的条件,体现了规制"扰乱中华人民共和国境内市场秩序"的金融交易行为的立法目的。《管辖规定》虽未对管辖跨境金融民商事纠纷设置上述条件,但根据限制适用的原则,并结合《证券法》《期货法》的上述规定,应将北京金融法院、上海金融法院管辖的跨境金融民商事纠纷限定在涉及对境内金融市场有着重大影响的金融交易活动的范围内。

具体规则方面,可以参考新加坡《证券和期货法》第 339 条以及对应"适用指引"的标准,将"涉及对境内金融市场有着重大影响的金融交易活动"作为《管辖规定》适用的前提条件。至于对境内金融市场有着重大影响的具体判断,可以通过管辖跨境金融民商事纠纷的司法实践进行摸索和积累,逐步形成相对统一的判断标准。最高人民法院可根据司法实践情况,通过指导案例、公报案例或会议纪要等形式统一判断标准。通过比较观察可以得知,这一"重大影响"应当是实质性的、可合理预见的,并且可以明确判断。具体而言,以下几项可以作为是否构成"对境内金融市场有着重大影响"的评估因素:(1)境外金融交易活动对大量境内机构或个人造成权益损害;(2)境外金融交易活动破坏我国金融市场交易安全体系;(3)境外金融交易活动扰乱我国金融行业和金融市场的健康、稳定发展;(4)境外金融交易活动扰乱国内外投资者对我国金融体系和金融市场的信心;(5)其他危害我国金融体系和金融市场公共利益的情形。应该注意的是,这种影响应当是具体的、直接的、现实的,且是正常情况下行为人可以合理预见的。

(二)建立金融法规域外管辖权司法救济机制

从世界范围来看,欧盟、俄罗斯等针对美国的"长臂管辖权"制定了相应的"阻断法"。我国也出台了《中华人民共和国反外国制裁法》(以下简称《反外国制裁法》)和《阻断外国法律与措施不当域外适用办法》(以下简称《阻断办法》)。《反外国制裁法》第 12 条第 2 款和《阻断办法》第 9 条为我国境内公民、法人和其他组织在境内法院主张民事赔偿提供了法律依据。[①] 我国境内公民、法人或其他组织在遭遇外国法律与措施不当域外适用、外国歧视性

① 参见丁汉韬:《论阻断法的实施机制及其中国实践》,载《环球法律评论》2022 年第 2 期。

限制措施时,可以向境内法院提起诉讼,要求停止侵害、赔偿损失。

金融领域的中国境内私人主体遭受外国法律或措施不当域外适用及歧视性措施并出现一定行为后果,该行为后果与《反外国制裁法》和《阻断办法》所规定的"外国法律不当域外适用""外国依据其本国法律对我国进行遏制、打压"存在因果关系,可以在境内法院提起阻断诉讼。《反外国制裁法》第12条和《阻断办法》第9条赋予境内法院对阻断诉讼的司法管辖权,具有强制性和排他效力,可以否定协议管辖和仲裁管辖的法律效果,同时排除外国法院对阻断诉讼的案件管辖权。[①] 境内法院应通过司法程序的充分运行,依法巩固和维护阻断法的实效,避免阻断法的虚置与弱化,以此构建起完整的跨境金融民商事纠纷管辖体系。

(三)加强与实体法的衔接

《管辖规定》出台后,跨境金融民商事纠纷的受理不存在法律障碍,但案件审理仍存在一些法律适用的障碍。根据《中华人民共和国涉外民事关系法律适用法》第4条的规定,我国法律对涉外民事关系有强制性规定的,直接适用该强制性规定。但目前除《证券法》《期货法》外,我国尚无其他金融法律法规对域外适用效力作出明确规定。《管辖规定》所涉及的境外金融机构销售金融产品或者提供金融服务的行为,如何适用法律将产生一定争议。

《管辖规定》的适用必须以国内法域外适用的明确规定为依据。我国应当构建完备的域外法律适用体系。[②] 应参考《证券法》《期货法》等明确增设域外适用条款的方式,织密国内金融法规的域外适用立法防护网,为跨境金融民商事纠纷案件审理夯实基础。新加坡在建设国际金融中心过程中为了达到与美国监管等效的效果,在参考美国立法的基础上结合其自身国情,规定了详细的金融法规域外适用制度,包括法的域外效力、对境外交易所和结

---

① 参见沈伟、邵辉:《论阻断诉讼的法律风险及其司法控制》,载《中国应用法学》2022年第2期。

② 参见马忠法、龚文娜:《法律域外适用的国际法依据及中国实践》,载《武陵学刊》2020年第5期。

算所的认可、对外国监管机构的协助(专章规定)等内容,[①]形成相对统一的金融法规域外适用做法。

(四)健全跨境金融民商事纠纷诉讼的配套程序

1. 送达程序

根据《全国法院涉外商事海事审判工作座谈会会议纪要》(以下简称《涉外审判会议纪要》)第12条的规定,受诉法院对外国自然人可以采用向其在境内设立的外商独资企业转交送达、向其在境内担任法定代表人、公司董事、监事和高级管理人员的企业转交送达等能够确认受送达人收悉的方式进行送达。在跨境金融民商事纠纷案件审理中,对于境外金融市场主体,受诉法院可尝试向其在境内设立的外商独资企业转交送达的方式来送达。对于VIE架构下的中概股公司体系中的境外上市公司,因其经营实体、实际控制人等均在境内,受诉法院可尝试先通过调查确定境外上市公司的具体架构、代表人等,再通过向其在境内的经营实体或相关人员进行转交送达,来实现对其的送达。

除传统的送达方式外,在跨境金融民商事纠纷诉讼程序中,受诉法院也可以根据《人民法院在线诉讼规则》尝试通过电子送达方式开展送达工作。受诉法院可尝试先通过电子邮箱等方式提前联络境外当事人,确认受送达人是否同意电子送达及电子送达方式、地址,再通过电子邮箱等方式向受送达人进行送达。需要注意的是,根据《涉外审判会议纪要》第11条的规定,受送达人所在国法律禁止电子送达方式的,受诉法院不能采用电子送达方式;受送达人所在国系《海牙送达公约》成员国,并在该公约项下声明反对邮寄方式送达的,应推定受送达人所在国不允许电子送达方式,受诉法院不能采用电子送达方式。

2. 内部报告沟通机制

(1)建立北京金融法院与上海金融法院的沟通协调机制

关于北京金融法院、上海金融法院管辖跨境金融民商事纠纷的分工,最

---

① 参见杜涛:《期货法的域外适用:中美最新案例比较与启示》,载《中国应用法学》2020年第5期。

高人民法院已明确,当事人可自愿选择就某一跨境金融民商事纠纷向其中一家法院提起诉讼,发生管辖争议的,可报请指定管辖。由于跨境金融民商事纠纷类型较为新颖,北京金融法院、上海金融法院可能会对纠纷性质认定、是否具有管辖权等产生不同意见。若某一当事人同时或分别向北京金融法院、上海金融法院提起诉讼,两家法院的意见分歧将会产生“同案不同处理”的争议。为避免出现上述争议,建议两家法院之间建立沟通协调机制,确定对接部门、人员和具体流程等,便于两家法院就同一类型跨境金融民商事纠纷诉讼的处理交换意见并进行协调,尽可能实现处理意见的一致。

(2)请示报告制度

跨境金融民商事纠纷涉及境外金融市场主体、境外金融交易行为,境内法院对跨境金融民商事纠纷诉讼案件的立案、审判、执行等活动将产生一定的国际影响,属于最高人民法院《关于进一步完善“四类案件”监督管理工作机制的指导意见》中所称的“重大、疑难、复杂、敏感”的案件。为确保这类案件的审慎处理,有必要参照仲裁司法审查案件、承认与执行外国法院判决案件的相关规定建立请示报告制度。受诉法院拟受理涉众型跨境金融民商事纠纷诉讼案件、拟就跨境金融民商事纠纷诉讼案件重大程序事项作出处理或作出示范性裁判等,应当逐级向最高人民法院请示,待最高人民法院复核或答复后,方能作出处理。具体内容可参考最高人民法院《关于仲裁司法审查案件报核问题的有关规定》。

3. 外部会商协作机制

金融司法与金融监管存在密切联系,对于防控化解金融风险都具有至关重要的作用。为有效防范化解金融风险,有必要建立人民法院与金融监管机构的会商协作机制,加强金融风险行政处置与司法审判的衔接。这方面,可以借鉴最高人民法院与中国证券监督管理委员会联合发布的《关于适用〈最高人民法院关于审理证券市场虚假陈述侵权民事赔偿案件的若干规定〉有关问题的通知》中所规定的内容,就跨境金融民商事纠纷诉讼案件的审理,人民法院可以依法向金融监管机构调查收集有关证据;就案件审理中的相关事项而言,人民法院可以征求金融监管机构的意见,双方可以就具体问题开展会商;就跨境金融民商事纠纷相关的信息,双方可以相互通报。

(五)加强金融监管和金融司法的国际合作

1. 进一步发挥金融监管国际协助机制的作用

尽管目前尚无国际通行的金融法规域外适用规则,但国际社会在这方面的尝试并未停歇。例如,国际证监会组织(International Organization of Securities Commissions,IOSCO)要求各成员监管机构在面临治外法权问题时相互协商。我国应积极参与国际社会或区域性组织关于金融监管相关规则的制定,最大限度地贡献该领域的中国智慧和中国经验,获取国际社会支持和认可。我国可与欧盟、东盟等国际组织以及经济交往密切的国家进一步加强经济管理法的沟通协调,通过双边和多边渠道共同应对美国不合理的域外管辖,同时推进国际立法,力争减少或避免管辖权的冲突。[①] 在此基础上,我国可以依托国际证监会组织等国际组织拓宽金融监管机构开展境外调查、境外查控财产等合作路径,通过执法层面的域外效力扩展,为境内法院在审理跨境金融民商事纠纷诉讼案件中向执法机构调查取证、查控财产等提供便利条件。

2. 进一步发挥国际司法协助机制的作用

截至 2017 年 2 月,我国已与 70 个国家缔结司法协助条约、资产返还和分享协定、引渡条约和打击"三股势力"协定共 135 项,其中 108 项已生效。[②] 这些司法互助协定在跨境案件处理中发挥了重要作用。境内法院在审理跨境金融民商事纠纷诉讼案件中,必须挖掘已有的司法协助机制的潜力,在涉外送达、调查取证等方面获取助力。此外,我国有必要进一步加强与其他国家的司法合作范围,扩大"朋友圈";升级与其他国家的双边司法协助条约,提高合作水平。[③] 通过努力开展与境外法院关于送达、调查、保全、承认与执行等诸多方面的协作,进一步减少跨境案件审理、执行的障碍,为受理跨境金融民商事纠纷诉讼免除后顾之忧。

---

① 参见许庆坤:《美国长臂管辖权的多维检视及我国因应之策》,载《环球法律评论》2021 年第 6 期。

② 参见王灿驹:《证券法域外管辖权与域外执法协助制度体系构建》,载朱慈蕴、汤欣主编:《清华金融法律评论》第 6 辑,法律出版社 2022 年版。

③ 参见肖永平:《"长臂管辖权"的法理分析与对策研究》,载《中国法学》2019 年第 6 期。

结　语

当前,国际形势十分严峻复杂,各国在经济交往中的利益冲突日益显现,金融司法面临的挑战不断增加。对于跨境金融民商事纠纷的管辖,我国境内法院在遵循限制适用、国际礼让等原则的基础上,也要贯彻对等原则,积极主动作为,通过行使跨境金融民商事纠纷的管辖权对损害境内投资者合法权益的境外金融交易活动予以规制,确保境内投资者合法权益不受严重侵害,境内金融市场主体不受重大利益损害。一方面,在公共执法领域缺乏境外执法渠道与经验的情况下,我国可以合理扩张跨境金融民商事纠纷管辖范围,为跨境金融投资者提供法律保护,使我国的跨境司法管辖成为国际金融市场的公共产品。积极行使跨境金融民商事纠纷管辖权将为我国参与国际金融市场秩序建构提供机会,有助于增强我国在这一领域的话语权。另一方面,我国法院要着眼于维护我国金融安全,通过管辖跨境金融民商事纠纷,协同境内金融监管机构等部门共同打击扰乱我国金融市场秩序的行为,防范化解我国金融市场风险,确保我国金融市场秩序稳定。

网络盗刷中发卡行与持卡人的责任认定

——徐某诉招商银行股份有限公司上海延西支行银行卡纠纷案[①]

崔　婕*

为了正确理解和准确参照适用最高人民法院第169号指导性案例，现对该指导性案例的裁判要点、参照适用等有关情况予以解释、论证和说明。

一、本案例的相关情况

（一）案件基本情况

徐某系招商银行股份有限公司上海延西支行（以下简称招行延西支行）储户，持有该行借记卡一张。2016年3月2日，徐某的上述借记卡发生3笔转账，金额分别为5万元、5万元及46,200元，共计146,200元。转入户名均为石某，转入行为中国农业银行。2016年5月30日，徐某父亲到上海市公安局青浦分局经侦支队报警并取得受案回执。当日，上海市公安局青浦分局经侦支队向徐某发送沪公（青）立告字（2016）3923号《立案告知书》，告知信用卡诈骗案决定立案。2016年6月，福建省福清市公安局出具呈请《案件侦查终结报告书》，载明：2016年3月2日，此次作案由谢某1负责转账取款，上家负责提供信息、补卡，此次谢某1盗刷了周某、徐某、汪某等人银行卡内存款

① 本案为最高人民法院指导性案例169号（2021）。

* 法学博士，上海金融法院综合审判二庭副庭长。

共计400,700元。2016年6月22日,福清市人民检察院向徐某发送《被害人诉讼权利义务告知书》,载明:犯罪嫌疑人谢某1、谢某2等3人盗窃案一案,已由福清市公安局移送审查起诉。

徐某向人民法院起诉,请求招行延西支行赔偿银行卡盗刷损失及利息。

(二)裁判结果

一审法院认为,申请办理借记卡,发卡行与持卡人形成储蓄存款合同法律关系,该合同关系合法有效,应当受到法律的保护。根据在案证据,发生不法侵害的原因是犯罪嫌疑人盗刷,而非持卡人未尽基本的注意义务。招行延西支行作为借记卡的发卡行及相关技术、操作平台的提供者,在其与储户的关系中明显占据优势地位,应承担伪卡的识别义务。发卡行在没有证据证明持卡人存在违约或违法犯罪情形的前提下,理应先行向储户承担因银行安全系统漏洞及技术风险所形成的储户资金损失。因此,一审法院判决招行延西支行给付原告存款损失。二审法院亦认为,在储蓄存款合同关系中,商业银行对存款人具有保障账户资金安全的法定义务。商业银行作为发卡行及相关技术、设备和操作平台的提供者,应当对交易机具、交易场所加强安全管理,对各项软硬件设施及时更新升级,以最大限度地防范资金交易安全漏洞。根据本案现有证据,无法查明案外人如何获得交易密码等账户信息,上诉人招行延西支行亦未提供相应的证据证明账户信息泄露系被上诉人没有妥善保管使用银行卡所导致,上诉人仅以持卡人身份识别信息和交易验证信息相符为由主张不承担赔偿责任的,人民法院不予支持。

二、裁判要点的理解与说明

该指导性案例的裁判要点确认:持卡人提供证据证明他人盗用持卡人名义进行网络交易,请求发卡行承担被盗刷账户资金减少的损失赔偿责任,发卡行未提供证据证明持卡人违反信息妥善保管义务,仅以持卡人身份识别信息和交易验证信息相符为由主张不承担赔偿责任的,人民法院不予支持。现围绕与该裁判要点相关的问题解释和说明如下:

在借记卡合同法律关系中，当持卡人将货币存入银行时，即与银行所有的其他资金发生混同，持卡人不再对其享有所有权，而是获得依合同约定请求银行支付本息的债权。虽然本案中持卡人的诉请表述为“赔偿损失”，但实为确认其与发卡行之间就被盗刷金额的债权债务关系仍然存在，要求发卡行承担继续履行的违约责任，争议焦点在于持卡人与发卡行之间因网络盗刷发生纠纷的责任认定。

（一）网银交易中持卡人本人交易与盗刷事实的认定

无论持卡人持实体卡至柜台、自动终端取款或至商户消费，还是开通网络银行后通过电子指令要求转账、支付等，在法律性质上均为要求银行履行相应的给付之债。银行通过工作人员、机器设备或电子交易系统向持卡人交付相应金额款项，或者执行持卡人转账、支付指令的行为，则系向作为债权人的持卡人履行债务而使相应债权消灭。债务人必须向正确的债权人履行债务，否则不发生清偿的效果。对合同是否正确履行发生争议的，由负有履行义务的当事人承担举证责任。因此，在银行卡合同的履行中，发卡行应采取措施识别银行卡的使用人是否为持卡人本人或经授权的人；在诉讼中，发卡行还应对系争交易是向持卡人本人或其授权的人履行承担举证责任。

网上银行业务不同于物理卡交易，不需要使用银行卡物理介质，银行无法凭借真实有效的银行卡来验证持卡人身份，而是通过卡号、登录及交易密码、动态验证码等持卡人网络交易身份识别信息和交易验证信息的一致性来核实持卡人身份。因此，银行提供的证据证明上述信息验证通过的，通常即认定构成具有受领权的权利外观、银行的给付属于适当履行。根据本案查明的事实，涉案银行卡的网上交易须输入正确的用户名、银行卡号、取款密码以及手机动态验证码，方能完成网银转账交易。招行延西支行亦是以相关信息验证通过为由，主张其在债务履行过程中并不存在违约。然上述网银交易中债务履行适当性的认定，在性质上属于事实推定，即以相关身份识别信息和交易验证信息的私密性为前提，推定系争交易由持卡人或其授权所为。如果持卡人提供证据证明相关交易系他人使用通过盗窃所得的持卡人网络交易认证信息所为，该交易显然并非持卡人本人意思，即可推翻上述事实推定。

本案中,根据徐某提供的询问笔录,涉案资金损失系案外人谢某1非法获取持卡人的身份信息、手机号码、取款密码等银行卡信息后,通过补办手机SIM卡截获持卡人发送的动态验证码,进而完成转账所致。徐某提供的证据已经足以推翻网银交易中的上述事实推定,本案可以认定存在网络盗刷的事实。

(二)网络盗刷交易不应认定为持卡人本人或其授权交易

网络盗刷行为,实质系他人冒用持卡人名义向银行主张债权。关于网络盗刷的责任认定,首先需要解决的是银行卡被网上盗刷,能否认定相关交易为持卡人本人行为。持卡人与银行签订的合同中通常也约定,所有认证信息验证通过的交易,交易后果由持卡人承担。该规则是否公平合理?这涉及冒名行为能否类推适用表见代理,或者对债权准占有人清偿规则问题。就此,理论界和实务中一直存在分歧。有观点认为,代理为民法上的一种特殊制度,只能在代理人表明代理人身份时才能适用,不应随意扩大解释或类推适用。另有观点认为,可类推适用无权代理制度,但在被冒名者拒绝追认的情况下行为效果通常不能归属于被冒名者。还有观点认为,第三人冒名交易行为可类推适用表见代理制度。[①] 也有学者认为,冒用人的身份为债权准占有人,善意清偿者对债权准占有人的给付发生清偿的效力。[②] 实践中,有的判决即认为,银行在收到网上支付指令核验输入相关信息正确后,完全有理由相信该笔交易系持卡人本人的合法交易,故银行的付款行为构成表见代理,无须就盗刷款项承担责任。

对于包括网络盗刷在内的冒名行为,我国现行法律并无明文规定。诚如最高人民法院在相关判决中所言,代理制度下对相对人而言,明知存在代理人与被代理人两个主体、行为主体与责任主体不一致,而冒名行为对相对人而言只有一个主体、其主观意识是认为行为人与责任主体是一致的,两者存在明显区别。[③] 当然,衡量当事人间的利益状态,冒名行为并非没有类推适用代理制度、对债权准占有人清偿规则的空间。而且,在盗刷情形下,由于相关

---

① 参见梁慧星:《民法总论》(第4版),法律出版社2011年版,第245页。

② 参见杨立新、王玲芳:《债法视角下的信用卡冒用损害责任》,载《求是学刊》2015年第1期。

③ 参见最高人民法院民事裁定书,(2019)最高法民申6149号。

信息验证通过,使银行有理由相信为持卡人本人操作,这和表见代理中无权代理人具有代理权外观使得相对人认为其具有代理权、债权准占有人具有债权人的外观征象使得债务人认为其为债权人相似。然而,即便类推适用代理制度、对债权准占有人清偿规则,尽管就被代理人、真实债权人的可归责性应否作为认定表见代理、对债权准占有人有效清偿的构成要件一直存在分歧,但持无须该要件者也并不否认该考量因素存在的正当性,只是适用过失相抵原则予以平衡。因为表见代理、对债权准占有人有效清偿实际是以牺牲被代理人、真实债权人的利益而成全相对人的信赖利益,如果被代理人、真实债权人在对形成权利外观没有任何过错,尤其是即便履行注意义务也无能力阻止该外观形成的情形下承担责任,有违公平原则,也会导致利益的失衡。《中华人民共和国民法典》第312条、第319条关于遗失物、漂流物等不适用善意取得制度的规定,正体现了法律在对动态的信赖利益与静态的所有权保护之间的利益平衡。最高人民法院司法解释的相关规定也体现了这一精神。

综上所述,从理论以及利益衡量和风险防范角度考量,在网络盗刷的场合不应认定身份识别信息和交易验证信息相符的交易为持卡人本人或其授权交易。

(三)网络盗刷违约责任的认定应采用无过错归责原则

银行卡网络盗刷纠纷往往涉及多方主体,本案就包括发卡行、持卡人、诈骗方、电信运营商等,有些案件还涉及第三方交易平台、特约商户、收单行等。每一个主体均与案涉交易的发生存在一定的关联甚至因果关系,各个主体之间的法律关系也错综复杂。因网络盗刷发生纠纷时,发卡行经常会以盗刷并非自身原因所导致进行抗辩。本案中招行延西支行即提出,自身在信息验证等方面并不存在过错,徐某账户被盗刷是犯罪行为所致,手机运营商在涉案事件中亦存在过错,不应由其承担民事责任。

银行卡纠纷既包括合同纠纷,也包括侵权纠纷。本案徐某起诉时选择的请求权基础为合同法律关系。原《中华人民共和国合同法》(以下简称原《合同法》)第107条规定:"当事人一方不履行合同义务或履行合同义务不符合约定的,应当承担继续履行、采取补救措施或者赔偿损失等违约责任。"原《合同法》第121条规定,“当事人一方因第三人的原因造成违约的,应当向对方承担违约责任”。可见,我国法律违约责任的认定采无过错归责原则,同时坚持合同的相对性。根据无过错责任原则,在违约责任的一般构成中不考虑过错,不因违约方的无过错而免除违约方的违约责任,这有利于减轻非违约方举证负担,保护非违约方利益,增强当事人的守约意识。基于合同的相对性,在债务人因第三人的原因造成违约时,仍应当先向债权人承担违约责任,债务人与第三人之间的纠纷,可以另行依照法律规定或者按照约定处理,这有助于保护债权人的合理期待,进而保障交易的安全。因此,在网络盗刷的情形下,持卡人以合同纠纷要求发卡行承担责任的,虽然发卡行在信息验证方面不存在过错,案涉资金损失是由合同以外的第三人造成的,与持卡人存在合同关系的发卡行,对借记卡的持卡人仍应当先行承担本息的支付责任。本案中,招行延西支行关于信息验证方面自身不存在过错,以及手机运营商存在过错应免除其违约责任的抗辩,法院均未予采纳。至于招行延西支行对徐某承担违约责任后向手机运营商、犯罪嫌疑人的追偿,也并非本案审理范围。

(四)不能仅以信息验证通过认定持卡人未尽妥善保管义务具有过错

涉网络盗刷的银行卡合同纠纷中,以下两种情形下持卡人自身亦应当承担相应的责任:一是持卡人未尽到妥善保管银行卡卡号、密码等银行卡信息的义务,具有过错;二是持卡人未及时采取挂失等措施防止损失扩大,就扩大的损失应自行承担责任。实践中,在没有直接证据证明持卡人存在过错的情况下,发卡行经常会以个人信息及密码等由客户设置、修改并保管为由,主张推定密码等被案外人使用系持卡人保管疏忽所致。还有银行在银行卡章程等中规定,持卡人不能将银行业务密码设置为与其他用途密码相同,诉讼中以持卡人在其他网站使用了与案涉银行卡相同的密码为由主张持卡人存在过错。关于持卡人是否尽到妥善保管义务的认定,应当从持卡人是否依照相关法律、行政法规、行政规章等的规定和通常做法,妥善保管银行卡卡片、卡面信息、密码等身份识别信息和交易验证信息,以具有安全性的方式使用银行卡等方面进行综合考量。发卡行以信息验证通过为由进行的上述抗辩,是以密码等信息的私密性即银行账户信息只有持卡人知晓为前提进行的推定。

然而,网银交易系统的安全性不高、银行对网银交易环境的管理不善等均有可能导致银行卡信息泄露。在上述事实推定的前提不成立的情况下,发卡行该等主张显然也是不能成立的。至于银行卡章程中关于各类密码设置应不同的内容,按照社会的一般认知,也应仅属提醒性质,而非使持卡人负有此项义务,否则对持卡人未免过于严苛。

资产管理投资者侵权诉讼的司法审查路径探微

——以第三方责任追诉为考察重点①

余甬帆* 任 一** 王 潇*** 王 瑜****

近年来,随着资管行业快速发展,资管纠纷显著增多。其中,投资者要求第三方②承担侵权责任的案件数量呈现大幅上升态势,即投资者将管理人与第三方列为共同被告,要求各方共同对损失承担赔偿责任。目前,法院对第三方的侵权责任认定态度不一,形成适法难点。该类案件具有群体性、高标的额的特点,影响金融安全,亟待统一适法。

实践中,常见的第三方责任追诉模式有三种:其一,合伙型/公司型/契约型私募基金,投资者起诉托管行、代销人侵权;其二,"资管计划 + 信托通道"资管产品,投资者起诉通道方侵权;其三,嵌套型基金,投资者起诉底层产品管理人侵权。(见图1、图2、图3)

---

① 本文获2022年中国法学会证券法学研究会优秀论文评选三等奖。

* 法学硕士,上海金融法院综合审判三庭法官。

** 法学硕士,上海金融法院综合审判一庭法官。

*** 法学硕士,上海市虹口区人民法院金融庭法官。

**** 法学硕士,上海市虹口区人民法院金融庭法官助理。

② 本文所称第三方,主要指资管交易结构中直接管理人以外的托管人、代销人、通道方、底层资产管理人等主体。

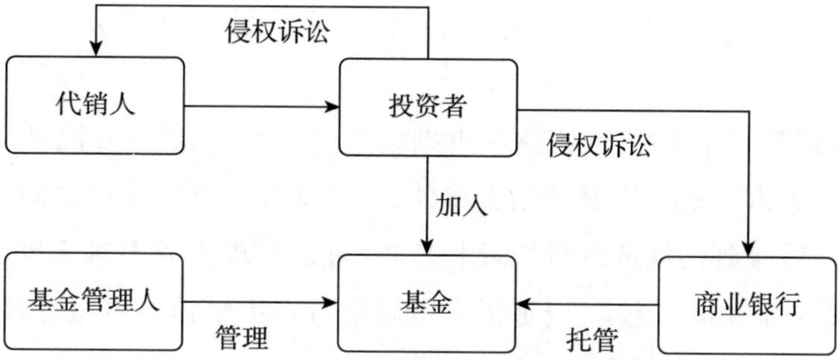

图1　合伙型/公司型/契约型私募基金

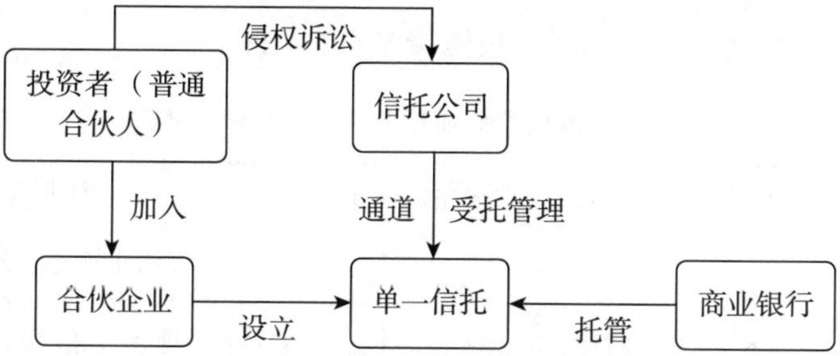

图2　“资管计划+信托通道”资管产品

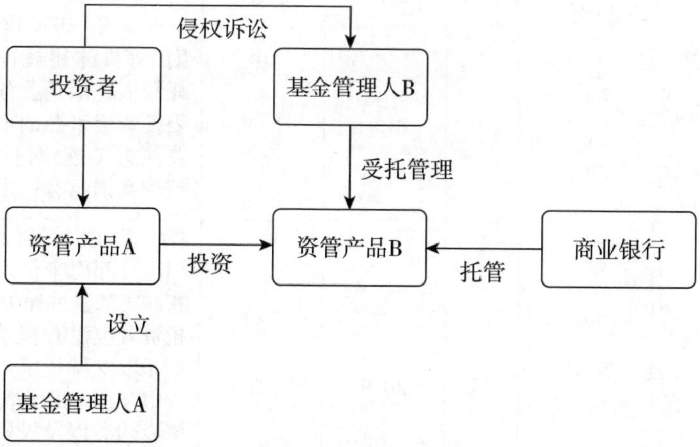

图3　嵌套型基金

一、实证检视:投资者侵权诉讼的实务分歧

在中国裁判文书网、北京法院审判信息网、无讼案例网等网站,输入“资产管理”“侵权”“私募”“财产损害赔偿纠纷”等作为索引关键词对案例进行检索,并对收集到的案例进行梳理和分析,可以发现实务中对于投资者侵权诉讼的侵权行为如何认定、侵害损失未确定可否主张损害赔偿、因果关系如何判断等问题存在争议。

(一)侵害行为的认定

1. 行政处罚为前置要件 VS 投资者举证(见表1)

表1 行政处罚为前置要件 VS 投资者举证

序号	案号	省份	判决年份	主体地位	裁判要点
案例1	(2020)沪74民终29号	上海	2020	受托人	根据中国银监会出具的《行政复议决定书》,托管人在管理涉案信托计划时存在“对机构委托人未作充分调查,对其委托资金来源的调查流于形式,对该信托计划的委托资金来源未尽到合规审查义务,违反审慎经营规则”等具体违规行为,由此,托管人在信托业务开展时对委托资金来源的审核未尽必要注意义务,对投资者投资被骗受损负有一定责任
案例2	(2018)粤0112民初3880号	广东	2019	代销人	投资者向主管部门提起投诉,但主管部门未认定代销人销售涉案基金过程中存在违规,投资者也没有提供其他的证据予以支持代销人在销售过程中存在未揭示风险、误导投资者购买以及投资者不具有购买基金产品的风险承担能力的情形,故对于投资者主张之事实不予确认

续表

序号	案号	省份	判决年份	主体地位	裁判要点
案例3	(2018)京02民终6942号	北京	2018	受托人、托管人	托管人在发现管理人的投资指令违反合同时未拒绝执行,受托人在接受上述投资建议时,并未及时通知特定投资指令权人,并要求特定投资指令权人另行作出投资建议,而是基于上述投资建议进行了交易,因此上述各方均存在一定过错

观点一:行政处罚为判断侵害行为的前置要件。表1中,案例1从正面肯定行政处罚的效果,认为行政处罚的存在证明第三方存在侵害行为;案例2则从反面论述行政处罚的前置地位,指出经监管部门审查第三方未存在违规行为,故第三方不存在侵害行为。

观点二:投资者举证证明侵害行为,无须前置行政处罚。表1中,案例3即便没有监管部门对第三方行为进行是否合法合规的认定,但法院可依据投资者提供的证据对有无侵害行为进行判断,当投资者的举证可证明其主张的事实存在时,则认定侵害行为存在。从检索到的案例来看,实务中有相当比例的案件持案例1观点,即已实质上将行政处罚程序作为了侵害行为认定的前置程序,有行政处罚决定则有侵害行为,否则难以认定侵害行为存在。

2. 无违约则无侵害 VS 无违约不代表无侵害(见表2)

表2 无违约责任则无侵害 VS 无违约不代表无侵害

序号	案号	省份	判决年份	主体地位	裁判要点
案例4	(2020)鲁71民初48号	山东	2020	托管人	依据托管协议的约定对托管人的行为是否具有违法性进行审查,托管协议约定了托管人只需依照托管协议中《投资监督事项表》载明的事项对管理人的划款指令进行审查监督,而无须负担除此之外更高义务的责任,因此托管人对该账户内资金的划转行为符合托管协议的约

续表

序号	案号	省份	判决年份	主体地位	裁判要点
					定,并不存在对投资者财产的侵权行为,投资者本案的举证,不能证明托管人具有侵权行为
案例5	(2016)浙06民终4190号	浙江	2017	托管人	托管人已经尽到了约定的审查义务,投资者主张托管人除形式审查之外,还需进一步进行实质审查,于约定无据,亦系过分苛责托管人的义务,故不予支持
案例6	(2019)湘02民终2409号	湖南	2019	托管人	托管人未提供充分证据证实其在与湖南汉红弘新投资管理中心(有限合伙)签订基金托管协议时对汉红基金公司及湖南汉红弘新投资管理中心(有限合伙)的运作是否合法合规进行了合理审查。签订基金托管协议后,未对汉红基金的投资运作进行合理监督。托管人在对汉红基金资金托管过程中存在过失

观点一:无违约行为则不存在侵害行为。表2中,案例4、案例5认为第三方仅需履行合同约定的义务,而无须负担除此之外更高义务的责任,法院亦根据合同之约定对第三方的行为是否具有违法性进行审查,当第三方能够证明其全面审慎地履行了合同义务时,第三方行为不构成对投资者的侵权。

观点二:无违约行为不代表没有侵害行为。表2中,案例6认为无违约行为不代表无侵害行为,即便第三方已经按照合同的约定履行了合同义务,但若第三方未能尽到法律规定义务,如合规审查义务、必要注意义务,或存在违规行为,如被行政机关处罚等,仍认定第三方行为存在侵害行为。

(二)损害结果的认定

1. 清算前置 VS 司法认定损失(见表 3)

在投资者侵权诉讼中,投资者实际损失是否确定是常见的争议问题。对于损害结果的认定上,如果案涉产品尚未清算的,第三方常以投资者暂无损失或者投资者的损失尚未固定进行抗辩。实务中对于基金清算是否为损失确定的前提,存在分歧观点。

表 3 清算前置 VS 司法认定损失

序号	案号	省份	判决年份	主体地位	裁判要点
案例 7	(2020)沪 01 民终 14036 号	上海	2021	代销人	不论代销人的行为在基金推介、销售过程中是否存有不当,或者存在过错,在基金未经清算完毕,未明确投资者未兑付损失的情况下,投资者起诉至法院要求投资者承担侵权赔偿责任的请求,依据不足,不予支持
案例 8	(2020)鲁 71 民初 48 号	山东	2020	托管人	投资者损失的确定,应当首先在对案涉基金合同的效力进行判断的基础上,要求管理人依约对基金财产进行清算。在管理人不能履行清算义务时,投资者才有权获得相应财产返还请求权。在本案尚无证据证实案涉基金财产进行过清算或投资者与管理人之间是否存在确定权利的情况下,投资者的损失不能在其主张的与托管人间的侵权事实下得到确认

续表

序号	案号	省份	判决年份	主体地位	裁判要点
案例9	(2020)沪0115民初38978号	上海	2020	代销人	根据涉案《私募基金合同》,基金通过投资明安万斛,并由明安万斛对上市公司卓郎智能进行股权投资,投资者取得了基金投资份额,但因明安万斛并未受让卓郎智能股权,涉案私募基金未能按约进行收益分配,管理人也通知第三人暂停清盘事宜,虽然投资者在涉案私募基金最终经清算后未兑付的具体损失金额目前无法确定,但投资者未取得基金投资份额收益分配的损失已经实际发生,投资者客观上存在经济损失的事实应予以认定

观点一:需以清算为前提要件。表3中,案例7、案例8认为案涉基金尚未清算也不存在管理人怠于清算之情况,投资者的实际损失尚不明确,难以证明侵权事实成立。

观点二:未清算也可认定损失。表3中,案例9认为虽然案涉基金未清算,但从事实上来看投资者的投资已无收回之可能,故投资者已实际产生100%损失。

2. 分析各方责任后判驳VS先行判决责任比例(见表4)

实务中,除投资标的流动性较好的证券类投资基金的底层标的可以及时处置以明确投资者亏损的具体数额外,大部分产品存在退出障碍。面对损害结果难以明确的困境,司法裁判结果也极不统一。

表 4　分析各方责任后判驳 VS 先行判决责任比例

序号	案号	省份	判决年份	主体地位	裁判要点
案例 10	(2020)鲁 71 民初 48 号	山东	2020	托管人	虽然在本案尚无证据证实案涉基金财产进行过清算或投资者与管理人之间是否存在确定权利的情况下,投资者的损失不能在其主张的与托管人间的侵权事实下得到确认。但法院仍对投资者主张恒丰银行的各侵权要件进行分析
案例 11	(2018)沪 0115 民初 80151 号	上海	2020	受托人	投资者应自行根据前述生效刑事判决通过追赃程序向犯罪分子追索其全部损失,但对其损失中不超过 20 万元的部分,在投资者追索不成的情况下,应由受托人向投资者承担 20% 补充赔偿责任

观点一:分析各方责任后判决驳回。表 4 中,案例 10 认为基金未清算亦未有其他证据证明投资者损失已经明确,在此情况下,法院只能先行对第三方是否存在过错进行确认,分析各方责任后判决驳回投资者诉请。

观点二:损失未明确可先行判决责任比例。表 4 中,案例 11 认为在投资者实际损失尚未明确的情况下,可先行判决侵权人承担责任的比例,待损失金额固定后,投资者依据判决比例向侵权方主张损失赔偿。

(三)因果关系的认定

1. 被动管理行为与损害结果无关 VS 被动管理行为与损害结果有关(见表 5)

关于被动管理行为与损害结果之间的关联,实务中反映出两种分歧的处理方法。

表5 被动管理行为与损害结果无关VS被动管理行为与损害结果有关

序号	案号	省份	判决年份	主体地位	裁判要点
案例12	(2020)沪74民终371号	上海	2021	作为通道的合伙企业执行事务合伙人	仁特合伙是环保基金的投资通道,合伙的执行事务管理人即便已向蒋某某和能讯公司提起仲裁或诉讼也无法避免投资损失,投资者的投资损失和执行事务管理人是否履行了诚实信用、谨慎勤勉的义务之间没有必然的因果关系
案例13	(2020)沪74民终29号	上海	2020	受托人	被动管理型信托业务中,受托人虽主要依据信托合同约定履行相应义务,但其在以自身名义独立从事信托管理事务时,仍应尽到合理注意义务。案件中,虽然受托人系依据委托人指令履行后续管理义务,自身并无主动调查的义务,但并不代表其可以在未经调查的情况下出具没有任何事实依据的《项目风险排查报告》。受托人作为专业的金融机构,在明知委托资金系属私募募集资金的情况下,更应当审慎回应委托人提出的明显不合理的要求。受托人出具的《项目风险排查报告》虽为内部资料,但被犯罪分子利用。根据《中华人民共和国信托法》的相关规定,在信托设立后,受托人对信托财产所投项目的尽职调查、信托存续期间的事务管理等负有全面管理的责任,因此投资者从上海寅浔处看到《项目风险排查报告》,有理由相信系争产品受到了信托公司的监管和核查。因此,受托人出具虚假调查报告的行为客观上起到了蒙骗投资者的作用,应对投资者投资被骗受损负有一定责任

观点一:被动管理行为与损害结果无关。表5中,案例12认为合伙企业仅是案涉基金的投资通道,作为合伙的执行事务合伙人,第三方承担被动管理业务。虽第三方未采取切实有效挽回损失的措施,但即使第三方提起仲裁或诉讼也无法避免投资损失,投资者的投资损失和第三方是否履行了诚实信

用、谨慎勤勉的义务之间没有必然的因果关系。基于此,判决驳回投资者诉请。

观点二:被动管理行为与损害结果有关。表 5 中,案例 13 认为被动管理型信托业务中,即便受托人可以通过约定免除其主要管理职责,但受托人至少应保留最低限度的管理职责和义务,不可通过合同约定免除其全部谨慎管理义务。若信托公司存在放任纵容违规募集、无视监管风控程序、随意出具虚假证明文件等行为的,应认定受托人行为与投资者损失之间存在因果关系,应亦对投资者的损失负一定责任。

2. 一般举证规则 VS 举证责任转移(见表 6)

表 6　一般举证规则 VS 举证责任转移

序号	案号	省份	判决年份	主体地位	裁判要点
案例 14	(2020)沪 01 民终 14036 号	上海	2021	代销人	投资者需对损害的实际发生及行为与损害结果之间的因果关系等均提供相应证据,以完成其主张的侵权责任构成的举证。现投资者未能就上述侵权责任构成诸要件进行充分举证,由此法院对其现有证据情形下基于侵权损害赔偿的请求权难以支持
案例 15	(2019)湘 02 民终 2409 号	湖南	2019	托管人	托管人未提供充分证据证实其在与湖南汉红弘新投资管理中心(有限合伙)签订基金托管协议时对汉红基金公司及湖南汉红弘新投资管理中心(有限合伙)的运作是否合法合规进行了合理审查,故认定托管人在对汉红基金资金托管过程中存在过失

实务中关于侵权责任成立的举证责任归于何方存在争议。

观点一:投资者侵权诉讼适用一般举证规则,侵权责任成立之举证责任在于投资者,若投资者不能提供证据证明侵权行为各构成要件成立的,其侵权主张难以得到支持。此种举证规则在学理上亦称为“客观举证责任”,如表6中的案例14所示。

观点二:如果投资者已经率先提出证据,则被告需就侵权责任不成立提出反证,反证将案件事实情况“拉回”真伪不明的状态即可,而后投资者需进一步举证,举证责任在双方当事人之间转移,循环往复直到案件事实得以查明或固定。此种举证规则在学理上称为“主观举证责任”,如表6中的案例15所示。

(四)过错与损失认定

1.无共同故意→无共同过错 VS 无共同故意→补充责任(见表7)

表7 无共同故意→无共同过错 VS 无共同故意→补充责任

序号	案号	省份	判决年份	主体地位	裁判要点
案例16	(2019)沪0110民初11905号	上海	2020	代销人	投资者称管理人、代销人是环保基金的共同管理人,对投资者构成共同侵权,没有事实依据,投资者要求管理人、代销人共同向其承担赔偿责任法院不予支持
案例17	(2018)沪0115民初80151号	上海	2019	托管人	案外人陈某某、林某某、王某等人的犯罪行为是造成本案投资者财产损失的直接原因,且投资者自身对其损害发生亦具有过错,故应自行承担相应损失。但托管人在管理涉案信托业务的过程中亦存在一定过错,故认定托管人应对投资者涉案损失承担20%的补充赔偿责任

实务中,投资者常要求代销人、受托人、托管人或其他交易结构中的主体与管理人共同对损失承担赔偿责任。法院在认定双方无共同故意后,却给出了相反的两种处理方式。

观点一:无共同故意因而无共同过错,第三方无须对管理人导致的损失承担责任。表7中,案例16认为当基金管理人和第三方不存在意思联络(如合谋、包庇)时,二者间不存在共同过错,虽然第三方虽本身亦存在过错,但不承担共同责任。

观点二:无共同故意不构成共同侵权,但需对管理人责任承担补充责任。表7中,案例17认为第三方虽与管理人无共同过错,但第三方对损害结果的产生有过错,应对造成直接损害的管理人的责任承担补充责任,在管理人无力赔偿的情况下,对不足部分负担20%补充责任。

2. 损失范围:本金 VS 损失范围:本金+利息(见表8)

表8　损失范围:本金 VS 损失范围:本金+利息

序号	案号	省份	判决年份	主体地位	裁判要点
案例18	(2019)沪0115民初80151号	上海	2019	受托人	对于投资者主张的利息损失,因缺乏相应法律依据,法院不予支持
案例19	(2019)湘02民终2409号	湖南	2019	托管人	关于投资者主张投资本金以外还应承担利息是否成立的问题。根据2019年最高人民法院《全国法院民商审判工作会议纪要》中关于金融消费者权益保护纠纷案件的审理意见,损失赔偿数额应包括本金和利息

投资者主张的侵权责任成立后,损害赔偿应当给付的金额范围,实务上的争议相当大。

观点一:仅支持本金损失。投资者主张的利息损失不属于投资者实际损失的范围,亦没有法律上的依据,故对于利息损失,难以支持,如表8中案例18。最高人民法院(2018)最高法民申5679号裁定亦是持此观点,认为金融机构违反"适当性原则"的损失赔偿标准,应以填补投资者的实际损失为原则。此处的实际损失不宜作从宽解释,应当是指金融机构给投资者造成的现实的现有财产的减少。金融机构违反"适当性原则"使投资者所处的现有状态与之前状态之间的差距,就是金融机构所应赔偿的实际损失的范围。

观点二:支持本金+利息损失。投资者损失的范围,应当参照《全国法院民商事审判工作会议纪要》(法〔2019〕254 号)(以下简称《九民纪要》)第 77 条第 1 款关于金融消费者保护之规定,认定损失范围包含本金及利息,如表 8 中案例 19 所示。

二、追根溯源:投资者侵权诉讼的差异成因

根据上述案例分析,法院判决第三方承担侵权责任的案例相对较少,对第三方侵权责任的构成要件审查往往趋于严格,不轻易肯定相关条件的成就。究其原因,主要在于以下两个方面:理论层面和社会层面。

(一)理论层面:投资者权益的物债之争

部分法院倾向于从合同角度判决驳回或从严认定侵权行为构成要件,暗含了对投资者权益的债权属性定位。理论上,资管产品投资者的受益权或利益是偏向物权的绝对权还是偏向债权的相对权仍存争议。总体上看,早期的信托受益权提法似乎只是物权的收益权能的别称。[①] 随着资管行业的发展,有观点认为,资管权益的很多问题,尤其是转让问题可准用债权的规则。[②] 因而投资者权益更偏向于债权。[③] 部分法院在肯定投资者权益的债权属性后,基于合同相对性原则直接驳回投资者诉讼请求。即使脱离合同相对性进入实质性审查,鉴于我国法律上并未明确承认第三方侵害债权这一制度,最高人民法院对于侵害债权的认定标准从严,要包括"故意""违背善良风俗或公序良俗""债权人权利救济途径已经穷尽"三个要件,[④]而"债权人权利救济途径已经穷尽"这一条件往往极难满足。

近年来,亦有观点认为,投资者权益应区别于债权,赋予其独立的财产权

---

① 参见缪因知:《资产收益权信托之法律定性的三维度》,载《南京大学法律评论》2019 年第 2 期。

② 参见赵廉慧:《信托法解释论》,中国法制出版社 2015 年版,第 446 页。

③ 参见朱晓喆:《资产证券化中的权利让与与"将来债权"让与——评"平安凯迪资产支持专项计划"执行异议案》,载《财经法学》2019 年第 4 期。

④ 参见吉林市中小企业信用担保集团有限公司诉中国长城资产管理股份有限公司吉林省分公司等公司债权人利益责任纠纷案,载《最高人民法院公报》2019 年第 3 期。

属性。[①] 尤其是在我国建立信托登记制度之后,公示使投资者的权益具有了一定的对世性。此外,监管机关对投资者权益的界定也趋于多样化,在形式上可认为有意将之区别于债权。[②] 学理上,多样化的投资者权益已具备英美法中"权利束"的实质效果,[③]不限于既有法律已经承认的类型。[④] 因而,投资者权益的财产保护制度也不应再局限于传统的债权保护制度与合同相对性原则。

(二)社会层面:规制手段尚欠系统性

一是金融立法的滞后性。金融永远在创新当中,但是法律需要沉淀一段时间之后,观察一项金融行为的优点与缺点,分析利害关系,才决定是否以及如何介入,因此金融法的发展相对其他部门法有所滞后。[⑤] 资管行业整体较为新兴,目前相关规范多散见于行政法规、部门规章,且规范内容多针对合同主体,缺少针对侵权诉讼的系统性、直接性规则,裁判依据尚显不足。

二是监管的局限性。资管产品结构复杂,但目前监管的重点仍在于直接管理人等合同主体,穿透式监管、交易结构全链条监管不足,司法裁判的行政处罚前置要件也就难以满足。

三是行业自律的无序性。进入大资管时代后,各类产品创新频出,甚至出现以创新规避监管、司法的情况,行业协会的自我约束力度与方法不足,出现了部分资管模式野蛮生长的无序乱象,为司法带来负担。

由于上述理论和社会方面的原因,目前法院审理资管纠纷很难"以事实为依据,以法律为准绳",因为事实很可能是表象的事实,法律也可能是过时

---

① 参见雷继平、余学文:《"收益权"的法律性质分析——信托原理解释之路径》,载《金融法苑》2019 年第 1 期。

② 同上。

③ 所谓"权利束",指一项财产所有权可以通过立法和司法机构的努力被分割为无限数量的子权利,并对应着相应的人与人关系(而非人与物的关系)。See Thomas Hcnry F. Smith, *Property as the Law of Things*, 125 Harv. L. Rev. 1969 (2012).

④ 参见熊丙万:《实用主义能走多远?——美国财产法学引领的私法新思维》,载《清华法学》2018 年第 1 期。

⑤ 参见李曙光:《金融法若干前沿问题探讨》,载《中国应用法学》2020 年第 1 期。

的依据,甚至有时没有依据。① 从表象上看,第三方的行为与投资者损害事实间往往缺乏直接、有力的事实因果关系,通过传统的侵权责任因果关系理论加以认定的难度较大,部分法院倾向不对该类纠纷责任认定中的因果关系进行深入探讨,或被动等待监管政策及前置处理。同时,部分法院对于侵权诉讼与合同之诉的审理思路仍存在混同,容易在侵权诉讼中陷入传统的合同法律思维。

三、价值取舍:投资者侵权诉讼的裁判理念

在第三方消极履职的情形下,一味坚持合同相对性原则或者拘泥于债权保护制度,显然会造成投资者保护失衡。法院应回归侵权法实质,并处理好金融法下投资者与其他主体的法益平衡。

(一)他山之石:回归侵权法实质

为走出投资者权益物债之争的怪圈,英美法上直接设计了投资者起诉第三方的侵权诉讼制度,即当相关责任人(信托干涉者、推定受托人、受让人、间接受托人等)未以诚实信用的态度履行自身职责,故意或过失帮助资产管理人违反信义义务,相关责任人就将因此与资产管理人连带或共同赔偿投资者损失金额(见表9)。美国《第三次信托法重述》第107条第(2)款(b)项亦直接规定,如受托人不能(无法、不适合)或其不当地未能保护受益人的利益,则受益人有权对相关责任人提起诉讼。

表9 英美法典型案例

案例	主体身份	主要裁判观点
玛拉诉布朗尼(Mara v. Browne)[1]	信托干涉者	行为与信托财产存有联系的人可以被视为受托人。对信托进行干涉本身并不是过错行为,但因为其行为就像是一个被指定的受托人所为的一样,所以他也需对因其产生的行为承担责任

① 参见李曙光:《金融法若干前沿问题探讨》,载《中国应用法学》2020年第1期。

续表

案例	主体身份	主要裁判观点
巴恩斯诉埃迪（Barnes v. Addy）[2]	推定受托人	虽然不存在明示信托关系，但推定受托人（该案中为受托人的投资顾问）将对服从推定信托的财产承担基本的个人责任，追踪是用来支持确立推定受托人的基本责任
巴登诉希西特(Baden v. Siciete)[3]	受让人	五类受让人承担责任需知道的情形：真实情况；对显而易见的情况视而不见；在面对问询时故意或者过失地未达到诚实理性标准；对于一个诚实理性的人来说应当预见的情况；可以使一个诚实理性的人接受询问的相关情况
罗尤诉坦（Royal v. Tan）[4]	间接受托人	行为在一般理性人的标准下是不诚实的；被告以上述标准已认识到其是不诚实的

[1] Iain MacDonald and Anne Street, *Equity and Trusts Concentrate: Law Revision and Study Guide* (*Fifth Edition*), Oxford University Press 2016, p. 189.

[2] 参见何宝玉：《英国信托法原理与判例》，法律出版社 2001 年版，第 510 ~ 511 页。

[3] Simon Gardner, *An Introduction to the Law of Trusts* (*Third Edition*), Oxford University Press 2011, p. 251.

[4] Iain MacDonald and Anne Street, *Equity and Trusts Concentrate: Law Revision and Study Guide* (*Fifth Edition*), Oxford University Press 2016, p. 190.

至于相关责任人是否尽到诚实信用的判断，资产管理人的违约与损失是否与其真正相关，从英美案例中概括的标准为：一是客观方面，行为在一般理性人的标准下是不诚实的。具体情形包括但不限于第三方对显而易见的情况视而不见；在面对问询时故意或者过失地未达到诚实理性标准；对于一个诚实理性的人来说应当预见的情况等。二是主观方面，被告以上述标准已认识到其是不诚实的，存在故意或过失。

（二）理念选择：多维价值取向的动态平衡

完善资管行业的社会治理环境，有赖于立法对各类散落的法律法规整合和侵权法上相关制度的确立，监管主体对资管全链条的整体关注和穿透式监管，以及行业协会对各类交易模式的正向引导。但在上述环境尚未系统整合的背景下，司法应恪守法律基本原则，平衡投资者与其他主体的利益，在守护公平正义、服务金融大局、尊重创新活力的价值取向中保持动态平衡。

新业态背景下，法院既要依据侵权法的一般原理思考，又要对金融的现象、原理有所了解,进行发展性地思考。资管行业日新月异,托管、代销、服务、顾问、嵌套等多种复合业务关系相继出现。司法裁判要平衡创新行为和投资者保护,在惩治违法行为、保护投资者合法权益的同时,尊重行业习惯,为金融创新行为提供合法、公平、高效的制度安排,发挥金融审判对于市场的规则引领和导向作用。另外,司法裁判面临回应监管机构政策实施的期待和保持司法裁判客观性之间的权衡问题。裁判需要考虑政策实施和社会影响等多种因素,但不应无条件为行业创新和政策风向背书。对于损害投资者利益的行为,应该进行穿透式司法审查,改变投资者对第三方"触不可及"的维权痛点。

四、标准构建:投资者侵权诉讼的判决要点

审理投资者侵权纠纷,法院应先回归传统民事侵权责任的理论研究框架,并结合金融领域的特殊性,对难以解决的问题,予以特殊化处理,进行法律解释与适用。

(一)侵害行为的认定

传统侵权责任法理论中,强调侵害行为的违法性。近年来,亦有学者认为行为违法性不应再列为构成要件,只要客观上侵害了他人的民事权益即构成侵权行为。[①] 综合考虑上述流派要义变化,同时鉴于金融法兼具公法与私法的性质,在资管产品侵权诉讼中,对金融交易的司法审查应当兼顾法律法规与当事人意思自治。具体到侵权行为的认定标准上,应当以行为的违法违规性作为认定侵权行为的重要标准,但不视其为唯一标准。对侵害行为的审查应当脱离合同的相对性,回归侵权法的实质,就主体的合同履行情况与投资者权益受到侵害之间是否存在联系进行甄别。在难以认定违法违规性且

① 肯定说参见中央政法干部学校民法教研室编著:《中华人民共和国民法基本问题》,法律出版社1958年版,第324~338页;杨立新:《侵权责任法》(第4版),法律出版社2021年版,第57页。否定说参见王利明:《侵权责任法》(第2版),中国人民大学出版社2021年版,第62页;程啸:《侵权责任法》(第2版),法律出版社2015年版,第208页。

通过合同义务也无法评判的情形下,可以借助专家辅助人制度作为补充。

1. 重要标准:行为的违法违规性

资管法律关系中,第三方违法违规的行为既可能是作为,也可能是不作为。违法违规的作为行为比较容易确认,而不作为的行为,则应以第三方负有某种特定的作为义务为前提。[①] 特定义务的来源可能是法律法规的直接规定、第三方职务或者业务上的要求(基于资管法律关系链条上的主体身份)以及第三方的先前行为(各方主体在合同中的权利义务约定及履约行为所对应的法定义务等)。

识别第三方是否对投资者构成侵权的一个重要方法是审查第三方是否违反了保护投资者的法律法规,即侵害了投资者的法益。因为对于法益,虽然第三方与投资者不构成直接的权利义务关系,但根据我国《民法典》第 3 条的规定,第三方也负有不可侵的义务。第三方违反不可侵义务,侵害投资者法益的,也构成违法违规性。

2. 脱离误区:与合同义务的关系

侵权行为的认定主要从违法违规性角度进行判断,而不应当局限于合同权利义务。法院在进行司法审查时,首先,应脱离合同的相对性,就被诉主体在整个资管架构中的法律地位予以认定;其次,从该类主体的法定义务进行审查;再次,从投资者的法定权利是否受到该主体的行为侵害进行反向审查;最后,结合主体在资管架构中的合同义务进行违约性审查。被诉主体未违反合同义务,不一定无侵害行为(如案例 6)。反之,被诉主体违反合同义务,也并不必然导致侵害行为的发生,法院还应就主体的合同履行情况与投资者权益受到侵害之间是否存在联系进行甄别,从适当性义务、谨慎投资义务、规范管理义务、信息披露义务和清算与分配义务等法定义务方面评判。

3. 有效补充:专家辅助人制度

资管产品侵权诉讼中侵权行为的认定不以违法违规性为前置标准,在没有刑事判决、行政处罚的案件中,某一行为是否侵害了投资者的民事权益需要进一步依靠法院的司法审查。然而,由于资管行为的专业性与复杂性,法

---

① 参见杨立新:《侵权责任法》(第 4 版),法律出版社 2021 年版,第 58 页。

院认定是否存在侵权行为往往存在一定难度。目前,上海金融法院正在积极探索专家辅助人形式支持诉讼,即由证监会管理的公益机构中证中小投资者服务中心组建评估专家库,根据案情向法院推荐评估专家作为投资者专家辅助人出庭,从专业的角度对案件事实进行分析和提出意见,对案涉专业问题进行阐述,提出自己的意见,帮助法院对案件进行合理认定。在缺少刑事判决、行政处罚的案件中,专家辅助人制度可以成为金融司法专业化的有效补充。

(二)损害事实客观存在

司法判例中,影响损害事实确定的因素多为产品未经清算损失无法确定。这是由于资管产品尤其是投资于非标资产或底层资产发生风险的资管产品流动性较差、变现周期长、清算不及时。此时裁判思路应区分一般产品清算前置、损失虽未最终确定但受托人确有责任和一方怠于清算造成僵局三种情形。

1. 一般规则:清算前置

资管产品只有经由清算才能确定是否亏损及损失数额,未经清算的,损害事实无法确定。实践中,产品的盈亏状况往往随市场不断波动,产品未经清算的,最终投资是否亏损及亏损具体数额均难以确定,损害的事实也不一定存在。因而,一般情形应坚持清算前置,判决驳回投资者诉请,除非损失的确定不以资管产品清算为前提,即从事实上来看投资者的投资已无收回之可能,或合同相对方已确认实际损失金额。

2. 清算尚未完成:可判决按照比例担责

在部分案件中,损失确已发生但尚未完成清算,且侵权方的违法或违约行为与损失范围的因果关系明确,尽管损失总额不易厘定但损失比例易于确定,为方便投资者进行司法救济并减少讼累,可判定侵权方就清算后投资者的损失按照比例承担责任。

引入投资者保护舱机制,利用智能大数据收集,在投资者输入身份信息后,系统可以在后台实现投资者交易记录的查询和计算。在资管产品清算完成后,保护舱根据已存在的示范判决,确定投资差额计算比例和系统性风险扣除比例，计算出投资者具体的获赔金额。

3. 怠于清算：审查应否进入强制清算

资管产品到期后，清算义务方未及时进行清算，投资者在诉讼中主张清算的，法院可以释明投资者提起强制清算诉讼，并参照公司法强制清算制度予以审查。在清算义务方怠于清算的情况下，应给予投资者司法救济，以免形成僵局。至于法院的审查标准，除适用公司法强制清算的审查标准①外，还应当考虑资管产品的信托属性，参考国际上以《多德－弗兰克法》为基础的金融衍生品强制清算制度，②从以下几个方面予以补充考量：产品是否存在显著未清偿的风险敞口、产品交易的流动性、产品是否存在充足的定价数据、合同赖以交易的实质性条款和交易管理的一致性，以及对系统性风险的影响等。在强制清算诉讼中，经审查，资管产品符合强制清算条件的，法院可判令相关责任人在一定期限内履行清算义务，具体期限可视案件实际合理确定。

（三）因果关系的判断

1. 判断标准：事实和法律层面

事实层面因果关系的判断可以删除法进行检验。资管产品侵权诉讼往往涉及多个主体，因此从事实层面考察因果关系可以采用删除法③判断，即将资管交易结构中的一方行为从整个事件中完全排除，检验损害结果能否发生，如排除以后损害结果仍然发生，则该行为就不是损害发生不可欠缺的条件。

法律层面因果关系的判断采用第三方合理注意义务标准。法律上主要运用相当性的法律价值判断因果关系，所谓“相当”是指按照合理的、谨慎的人的标准，④在此基础上进一步推导出“合理人”的衡量方法。在资产管理法

---

① 参见《最高人民法院关于适用〈中华人民共和国公司法〉若干问题的规定（二）》第7条及《最高人民法院关于审理公司强制清算案件工作座谈会纪要》第13条规定，公司因公司章程规定的营业期限届满等事由而解散，但公司逾期不成立清算组进行清算或成立清算组但故意拖延清算的，债权人或股东可以申请人民法院指定有关人员组成清算组进行清算。

② Shawn Mankad, George Michailidis and Andrei Kirilenko, *On the Formation of Dodd-Frank Act Derivatives Regulations*, PLOS ONE, Vol. 14, Issue 3, p. 1 – 19（2019）.

③ 参见陈聪富：《侵权行为法上的因果关系》，载《台大法学论丛》第29卷第2期。

④ 参见王利明：《侵权责任法》（第2版），中国人民大学出版社2021年版，第76页。

律关系中,第三方的合理人标准则演化为第三方的合理注意义务。《民法典》为银行等金融机构的注意义务设置了更高标准,除传统合理注意义务的标准外,还应着重考量如下三个方面内容:

一是主体性。义务主体的行为应当符合本职业或行业中一个合格的且具有普通谨慎的从业者在相同或相似条件下[①]所应采取的一般理智、一般的审慎和一般的细心程度行为标准。该行为标准的界定应当主要从资管交易结构中不同主体的法律地位及其对应的法定义务来判断。

二是近邻性。该主体作为投资者与管理人合同主体以外的第三方,能够预见其行为会对投资者造成损害,而怠于行使注意义务。近邻性是平衡投资者利益与第三方行为自由的重要尺度。

三是介入性。法院应当审查除第三方行为外,其他因素对损害影响的排除,抑或直接中断了法律因果关系的成立。这些介入因素主要包括系统性风险和非系统性风险。所谓系统性风险是指由外部因素引起,对整个资管行业产生影响的因素如政策、战争等;非系统性风险主要是对资管行业个别产品产生影响的风险,包括经营情况、管理问题等。[②] 法院应在裁判中酌情扣减介入因素的影响比重,或者直接否定因果关系的成立。

2. 举证规则:因果关系的推定

由于资管交易较为复杂与专业,同时囿于投资者自身获取证据能力和客观可能性相对不足,由投资者举证证明因果关系的存在面临一定困难。应当从举证便利性和公平原则考虑,适用因果关系推定的方式来分配举证责任。具体规则如下:

一是投资者应当就初步的因果关系进行举证。投资者就资管法律关系的存在、遭受损失的事实承担举证责任,就第三方的行为与损失之间存在关联承担初步举证责任。

二是第三方就不存在因果关系提出反证。第三方应当就投资者损失与第三方行为无因果关系提出证据予以证明,要求第三方提交的证据可以是立

① 参见屈茂辉:《论民法上的注意义务》,载《北方法学》2007年第1期。

② 参见俞蔚:《证券市场虚假陈述民事赔偿因果关系认定研究》,华东政法大学2020年硕士学位论文。

项前的尽职调查材料、管理中的内部审批材料、存续中的各类日常管理凭证、单据、通知和指令,以及清算和风险处置材料等。

三是因果关系推定规则的适用应具有法定性。由于该规则将举证责任在原告与第三方之间进行了转移,为防止责任分配不均,目前仍应由法律法规和司法解释予以明确。与资管法律关系关联度较高的依据包括《九民纪要》第94条规定的资管产品受托人的举证责任、《证券法》第85条规定的信息披露义务人的举证责任和第163条规定的证券服务机构关于勤勉义务的举证责任等。

(四)过错与责任认定

1. 过错与侵权责任类型

在不同的过错情形中,责任类型应作出区分。各方主体应当根据是否存在过错以及过错的程度,各自承担相应的民事责任。责任类型的裁判路径主要应集中在如下几个方面:

一是比例连带责任。在第三方与产品管理人不存在串通合谋而仅有各自过失的场合,可解释为无意思联络的多数人侵权。第三方因其工作范围、专业领域(特别注意义务与一般注意义务)的不同,可能仅就多个侵权事实中的部分事实存在过错,最终便应只对部分事项导致的损失承担连带责任,即对全部损失中的部分比例承担连带责任,表现出的结果便是"比例连带责任"。

二是比例补充责任。补充责任的本质是补充性连带责任,[①]在上述比例连带责任的原理基础上,当主侵权人实施故意加害行为,第三方仅为过失不作为,第三方在此情形下对被侵权人承担补充责任符合责任分担原理。

三是全部责任。在投资者与管理人均无过错的场合,第三方的过错行为侵害投资者利益的,第三方应对实际损失承担全部赔偿责任。

2. 过错对实际损失计算的影响

根据《九民纪要》的相关规定,机构未尽到适当性等义务导致损失的,应

---

① 参见孙华璞:《关于补充责任问题的思考》,载《人民司法》2018年第1期。

当赔偿实际损失,实际损失的计算包括本金和利息。侵权责任适用损失填平原则,本金损失系直接损失应当予以支持,利息损失属于可得利益和间接损失,可酌情对利息予以支持。第三方侵权诉讼中,如投资者不存在过错,则实际损失应为全部投资款、服务费、认购费等+资金占用利息(以全部投资款为基数)。如投资者亦存在过错,法院可酌情降低损失金额,最少调整至认购款部分。

结　语

资产管理投资者侵权诉讼的司法审查原则,应回归侵权法的实质,并处理好多维价值取向的动态平衡。具体的审查标准构建上,应在准确把握投资者权益属性的基础上,将传统侵权责任的构成要件与金融法原理相结合,并在实务层面创新司法机制。

金融产品销售中告知说明义务与适当性义务

——从缔约阶段切入

葛　翔*

引　言

2019年11月，最高人民法院发布《全国法院民商事审判工作会议纪要》（以下简称《九民纪要》），就销售金融产品、提供金融服务过程中，卖方机构的适当性义务和告知说明义务分别作了规定。同年12月，《中华人民共和国证券法》（以下简称《证券法》）修订颁布，其第88条也将适当性义务和告知说明义务置于同一条款中加以呈现。对告知说明义务和适当性义务之间的区别和联系，理论和实务认知还不统一。笔者认为，对适当性义务和告知说明义务两者关系问题值得细致分析，从确立金融产品销售"卖者尽责、买者自负"的基本定位来看，厘清告知说明义务和适当性义务之间的关联性，对探求"卖者尽责""买者自负"之间的平衡点，可能会有所助益。

---

* 法学博士，上海金融法院综合审判三庭法官。

一、告知说明义务与适当性义务的规范梳理和比较

(一)适当性义务和告知说明义务的规范内容

从法律规范、行政规范性文件和行业协会自律规则中规定的适当性义务和告知说明义务内容来看,两者关系并不明确。在《证券法》修订前,法律层面并无对告知说明义务和适当性义务作明确统一的规定,《证券法》也仅仅对告知说明义务和适当性义务在第88条第1款中作了原则表述。适当性义务和告知说明义务具体内容散见于规章、规范性文件、自律规则中,两者规范结构和列举呈现多种样态。

第一类是在一般条款中有类似于《证券法》第88条的,对适当性义务和告知说明义务进行了一并表述,同时在具体条款中分别规定了适当性义务和告知说明义务,如《公开募集证券投资基金销售机构监督管理办法》[①]《证券期货投资者适当性管理办法》[②]《保险资产管理产品管理暂行办法》。第二类是在一般条款中虽有对适当性义务和告知说明义务一并表述,但仅对告知说明义务进行了具体规定,如《公开募集证券投资基金运作管理办法》。第三类是对适当性义务和告知说明义务分别进行了规定,如《中国人民银行金融消费者权益保护实施办法》《关于规范金融机构资产管理业务的指导意见》《期货公司资产管理业务试点办法》《证券公司金融衍生品柜台交易业务规范》等。

从相关规范中对告知说明义务所涉内容的规定来看,更纷繁多样。大致归纳,主要有这样五类内容:其一,交易主体、关联主体及产品管理人内部组织的披露。如私募基金管理人与出资人、实际控制人、关联方的关系;[③]私募

---

① 第17条对两者作了一并表述,同时第46条和第47条又分别对适当性和告知说明作了具体规定。

② 第3条对两者作了一并表述,又在第18~21条和第23~24条分别规定了适当性义务和告知说明义务。

③ 参见《关于加强私募投资基金监管的若干规定》(证监会公告〔2020〕71号)第5条、第6条。

基金财产与关联方的交易；[①]实际承担合同义务的经营主体，[②]具体管理产品的人员情况等。[③] 其二，产品合同内容的告知说明。如向客户讲解有关业务规则和合同内容；提示投资人阅读基金合同等资料，销售文件应当按照规定全面说明产品特征；披露资管计划交易结构、当事各方权利义务条款、关联交易情况等信息。[④] 其三，缔约前的风险揭示。从相关规范来看，很多都是将风险揭示与合同要素内容的告知作了并列规定，比如要求"资产管理合同、产品说明书、风险揭示书应……向投资者全面介绍资产管理产品的特点、投资方向、风险收益特征；对涉及投资者权益的特殊安排，应当以醒目字体向投资者重点说明，充分揭示风险"。[⑤] 通常而言，金融产品销售中一般性风险的告知主要体现为两种形式：一种是通过风险揭示书方式揭示市场风险、信用风险、流动性风险、操作风险、关联交易的风险、聘请投资顾问的特定风险等各类风险；另一种则是在合同中专设风险揭示一节，以提示消费者相关风险。[⑥] 其四，缔约后的信息披露。根据《公开募集证券投资基金信息披露管理办法》《私募投资基金信息披露管理办法》等对金融产品运作过程中的相关信息披露要求作了专门规定，比如投资情况、收益亏损情况等。《关于规范金融机构资产管理业务的指导意见》中对固定收益类产品、权益类产品和混合产品的不同披露要求也作了原则性规定。其五，其他事项的告知。如金融产品销售

---

① 参见《公开募集证券投资基金运作管理办法》（证监会令第 104 号）第 33 条；《关于加强私募投资基金监管的若干规定》（证监会公告〔2020〕71 号）第 11 条。

② 参见《中国人民银行金融消费者权益保护实施办法》（中国人民银行令〔2020〕第 5 号）第 16 条。

③ 参见《信托公司集合资金信托计划管理办法》（银监会令 2009 年第 1 号）第 7 条。

④ 参见《证券公司监督管理条例》（国务院令第 653 号）第 30 条，《公开募集证券投资基金销售机构监督管理办法》第 17 条、第 47 条，《关于规范金融机构资产管理业务的指导意见》（银发〔2018〕106 号）第 12 点，《证券期货经营机构私募资产管理业务运作管理暂行规定》（证监会公告〔2016〕13 号）第 3 条、第 4 条，《中国人民银行金融消费者权益保护实施办法》第 16 条，《证券期货经营机构私募资产管理计划运作管理规定》第 6 条，基金业协会《私募投资基金募集行为管理办法》第 23 条等。

⑤ 参见中国证券监督管理委员会办公厅《关于加强证券公司资产管理业务监管的通知》（证监办发〔2013〕26 号）第 3 点。

⑥ 参见《证券期货经营机构私募资产管理计划运作管理规定》（证监会公告〔2018〕31 号）第 7 条、第 11 条；基金业协会《关于发布〈集合资产管理计划资产管理合同内容与格式指引（试行）〉〈单一资产管理计划资产管理合同内容与格式指引（试行）〉及〈资产管理计划风险揭示书内容与格式指引（试行）〉的通知》（中基协发〔2019〕3 号）。

过程中,金融机构获取、使用消费者信息的,应当告知消费者。[①]

从上述分类来看,适当性管理和告知说明制度在规范中的定位关系并不十分统一。原因在于:一方面,金融消费中告知说明义务本身的理论定位还不明晰;另一方面,告知说明义务在规章、规范性文件和自律规则中体现的多样性,对该项义务履行的程度和方式的统一,客观上也带来了一定的困难。

(二)域外对适当性义务与告知说明义务的界分

适当性义务源于美国。美国金融业监管局(Financial Industry Regulatory Authority)规则 2111 项下体现为三个方面:合理根据的适合性义务(the reasonable-basis obligation)、特定顾客的适合性义务(the customer-specific obligation)、定量适合性(quantitative suitability)。[②] 通常认为,在美国证券市场中,经纪商/交易商(Broker-Dealer)主要受适当性义务规制,投资顾问(Investment Adviser)主要受信义义务(fiduciary duty)规制。[③] 实质上适当性规则本身与信义义务呈现交织关系,两者的区别只不过存在责任程度差异而已。信义义务的产生在英美衡平法传统中与信托法、信义关系密不可分,[④]在信义义务统一框架下,适当性义务和告知说明义务的区分意义并不大,因为最终都会导入违反信义义务的逻辑论证中,差异结果仅体现为责任范围的大小以及民事责任和行政责任的区分而已。

但是反观日本,则情况又有不同。日本在2000年《金融商品销售法》颁布前,金融产品销售中并无适当性义务之法定概念,但是却在不少判例中通过由证券交易法或民法上诚信原则推导的告知说明义务来对金融消费者加以保护。[⑤] 比如,在信托产品销售中,营业者对于产品是否保本,是否具有本

---

① 参见《中国人民银行金融消费者权益保护实施办法》(中国人民银行令〔2020〕第5号)第31条。

② See FINRA, *Rule* 2111, Financial Industry Regulatory Authority (Jun. 29, 2021), https://www.finra.org/rules~guidance/rulebooks/finra~rules/2111;何颖、阮少凯:《论金融产品销售商的投资者适当性义务》,载《财经法学》2021年第1期。

③ 参见刘力帆:《美国投资者适当性规则修订溯因》,载《金融法苑》2020年第103辑。

④ 参见徐化耿:《信义义务的一般理论及其在中国法上的展开》,载《中外法学》2020年第6期。

⑤ 参见陈洸岳:《金融消费者保护法下业者损害赔偿责任初探》,载《月旦法学杂志》2011年第199期。

金损失之风险,应当依诚信原则向消费者进行说明;在连动式债券销售过程中应当向消费者说明债券损益与股价变动之关系,等等。在这些判例中所反映出的告知说明义务与单纯的资讯告知不同,而是必须达到其说明程序"足以使投资者对于金融产品产生正确之认识而决定交易之程度,方足以当之"。[①]《金融商品销售法》颁布后,明确引入了适当性义务。虽然在立法说明中认为,适当性义务可以分为狭义适当性义务和广义适当性义务,前者主要指的是产品和消费者之间的适配性,其前提是了解客户、了解产品,从而将合适的产品销售给合适的客户。广义适当性义务除了适配性以外还包含了告知说明义务。但是在实践中已然将两者作一定的区别,而非完全作为关联概念进行适用。[②] 从条款陈列顺序来看,[③]《金融商品销售法》在第 3 条、第 4 条规定了金融产品销售者告知说明义务,并详尽罗列了告知说明的具体范围,而相较之下第 8 条、第 9 条中规定的适当性义务则极为原则,第 8 条仅规定,"金融商品销售业者等从事金融商品销售等相关劝诱业务时,应努力确保其恰当"。

从域外比较反过来考量告知说明义务与适当性义务之间区分之实益,则可能形成更清晰的理解。如日本,不仅在立法中将告知说明义务与适当性义务分别进行规定,在司法实践中对两者也作了一定区分,其主要原因可能在于:首先,在传统成文法法域,民法上的告知说明义务有着系统性和优势性地位,在成文规范上往往是先有告知说明义务,再移植规定适当性义务,告知说明义务具有引入适当性义务的过渡性特征,即在移植适当性义务前先以告知说明义务作为保护金融消费者的重要依托,而适当性义务在规范上加以明确后,两者的关系定位就成为一个必然要面对的问题。其次,由于大陆法系并

---

① 杜怡静:《金融业者于金融商品贩卖时之说明义务》,载《月旦法学杂志》2005 年第 126 期。

② 参见陈洸岳:《金融消费者保护法下业者损害赔偿责任初探》,载《月旦法学杂志》2011 年第 199 期。有的意见认为,部分顾客财力雄厚,虽然适合高风险投资行为,但对于复杂之金融商品,如欠缺对其说明义务,仍不能视为合法之劝诱;有些顾客财力不足,即使对其尽到说明义务,但劝诱其投资高风险裁判,仍认为构成违反适当性,基于此,日本实务大多认为说明义务与适合性原则为不同之义务。参见杜怡静:《论对金融业者行销行为之法律规范——以日本金融商品贩卖法中关于"说明义务"及"适合性原则"为参考素材》,载《台北大学法学论丛》2005 年第 57 期。

③ 具体条文内容,参见中国证券监督管理委员会组织编译:《日本金融商品交易法及金融商品销售等相关法律》,法律出版社 2015 年版,第 1251 ~1263 页。

无信义义务适用之理论传统,信义义务也往往于信托法律制度移植之后再予以引入,因此信义义务的概念架构与大陆法系的民法传统往往难以完全适配。[①] 在缺乏信义义务统一理论和规范框架时,适当性义务和告知说明义务无法找到一个相对统一的适用基础,由此必然需要进行一定的区分。最后,基于传统民法体系中,侵权责任与违约责任、先合同义务与合同义务等概念的细分,必须有赖于行为要件的分解和一一对应,不然无法在既有法律体系中确定相应的法律责任。当然,由此就产生了问题的第二层次,适当性义务、告知说明义务如何与侵权责任、违约责任、缔约过失责任等相互映射的问题。即使如日本等法域虽然在规范层面对适当性义务和告知说明义务作了区分,但是对于各项义务在合约形成中所处地位——先合同义务、合同义务、附随义务——以及违反各项义务所产生的法律后果仍存在一定分歧。又如日本通说认为,违反告知说明义务构成侵权,违反适当性义务仅构成行政责任,而无民事责任,[②]显然也与我国实务不同。违反告知说明义务构成侵权后能否撤销金融产品销售合同或确认无效,也存在不同意见。可见,区分适当性义务和告知说明义务在民法传统下有特定意义,也是适配相应法律责任的重要前提。

二、从缔约阶段分析告知说明义务与适当性义务的关系

结合我国相关规范中对告知说明义务的规定和域外实践,笔者认为,对适当性义务和告知说明义务进行必要的界分,对科学确定违反适当性义务和告知说明义务所应当承担的责任后果,有十分重要的意义。金融产品销售中的告知说明义务呈现多层次构造的特征,从合同磋商到订立、履行过程都存在告知说明义务。以意思表示具体化之时点作为告知说明义务归类的切入

---

① 实际上,近年来不少学者也试图通过理论解释,将信义义务从信托法拓展到我国民商法其他领域,但只能从基本法理上予以推演,却很难在现行法律规范体系上找到具体条款依托。参见王莹莹:《信义义务的传统逻辑与现代建构》,载《法学论坛》2019年第6期;许德风:《道德与合同之间的信义义务——基于法教义学与社科法学的观察》,载《中国法律评论》2021年第5期。

② 参见杜怡静:《论对金融业者行销行为之法律规范——以日本金融商品贩卖法中关于"说明义务"及"适合性原则"为参考素材》,载《台北大学法学论丛》2005年第57期。

点，可能有助于解释适当性义务和告知说明义务两者在金融产品销售合同形成过程中的不同作用。因此，结合前述对规范中告知说明对象的梳理，如果依照合同关系的发展阶段来划分，可以将之划分为三个阶段：缔约前的告知说明、缔约时的告知说明和缔约后的告知说明。①

（一）缔约前的告知说明

"缔约前"意指卖方机构尚未向金融消费者提出要约（《民法典》第 472 条）的阶段，②也就是卖方机构与金融消费者仅进行磋商，此时并未形成具体的意思表示。在缔约前，卖方机构向消费者所作告知说明的内容主要有：卖方机构的主体身份；产品的概括性风险；消费者的类型归属和匹配性意见。实践中不少金融产品存在实际销售主体与名义主体不符，或者误导消费者对实际主体的判断等情形，影响金融消费者对产品经营销售主体的正确判断。如私募基金管理人的实际控制人等进行私募基金宣传推荐，或以登记备案、金融机构托管、政府出资等名义，③或通过委托银行、券商等机构代销私募基金为自身增信、部分从业人员非法售卖"飞单"等"混淆管理人角色""募管权责不清"的情形。④ 向消费者披露卖方机构实际主体，是缔约前的一项基本要求。比如，《欧洲金融工具市场指令》第 24 条 4(a)(i)项提出，投资公司在给出投资建议前应当告知消费者，该建议是否是独立作出的。

从规范梳理中可见，风险揭露是最为重要的告知说明客体，但是缔约前的风险揭露是概括的而非具体的，主要有两点理由：第一，缔约前的风险揭示是为了满足消费者适配性，往往不只涉及单一金融产品；第二，缔约前交易双方并未形成具体的意思表示。这里很重要的一点就是缔约前风险揭示的前提是"知道你的产品"，而"知道你的产品"需要基于一个广泛的调查研究基

① 参见杜怡静：《金融商品交易上关于说明义务之理论与实务上之运用——对连动债纷争之省思》，载《月旦民商法》2009 年第 26 期。

② 关于要约的定义与条件，参见黄薇主编：《中华人民共和国民法典释义》（中）（合同编），法律出版社 2020 年版，第 909 ~ 911 页。

③ 参见《关于加强私募投资基金监管的若干规定》（证监会公告〔2020〕71 号）第 6 条。

④ 参见基金业协会《〈私募投资基金募集行为管理办法〉起草说明》，载中国证券投资基金业协会 2021 年 6 月 24 日，https://www.amac.org.cn/aboutassociation/gyxh_xhdt/xhdt_xhtz/201604/t20160415_1396.html。

础。《欧洲金融工具市场指令》第 24 条 4(a)(ii)项规定,在给出推荐前应当告知消费者该建议是基于对不同类型金融产品的广泛分析还是有限分析所得出。美国证券交易委员会在对投资顾问行为标准的解释规则中也明确,①投资建议是否符合客户的最佳利益,必须在投资顾问为客户管理的投资组合和客户的目标背景下进行评估,并对投资进行合理的调查。也就是说,缔约前卖方主体应当基于对一类产品进行调查比较后,向消费者告知不同产品的风险差异,由此推荐消费者购买符合其自身风险偏好、风险承受能力的产品。此时,不同产品的风险揭示当然只可能是概括性的比较,而非就具体风险进行比较,因为具体的风险差异因素对消费者适配性是没有意义的。类似地,我国《证券期货投资者适当性管理办法》第 16 条规定,划分产品风险等级应当"综合"考虑相关因素,涉及投资组合的产品或者服务,应当按照产品或者服务"整体"风险等级进行评估。当然,利益冲突也可以包括在缔约前的概括性风险中。

缔约前,在告知消费者金融产品的概括性风险的同时,应当告知消费者其自身风险类型归属以及产品匹配性意见。消费者风险类型归属实质上就是消费者分类制度,②其是适当性管理的首要前提。国际证监会组织(International Organization of Securities Commissions,IOSCO)2013 年《关于分销复杂金融产品的适当性要求》(Suitability Requirements with Respect to the Distribution of Complex Financial Products)终期报告中,③将消费者分类作为第一项原则列出。消费者分类除了区分为专业投资者和普通投资者以外,规范中还规定了进一步的细分要求。④ 消费者风险类型归属和产品概括性风险都应当向消费者进行告知,唯有通过告知才能最终实现产品的适配性要求。

---

① S. E. C, *Commission Interpretation Regarding Standard of Conduct for Investment Advisers Release No. IA* – 5248, Federal Register (Jun. 25, 2021), https://www.federalregister.gov/documents/2019/07/12/2019-12208/commission-interpretation-regarding-standard-of-conduct-for-investment-advisers.

② 参见陈颖健:《私募基金合格投资者制度研究》,载《证券市场导报》2018 年 10 月。

③ IOSCO, *Suitability Requirements with Respect to the Distribution of Complex Financial Products*, International Organization of Securities (Feb. 15, 2022), https://www.iosco.org/library/pubdocs/pdf/IOSCOPD400.pdf.

④ 比如《证券期货投资者适当性管理办法》第 9 条规定,经营机构可以根据专业投资者的业务资格、投资实力、投资经历等因素,对专业投资者进行细化分类和管理。

由此，缔约前的告知说明义务实际上就是适当性义务的一部分。

（二）缔约时的告知说明

"缔约时"意指在完成产品适配后，卖方机构向消费者作出要约的阶段。此时，基于产品适配性，卖方机构已经完成了产品的推介而进入产品的销售，意思表示的内容已经具体化。在缔约时，卖方机构告知说明内容义务的客体指向的是对合同条款的说明解释以及对合同条款所构成的具体交易风险的揭示。在相关规范中，对于合同具体条款的说明义务和风险告知有时候会混同。比如《证券公司监督管理条例》第30条规定，"证券公司与客户签订证券交易委托、证券资产管理、融资融券等业务合同，应当事先指定专人向客户讲解有关业务规则和合同内容，并将风险揭示书交由客户签字确认"。缔约时合同具体条款的说明和缔约前概括性的风险告知，两者之间区别和联系在于：概括性的风险往往是由具体的风险凝聚而成，而具体的风险本质上又源于合同具体条款所明示或隐含的内容，如产品的流动性、杠杆率、产品是否具有结构性、投资范围、发行人等相关主体的信用状况，等等。概括性风险决定了消费者能买什么样的产品，而消费者决定买什么样的产品则取决于合同具体条款。

适配性告知主要解决的是能卖什么，即消费者的财务状况、风险偏好适合哪类产品，而消费者是否决定购买特定产品，取决于合同具体条款，即重要性事实的告知说明（Key Fact Statement）。只有基于对合同具体条款的了解，消费者才能作出正确的意思表示，由此方能构成合同关系，而在适当性匹配阶段，买卖双方尚未形成具体的意思表示。

对于重要性事实的告知有时候容易和适当性匹配问题混淆，如王某与建设银行北京恩济支行金融委托理财合同纠纷案。[①] 许多观点将该案归纳为适当性问题。[②] 该案中王某风险测评为稳健型，建行恩济支行向其销售的产品

① 参见北京市第一中级人民法院民事判决书，(2018)京01民终8761号。

② 参见何颖、阮少凯：《论金融产品销售商的投资者适当性义务》，载《财经法学》2021年第1期；王毓：《商业银行违反适当性义务案例的法律分析与启示》，载《现代金融导刊》2020年第7期；袁恩浩：《从一则案例浅析金融机构适当性义务》，载《现代金融导刊》2020年第4期。

为中风险,从《私募投资基金募集行为管理办法》的有关规定来看,其风险匹配似乎并未超出规定,[①]而一审、二审法院将王某在风险评估中勾选“不希望本金损失”作为论证基础,认定系争产品不适当,可能存在逻辑上的欠缺。笔者认为,该案本质上是合同具体条款风险告知问题,即销售机构是否就合同中涉及本金可能损失的具体条款向消费者进行了明确说明。风险评估中勾选的意见不应作为消费者对具体产品所作的意思表示,而只能作为风险评估的构成要素之一。如果认为风险评估中勾选“不希望本金损失”是对具体产品所作意思表示,则意味着不得向该消费者销售存款等保本产品以外的任何产品,显然是荒谬的。所以,在该案中争议焦点应该是消费者与卖方机构之间是否就案涉产品合同形成了一致的意思表示,即消费者是否购买的是其预想的金融产品,而不是消费者“能不能”购买系争金融产品。也就是系争产品与消费者基于合同条款所形成的信赖预期是否一致的问题。如果把缔约时的告知说明作为一种合同解释来看,“作为合同解释对象的意思表示是有相对人的意思表示(需受领意思表示),而且大多数合同涉及利益交换关系,所以解释时侧重于相对人视角,以信赖保护为导向”[②]。由此角度出发,缔约前的告知说明是一种单向性的动作,在对概括性风险进行描述时卖方机构与消费者之间并不发生意思表示的交换,消费者只是单方接受卖方机构所作的概括性风险描述,进而再决定是否购买相应金融产品。对合同具体条款的说明是交互性的说明,是基于双方意思表示形成一致性的过程中,卖方机构在消费者预期范围内对合同条款所作的解释。因此,王某与建设银行北京恩济支行金融委托理财合同纠纷案中体现的告知说明义务涉及的是合同条款的说明,而非概括性风险的告知,由此导致的责任承担也应有所不同。

(三)缔约后的告知说明

“缔约后”实际上就是履约阶段,根据相关信息披露规范的规定,在履约

---

① 根据《私募投资基金募集行为管理办法》“附件2:私募投资基金投资者风险问卷调查内容与格式指引(个人版)”中的分类,普通投资者可以分为保守型、稳健型、平衡型、成长型、进取型等,稳健型与中风险产品之间并未明显不适配(风险评估的科学性当然是另外的问题)。

② 杨代雄:《法律行为论》,北京大学出版社2021年版,第201页。

阶段卖方机构除了依照规范和合同约定及时向消费者提供信息以外，还应当根据诚实信用原则就缔约后发生的特定情况及时通知消费者，如应告知合同风险发生超出合同约定或者消费者预期的变化。履约阶段的告知说明义务根植于卖方机构的信义义务。比如，英国金融行为监管局颁布的《商业行为规范》（Conduct of Business Sourcebook，COBS）2.1.1R 条和 11.2.1R 条中明确规定，[①]金融公司应当遵循客户最佳利益规则；在执行客户指令时，应当采取合理步骤并考虑执行因素，为客户取得最好的结果。同时，在 11.2.22R 条中原则性地列举了公司在执行客户指令时需要向客户披露适当信息：在执行前向零售客户披露重要的执行因素，为实现客户最佳利益所采取的执行步骤；对客户具体指示可能阻碍前述目的实现时，作出警示。那么缔约后卖方机构是否还存在适当性义务？有的意见认为，在合同履约阶段也可能发生不适合金融消费者的交易，因此履约阶段也有适当性义务存在的空间。[②] 笔者认为，履约阶段所发生的不适合金融消费者的交易，如金融产品增量购买或投资新品种，这时新交易的产生本身应当视为新的意思表示而构成缔约，履约阶段严格来说只是执行原有的合同约定，因此原则上并无适当性义务存在的空间，而要保障履约阶段金融消费者权益，仍应通过告知说明义务的完善来加以实现。

缔约前适当性义务、告知说明义务所涉内容不构成合同具体意思的部分，主要指向产品风险问题，而缔约时相关意思才具体化，因此缔约前的告知说明属于适当性义务的组成部分，而缔约时的告知说明义务独立于适当性义务。适当性义务与告知说明义务的主要区分也就在于合同意思的具体化与否，由此也决定了违反这两项义务所承担责任的不同。

---

① FCA, *Conduct of Business Sourcebook*, Financial Conduct Authority (Jun. 28, 2021), https://www.handbook.fca.org.uk/handbook/COBS.pdf.

② 参见最高人民法院民事审判第二庭编著：《〈全国法院民商事审判工作会议纪要〉理解与适用》，人民法院出版社 2019 年版，第 412 页。

三、卖方机构未履行适当性义务与告知说明义务的责任区分

《九民纪要》相关释义认为,适当性义务属于先合同义务,因此承担缔约过失责任。[①] 告知说明义务并非都属于先合同义务,其有多层性的特征。因此违反告知说明义务与适当性义务的责任存在相应区别,依照适当性义务的责任定位来确定违反告知说明义务的责任后果常会产生偏差。

(一)缔约时告知说明义务的二元性

从告知说明义务的多层次构造来看,缔约后的告知说明义务属于合同义务应无疑。在缔约前阶段,卖方机构的告知说明义务属于适当性义务的组成部分,即属于先合同义务,未履行即构成缔约过失责任。缔约时的告知说明义务则需要进一步细分。

缔约时告知说明义务的客体主要是合同具体内容。但是对合同具体内容的告知又可区分为两个方面,即合同具体风险的说明和合同条款的解释。比如,某定期开放的资管产品,其合同中约定资管产品只得投资于AA级标准债,但同时约定"因市场波动等因素,造成投资标的不符合约定的,管理人可在6个月内予以调整"。实际上,该条约定蕴含了如下风险:投资者在产品开放期购买该资管产品时,资管产品投资标的中可能包含了部分低于AA级的债券标的。[②] 就此,卖方机构应当在缔约时结合合同条款向投资者作必要说明。该项说明所涉并非对合同条款的解释——因为合同文义并无歧义——而系对合同结构所蕴含的风险予以释明。具体合同条款的告知说明反映的是合同的具体"风险"还是合同的具体含义,其差别在于风险改变消费者的决策,合同具体含义改变消费者对履约的预期;合同条款所蕴含的具体风险本质上不构成意思表示,因此不涉及交易双方合同上的权利义务,而合

① 参见最高人民法院民事审判第二庭编著:《〈全国法院民商事审判工作会议纪要〉理解与适用》,人民法院出版社2019年版,第413~414页。

② 参见上海金融法院民事判决书,(2021)沪74民终421号。

同具体条款的解释影响合同的意思表示,进而影响合同的履行。因此,对合同具体风险的说明,属于先合同义务。合同具体条款之风险揭示的意义在于,金融产品虽未明示本金损失的风险或者超出本金损失的风险,但这一具体"风险"往往是蕴含在产品结构、投资标的等具体合同条款中的,然而消费者囿于知识结构等因素不能正确认知具体条款所隐含的风险特征,卖方机构当然有义务向消费者进行说明,此时说明的不是具体条款的解释而是具体条款所包含的具体风险,故此部分属于先合同义务。合同条款所包含之具体风险并不影响金融产品的风险适配性,因此属于告知说明义务而非适当性义务范畴。从另一个角度来看,缔约过失责任是行为人违反先合同义务应承担的民事责任,以行为人有过错为构成要件。[①] 具体风险的告知说明对金融消费者具有合同的"预约性",其所处阶段正好在卖方机构要约由非具体化向具体化过渡之中,消费者由此开始产生信赖利益。[②] 因此,先合同义务保护信赖利益,由此确立具体风险之告知义务属于先合同义务,更符合我国合同法的基本构造。

对于缔约时具体条款含义的解释说明,形式上虽然接近于先合同义务,但是其效果并不同于前述"具体风险"的告知。"缔约时"的本质是意思表示具体化并形成合同的时点——合同成立之时,在金融产品销售时对具体合同条款的解释说明本身是意思表示具体化的一部分,构成合同之内容。卖方机构作为金融合同条款的提供者,对合同条款涉及消费者重大权益的应当进行说明解释。对合同具体条款含义的解释影响消费者订立合同的意思,而该错误意思也会进一步影响到合同的履行。比如,在田某、周某与中原信托有限公司借款合同纠纷案中,[③]贷款合同中约定的"平均利率"为 11.88%,而从《还款计划表》中计算所得的实际年利率约为 20.94%。该案反映的即是合同具体条款的告知说明义务,故判决结果是贷款机构返还多收取之利息,而非赔偿损失。由此可见,具体之风险是否说明并不会影响金融产品合同缔约

---

① 参见最高人民法院民法典贯彻实施工作领导小组主编:《中华人民共和国民法典合同编理解与适用》,人民法院出版社 2020 年版,第 273 页。

② 参见李潇洋:《民法典中缔约信赖保护的规范路径》,载《法学》2021 年第 6 期。

③ 参见上海金融法院民事判决书,(2020)沪 74 民终 1034 号。

后的履行,而对金融产品合同具体条款的解释说明其效果不仅局限于缔约时,还会影响缔约后的履行。从这个角度来看,缔约时具体条款含义的解释说明属于广义附随义务。[①]

(二)违反适当性义务和告知说明义务的责任范围

对适当性义务和告知说明义务两者区别的忽视,最直接的影响是对卖方机构违反义务的责任确定问题,如前述万能险案件。如果比照适当性义务的责任构成,笔者认为对具体风险未予以揭示而构成缔约过失,与违反适当性义务的责任,存在这样两方面差异:一是违反告知说明义务应当考虑损失的因果关系,适当性匹配义务原则上较少考虑因果关系,除非消费者也有过错,可以减轻卖方机构的赔偿责任,比如明知自己风险不匹配,但通过第二次风险测评改变消费者分级的;[②]二是从因果关系出发,违反告知说明义务因原因力的大小而承担不同的赔偿责任。适当性原则是美国《证券法》反欺诈条款第10(b)条的从属部分,原告仍然必须证明存在因果关系中的合理依赖。[③]这主要可能是由于美国实际上在法律责任上不区分适当性义务和告知说明义务的后果,且违背适当性义务的责任属于侵权责任。在我国考虑到适当性义务与告知说明义务应予区分,适当性义务解决的是该产品能不能售予特定消费者的问题,既然违背了适当性义务,就意味着该产品就不能售予消费者,卖方机构当然应当承担由此产生的全部本金损失。告知说明义务解决的是消费者对金融产品的投资预期,投资损失和投资预期之间还应考虑其他因果联接关系。

对于缔约时具体风险的告知与合同具体条款未予说明的,两者责任范围亦有所不同。因风险告知在金融产品销售中具有法定性,如我国《证券法》以

---

① 我国合同法上附随义务的范围历来有争议,有将先合同义务、后合同义务和合同履行中给付义务以外的义务统称为附随义务,主张广义附随义务概念;有的认为附随义务仅包括合同履行中给付义务以外的义务,主张狭义附随义务概念;还有认为原《合同法》第60条第2款规定的附随义务是和主给付义务、从给付义务相对的概念。参见迟颖:《我国合同法上附随义务之正本清源——以德国法上的保护义务为参照》,载《政治与法律》2011年第7期。

② 参见潘锋、郭雪:《金融机构适当性义务履行瑕疵应酌情承担赔偿责任——广东广州越秀法院判决陈某诉某银行委托理财合同纠纷案》,载《人民法院报》2020年6月25日,第7版。

③ 参见朱伟一:《证券法》,中国政法大学出版社2018年版,第446页。

及监管规则中都有规定，因此违反对具体风险的告知说明义务，由此造成金融消费者/投资者损失的，卖方机构应当在原因力范围内对固有损失承担赔偿责任。而具体条款未予说明的，卖方机构的责任范围实质上就是消费者基于对合同具体条款所形成的预期。因卖方机构对具体条款未履行告知说明义务，造成消费者对具体条款产生错误预期的，除依照合同解释的原则履行合同外，也会产生损害赔偿责任，而该赔偿责任则涵盖了合同相对方的预期损失。

许多法域都将违反适当性义务和告知说明义务之赔偿责任界定为侵权责任。如在美国法上，除前述美国《证券法》外，在一般侵权法上，当双方存在信托关系时消极的不披露即可视为虚假陈述，从而可能构成侵权。[①] 日本也是如此。我国司法实务尤其是《九民纪要》颁布后，基本将未履行适当性义务和告知说明义务定位为缔约过失责任，从责任结果来看，无论是侵权责任还是缔约过失责任对赔偿结果的影响其实并不大。从风险告知角度出发，无论是适当性义务中的概括性的风险告知还是缔约时合同条款具体风险告知，除承担赔偿责任外，金融消费者当然可以基于欺诈等理由主张行使撤销权。就我国实践而言，对于金融产品属于高风险产品——如存在超出本金的亏损可能的——虽然符合风险匹配，但卖方机构刻意隐瞒而未向消费者揭示该风险，一方面，应当认定卖方机构存在欺诈之情形；另一方面，即使亏损尚未发生，也可以允许消费者提出撤销请求，因为此时金融消费者等于购买了一具有重大瑕疵的“物”，如果仍要等待亏损实际发生才能寻求赔偿，显然不合情理。对于不涉及具体风险因素的合同条款的解释说明，原则上并不会构成欺诈，而可以通过合同的解释、法律原则的运用等手段在合同法律关系的范围内给予当事人利益补偿，因此对涉及合同条款的说明义务未履行的，可以通过追究违约责任或损害赔偿来实现权利保障，一般不涉及合同之撤销。

---

① 参见[美]文森特·R.约翰逊：《美国侵权法》，赵秀文等译，中国人民大学出版社2017年版，第218页。

民事二审独任制规范化运作探微①

余甬帆*

2019年12月28日,第十三届全国人大常务委员会第十五次会议作出《全国人民代表大会常务委员会关于授权最高人民法院在部分地区开展民事诉讼程序繁简分流改革试点工作的决定》(以下简称《决定》)。2020年1月15日,最高人民法院印发《民事诉讼程序繁简分流改革试点施行办法》(以下简称《办法》)。上述《决定》《办法》中试点推进的民事二审独任制(以下简称二审独任制),经过近两年的实践,于2021年12月被吸纳进入《中华人民共和国民事诉讼法》(以下简称2021年《民诉法》),并于2022年1月1日予以施行。由此,二审独任制在我国有了正式的法律依据。虽然该项制度在我国已有起步,但如何使其在具体的案件办理中在保证公正的前提下发挥出节约司法资源、提高审判效能等应有作用,如何使其在实践操作中规范化、合理化运作,值得思考。

一、现状扫描:适用概况的梳理

以中国裁判文书网为检索载体,输入关键词"民事案由""中级法院""上诉人",检索到裁判文书数量如下:2020年度为1,093,760篇、2021年度为792,456篇、2022年度为353,725篇。以"中级法院""上诉人""《全国人民

---

① 本文获上海法院系统2022年度学术讨论会优秀奖。

* 法学硕士,上海金融法院综合审判三庭法官。

代表大会常务委员会关于授权最高人民法院在部分地区开展民事诉讼程序繁简分流改革试点工作的决定》”为关键词,检索到裁判文书数量如下:2020年度为37,284篇、2021年度为79,057篇。以“中级法院”“上诉人”“《中华人民共和国民事诉讼法》第四十一条”为关键词,检索到2022年度的裁判文书数量为6548篇。(见图1)

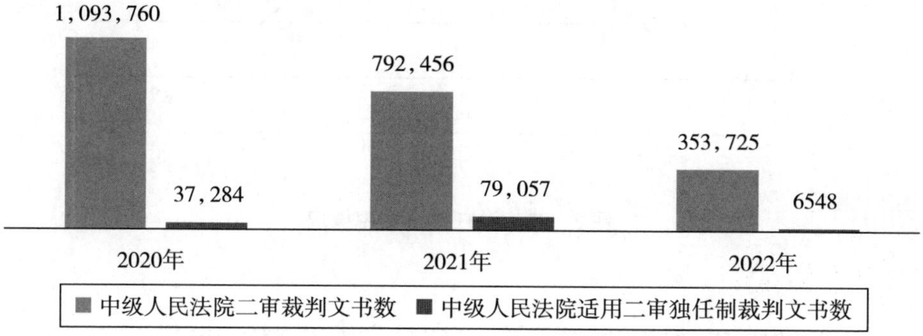

图1 中级人民法院适用二审独任制裁判文书数量概况

虽然图1反映的是中级人民法院(以下简称中院)适用二审独任制的裁判文书篇数,并非案件数,且涉及调解结案以及不公开事宜的裁判文书并不能在中国裁判文书网上检索,因此相关数据无法精准反映二审独任制近年来的适用规律,但图1中的相关数据却可从概况上呈现该项制度的适用趋势。

(一)试点时期,适用量与适用率均呈上升态势

自《决定》《办法》施行以来,试点中院在2021年度适用二审独任制的裁判文书数量是2020年度的2.12倍。在适用率上,2020年度为3.41%,2021年度为9.98%,2021年度相较2020年度上升了6.57个百分点。(见图2)

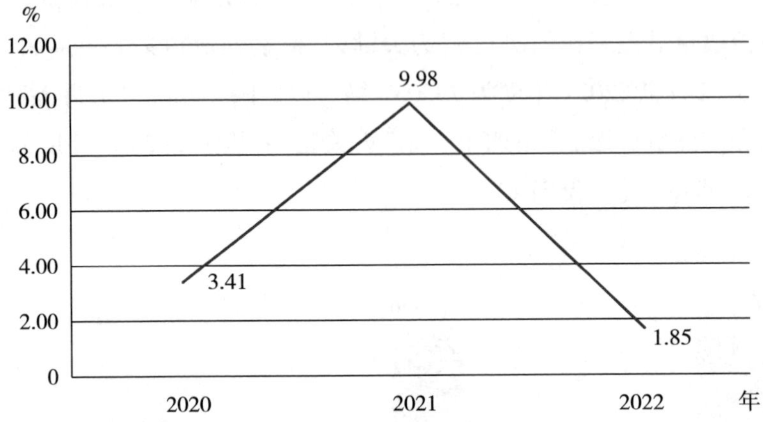

图2 二审独任制适用率概况

(二)2021年《民诉法》施行后,适用量与适用率均呈断崖下降

二审独任制正式施行后,全国中院在2022年度适用二审独任制的裁判文书数量仅为2021年度同期的8.28%。在适用率上,如图2所示,2022年度为1.85%,较2021年度同期约下降了8.13个百分点。

(三)总体而言,适用量与适用率均低位运转

通过图1、图2可见,无论在二审独任制的试点时期还是正式施行时期,适用的裁判文书数量低于年均8万篇水平,适用率最多亦占中院二审裁判文书总量的1成以下。

二、原因追溯:适用瓶颈的分析

(一)法律依据层面:规定存在不同的理解

对比《办法》与2021年《民诉法》关于二审独任制的规定,主要变化为2021年《民诉法》在二审独任制的适用范围和审判组织转换上赋予了当事人更多的选择权。但是对于上述选择权,应该如何准确把握,在理解上存争议(见表1)。

表1 二审独任制主要规定变化情况

法律依据	《办法》	2021年《民诉法》
适用范围	第十八条 第二审人民法院审理上诉案件应当组成合议庭审理。但事实清楚、法律适用明确的下列案件,可以由法官一人独任审理: (一)第一审适用简易程序审结的; (二)不服民事裁定的	第四十一条第二款 中级人民法院对第一审适用简易程序审结或者不服裁定提起上诉的第二审民事案件,事实清楚、权利义务关系明确的,经双方当事人同意,可以由审判员一人独任审理
排除范围	第十九条第一款 由法官一人独任审理的第一审或者第二审案件,审理过程中出现本办法第十七条第(一)至(五)项或者第(九)项所列情形之一的,人民法院应当裁定组成合议庭审理,并将合议庭组成人员及相关事项书面通知双方当事人。 基层人民法院审理的案件,具备下列情形之一的,应当依法组成合议庭,适用普通程序审理: (一)涉及国家利益、公共利益的; (二)涉及群体性纠纷,可能影响社会稳定的; (三)产生较大社会影响,人民群众广泛关注的; (四)新类型或者疑难复杂的; (五)与本院或者上级人民法院已经生效的类案判决可能发生冲突的; …… (九)其他不宜采用独任制的案件	第四十二条 人民法院审理下列民事案件,不得由审判员一人独任审理: (一)涉及国家利益、社会公共利益的案件; (二)涉及群体性纠纷,可能影响社会稳定的案件; (三)人民群众广泛关注或者其他社会影响较大的案件; (四)属于新类型或者疑难复杂的案件; (五)法律规定应当组成合议庭的案件; (六)其他不宜由审判员一人独任审理的案件
审判组织转换	同上,第十九条第一款	第四十三条 人民法院在审理过程中,发现案件不宜由审判员一人独任审理的,应当裁定转由合议庭审理。 当事人认为案件由审判员一人独任审理违反法律规定的,可以向人民法院提出异议。人民法院对当事人提出的异议应当审查,异议成立的,裁定转由合议庭审理;异议不成立的,裁定驳回

1. 原审被告、原审第三人等当事人是否享有程序选择权

2021年《民诉法》第41条第2款中“经双方当事人同意”的理解存争议。第一种观点认为，从文义解释的角度看，双方当事人应指上诉人与被上诉人两造，这里的上诉人、被上诉人可均为多人也可均为一人，但不包括原审被告、原审第三人等当事人，否则立法应规定为“经各方当事人同意”或“经当事人同意”而非“经双方当事人同意”。第二种观点认为，从目的解释的角度看，该条的“经双方当事人同意”实质赋予了当事人对二审独任制的程序选择权，这种选择权对于同一案件中任何当事人都是平等适用的，不能局限理解为对上诉人、被上诉人赋予了该种选择权，而对原审被告、原审第三人等当事人不赋予该种选择权。如原审被告、原审第三人等只能根据上诉人、被上诉人的程序选择，而被动参与诉讼，显然违反了民事诉讼中的平等原则。基于上述适用范围的不明，2021年《民诉法》施行后法官在原审被告、原审第三人等缺席审理的情况下，不敢轻易适用二审独任制。

2. 当事人不同意适用是否需要正当理由

2021年《民诉法》第41条第2款和第43条第2款赋予了当事人二审独任制的程序选择权，但在当事人不同意适用的情况下是否需要正当理由，在理解上亦存争议。第一种观点认为，2021年《民诉法》第41条第2款应理解为，当事人若不同意适用二审独任制，不需要任何理由，应以合议制审理案件。该法第43条第2款应理解为，当事人不同意适用二审独任制必须有理由，如该理由符合法律规定，才以合议制审理案件。因此，2021年《民诉法》的上述两款规定在当事人不同意适用二审独任制是否需要理由上存在矛盾。第二种观点认为，2021年《民诉法》第41条第2款是案件还未确定审判组织的情况下，当事人不同意适用二审独任制不需要任何理由。该法第41条第2款是“经双方当事人同意”后，案件确定以二审独任制审理过程中，当事人又对适用二审独任制“反悔”，此时需要正当理由才能实现审判组织转换。因此，两种选择权是不同情况下的诉讼权利，并不矛盾。基于上述对当事人不同意适用二审独任制的审查标准不明，2021年《民诉法》施行后法官不愿适用二审独任制。

（二）司法实践层面：职权主义倾向的影响

尽管由职权主义向当事人主义转变，一直是我国民事诉讼模式改革和努力的方向，立法亦多次修正，但在具体的审判实践中，以职权主义为主导，忽视当事人主义的现象，总是不可避免地存在。

1. 规避“模糊地带”的风险

根据表 1，2021 年《民诉法》第 41 条第 2 款相较于《办法》第 18 条增加了“经双方当事人同意”的限定。这一变化也标志着二审独任制在我国的适用，从有限的强制适用走向了有限的合意适用，实质上更突出了当事人主义的诉讼模式。但在二审独任制试点时，法院还主导着这一程序选择权，加上对司法改革的合理预期以及相对稳定的适用环境，适用量和适用率均呈上升态势。2021 年《民诉法》施行后，这一程序选择权“突然”交给了当事人，令很多法官在审判中感到“不便”和“低效”。因为在具体案件的审理中，法官需要多出一道询问当事人是否同意适用二审独任制意见的环节，如果到庭的当事人不表态是否同意，或者当事人在开庭前口头表示同意但又不到庭无法征询其当庭的意见，上述情况能否适用二审独任制不确定。基于实践中的“模糊地带”，法官往往选择合议制审理，以便与以往一样更好地把控案件的程序，减少庭审中的不确定性。

2. 规避工作量的激增

立案受理上诉案件时，立案庭需要在审判管理系统中选择上诉案件适用的起始程序。在二审独任制试点时，立案庭一般根据《办法》第 18 条、第 19 条第 1 款的规定，将符合条件的案件选择为普通程序独任制，将不符合条件的案件选择为普通程序合议制。审理庭法官在收到卷宗材料并阅卷后，对立案庭选择独任制有不同意见的，可直接改选为合议制，并按照合议制的相关法律规定向当事人寄送传票、合议庭组成人员告知书等诉讼材料。但 2021 年《民诉法》施行后，该法第 41 条第 2 款增加了“经双方当事人同意”，立案庭需要提前征询并取得当事人同意的意思表示，才能在审判管理系统中选择独任制，而实践中存在难以联系当事人征询其意见、当事人虽然口头同意但迟迟不提交书面同意的材料、当事人同意后又“反悔”等情况。基于征询意见而增加的工作量,法官亦优先选择合议制审理。

(三)思维观念层面:传统诉讼文化的惯性

法律制度、程序的设置与人们普遍的观念和意识有直接的关系。如果不能与大众的观念和意识保持一定的契合度,其制度和程序就不能充分发挥其应有的功能和作用。[①] 由此可见,思维观念方面的原因是造成二审独任制无论在试点时还是2021年《民诉法》施行后均处于低位运转的重要原因。倘若能在观念上更强调当事人的主体地位,那么对于2021年《民诉法》相关规定的理解和适用将变得更清晰。

1. 法官"避错"的审判心态

就法官而言,在《决定》《办法》之前我国并无二审独任制的立法和司法实践,我国民事诉讼法及其配套规定实际将独任制与一审简易程序直接对应,而将一、二审普通程序与独任审理截然分开,[②]这导致二审独任制试点以后,法官还是基于惯性选择较为成熟、健全的合议制审理相关案件。2021年《民诉法》施行后,基于前述对立法的不同理解、司法的操作障碍等问题,法官在选择适用时,会与改革前适用合议制的利益状况进行权衡比较,[③]然后基于自身职权上的避错心态,倾向选择合议制审理相关案件。

2. 当事人形式正义的诉讼心理

就当事人而言,据不完全统计,律师、当事人支持在二审中进行独任制改革的人数仅为支持一审独任制改革的一半不到,而愿意选择在二审中适用独任制的律师人数不足选择在二审中适用合议制的律师人数的1/3。另外,当被问及"您对独任制改革最大疑虑是什么"时,54.81%的人选择了对独任法官廉政风险的担忧,53.05%的人选择了对案件质量的担忧。[④] 因此,在2021

---

① 参见张卫平:《审判资源程序配置的综合判断——以民事诉讼程序为中心的分析》,载《清华法学》2022年第1期。

② 参见何云、及小同:《二审民商事案件独任审理的适用情形及程序转换研究》,载《法律适用》2021年第10期。

③ 参见叶锋:《独任制普通程序的双重逻辑与范式转向——基于10地半年改革试点经验的考察》,载刘贵祥主编:《审判体系和审判能力现代化(上)》,人民法院出版社2021年版,第463页。

④ 参见龚成、张引千:《独任制改革试点的发展路径与思路探索》,载《法律适用》2021年第6期。

年《民诉法》赋予当事人对二审独任制程序选择权时，亦存在一定比例的当事人基于缺乏对二审独任制的信任而不同意适用的情形。

三、对策建议：制度赓续的路径探索

（一）价值定位：公正与效率之间的平衡

二审中适用独任制的根本目标在于优化司法资源配置，分别发挥独任制高效灵活与合议制民主决议的制度优势，从而实现更高层次上公正与效率的平衡。[①] 因此，效率是二审独任制的目的，公正仍是二审独任制的最终追求。最高人民法院《关于完善四级法院审级职能定位改革试点的实施办法》第1条规定，中院的审级职能定位重在二审有效终审、精准定分止争。可见，虽然中院的审级职能定位是从目标角度提出的，但其中也包含了公正优先的题中之义，因为唯有公正才有公信，唯有公信才能止争。因此，独任制适用范围的扩大必须首先坚持维护民事诉讼对公正的基本价值追求，即独任制的适用范围必须是适度的，因为决定案件审判组织形式适用范围的本质因素并非案件数量，而是具体案情和程序需要。[②] 如果为了"案多人少"的迫切性就过分扩张适用独任制，将动摇合议制的基本制度地位，减损其应有的制度功能。[③]

基于此，上述价值定位反映在二审独任制所对应的诉讼模式及观念领域，亦要求从更注重"高效"的职权本位向更注重"正义"的当事人本位转变。因为公正的感知源于当事人的体验，只有当事人享有更多主动参与诉讼的权利，才能在与法院、法官的互动中，获得程序正义和实体正义的保障。由此，从个体正义走向群体正义，进而巩固共识，形成认同和理解二审独任制的公信，以此改变传统的诉讼习惯。就法官而言，一方面，需要待立法与司法层面更为体系化、全面化地贯彻向当事人主义倾斜的诉讼模式与诉讼观念；另一方面，仍需要辅以宣传培训、表彰奖励、考评监督等机制催化上述共识的入脑

---

① 参见王梦琪：《民事案件二审独任制完善路径探析》，载《中国审判》2021年第21期。

② 参见张子杰、张科、杨超：《审级功能视角下民事案件二审独任制的理性构建》，载马世忠主编：《司法体制综合配套改革中重大风险防范与化解（下）》，人民法院出版社2020年版，第1276页。

③ 参见潘剑锋：《"基本"与"其他"：对〈民事诉讼法〉相关制度和程序修订的体系化思考》，载《法学评论》2022年第2期。

入心。

(二)立法支撑:稳定与修正之间的平衡

基于稳定性的考虑,不宜在近期又对2021年《民诉法》中关于二审独任制相关立法进行修正,但可在不突破现有立法规定的情况下,对条文的理解通过司法解释、法律文件、指导案例等方式以当事人主义的角度予以明确。比如,前述原审被告、原审第三人等当事人是否享有程序选择权,当事人不同意适用二审独任制是否需要正当理由等问题,均应采用第二种观点予以解释。同时,因为二审独任制在我国属于新生的诉讼制度,虽然其有两年的试点积累,以及一年的正式施行,但毕竟适用时间不长,应继续通过一个阶段的稳定适用充分发现问题、总结提升,为今后制度的健全打好基础。

在性质上,法律绝非是一成不变的,其因客观情况与时运改变而具有顺应变动性是它的基本特征。① 故从长远角度看,待二审独任制适用经历一定年限的立法尝试期后,应对相关条文予以修正。比如,建议将"经双方当事人同意"的限制去除。这并非立法向职权主义的倒退,因为2021年《民诉法》第43条第2款仍赋予当事人对二审独任制的选择权,即在法院依职权适用二审独任制的情况下当事人有权提出异议。没有一个国家的民事诉讼模式是绝对的职权主义或者绝对的当事人主义,只有两者的辩证融合,才能更好地保护当事人的利益。事实上,一项法官敢用愿用的规定,比一项在形式上给予当事人权利,实质上难以落地的规定好过百倍。

此外,删除"经双方当事人同意"有助于统一相应的诉讼模式。因为2021年《民诉法》中关于一审程序中的小额诉讼独任制、简易程序独任制、普通程序独任制,均赋予了当事人对审判组织的异议权,即当事人可对上述程序中审判组织提出异议,如果异议成立,则审判组织进行转换,但一审程序中三种独任制均未加以"经双方当事人同意"的限制。事实上,当事人对审判组织的异议权在一定程度上也含有"经双方当事人同意"的题中之义。二审程序的独任制中,在赋予当事人审判组织异议权的基础上,又加以"经双方当事

① 参见[德]黑格尔:《法哲学原理》,范杨、张企泰译,商务印书馆1982年版,第7页。

人同意”的限制，显然与一审程序中的独任制在立法编排以及诉讼模式选择上，不够协调。有观点认为，之所以二审独任制须加以“经双方当事人同意”，更强调当事人主义倾向，是因为一审程序相对而言更注重效率，而二审程序相对更注重公正，因此在二审中赋予当事人更多诉讼权利，有助于公正价值的实现。但无论是一审、二审还是再审、重审，公正优先兼顾效率的价值定位恒定，民事诉讼中不同的审理程序及相应诉讼制度所对应的诉讼模式、诉讼观念亦应保持协调一致。

（三）实践重点：规定与自选之间的平衡

1. 立案识别与分案方式

立案环节，对适用二审独任制案件的识别，应当秉持形式审查的原则，即通过审判管理系统智能识别后，再由立案法官进行人工识别。对于案件起始程序的选择问题，事实上，如果审判管理系统能够将起始程序选择后置于案件办理环节，由承办法官结合实际情况进行决策更加稳妥，[①]也更符合实践操作的需要。但基于目前的审判管理系统设置，可由立案庭在办理上诉状副本寄送、上诉费催缴工作时，同步以书面或者口头方式征询当事人是否同意适用二审独任制的意见，对于无法征询当事人意见、当事人不明确表态以及不同意适用的案件，选择合议制。对于当事人书面同意适用或者口头同意适用并做好工作记录后，选择独任制。分案环节，应以随机分案为原则，实现应收尽收。对于串案，即至少有一方当事人相同、同一种法律关系、案件事实相似的案件，可采用指定分案的方式，将该类案件指定于每日首个随机收案的法官集中办理。

2. 庭前识别与阅卷准备

立案后 3 日内，承办法官完成阅卷工作，期间经书面审查或与当事人庭前沟通，认为案件符合 2021 年《民诉法》第 42 条规定情形的，则进行审判组织转换。此时，虽前期已征询当事人同意适用二审独任制的意见，但因法院未向当事人明确告知已适用二审独任制，故此时的审判组织转换不需要向当

① 参见王洪用：《准确把握二审独任制的规范含义》，载《人民法院报》2022 年 3 月 3 日，第 7 版。

事人出具独任制转合议制的民事裁定书。对于经承办法官再识别,仍确认适用二审独任制的案件,根据2021年《民诉法》第176条的规定,原则上开庭审理。经过阅卷、调查和询问当事人,对没有提出新的事实、证据或者理由的,可以不开庭审理。对于不开庭审理的案件,原则上组织当事人进行谈话,倾听当事人相关意见,以确保审理案件的亲历性。无论以何种方式审理,均应在立案后5日内向当事人寄送传票或通知、审判组织以及二审独任制异议权等告知材料。此外,对于上诉中当事人没有提出新的事实、证据的,承办法官阅卷后已经足以作出判断的案件,可以径行作出裁判。采用上述书面审理方式的,应当征询双方当事人意见。[①]

3. 庭审或谈话的优化

庭审或谈话应更突出二审独任制的特点。告知事项环节,应再次征询当事人是否同意适用二审独任制,同时告知当事人享有对二审独任制的异议权。对当事人未到庭无法再次征询意见的,可以当事人前次表示同意的意见为准。法庭事实调查与辩论环节,在当事人同意的基础上,可以合并进行,便于当事人一次性发表意见,避免重复。[②] 法庭询问环节,可针对类型化案件进行要素式询问。开庭审理原则以一次为限。庭审或谈话结束后,承办法官依职权发现案件属于2021年《民诉法》第42条规定的情形,或者属于"四类案件",[③]而不适宜采用独任制审理的,或者当事人未到庭参加诉讼的,应出具审判组织转化的民事裁定书、合议庭组成人员告知书,并向当事人送达。由独任审理转为合议审理的案件,审理期限自人民法院立案之日起计算,已经作出的诉讼行为继续有效。转换为合议制审理后,按照直接审理原则,应当再次组织庭审或谈话,但双方当事人已确认的事实,可以不再举证、质证,确

---

① 参见刘峥、何帆、李承运:《〈民事诉讼程序繁简分流改革试点实施办法〉的理解与适用》,载《人民法院报》2020年1月17日,第5版。

② 参见方玉、陈文文、刘一麟:《检视与重构:民事二审独任制适用范围研究》,载刘贵祥主编:《审判体系和审判能力现代化与行政法律适用问题研究》(上),人民法院出版社2021年版,第493页。

③ "四类案件"包括:(1)重大、疑难、复杂、敏感的;(2)涉及群体性纠纷或者引发社会广泛关注,可能影响社会稳定的;(3)与本院或者上级人民法院的类案裁判可能发生冲突的;(4)有关单位或者个人反映法官有违法审判行为的。

保程序有效性。[①] 对于串案,在当事人同意的情况下,可以并案审理。

4. 裁判文书的简化

对于当事人就一审查明的事实以及确定的权利义务关系均无异议的案件,可探索仅保留一审诉请和一审裁判主文,除去传统裁判文书对一审事实认定和本院认为部分的简单重复摘抄。对类型化上诉案件,可尝试探索要素式、表格化文书。

5. 审理期限的规范

原则上,适用二审独任制案件的审理期限为 30 日,情况特殊的,一审适用简易程序上诉的案件,应在 2021 年《民诉法》第 183 条规定的 3 个月审限内审结。该类案件可以因法定事由而延长审限,但不得报请延长审限。

(四)配套保障:主动与被动之间的平衡

社会在任何时候都不可能只依赖于某一个制度,而需要的是一套相互制约和补充的制度。[②] 在理顺二审独任制内在程序的衔接后,通过主动设置外部机制的配套保障,亦能促使二审独任制适度、理性扩张。

1. 人员选任机制

在二审独任制适用的初期,可采用团队化专项审理的方式,选任审判经验丰富的中青年法官随机分案集中办理。在形成示范效应后,可随机分案至全体法官。

2. 动态调试机制

设置二审独任制案件的权重系数,设立二审独任制适用率指标,但上述目的并不在于考核法官的相关工作业绩,而是通过大数据实时分析,研判适用规律,助力审判管理部门决策并出台相关文件,以进一步解决适用中的问题、通畅适用环节,以此探索不同地区中院符合自身特色的适用方式。

---

① 参见谢雯、田娟:《普通程序独任审制度的有效性建构——以功能聚合与互构关系展开》,载刘贵祥主编:《审判体系和审判能力现代化与行政法律适用问题研究》(上),人民法院出版社 2021 年版,第 506 页。

② 参见苏力:《制度是如何形成的》,北京大学出版社 2007 年版,第 55 页。

3. 监督管理机制

监督管理机制主要有以下几个:首先,专业法官会议机制。当承办法官审理二审独任制案件遇到可能涉及改判、发回重审的争议时,应主动将案件提交专业法官会议讨论,通过群体决策的集思广益,纠正个体偏差,来保证决策的正确性。① 如果专业法官会议无法形成多数意见,或者形成多数以上不同意改判或发回重审的意见,但承办法官仍认为需要改判或者发回重审的,应提交审判委员会讨论。其次,审判监督机制。审判管理部门对适用条件是否合法即有无适用2021年《民诉法》第42条规定情形以及"四类案件","独转合"是否经合议庭评议、是否规范,不开庭审理是否符合2021年《民诉法》第176条规定具有法律依据,改判或发回重审是否经过类案检索、是否法律适用统一,②裁判文书是否存在差错等有监督职责,并通过定期讲评等方式,促进二审独任制全流程规范化办理。纪检部门通过现场旁听庭审、抽查庭审录音录像等,对法官在着装仪表、准时到庭、用语文明、法槌使用等方面进行工作纪律监督,促进二审独任制"独而不陋""独而有威"。院、庭长对适用二审独任制的案件进行个案监督,通过约谈等方式,促进二审独任制审判权公正运作。最后,责任追究机制。审判委员会则对二审独任制中法官出现的差错责任有追责职责,尤其是对应主动提交专业法官会议讨论而未予以提交,导致案件在后续的申诉、抗诉程序中被裁定再审的案件,应当对主审法官定责并追责,以严格落实司法责任制。在加强内部监督管理的同时,还要充分利用2021年《民诉法》规定的审级监督、检察监督等制度性监督手段,并通过庭审公开、裁判文书公开等方式进一步强化社会监督手段。③ 以此通过上述监督管理机制,强化程序运行制约,加强案件质量把控。④

---

① 参见荣明潇:《二审民事案件适用独任制审理的理性逻辑与进路探索》,载《法律适用》2017年第9期。

② 参见何帆:《完善民事诉讼独任制适用范围应当把握的六个问题》,载《人民法院报》2020年3月12日,第5版。

③ 参见刘敏:《论程序自治与审判权运行机制改革》,载《政法论丛》2017年第3期。

④ 参见荆龙:《周强就民事诉讼法修正草案向全国人大常委会作说明》,载《人民法院报》2022年12月28日。

4. 智能辅助机制

通过电子送达、电子阅卷、互联网庭审、异步庭审、庭审笔录的音字转化、裁判文书的自动生成与校验、电子归档等，让法官在办理二审独任制案件中感受到便捷，促进全流程网上办案实现。

四、探索转化：形成规则指引

××中级人民法院适用民事二审独任制实施细则（建议版）

为优化司法资源配置、实现案件“繁简分流、轻重分离、快慢分道”，进一步提升××中级人民法院二审民商事案件的审判效能，根据《中华人民共和国民事诉讼法》《最高人民法院关于适用〈中华人民共和国民事诉讼法〉的解释》相关规定，结合二审独任制审判实践，制定本实施细则。

第一条 【价值定位】在保证案件公正审理的前提下，更加突出审理效率，努力在合法、合理的审限内实现二审有效终审、精准定分止争。

第二条 【立案审查】以形式审查为原则，采用智能识别结合人工识别的方式，对是否符合二审独任制的案件予以甄别。

第三条 【审判组织初定】可以由立案庭在办理上诉材料移送过程中，征询当事人是否同意适用二审独任制的意见。当事人书面同意的，或者当事人口头同意，在做好工作记录的情况下，在审判管理系统中选择独任制。对于无法征询当事人意见、当事人不明确表态、当事人不同意适用的情况，不得选择独任制。

第四条 【分案方式】以随机分案为原则，可以对至少一方当事人相同、同一法律关系、案件事实相似的串案，进行指定分案。指定分案的，可以指定至每日该批串案首个随机分配的承办法官名下。

第五条 【审理组织再定】立案后三日内，承办法官完成阅卷工作，对经再次识别后认为不适宜适用二审独任制的案件，做好审判组织转换。

第六条 【审理方式】原则上应当开庭审理，但经过阅卷、调查和询问当事人，对没有提出新的事实、证据或者理由的，可以不开庭审理。对于不开庭审理的案件，原则上应当组织当事人进行谈话，倾听相关意见。其中，采用书面方式审理的,应当征得各方当事人同意。

第七条 【送达方式】立案后五日内,向当事人寄送传票或通知、审判组织以及二审独任制异议权等告知材料。经当事人同意的,优先进行电子送达。

第八条 【庭审告知】庭审或谈话中,应当征询当事人适用二审独任制的意见,在当事人均同意适用二审独任制的情况下,告知当事人依法享有对审判组织的异议权。

一方当事人未到庭的,其在前次征询中表示同意适用二审独任制的,可以继续适用二审独任制审理。但对到庭的一方当事人应当告知上述异议权。

第九条 【事实调查与辩论合一】在当事人同意的基础上,法庭事实调查与辩论,可以合并进行。

第十条 【要素式询问】针对类型化案件,可以进行要素式询问。

第十一条 【开庭次数】开庭审理原则以1次为限。

第十二条 【审理组织终定】庭审或谈话结束后,对符合根据《中华人民共和国民事诉讼法》第四十三条规定的案件,完成审判组织转换,并向当事人送达审判组织转换的民事裁定书、合议庭组成人员告知书等材料。

审判组织转换的案件,审理期限自人民法院立案之日起计算,已经作出的诉讼行为继续有效。各方当事人已确认的事实,可以不再举证、质证。

第十三条 【并案审理】对于串案,在当事人同意的情况下,可以并案审理。

第十四条 【案件讨论】对可能涉及改判或发回重审的案件,应当提交专业法官会议讨论。专业法官会议多数以上意见同意改判或发回重审的,予以改判或发回重审。专业法官会议多数以上意见不同意改判或发回重审的,或专业法官会议无法形成多数意见的,承办法官认为需要改判或发回重审的,应当提交审判委员会讨论。

第十五条 【文书简化】对于当事人就一审查明的事实以及确定的权利义务关系均无异议的案件,可以探索仅保留一审诉请和一审裁判主文的二审裁判文书。

对类型化的上诉案件,可以撰写要素式、表格化二审裁判文书。

第十六条 【审理期限】原则上审理期限为三十日,情况特殊的,一审适用简易程序审理的上诉案件应在扣除法定事由后在三个月内审结。该类案件不得报请本院院长或上级法院延长审理期限。

第十七条 【指标考评】审判管理办公室每月对二审独任制适用率通过大数据进行分析研判,定期通报适用情况。

第十八条 【审判监督】审判管理办公室负责对适用条件、独任转合议、不开庭审理、改判或发回重审、法律文书差错等风险节点进行评查。院、庭长负责对个案监督。审判委员会负责对法官的差错责任进行评定并追责。

第十九条 【人员配置】选任审判经验丰富的中青年法官,配齐法官助理和书记员,建立专项审判团队集约化审理。

第二十条 【智能辅助】结合全流程网上办案,在送达、阅卷、庭审、笔录、文书生成与校验、归档等环节,进一步实现无纸化、智能化。

类案检索平台建设困境及进路[①]

赵丹阳*

随着司法实践的深入发展,判例在我国司法语境中的作用日益凸显。《最高人民法院统一法律适用工作实施办法》以及《最高人民法院关于统一法律适用加强类案检索的指导意见(试行)》开启了类案检索的新篇章。“工欲善其事,必先利其器”,作为审判现代化的代表性成果,类案检索系统的功能在一定程度上决定着类案检索和应用的效果,从而影响司法审判的公正和高效。然而,本文通过实证研究发现,目前类案检索平台的检索实现效果远未能满足日益精细化的检索需求。若无法精准检索类案,“应用”便无从谈起。故笔者从类案检索平台建设的困境出发,追根溯源并提出类案检索平台构建的理想化模式。

一、现实图景:类案检索平台的穷途困境

笔者以用户使用量为标准,综合考量开发主体、功能面向等因素,选择目前法律行业使用率较高的四个类案检索平台,即中国裁判文书网、法信、北大法宝、元典平台为样本,以“融资租赁合同纠纷中服务费的认定标准”为预设问题,对四个平台的检索结果进行统计分析,并对各平台前十篇判决逐一解

① 本文节选自全国法院第三十四届学术讨论会二等奖“类案检索平台建设困境及进路——基于主流类案检索平台运行现状分析”。

* 法学硕士,上海金融法院申诉审查与审判监督庭法官助理。

析，审视当前类案检索平台建设发展和实际应用的困局。

（一）检索项限定过于严苛

目前我国各大类案检索平台的检索输入项限定过于严苛，尤其是在使用高级检索时，往往需要用户花费大量时间尝试不同的关键词，亦在一定程度上影响检索结果准确性。例如，笔者以预设问题在法信平台上查询时，第一次选择在"争议焦点"筛选项中输入"融资租赁合同服务费"，平台显示并无查询结果。第二次以"融资租赁合同纠纷"为案由，以"服务费"为争议焦点进行检索，检索结果仍为零。此外，虽然各类案检索平台中存在"核心问题"或"争议焦点"筛选项，但使用该筛选项往往会导致检索结果为零。因此在实际检索中，检索内容无法集中在文书争议焦点部分，而是散落于裁判文书各个段落，导致检索结果与预设问题的相关性较弱。

（二）相关性结果占比极小

1. 在常规检索之下，以"融资租赁服务费"为关键词进行检索，各类案检索平台的检索结果数量和质量不一，其中北大法宝显示裁判文书数量最多，为 49, 832 篇，元典系统裁判结果最少，为 34 篇。以"相关性"为排序选项，各类案检索系统的检索结果在与预设问题实际相关的比例也有所差异。中国裁判文书网、法信、元典和北大法宝前十篇裁判文书中实际相关占比分别仅为 10%、40%、0 以及 10%。

2. 高级检索之下，由于各类案检索平台中筛选项和关键词设置有所不同，故笔者适用高级检索方式时输入检索内容也略有不同，以"融资租赁合同纠纷"为案由，以"服务费标准""租金数额争议""服务费"为关键词，以"判决书"为文书类型进行检索，中国裁判文书网、元典、北大法宝检索结果分别为 12 篇、3323 篇和 21, 063 篇，另在法信平台检索出裁判规则 20 篇和裁判文书 25, 568 篇。高级检索下中国裁判文书网、法信、元典和北大法宝前十篇裁判文书中实际相关占比分别仅为 10%、10%、60% 以及 20%。

3. 在权威项检索之下，为提高检索文书的参考性，部分类案检索平台还设置了"参照评级"或"文书等级"的参考项，对权威文书和普通文书进行分类。笔者在四大平台对预设问题在权威文书的范围内进行检索,并无结果显示,故选择以"融资租赁合同"为检索内容再次检索,裁判文书网以及法信检索可得权威文书数量分别为0篇和216篇,在北大法宝司法案例库和类案检索库检索可得权威文书数量为19,947篇、18篇,元典平台无权威文书检索项故无法进行该项检索。然而在四大平台前十篇的检索结果中,与笔者预设问题相关的文书数量均为0。

(三)相关性裁判相互冲突

笔者以预设问题为例在四个平台上检索,具有相关性的文书裁判结果也存在矛盾,在不同类案检索平台中这种冲突性更加明显。在具有相关性的16篇文书中,12个案例判定承租人应向出租人支付服务费,服务费不应在本金中抵扣,该12篇文书说理方式亦有所不同。其余4个案例支持承租人支付的服务费应在融资租赁本金中抵扣,值得注意的是裁判文书网和法信平台上的所有相关性检索结果均属于前者,而元典平台上的所有检索结果均属于后者,各大检索平台的裁判观点和主流说理方式之间呈现极不平衡性。

二、把脉问诊:平台发展受阻的原因探究

从逻辑经验主义及数理科学基础出发,实证研究所成就的知识可以对研究对象作因果条件的解释。[①] 因此,笔者根据类案检索平台对于预设问题的检索反馈,尝试从平台建设的具体设计剖析类案检索平台发展受阻的深层原因。

(一)来源问题:数据质量与数据范围不足

1. 文书收录数量有余而质量不足

(1)文书收录"唯数量论"

经调研发现,若待决案件为法律关系清晰、裁判思路明确的简单案件,法

---

① 参见曾荣光、罗云、叶菊艳:《寻找实证研究的意义:比较—历史视域中的实证主义之争》,载《北京大学教育评论》2018年第3期。

官无须查阅系统推送的任何类案即可审结。[①] 法官类案检索的主要需求在于新类型案件或疑难复杂案件，其主要关注点在于类案文书对事实证据的认定以及法律问题的说理分析。然而由前文所述笔者的检索结果来看，目前我国检索平台建设与用户需求有南辕北辙之势，其过于看重文书数量而忽视文书质量，往往无选择性地爬取所有文书，结果看似全面，实则造成了数据冗余。而法官在进行类案检索时，一般也只浏览平台所呈现的前二十个检索结果，过多的裁判文书反而浪费了用户时间和检索资源。

(2)文书收录存在"片面性"

如前文所述，笔者以预设问题进行检索，检索结果在不同的综合性检索平台中间有着明显的偏差，这种偏差在地域性检索平台中更加突出，某些案件在不同地域之间存在明显不同的裁判规则。如在融资租赁合同纠纷中，双方未明确约定租赁期限届满租赁物应属于何方而只约定承租人可支付象征性留购价款取得租赁物所有权，出租人因承租人逾期支付租金要求解除合同后，不进行租赁物价值的折抵仅主张到期租金的，浙江地区往往判决支持该诉请，[②]而上海地区法院则持相反观点。[③] 在这种情况下，地方性类案检索平台的类案检索结果很可能会片面地展示一种倾向性裁判。

(3)文书收录缺乏"深度加工"

平台缺乏对裁判文书的深度筛选和梳理，导致检索结果无法为法官裁判提供最有效的信息。①类案检索平台收录的部分文书质量较低，存在说理不清、结构缺失等问题，甚至部分平台并未删除因二审改判、条文变更而无效的裁判文书，导致平台内无参考性文书占比较大。②平台缺少对于优秀文书的裁判规则提取，部分类案检索平台已经开始重视裁判规则梳理，但是目前该项工作仅仅停留在对指导性案例、公报案例中裁判规则的搬运，缺少对更大规模的优秀文书的加工。③类案检索平台并未对文书进行合理的参考性排序。大部分平台并未设置"权威案例""案例等级"等参考项。有平台虽然设置权威案例筛选项，但权威案例涵盖案件类型较少，一般性问题很难在权威

① 参见王禄生：《司法大数据与人工智能开发的技术障碍》，载《中国法律评论》2018年第2期。
② 参见浙江省温州市中级人民法院民事判决书，(2017)浙03民终947号。
③ 参见上海金融法院民事判决书，(2021)沪74民终1501号。

案例的筛选项下得到检索结果。

2.结果收录有余而流程数据不足

裁判文书作为案件审理的尾音,很难准确地反映个案审理的全貌,然而目前我国检索平台的关注点仍然集中于裁判文书,并没有有效利用案件审理产生的流程数据,其中固然有过程性数据不能或不宜公开的考量因素,但因噎废食明显造成了大量司法数据的浪费。正如左卫民教授所言,“我们现阶段缺少的法律语料库、法律语义词,也许正是在法官每天的敲击键盘声中,当事人无数次庭上的语音转换过程中不断增长”[①]。智慧法院建设已经成为“法治中国的一张靓丽名片”以及“中国特色的智慧司法”的标志性成果。[②]作为智慧法院的基础工程的全流程在线诉讼也不断强化。对于面向公检法系统内部人员的类案检索平台来说,通过技术处理利用个案数据构成综合性底层数据池,为类案检索平台的要素标准、机器学习过程提供更加丰富的语料库,不失为提高类案检索结果准确性的良策。

(二)转化障碍:语言翻译与机器学习制约

1.从法律语言到算法语言

(1)汉语语言机器翻译问题

随着人工智能的发展,自然语言处理的作用日益凸显,人们通过算法对自然语言进行翻译,使机器理解人类语言成为可能。然而在自然语言处理领域,英语语言分析相对成熟,汉语的句法分析起步较晚。[③] 此外,与只有26个字母的英文相比,《现代汉语词典》共收录了13,000字以上,每个汉字又具有多层次的分析性和高度的综合性,在不同的语境中会呈现不同的含义。[④] 汉语数量庞大、信息量多,排列组合的方式层出不穷,导致其难以准确地转化。

① 左卫民:《大数据与人工智能的司法实践——如何通过人工智能实现类案类判》,载《中国法律评论》2018年第2期。

② 参见刘艳红:《人工智能技术在智慧法院建设中实践运用与前景展望》,载《比较法研究》2022年第1期。

③ 参见皮乾东、邵玉斌、龙华、杨陈菊:《改进LR算法的汉语层次化句法分析器设计》,载《控制工程》2021年第12期。

④ 参见金枚:《汉字是汉语作为第二语言学习的最大难点简论》,载《赤峰学院学报(哲学社会科学版)》2015年第2期第36卷。

(2)法律语言机器翻译问题

在汉语文本中,法律文本的自然语言处理过程更加困难,主要原因有以下两个方面:

①法律语言的抽象性。法律的基本作用之一乃是为人类为数众多、种类纷繁、各不相同的行为与关系在某种合理程度上得到梳理,并颁布一些适用于某些应予限制的行动的行为规则或标准。[①] 为能成功完成这一任务,法律制度就必须形成一些有助于对社会生活中现象与事件进行分类的专门概念。且在法条的阐述过程中,必须用有限的文字描摹无限丰富的现实,这也使法律语言不断追求抽象化和专业化以增强涵盖性。法律语言使用是专业角度下法律思维运用的产物,而其实施环境却是生活,在两种截然不同的思考模式和解释方法下,偏差歧义的出现理所当然。[②]

②法律文本的复杂性。与普通文本相比,裁判文书的篇幅之长、主题之多、文本的语言和结构之复杂,也对其转化为算法语言产生了挑战。这种法律语言到算法语言的转化障碍,导致用户对实际需求进行信息化描述的基本能力不足,技术服务商对用户带有法律专业色彩的需求无法准确理解,进而导致无法在检索技术设计中准确反映用户需求。[③] 该偏差在算法设计及机器学习的过程中不断扩大,最终导致类案检索效果距离检索目的相去甚远。

2. 从人工标记到机器学习

类案检索在实现上主要有两个技术路径:基于关键词匹配的类案检索路径和基于案情比对的类案检索路径。这两个路径实质上均是在人工化标注案件要素并建模的基础上机器学习,实现大数据下的类案检索。

(1)翻译过程匹配性不足

人工标注和机器学习并非单纯先后排序,而是像案件审理需要法官在"目光在法律和事实之间流转"一样,需要平台在"法律数据和算法结果之间

① 参见[美]博登海默:《法理学:法律哲学与法律方法》,邓正来译,中国政法大学出版社2019年版,第462页。

② 参见王娅:《浅议法律语言的不确定性——从一起房屋征收案件谈起》,载《大连海事大学学报(社会科学版)》2017年第5期。

③ 参见徐骏:《智慧法院的法理审思》,载《法学》2017年第3期。

流转”,然而现有的人工标注多采用关键词标注的方法,缺乏对于案件中逻辑关系的梳理和连接,导致这种“流转”仅仅停留在字词对应上。即使通过自然语言识别技术进行类案之间的“情节匹配”,在法学知识视角中则亦存在问题,这种案情匹配并不能完全代表案件法律关系与争议焦点的匹配,而后者更接近于法官进行类案检索的真正需求。①

(2)机器学习目标性失衡

各类案检索算法最突出的问题在于召回率与精确率的平衡性问题。精确率和召回率往往相互制约并成反比,提升查准率需要设置严格的条件,增加了部分正例被排除的可能性,最终导致查全率下降,而提高查全率必然设置较宽松的条件,这就导致部分反例也被包含,最终导致查准率下降,故类案检索技术很难在结果全面反馈和结果精确反馈实现兼得。与目前平台文书收录“唯数量论”对应的是,类案检索算法设计多偏向于查全率而忽视查准率,当输入关键词或关键案情时,往往会出现大量的检索结果,具有相关性的裁判文书比例却相对较低。

三、理想建构:类案检索平台的优化进路

欧洲 AI 伦理指南指出,成功的智能产品可从两方面评价:一是有努力做好的意愿和价值追求;二是有能够支持这一良好意愿的技术能力。② 类案检索平台的本质在于从数据中输出知识,实现知识管理精细化和智能化,其研发离不开人工智能的基础原理,即数据和算法。③ 笔者以《最高人民法院统一法律适用工作实施办法》规定和智能产品研发目标为指引,在具体设计和技术应用上,进一步构建出类案检索平台的优化路径。

---

① 参见王禄生:《大数据与人工智能司法应用的话语冲突及其理论解读》,载《法学论坛》2018年第5期。

② 参见李晓楠:《可信赖 AI 司法:意义、挑战及治理应对》,载《法学论坛》2020年第4期。

③ 参见侯晓焱、邢永杰:《数据标注视角下的智能类案推荐》,载《人民司法(应用)》2021年第28期。

(一)提质增量:补强数据输入短板

1. 设置文书质量筛查“两步走”和“三分法”

(1)质量筛查两步走:为解决类案检索显示结果质量参差不齐的问题,类案检索平台应在文书收录入库时设置裁判文书质量检测程序。一是经过文书质量检测系统的智能化检测,虽然在司法实践中尚未出现应用实例,但已经具有初步探索,形成了系统雏形。[①] 二是人工化的裁判规则提取程序。类案标准关键作用是为待决案件提供一种裁判规则,这是职业共同体在长期司法实践经过知识竞争而凝练沉淀的“持续一致的见解”,代表对司法裁判权运行的最深层次思考。[②] 通过专业团队对智能化筛选出的优秀文书进行解析提炼,可以有效发挥优秀文书的裁判指引作用。

(2)文书质量三分法:智能化质量检测和人工化裁判规则提取之间通过“文书质量三分法”进行衔接,即在智能化检测后设置系统评分高低两个阈值,将文书质量分为三个段次,排除低阈值之下的文书录用,中端文书直接进入类案检索系统的基础数据库,高阈值之上的文书进入文书质量检测的第二道程序,即人工化的裁判规则提取程序,进一步凝练高质量文书的智慧成果。

2. 实现流程数据采集“全流程”与“三设限”

类案检索技术的发展应该与全流程在线办案相辅相成,与智慧法院的建设同频共振。全流程数据相对于裁判文书来说更符合用户的用词和认知习惯,同时能够弥补裁判文书由于篇幅有限而无法展开的案件详情。将案件审理流程数据科学合理融入类案检索之中,应该从以下三个层次考量:

(1)从数据的来源上,利用目前法院系统已经建立的各审判流程信息系统、案件流程查询平台和庭审直播平台等,[③]实现一键上传多口共享。并非案

---

① 参见李嘉伟:《面向法院裁判文书的质量检测技术研究》,哈尔滨工业大学2018年硕士学位论文,第12页;廉昊:《面向裁判文书的大数据质量检测平台的设计与实现》,南京大学2019年硕士学位论文,第22页。

② 参见李茜:《类案何以同判:案例裁判规则提炼的标准、方法与程式》,全国法院第33届学术研讨会一等奖论文。

③ 参见温泽彬、李劭申:《“互联网+”背景下的司法信息公开研究——以最高人民法院“司法公开示范法院”为对象》,载《现代法学》2016年第4期。

件审理过程中所有流程数据都可以作为类案检索的数据基础，应该排除如延期审理申请书等与案件认定无关的流程信息，将分析的重点集中到当事人诉辩意见、证据以及庭审笔录之中，降低数据分析噪音。

(2)从数据的应用上，审理流程性数据相比裁判文书来说更加原始和零散，因此不宜直接作为检索结果。要更注重发挥审判性流程数据贴近用户习惯的特点，将其中的关键词作为标注和建模的重要信息源，并将流程性数据作为裁判文书的辅助性呈现，以链接的形式附在文书的同一界面，辅助审判人员进一步了解案件流程信息。

(3)从数据的权限设置上，应该对于不同查阅人的身份设置不同的权限，尤其对于案件审理的流程性信息，应严格遵守《民事诉讼法》及相关法律法规的规定，防止司法秘密的泄露。

（二）智能深入：提高数据处理技术

人工智能技术正在不断发展，类案检索技术也达到了一定水平。以法信平台为例，其构建以大规模知识图谱所存储的经过权威司法专家整理和积累的司法知识体系，底层技术已经较成熟。① 但如前所述，其根据预设问题进行检索的结果却不甚理想，改进之策可做如下考量。

1. 精确性与召回率双向发力

加强数据标注的精确性与召回率协同处理。类案检索的准确率过低而查全率过高是我国检索系统普遍面临的问题。类案检索不同于只专注召回的检索类型，如专利检索中的现有技术检索或文献综述检索，考虑到用户的时间成本以及现有的检索实践，类案检索应将提升查准率放在首位，通过基于随机森林和 boosting 思想的推荐算法让用户从“信息超载”中找到自己真正需求的类案裁判文书。②

---

① 参见机器之心编辑部：《全国90%法官都在用的AI工具，来自首家上市的中国AI公司》，载机器之心 Pro 网 2019 年 12 月 26 日，https://baijiahao. baidu. com/s? id = 1653969553547741979&wfr = spider&for = pc。

② 参见向涛、李涛、赵雪专、李旭冬：《基于随机森林的精确目标检测方法》，载《计算机应用研究》2016 年第 9 期。

2. 法律逻辑与知识图谱深度融合

笔者建议,应该按照法律逻辑构建类案比对的知识骨架,设定好案件图谱的相关结构,形成系统的图谱结构,完成法律思维到技术思维的转变。然后,从海量的文书材料中提取相应的情节来充实,形成完整的图谱。在法律逻辑向知识图谱转化的过程中可通过正向构建和反向排除,将逻辑推导环节切合人工智能算法,实现类案精准推送。

(1)正向构建

我国作为成文法国家,常常采用三段论的形式进行演绎推理,即假使任何一个案件事实实现T,则应赋予其法效果R(大前提)。如果特定案件事实S实现T(小前提),则对S应赋予法效果R(结论)。[①] 类案检索中的逻辑思维是类比推理,即已知甲事物具有a、b、c的属性,且已知乙事物具有a、b的属性,因而得出结论乙事物也具有c这种属性。在类比推理的逻辑之下去检视演绎推理的过程,可以得出以下三种主要模式:其一,S1 + S2 + S3→T,即三个法律事实均属于法律关系构成要件中不可缺少的一环时,则类案的a,b,c要完全包含S1,S2,S3。其二,S1或S2或S3→T,则类案a,b,c只要满足其中之一即可。其三,S1→T,某一法律事实要素是某一法律后果的唯一必然要素,此时a,b,c只能通过满足S1来实现T,从而实现R。

(2)反向排除

有的案件之中,指出先例与本案之间的不同之处可能会更加高效。包括以下三类排除方式:唯一要素的区别,是指唯一、必然法律事实、法律适用要素不一致,则非类似案件;案件事实的区别,是指案由不同、关键事实在案件中发挥作用的不同等情形,导致案件事实的不同,则非类似案件;法律适用的区别,是指关键事实与法律后果之间因果关系不同,则非类似案件。[②]

(三)精准可视:数据呈现效果优化

相对于研发难度较大的底层技术而言,对于检索结果可视化呈现的优化

---

① 参见焦宝乾:《三段论推理在法律论证中的运用》,载《求是学刊》2008年第1期。

② 参见北京市第三中级人民法院课题组:《类案裁判的适法标准和规范机制研究》,载《中国应用法学》2021年第3期。

可以在较低的成本下取得较大效果。第一,在检索功能方面,对不同的检索功能进行更为准确和细致的功能划分,降低重复功能建设过程中的资源浪费,减少使用户面对诸多检索功能时盲目选择或重复检索的情况。例如,法信平台民商事案件的维度检索功能与刑事案件维度检索功能相比,并没有在客观行为、行为对象、犯罪形态等方面进行深度区分,导致其和高级检索功能并无实质性差别,应予以优化和完善。第二,实现各个子数据库之间的互联互通,将司法案例、学术期刊、法律法规集中呈现在同一检索页面,改变现有平台用户在不同子数据库之间来回切换再行数据整理的问题。第三,增加各项检索功能对比分析选项,如果用户同时使用多项检索功能检索目标文书,应剔除已经在前一类案检索功能中已经浏览过的文书内容,并将不同检索功能下的检索文书的关联性强弱综合排序,帮助用户更智能地梳理检索结果。第四,增加检索结果的可视化效果,如将提炼后的裁判规则添加到案件裁判文书之前,将检索关键词在全文中标红,类案检索报告图形化等,使平台检索页面化繁为简,清晰有效地传达与沟通信息。

结　　语

类案检索平台是人民法院在"互联网+"和大数据时代推动审判工作智能化、现代化的重要抓手,是人民法院数字化转型升级的积极探索和生动实践。类案检索平台要真正发挥类案精准推送的作用,必须在建设统一的综合性多层次平台的前提下,将文书检测作为平台录入的前置条件,全流程数据作为平台数据的重要来源,精确度和召回率的平衡作为机器学习的主攻方向,法律逻辑与知识图谱的结合作为人工智能不断深化的重要突破点,切实增加类案检索平台页面的可视化,才能真正将类案检索系统转变为信息查询和司法辅助的有力工具,为智慧法院建设更添一抹亮色。

前沿探讨

《民法典》时代新型动产和权利担保司法认定研究

上海金融法院课题组*

一、《民法典》时代担保功能主义的演进与发展

对于动产和权利担保交易立法,大陆法系与英美法系的担保原则及制度有所不同,主要存在形式主义和功能主义两种制度模式。形式主义强调物、债二分原则以及物权法定原则,将担保物权限定为抵押、质押以及留置,绝对禁止民事主体以意定方式创设新型担保物权。功能主义则注重担保的实质目的,在将登记作为权利公示的基本手段后,无须对担保物权作类型上的区分,秉持实质重于形式的规则,将具有担保功能的交易安排统一称为担保权益。①《中华人民共和国民法典》(以下简称《民法典》)时代下,我国担保物权分编最大的亮点和特色是,在沿袭传统大陆法系之担保形式主义的基础上,借鉴担保功能主义特征。

---

* 本课题由上海金融法院党组成员、副院长林晓镍主持,课题组成员有朱颖琦、李鹏、李瑶菲、祝彧。本文节选自上海法院2022年度重点调研课题优秀奖"《民法典》时代新型动产和权利担保司法认定研究"。

① 参见高圣平:《动产担保交易制度比较研究》,中国人民大学出版社2008年版,第17~68页。

(一)国际立法趋势中担保功能主义倾向演进

1. 示范规则中已普遍接纳担保功能主义

担保规则由形式主义向功能主义的变更提高了担保交易的整体效率，之后直接为加拿大普通法域及新西兰、澳大利亚的动产担保交易法所继受，并影响到联合国《动产担保交易立法指南》《动产担保交易示范法》《欧洲示范民法典草案》的发展。[①] 无论当事人如何设计交易结构，只要起着担保功能，即应适用相同的设立、公示、优先顺位、违约救济和实行规则，以此使动产担保交易制度具有足够的灵活性，兼顾现有的融资方式以及未来可能发展起来的创新方式。体现着欧洲最新比较法研究成果的《欧洲示范民法典草案》也深受功能主义影响，采取统一的动产担保物权构造，将依担保合同所设定的，意在使担保权人有权就担保财产优先受偿，或依合同可以达到这一效果的定限物权纳入其中。同时明确，依担保合同移转或拟移转动产的所有权，意在担保债务的履行或达到担保债务履行的效果的，仅能在该动产上为受让人设立动产担保物权，让与担保、售后回租等均被纳入担保物权的范畴。[②]

2. 营商环境评价体系下担保功能主义的深化

在世界银行营商环境(doing business)评价体系下，我国2020年营商环境总体排名第31位，较2019年提升15位。然而，在各项具体指标中，“获得信贷便利度”指标得分没有变化，其排名也由2019年的第73位降至第80位。该指标主要衡量一个经济体中信贷法律和信贷服务机构是否便利商事活动中的融资交易，具体由四个二级指标构成，即合法权利力度指数、信贷信息深度指数、信贷登记机构覆盖率和信用机构覆盖率。其中合法权利力度指数的评估问题有10个与担保法有关，共计12分。我国在该指标上近年来一直仅得4分。

虽然世界银行2021年9月决定暂停公布《2021年全球营商环境报告》，

---

① 参见高圣平：《动产担保交易的功能主义与形式主义——中国〈民法典〉的处理模式及其影响》，载《国外社会科学》2020年第4期。

② 参见《欧洲示范民法典草案》第102条。参见欧洲民法典研究组、欧盟现行私法研究组：《欧洲示范民法典草案：欧洲私法的原则、定义与示范规则》，高圣平译，中国人民大学出版社2012年版，第355～356页。

但仅仅是世界银行对评估标准作出改变,优化营商环境、激发市场主体活力是主流发展趋势,世界银行营商环境评价指标对我国法律制度的构建仍有重要影响。2022 年 5 月,世界银行决定重新启用新标准评价营商环境,此次评估指标更名为宜商环境(business enabling environment)评估指标。[①] 与担保制度有关的评价指标主要集中于金融服务指标中。具体来说,金融服务指标的评价高低与担保交易是否存在完整的法律框架和动产担保权益强制执行的规则、抵押登记机构的运作情况,如动产权益数据库的公开性、有效性、防风险性,登记的相关费用、成本、记录系统更新频率等息息相关。可以看出,无论在世界银行营商环境还是宜商环境指标之下,都彰显深化担保功能主义的趋势。[②]

(二)《民法典》中的动产和权利担保制度

我国担保制度的建立始于 1986 年出台的《中华人民共和国民法通则》(以下简称《民法通则》),发展于 1995 年施行的《中华人民共和国担保法》(以下简称《担保法》),丰富于 2007 年出台的《中华人民共和国物权法》(以下简称《物权法》),并分别就抵押、质押、留置等典型的担保方式进行了系统规定,从而构建了具有中国特色的统一担保制度。然而,随着经济水平的不断提高,《民法通则》《担保法》《物权法》中建立的担保制度未能覆盖实践中金融创新所需要的新型担保制度。2020 年编纂完成的《民法典》在总结此前民事立法和司法实践经验的基础上,再次对担保制度进行了修改和完善,也特别丰富了我国的动产和权利担保制度。

1. 物权法定原则下动产和权利担保制度体系构造

传统大陆法规范中,物权的种类和内容要求由法律统一确定,不允许由当事人的自由意思创设,此即所谓物权法定主义。[③] 物权法定原则在中国动产和权利担保制度体系中占有引领地位。在该原则的指导下,我国动产和权

---

① 参见世界银行官网,https://www.worldbank.org/en/programs/business-enabling-environment,2022 年 10 月 1 日访问。

② 为方便表述,下文均采用营商环境来指代营商环境或宜商环境评价体系。

③ 参见朱庆育:《物权法定的立法表达》,载《华东政法大学学报》2019 年第 5 期。

利担保的内容仅限于质押、留置、抵押等典型担保情形,保理合同交易、融资租赁交易等非典型性担保不在物权法规范范围内。

物权法定原则之所以在多数国家立法和司法实践中均予以确认,主要由于物权较之于债权效力更强,权利人对于特定物享有直接支配并排除任何人干涉的权利。若物权并非法定,则不利于交易安全,极有可能损害权利人之外第三人之合法权益。然而,严格固守物权法定原则亦会导致一些不利后果,理论和实务界对此提出了诸多质疑。其一,法律先天的滞后性导致物权法定原则无法适应社会的快速发展,尤其无法框定金融创新中的担保物权发展趋势。其二,物权法定原则有可能侵害当事人的意思自治。作为强行法的担保物权法中,国家干预色彩较重。[①] 但与此同时,物权法律关系因权利人对物的归属与利用而产生的民事法律关系,民事主体有权按照自己的意愿从事民事法律行为而排除他人的不当干涉,两种原则存在一定的矛盾。[②]

从比较法的角度来看,物权法定原则的局限性在大陆法系国家和地区中亦普遍存在,但不少国家和地区采取了较为灵活的方式以应对这种局限性所造成的消极影响。例如,德国法上虽然强调物权种类强制与种类固定,但面对交易过程中出现的各种新种类物权,先是以立法的方式及时补充,若补充无效则通过扩大解释承认某些财产权利的物权效力。此种修正可谓"物权法定原则的缓和",既保留了物权法定基本原则,又结合实践发展的需要对该原则予以缓和。

2.《民法典》时代下动产和权利担保体系之功能主义的构造

《民法典》的编纂正值我国提出要持续优化营商环境之际,故而,"《民法典》物权编对担保物权部分的修改,总的立法精神是要进一步优化营商环境,进一步增强我国在吸引投资方面的优势"。[③] 为向国际立法接纳担保功能主义的趋势靠拢,对标对表营商环境评价体系,《民法典》时代下动产和权利担保体系亦呈现接纳功能主义的特点。最高人民法院于2020年末发布了《关

---

① 参见申卫星:《物权法定与意思自治——解读我国〈物权法〉的两把钥匙》,载《法制与社会发展》2013年第5期。

② 参见赵迟迟:《论物权法定原则的缓和》,载《鸡西大学学报》2021年第12期。

③ 黄薇:《〈民法典物权编草案〉(二审稿)对若干重点问题的回应》,载《中州学刊》2019年第7期。

于适用〈中华人民共和国民法典〉有关担保制度的解释》(以下简称《担保制度司法解释》),该解释与《民法典》中新型担保规则相适应,全面构建了动产与权利担保制度的一般规则,初步形成了“动产和权利担保体系”。与原《物权法》《担保法》等旧法相比,《民法典》《担保制度司法解释》拓宽了担保合同的范围,明确了公示效力,允许以将来权利作为担保财产,统一动产和权利担保之间的顺位规则,废除绝对禁止流质条款等,有助于形成统一的动产和权利担保交易法律框架。虽然《民法典》时代下动产和权利担保体系逐步完善,但新型动产和权利担保方式相互之间功能是否存在重叠、规则上衔接是否流畅、制度设计是否符合业务实践发展、司法实践中争议如何解决等方面仍存在争议,有待进一步探究。

二、《民法典》时代新类型财产权利担保的司法认定

(一)新类型财产权利担保融资的法律问题

《民法典》突破了我国传统担保立法遵循的严格形式主义,将一系列从实践中衍生的新型财产权利、非典型担保合同纳入担保物权法的调整范围,为企业利用新型财产权利或非典型担保方式融资提供了合法性基础,扩大了融资范围,有效解决了融资难的问题。根据担保功能主义思路,只要某种交易在动产上创设的权利具有担保功能,就应作为担保物权。功能主义思路下只存在一个担保物权,下面不再做分类,因此,经济上功能对等的交易形式在法律上应获得同等对待就成为动产担保中功能主义的基本要求。[①] 我国《民法典》动产和权利担保制度是在形式主义的基本框架下继受了功能主义思路、接纳了实质担保观,主要体现为在担保物权的设立、登记、顺位及实现四个环节统一对待各种类型的担保物权。然而,新类型财产权利与传统的动产、不动产的财产属性、权属记载方式均有所不同,在担保功能实现过程中引起了一定的法律争议。

其一,新类型财产权利归属不清晰的问题。例如,债权人以持有的应收

---

① 参见李运杨:《〈民法典〉动产担保制度对功能主义的分散式继受》,载《华东政法大学学报》2022 年第 4 期。

账款出质或保理融资,质权人或保理人在实现债权时是否对受让的应收账款享有完整的所有权在实践中引发争议。其二,因中国人民银行征信中心设立的动产融资统一登记平台的登记范围并非涵盖所有金融担保品,故新类型财产权利用以担保时无统一的登记平台查询核验,资产真实性难以核验,难以保障交易安全。例如,私募基金、信托受益权涉及产品持有人、发行人、管理人三方的权利义务履行,所涉及的底层资产真实性难以辨认,容易出现虚假融资。其三,以新类型财产权利进行担保交易过程中的安全性问题亟待重视,因法律对新类型财产权利的法律性质和边界认定不够清晰,造成融资人的错误认识而影响融资效果。例如,《民法典》规定将有的应收账款可用以出质和保理等企业融资,但未明确具体类型范围和裁判标准,审判实践中存在以不构成未来应收账款融资被认定为借款的情况。其四,影响新类型财产权利发挥担保功能的重要因素之一是实现权利的便捷性。当前因新类型财产权利的价值金额难以估值确定,影响担保功能的发挥。例如,信托受益权项下信托财产的价值有赖于信托产品的清算,未清算之前的财产份额通常难以下判。故此,本文将从不同财产权利类型出发,针对上述四方面新类型担保融资过程中的法律争议及相关司法认定展开研究与讨论。

(二)信托受益权、私募基金份额质押担保现状及法律争议

1. 私募基金份额担保的权属争议

根据基金的用途不同,私募基金又分为私募股权投资基金、私募证券投资基金等。公募基金是以大众传播手段招募,发起人集合公众资金设立投资基金,进行证券投资。相较于私募基金的高度自治,公募基金受政府主管部门的监管,并在信息披露、利润分配、运行限制等方面受到严格的行业规范制约。2013 年《中华人民共和国证券投资基金法》(以下简称《证券投资基金法》)修订将私募基金纳入规制范围,要求非公开募集基金运作方式及管理人均应向基金行业协会登记、报送基本情况。

中国基金业协会公开数据显示,截至 2022 年 8 月,私募基金规模已达 20.39 万亿元,私募基金管理人数量 24,304 家,所管理的私募基金产品数量增至 135,836 只。其中,私募证券投资基金规模 5.9 万亿,私募股权投资基

金规模10.7万亿元。[①] 从金融市场管理运作基金的规模来看,我国当前私募基金市场主要以私募股权投资基金发展为主,并且发展迅速,实践中逐渐出现以私募股权基金份额作为质押物进行质押融资的方式。基金份额是用来表示投资者根据所持有份额数量对基金财产享有收益分配权、清算后剩余财产取得权和其他相关权利并承担相应义务的凭证。从信托的角度来说,可以将私募基金份额视为一种有价的、具有信托性质的财产,因此具有用以融资的可流转性。《证券投资基金法》也明确了基金份额持有人可以基金份额出质,质权自出质登记时设立。

基金份额可质性日益凸显的背景下,私募基金的自我管理特点就成为质押交易的一大阻碍。详言之,公募基金的登记备案管理公开透明,基金用途、持有份额等信息有统一的平台公开可查,权属明确。然而私募基金则依靠基金管理人内部登记,并无公开途径可查,持有人多次质押的交易风险高。

2. 基金份额质押登记效力的司法认定现况

《民法典》第443条规定,以基金份额、股权出质的,质权自办理出质登记时设立。基金份额质押以登记公示为生效要件,公示是质权创设的前提条件,质权人得以对抗第三人。然而,因有限合伙企业形式设立的私募股权投资基金登记机关不明确,实践中缺乏制度依据,证券登记结算机构与市场监督管理部门可能会拒绝私募股权投资基金出质登记的申请。证券登记结算机构私募股权基金份额出质与公开募集基金相比,私募基金在基金管理人、运作方式、登记备案等方面信息公开程度相对较低,确实给私募基金份额质押登记造成一定的不便。这主要有三方面问题:第一,重复质押情形下基金份额权属认定问题。基金份额登记质押合同的成立与质权成立的时间往往不一致,如私募基金份额持有人重复质押基金份额,部分办理登记或者倒签质押合同时间将造成权属难以确认的困难。第二,基金份额登记机关难以对登记内容真实性进行审核。私募基金份额的变动往往最先体现在基金管理人内部名册登记中,所以基金份额登记机关无法审核质押信息的真实性。第三,未经登记的私募基金质权人举证困难。当私募基金持有人将持有份额出

① 中国私募基金行业数据报告,https://www.amac.org.cn,2022年10月10日访问。

质后未办理登记的情况下,需要质权人举证基金管理人内部名册登记中的权属,质权人作为自然人通常不具备调取基金管理人内部名册的能力,这无疑加大了质权人举证责任,不利于盘活私募基金财产存量。鉴于此,实践中曾有观点认为,私募股权基金份额质权的成立应适用动产质权的规定,以交付质押财产时设立。①

2020年修正的最高人民法院《关于人民法院办理执行异议和复议案件若干问题的规定》第25条规定,基金份额的所有权属凭登记信息确认,没有登记的以合同文件或相关证据判断。本文认为,此规定间接确认了基金份额登记的公示效力。因此,对于基金份额所有权的归属,有登记的,应当按照登记机构的登记判断,无登记的,应当按照合同等证明财产权属或者权利人的证据判断。私募股权投资基金不同于证券投资基金,目前并无强制性法律规定要求其必须按照《证券投资基金法》的规定进行份额登记。基金管理人出具转让说明,确认系争基金份额转让协议签订的事实及基金份额权益的归属的,应当认定基金管理人已经对系争基金份额进行了内部登记。新的托管人对系争基金份额进行的内部登记,不能否认基金管理人之前对基金份额的确认。

3. 信托受益权担保功能限制及集中化的信托产品登记

信托受益权与信托财产的性质有所不同,从法律原理来看,信托财产属于受托人的特别财产,而受益权属于受益人的财产,两者分别属于不同的人。如果信托没有终止,那么原则上不能对信托财产采取强制措施,而只能对受益权采取措施。② 信托受益权与信托财产因内部形态的复杂性以及融资应用形态的灵活性,广为应用。

在法律上,信托受益权份额属性虽然近似于股份、基金份额,但囿于物权种类和内容法定之原则,仍然不具备法定可质押性,中国信托登记有限责任公司(以下简称中信登)亦不构成法定的质押登记部门。中信登如果想拓展

---

① 参见刘晓夏:《私募基金份额质押权成立的条件》,载《人民司法》2014年第12期。

② 参见赵廉慧:《信托财产独立性研究——以对委托人的独立性为分析对象》,载《法学家》2021年第2期。2022年6月最高人民法院公布的《强制执行法》(草案征求意见稿)第100条将信托受益权、基金份额、资产管理产品份额等纳入了被执行人的责任财产范围可予强制执行。

到信托受益权的个别转让，就会涉及更多数量与类型的中小型投资者。而且，中信登只是得到了信托监管部门的支持，即便业务模式日后能够成熟，要成为财产权登记的主管部门，尚需得到法律、行政法规的合法性支持。

信托财产登记的客体疑难：信托财产的确定性、唯一性不足。从财产面来看，信托财产登记的前提是财产的特定化。但对动产而言，若不能在技术上实现一物对应一个永久固定编码，就连一物被受托人挪用、被两次设定为信托财产的基本法律风险都无法解决。信托登记的财产公示本身不能代替对受托人义务的要求。和不动产登记一样，我国的信托登记侧重于服务行政管理职能，对财产权利登记公示公信的私法价值的关注不足，较注重信息保密性，对信托登记查询的主体和客体均予以了高度限制。这既形成了对信托当事人的过度保护，更大大增加了交易当事人的风险，抑制了信托担保功能的发展。

目前的信托（产品）登记制度无法解决"一物二托"的风险，《信托登记管理办法》规定受益人仅可以查询与其权利、义务直接相关且不违背信托文件约定的信托登记信息。如甲信托产品在发售受益权份额时宣称信托财产是某财产，投资者未必能通过查询来排除该财产已经是乙信托产品的财产。登记系统也未必能排除新成立的信托产品中的财产已被用于其他存续信托。鉴于信托登记机构难以有效实质审查，不同的信托登记机构还可能对信托财产作出内容冲突的登记，进一步制约了信托登记的法律效力空间。

（三）仓单质押担保发展现状及法律争议

仓单权利义务发生于特殊的有名合同——仓储合同。《民法典》在合同编"仓储合同"章节沿用了1999年《中华人民共和国合同法》（以下简称《合同法》）对仓单的定义，在物权编"权利质权"一节明确了仓单的可出质性及质押生效要件和公示方法。《担保制度司法解释》第59条对仓单质权的设立、仓单质押和仓储货物担保之间的权利顺位以及重复设立质押的权利冲突解决作了进一步的阐释。可以看出，仓单作为一种权利凭证进行质押，可以实现资金融通、辅助完成现货交易，提高交易效率，降低交易成本，同时有价格发现功能。仓单设质实现了"商品之担保利用与标的物本身之利用得以并行”。①

1. 仓单的债权与物权双重属性

(1)一般仓单具有债权与物权双重属性。原《物权法》的权利质押规定了仓单可以用以出质,《合同法》中仓储合同章明确了仓单是提取仓储物的凭证,可以背书转让。《民法典》承继了前述原《物权法》《合同法》对仓单的规定,据此,审判实践中认为仓单具有物权与债权双重属性,②最高人民法院在指导案例第111号案件中对此观点予以肯定。③ 仓单首先是一种债权凭证,同时交付仓单构成指示交付,因而仓单也成为了一种物权凭证,可以实现物权变动的效果。

(2)标准仓单。实践中,仓单分为标准仓单和非标准仓单。标准仓单是指由交易所统一制定的、交易所指定交割仓库在完成入库商品验收、确认合格后签发给货物卖方的实物提货凭证,因流通性更强可用于金融衍生工具如期货合约的交割。标准仓单经交易所注册后方能生效,因此标准仓单质押授信亦可通过期货交易所核验审核真实性。

(3)电子仓单。实践中,电子仓单质押作为一种非传统纸质化的新型质押形式,因其与传统纸质交付形式差异而对质押法律效力存在争议。《美国统一商法典》第一编第201条b款明确涉及所有权凭证的交付是指自愿转移控制(possession),④无论纸质仓单还是电子仓单均以是否获得“控制”作为判断交付的标准。我国《民法典》确立的法定物权公示方式为登记和交付,电子仓单质押的公示效力应适用交付规则。然而部分仓单所有人以电子仓单不符合法定形式,仓单未进行纸质实物的交付为由否定电子仓单质押法律效力。我国司法实践中已有法院判决作出认定,⑤认为电子仓单信息在交易登记平台中已进行公示且注明了公示“质押”字样,并以电子邮件形式通知质权

---

① 郑玉波主编:《民法物权论文选集》(下),台北,五南图书出版股份有限公司1984年版,第882页。

② 参见上海市第一中级人民法院民事判决书,(2009)沪一中民四(商)终字第28号。

③ 参见最高人民法院民事判决书,(2015)民提字第126号。

④ Uniform Commercial Code, 1-201, b, 15, Delivery, with respect to an instrument, document of title, or chattel paper, means voluntary transfer of possession.

⑤ 参见顾权、董晓筠、王朝辉:《电子仓单质押合同纠纷的司法审查路径》,载《人民司法(案例)》2019年第2期。案例案号为(2016)沪0115民初9984号。

人,即应实为电子仓单交付,仓单质权依法设立。该判决作出时间虽为2017年,但与《民法典》第137条规定的数据点位形式意思表示的到达规则立法旨意契合,即以电子化数据信息进入指定的特定系统,可以视为交付。

2. 仓单质押的真实性问题:物、单项下多项担保权利冲突

国务院《关于实施动产和权利担保统一登记的决定》中明确将仓单质押纳入动产和权利担保统一登记范围,因此需通过向中国人民银行征信中心进行登记从而取得对抗效力。该规定施行前,仓单质押登记管理业务呈现一定的混乱状态,因仓单对应的货物真实性核验困难,仓储企业签发虚假仓单的现象频发,重复开立仓单、一物多质的违规操作亦屡禁不止,仓单、货物上设定的抵押权、质押权、浮动抵押等权利冲突纠纷凸显。实践中法律纠纷的焦点主要集中在两个方面:一个是质押物的所有权归属问题。质押物的所有权在出质人、质权人、仓储人之间流转,容易发生所有权纠纷。另一个是质权人顺利实现仓单权利的问题。《民法典》第404条赋予了浮动抵押权人在抵押期间处分抵押物的权利,即正常经营活动中,已经支付合理价款并取得抵押财产的买受人可以对抗已经登记的浮动抵押权。由于仓单质权成立时并不要求质押物的转移,质权人也不实际占有质押物,因此,一旦质权与质物上先前已设立的浮动抵押权发生冲突,质权人便很难适用前述"取得抵押财产"的条件。

《民法典》颁布之后国务院出台了实施动产和权利担保统一登记的配套制度措施,但此种登记公示制度下仍难以解决数份仓单重复质押问题。仓单质押担保的最终目的和最主要的功能在于以此种担保来确保债权人的债权能够如期获得清偿。在债权人到期不能清偿时,质权人有必要实行质权来实现仓单质押担保的目的和功能,这也是仓单质押的最主要的效力所在。[①] 为解决一单数押的问题,《担保制度司法解释》第59条参照《民法典》关于抵押权冲突问题规定,按照登记公示先后确定清偿顺序,难以确定的按照债权比例。然而此种方法无法解决数单质押:保管人以同一批存货签发数份仓单,如出质人在数份仓单上设立多个质权,因出质人实际掌握质押合同签订日期

① 参见房绍坤、赵志毅:《论仓单质押》,载《法制与社会发展》2001年第4期。

和仓单上背书日期,难以判断数份仓单真正的质押时间先后。同样的问题还存在于货、单重复质押情形,动产和权利担保统一登记系统尚未覆盖所有动产和权利担保类型,存货质押和仓单质押的时间便难以确定,无法及时对外公示披露担保信息,单纯以登记先后判断清偿顺序有可能损害真正设立在先的债权人利益。

仓单质押登记效力直接影响到企业融资的营商环境,进而影响大宗商品的安全流通和高效运转,需进一步完善仓单登记注册制度,让融资担保各方权责更明晰。

三、《民法典》背景下有担保功能合同的法律争议及解决

《民法典》背景下,我国担保制度顺应国际吸收担保功能主义大势,采用物权法定缓和主义,接纳了有担保功能合同的担保效力。《担保制度司法解释》第63条至第70条也采用专章规定了非典型担保,将涉及担保功能实现的相关规则进行优化。然而,尽管《民法典》及《担保制度司法解释》统领有担保功能合同,但具体实践中仍有不少法律争议有待解决。

(一)保理合同纠纷中的相关问题

保理合同是指应收账款债权人将现有的或者将有的应收账款转让给保理人,保理人提供资金融通、应收账款管理或者催收、应收账款债务人付款担保等服务的合同,是《民法典》新增的合同类型。

1. 虚构应收账款情形时保理合同效力的司法认定

(1)虚构应收账款时保理合同的效力判断

就虚假应收账款时保理合同的效力问题,司法实践中存在不同观点。

观点一:保理合同无效说。基础交易合同与保理合同是相互关联的,保理合同以基础交易合同中的应收账款真实存在为基础,若债权人与债务人之间的基础交易合同中应收账款不存在,保理合同无效。①

① 参见湖南省郴州市中级人民法院民事判决书,(2019)湘10民再79号。

观点二：基础交易合同与保理合同是相互独立的合同关系，基础交易合同虚假并不必然导致保理合同无效。[①]

观点三：当存在通谋虚伪意思表示时，应根据双方真实意思表示确定合同效力。若债权人与保理人作出双方虚假的意思表示，签订“名为保理、实为借贷”的合同，在不违反法律强制性规定和公俗良序的前提下，该合同按照双方当事人的真实合意发生借款合同的法律效力，此时借款合同应为有效。[②]

根据《民法典》的相关规定，行为人与相对人以虚假的意思表示实施的民事法律行为无效，但在虚伪表示的当事人与第三人之间，则应视该第三人是否知道或应当知道该虚伪意思表示而发生不同的法律后果。本文认为，基础交易合同的无效不一定导致保理合同的无效，判断保理合同的效力应结合当事人的真实意思表示及保理人的善意程度予以审慎认定。

(2)保理人“明知虚构”的审核要点

实务中，不乏应收账款债权人或债务人主张因保理人存在审核瑕疵，要求减轻其付款责任，由此引发法院“明知虚构”的审判难题。判断明知虚构时，应要求保理人对基础交易合同进行形式审查，还是该课以保理人实质审查义务，要求其审核应收账款本身真实性、交易对手、应收账款金额等，以确保相关交易行为真实合理，这历来存在争议。

兹有如下案例：

【案例1】[③]苏宁易购作为产品供应链的核心企业，与其上游供应商智宝公司存在合作关系。2017年10月11日，智宝公司借此与新骏保理公司签订《保理业务合同》，合同约定智宝公司将其向苏宁易购提供商品而形成的应收账款债权转让给新骏保理公司。后新骏保理公司向智宝公司先后支付了6笔应收账款转让保理价金共计4亿余元。苏宁易购付款期限届满未履行付款义务，故新骏保理公司诉至法院。经查，新骏保理公司持有的《大单采购合同》《应收

① 参见上海金融法院民事判决书，(2018)沪74民初1374号。
② 参见山东省高级人民法院民事判决书，(2021)鲁民终2289号。
③ 参见上海金融法院民事判决书，(2018)沪74民初1374号。

账款债权转让通知确认》上苏宁易购合同专用章以及“苏宁易购工作人员陈某”身份均系伪造。

法院认为,基于债权人与债务人之间真实的应收账款而产生的基础合同是保理合同缔约的前提。在苏宁易购合同专用章及“陈某”身份系伪造的情况下,涉案保理业务的基础合同并非苏宁易购的真实意思,故新骏保理公司要求苏宁易购承担《保理业务合同》约定的《大单采购合同》项下合同债务,法院不予支持。同时,虽然《保理业务合同》基础债权不真实,但并不影响《保理业务合同》的效力,新骏保理公司选择按照《保理业务合同》的约定向智宝公司主张回购责任,该诉请依法应得到支持。

2014年,中国银行业监督管理委员会发布的《商业银行保理业务管理暂行办法》中,对作为保理人的银行规定了严格的审查义务。然而,通谋双方的意思表示很难为外界知悉,对保理人施加过于严格的审查义务实际上会导致银行保理的申请更加困难、商业保理不断提高服务费用,并不利于资金的融通。作为对此问题的回应,在司法实践中,法院一般对保理人必要审查义务的要求多为形式审查,主要从以下几个方面综合判断:一是基础交易的行业惯例;二是债权人与债务人的交易习惯;三是保理人是否审查基础交易合同、发票、银行回单等材料对应收账款的真实性、合法性进行审查;四是债务人是否有向保理人出具《应收账款确认书》等。

根据《民法典》第763条的规定,除外条款适用于保理人“明知”而非“应知”虚构的情形,而按照文义理解,“明知”指向的是保理人实际已经知道的状态,而“应知”指向的是保理人由于自身过失应当知道却未能知道的情况。故保理人违反审查义务时要区分其主观状态。若保理人的主观状态为故意,则债务人可以向其主张应收账款不存在的抗辩;若保理人的主观状态为过失,则债务人不可主张该抗辩。有学者认为,《民法典》第763条以及其他有关条文,并非在说基础交易合同具有公信力,而是对恶意的保理人不予保护(恶意抗辩)。自罗马法以来,民法视行为人的主观状态而确定法律后果,系普遍现象;换个角度说,不重在基础交易合同的一侧考虑并得出结论,而是聚焦于保理人一侧,关注其主观状态,进行利益衡量。① 综合考虑学界及司法实务界观点,本文认为,虽然法律并未规定保理人的审查义务为形式审查,但《民法典》第763条所采用的类似《德国民法典》第405条中的"权利外观责任"的规定,已经存在否定实质审查的倾向。②

2. 有追索权保理合同纠纷中债权人实现担保功能的法律争议

(1)保理人同时起诉应收账款债权人和债务人时管辖法院的确立

为全面保护自己的利益,保理人往往同时起诉应收账款债权人与债务人,请求二者承担连带责任。但应收账款付款请求权与追索权是基于不同法律关系形成的相互独立的两个请求权,前者基于基础交易合同产生,后者基于保理合同产生。保理人同时起诉应收账款债权人和债务人时,管辖法院如何确定,司法实践中亦存在不同观点。一种观点认为,法院认为应当根据保理合同的约定来确认管辖权。这一观点的理论基础在于将基础交易合同认定为保理合同的从合同,认为保理合同的融资是合同的主要目的,债权转让仅是实现融资的手段,债权人和债务人之间的基础买卖关系从属于保理合同法律关系,所以应以保理合同的约定来确定整个案件的管辖法院。另一种观点认为,作为保理人的金融机构和基础合同债权人仅因保理合同的签订、履行等发生纠纷,应按照保理合同法律关系确定管辖;保理人向基础合同债权人和债务人或者仅向债务人主张权利时,因争议解决须以基础合同法律关系的解决为前提,故通常应当按照基础合同法律关系确定管辖为宜。

本文认为,《民法典》时代下立法者实际上将有追索权的保理解释为应收账款债权人为保理人不能从应收账款债务人处收回约定的债权而提供的担保。③ 此时担保人是应收账款债权人而非债务人,故保理合同与基础合同之间并非存在主从关系。基础交易合同的存在尽管是保理合同缔约的前提,但二者系相对独立的两个合同。故不能简单依据保理合同的约定确定管辖法

① 参见崔建远:《保理合同探微》,载《法律适用》2021年第4期。

② 依据《德国民法典》第405条的规定,对于出示证书情况下的债权让与,如果受让人信任由债务人出具的证书,而从该证书中不能辨识禁止让与的内容,则债务人不得援用第399条第2款规定主张让与无效。参见陈卫佐:《德国民法典》(第5版),法律出版社2020年版,第45页。

③ 参见最高人民法院民事审判第二庭:《最高人民法院民法典担保制度司法解释理解与适用》,人民法院出版社2021年版,第550页。

院,而应当结合基础交易合同及保理合同约定整体确定管辖权条款。保理业务是以债权转让为基础的综合性金融服务方式,债权转让是保理合同的基础,应收账款基础债权构成完整的保理合同业务的组成部分,是保理业务开展的前提,遂履行保理合同的纠纷应当按照保理合同相关条款整体确定管辖。在管辖约定矛盾的情况下,无法根据当事人约定确定案件的管辖,故应按照合同纠纷的一般管辖原则确定管辖法院,由被告住所地或者合同履行地人民法院管辖。存在多个被告时,各被告住所地法院均有管辖权。

(2)应收账款债权人和债务人间责任承担顺位

由于《民法典》第766条赋予了保理人可以同时主张债权与追索权的权利,并且未规定上述权利必须通过诉讼等公开方式行使,在实践当中就可能出现应收账款债务人和债权人均对保理人进行了偿付,造成保理人有权收取双重给付的误解,由此带来判决主文表述难题。一种判决主文表述逻辑为应收账款债务人向保理人履行应收账款债务,若应收账款债务人届期未能足额履行付款义务,由应收账款债权人在保理融资本息范围内承担偿还义务。另一种判决主文表述逻辑为应收账款债权人与债务人在保理融资款本息范围内承担连带责任。① 判决主文的表述难题实为应收账款债权人和债务人所承担责任的顺位难题。《民法典》出台后,最高人民法院民法典贯彻实施工作领导小组在《中华人民共和国民法典合同编理解与适用》中指出,在审判实践中应当注意:"保理人同时向应收账款债权人和债务人主张权利的,如果合同约定承担连带责任,则可按合同约定处理,如果合同未作约定,则应按照间接应收账给付的法理,判决应收账款债务人承担第一顺位的还款责任,应收账款债权人承担补充责任。"②

本文认为,无论是从法律规定还是从商业实践出发,保理人理应只能在其承担的商业保理风险的范围内,对于保理本息及相关费用享有权利,而对于应收账款债权最终得以偿付的高于保理本息费的部分,应当退还给实际承

① 参见最高人民法院民事审判第二庭:《最高人民法院民法典担保制度司法解释理解与适用》,人民法院出版社2021年版,第550页。该种观点认为,在有追索权的保理中,应收账款虽然名义上已经转让给保理人,但其目的在于担保保理人对应收账款债权人所享有的保理融资款本息。

② 最高人民法院民法典贯彻实施工作领导小组:《中华人民共和国民法典合同编理解与适用(三)》,人民法院出版社2020年版,第1785页。

担这一部分风险的应收账款债权人。在有追索权的保理合同中,保理人的合同目的并不在于取得应收账款债权人的债权,而在于确保应收账款债权人按时偿还保理融资款的本息,保理人并不承担债务人清偿期届满后不支付或无力支付账款的风险,保理人在债务人无支付能力时可以向债权人请求追偿。据此,应收账款债权人实际上是为应收账款收回不能提供了担保,这一担保的功能与放弃先诉抗辩权的一般保证相当。因此,应收账款的债务人应就其所负债务承担第一顺位的清偿责任,对其不能清偿的部分,由应收账款的债权人承担补充责任。

(二)融资租赁合同中担保功能的司法认定

《民法典》有效统摄了民事合同与商事合同,将融资租赁合同纳入合同编,明确了出租人对租赁物的享有的所有权具有担保功能,使融资租赁合同亦成为有担保功能的合同。这充分体现了融资租赁的融资特性,也能将租赁物的价值充分利用、及时变现。然而,融资租赁合同担保功能的凸显也会带来一系列问题。一方面,融资功能的深化有可能使融物特征淡化。如若融资租赁行业逐步偏离主业而更注重其融资属性,融资租赁可能会被当作类贷款性质的租赁业务。部分急于获取资金的企业和急于投放的融资租赁公司选择忽略融物属性,致使租赁物虚化问题越来越严重。另一方面,担保功能主义背景下强化登记公示原则在过渡阶段易引发顺位之争。《民法典》背景下确立了先登记者优先受偿规则是以客观上的登记先后作为顺位确立的标准。但 2021 年动产和权利担保统一登记刚开始在全国范围内实施,抵押权及质权等法定的登记机关也发生了相应变更。在新旧法律更替阶段容易引发登记效力认定及顺位确定等争议问题。

1. 名为融资租赁实为借贷合同效力的司法认定

《民法典》第 737 条明确了当事人以虚构租赁物方式订立的融资租赁合同无效。然而该条规定区别于《最高人民法院关于审理融资租赁合同纠纷案件适用法律问题的解释》(以下简称《融资租赁司法解释》)第 1 条的规定,该条规定对名为融资租赁合同,但实际不构成融资租赁法律关系的,人民法院应按照其实际构成的法律关系处理。因此,特别是在针对路基、地下管网等城市基础设施时,可能会在认定法律关系上产生争议。大量投放在城市基础设施建设项目的售后回租业务,这类业务的合同金额较高,可供选择的承租人一般是持有资产或划拨资产、盈利能力较弱或资质较低的企业,出租人出于对化解风险的考量,增加具备国有背景、信用资质较高、具备发债能力的担保人或提供土地、房产抵押等有效增信措施,以达到风险缓释和风险控制目的,在实际投放中,甚至出现基于"政府信仰"而投放的业务,但其租赁物真实性亦值得商榷。监管的缺失逐渐让融资租赁关于适格租赁物的争议焦点由适格问题转向了租赁物的真实性问题。①

本文认为,如果融资租赁出租人和承租人通谋,共同订立合同的外观,却不使该合同本应产生的法律效果发生,则构成虚伪表示。通谋虚伪因为违反私法自治的理念,其当属无效并无异议,但隐匿的意思表示作为双方当事人的真实意思表示,其有效性则须依具体情形予以判断,并非当然无效或有效。《民法典》第146条对此已经明文明确。因而依照体系解释,对于虚构融资租赁物而订立的融资租赁合同当属无效,但其背后的隐匿行为须适用《民法典》第146条的规定进行判断。在司法实务中,在判断租赁物是否适格、是否构成"名为融资租赁实为借贷关系"的合同时,应当结合具体情况审慎分析,不仅要看租赁物是否违背了法律法规的强制性规定,还要看是否违背了相关主管部门的监管要求,同时要看租赁物是否具备真实存在、权属清晰、能持续产生收益、所有权可转移等特性。如果确实构成借贷关系,亦应按照真实法律关系认定借款合同有效。

2. 租赁物优先受偿权实现的法律争议及司法认定

在融资租赁中,出租人对租赁物享有的所有权也具有担保功能。《担保制度司法解释》第65条规定了出租人对租赁物享有的所有权及其实现程序,然而关于出租人可否就抵押的租赁物行使抵押权并就所得价款优先受偿的问题,我国法律目前没有明确的规定,司法实践中存在分歧。

一种观点认为,出租人作为租赁物的所有权人,享有对租赁物完整的处分权,为其自己创设抵押权并不违反法律规定。融资租赁合同是具有担保功

---

① 参见李伟群、尤冰宁:《从"融资"走向"融物"——新监管体系下融资租赁合规展业的实现路径》,载《华侨大学学报(哲学社会科学版)》2021年第5期。

能的非典型担保合同，出租人对租赁物享有的所有权是对租金债权的一种担保，在承租人无法支付租金等款项时，已经办理抵押登记的出租人可以就拍卖、变卖租赁物所得价款优先受偿。另一种观点认为，在融资租赁关系中，为避免租赁物被善意取得而设立的自物抵押不同于传统物权法上的抵押权，因为其并非为融资租赁合同项下的债权提供担保，不存在设立抵押担保的合意，出租人不应就抵押的租赁物行使抵押权并就所得价款优先受偿。

本文认为，出租人作为租赁物的所有权人，享有对租赁物完整的处分权，为其自己创设抵押权并不违反法律规定。出租人能否主张就拍卖、变卖担保物所得价款优先受偿，取决于出租人对租赁物享有的所有权是否已办理登记。根据《民法典》第745条的规定，出租人对租赁物享有的所有权未经登记的，不得对抗善意第三人，因此在出租人对租赁物享有的所有权未办理登记时，对于出租人请求以拍卖、变卖租赁物所得价款优先受偿的请求，不应支持，而应当仅支持其请求以拍卖、变卖租赁物所得价款受偿的请求。

四、《民法典》下动产与权利统一登记及物权效力的司法认定

（一）《民法典》及相关司法解释的溯及力

1.《民法典》实施前的合同是否溯及适用

《民法典》实施前，出租人对租赁物并不享有担保物权，承租人违约后，承租人只能要求解除合同，取回租赁物，而不能直接就租赁物拍卖、变卖优先受偿。《民法典》将融资租赁合同归入非典型担保合同，租赁物可视为出租人实现债权的担保物，因此出租人可就租赁物按照担保物权实现方式进行处理从而清偿租金债权。在司法实践中，对于订立在《民法典》实施前的融资租赁合同，出租人是否享有这一权利还存在一定争议。

为了解决《民法典》的溯及力问题，《最高人民法院关于适用〈中华人民共和国民法典〉时间效力的若干规定》（以下简称《时间效力司法解释》）确立了“不溯及既往为原则，追溯适用为例外”的规则，并同时规定了可以溯及适用的具体情形。通说认为，溯及力是指法律规范溯及既往的效力，“新的法律

颁布后,对它生效以前所发生的事件和行为是否适用的问题。如果适用,就具有溯及力;如果不适用,就没有溯及力”①,“具有溯及力的法律把过去的法律事实的后果纳入它的管辖范围并因此影响这些后果”,因此一般认为要谨慎地考评法的溯及力,否则将导致行为人在行为时无从评价自己的行为效力。②

将融资租赁合同列入具有担保功能的合同、将租赁物类比为担保物系《民法典》在动产担保交易制度下对融资租赁法律制度的重大调整。有观点认为,此种重大调整不应适用于《民法典》之前签订的融资租赁合同,因为当事人签署融资租赁合同时法律并未有关于融资租赁非典型担保的规定。本文认为,《民法典》对于该问题应具溯及力。理由在于:一是基于融资租赁合同商业实践的现实考量。当前,融资租赁已经作为非银行渠道融资的重要途径,但是与传统银行融资相比,承租人的偿债能力通常较弱,因此在租赁物上设定担保物权是增强承租人偿债能力的重要增信手段,且已在“售后回租”模式中大量存在。二是出于《担保制度司法解释》第65条③的功能性考量,应是基于填补立法空白。这种情况理当属于《时间效力司法解释》所规定的“当时的法律、司法解释没有规定而《民法典》有规定的情形”,对“售后回租”这样一种融资方式进行合理必要的规范,是立法更迭的应有之义。三是从维护交易稳定性角度来看,将融资租赁纳入非典型担保范畴并未超出当事人的缔约预期。在传统融资租赁模式下,租赁物所有权本来即归出租人所有,当承租人违约时,出租人即可请求返还租赁物。而在非典型担保语境下,出租人对租赁物享有的所有权实际具有担保功能,在承租人经催告后在合理期限内仍不支付租金的,出租人通过诉讼请求承租人支付全部未付租金的条件下,尤其是租赁物由承租人实际占有的情况下,如果能就拍卖、变卖租赁物所得价款受偿则更有利于双方债务的清偿,同时符合《民法典》中动产担保交易

---

① 沈宗灵:《法理学》(第2版),高等教育出版社2004年版,第370页。

② 参见刘哲玮:《论民事司法解释的时间效力规则从〈民间借贷司法解释〉的两次修订展开》,载《现代法学》2021年第2期。

③ 该条规定,在融资租赁合同中,承租人未按照约定支付租金,经催告后在合理期限内仍不支付,出租人请求承租人支付全部剩余租金,并以拍卖、变卖租赁物所得的价款受偿的,人民法院应予支持。

制度下功能主义的立法导向。综上所述，在维护法律基本稳定和合同合理预期的情况下，应认定《民法典》及《担保制度司法解释》第65条关于"拍卖、变卖租赁物所得的价款受偿"的规定可追溯适用。

2. 典型案例分析

兹有如下案例：

> 2019年4月26日，浦银金融租赁股份有限公司（以下简称浦银租赁公司）与汉邦（江阴）石化有限公司（以下简称汉邦石化公司）签订《融资租赁合同》，以汉邦石化公司所有的生产制造设备为租赁物通过售后回租模式进行融资，融资额3亿元，分为8期租金支付。2019年4月27日，浦银租赁公司将《融资租赁合同》及租赁物设备清单在中国人民银行征信中心动产担保登记证明处进行了登记。《融资租赁合同》生效后，浦银租赁公司按约发放了扣除保证金后的租赁设备款265，650，000元。之后，因汉邦石化公司陆续出现逾期支付租金的情况，2020年11月18日，浦银租赁公司提起本案诉讼，请求确认剩余租金、违约金债权及各项费用，同时请求对案涉租赁设备在折价或拍卖、变卖该财产所得款项价值范围内优先受偿。江苏省江阴市人民法院于2021年2月3日受理案外人对汉邦石化公司的破产重整申请。汉邦石化公司辩称，本案法律关系发生在2021年之前，故本案不适用《担保制度司法解释》第65条规定，且该条中也未规定融资租赁物的出租人享有优先受偿权，浦银租赁公司也未办理法定形式的物权登记公示手续，故浦银租赁公司要求以拍卖、变卖租赁物优先受偿的主张没有法律依据，不应支持。并且，本案《融资租赁合同》到期后承租人汉邦石化公司破产，经破产管理人清算后发现租赁物上存在多重担保物权，如果浦银租赁公司就租赁物拍卖、变卖享有优先受偿权，则与租赁物上其他担保物权将发生冲突。

该案主要的争议在于：一是双方融资租赁法律关系成立于《民法典》施行之前，《民法典》对本案是否具有溯及力；二是如果应当适用《民法典》，则系争担保物权的设立及实现顺位如何认定。法律适用方面的争议焦点主要是出租人可否就融资租赁合同租赁物实现优先受偿,实际上也就是《民法典》施行前后新旧法律更替阶段对非典型担保合同的担保功能如何解读解释的问题,而其核心就在于《民法典》有关功能性担保的规定是否具有溯及力。本文认为,融资租赁交易模式的变革是其被归入非典型担保合同的重要原因。从1999年《合同法》对于融资租赁的定义可知,早期融资租赁的功能与分期付款买卖合同比较相似,其融资属性尚不明显。[①] 但随着市场主体融资需求的增加,融资租赁的"融资"功能得到了强化,即本案采用的"售后回租"模式的大量兴起,承租人将其所有的租赁物所有权让渡给出租人,以此作为对价获得融资款项,并按期向出租人支付租金,该种模式与"让与担保"的性质更接近,租赁物始具有担保功能属性。由于"售后回租"模式的外在表现形式仍在融资租赁合同框架范围内,因此《融资租赁司法解释》还是将"售后回租"定性为融资租赁法律关系,也对实践中存在的"名为租赁、实为借贷"现象作了规制。

(二)各类担保物权登记:体系化建设

在全国实施动产和权利担保统一登记是《民法典》担保法律体系中实质担保观的体现,其重新构建了我国民法体系中原有的动产登记和权利担保制度,"先登记者优先"原则为各类担保权利冲突提供了统一解决路径。同时,这将进一步提高我国动产和权利担保融资效率,盘活中小企业存量资产,优化营商环境。但是,并非所有担保类型均纳入动产和权利担保统一登记范围,如基金份额质押、股权质押、信托受益权质押。未上市公司的股权质押应在区域性股权市场[②]进行登记,私募基金质押则应至相应的基金份额登记机构,信托受益权质押登记平台则为中国信托登记有限责任公司,而对于特殊的标准仓单质押还需在期货交易所进行特殊登记。

---

① 1999年《合同法》第237条规定,融资租赁合同是出租人根据承租人对出卖人、租赁物的选择,向出卖人购买租赁物,提供给承租人使用,承租人支付租金的合同。

② 区域性股权市场是为非公开发行证券的发行、转让提供场所和设施,2019年修订的《证券法》首次将区域性股权市场纳入调整范围。根据中国证监会2022年1月公示,我国现有35家区域性股权市场运营机构。

承前文所述，我国当前动产和担保物权法律制度中存在物权设立规则不明确、登记平台不统一等问题，实践中易引发争议。首先，担保物权效力不明。《民法典》施行前，由于抵押权的法定登记机关为各地市场监督管理局，而权利质押等其他担保物权的登记法律并不强制要求登记且不存在法定的登记平台，当事人在不同平台进行登记的法定效力难以认定。其次，登记平台缺乏统一性。《民法典》施行后，国务院出台《关于实施动产和权利担保统一登记的决定》，宣布自 2021 年 1 月 1 日起，在全国范围内实施动产和权利担保统一登记，中国人民银行配套出台《动产和权利担保统一登记办法》，但是担保登记平台仍旧未统一。《动产和权利担保统一登记办法》将保理、融资租赁等七类担保类型纳入登记范围，但将基金份额、股权、债权质押登记排除在外，由中国证券登记结算有限责任公司统一管理登记。如果以票据、仓单进行权利质押，相应的登记还可能发生在票据交易所、期货交易所。担保登记平台不统一的状况将直接增加企业融资成本且降低盘活资产效率，且不利于提高担保登记透明度，增加了发生隐性担保的风险。最后，财产性权利缺乏统一登记凭证。实践中，以信托受益权等特殊金融财产为债权提供担保的新型金融担保案件日益增加，但当前对此类财产权利还没有规范统一的权利凭证。那么实践中如何区分该类财产权利设立担保的时间将产生争议，采交付时设立或是登记时设立将直接影响担保物权竞存时的顺位利益。

当前新型动产和权利担保类型的登记情况如图 1 所示。

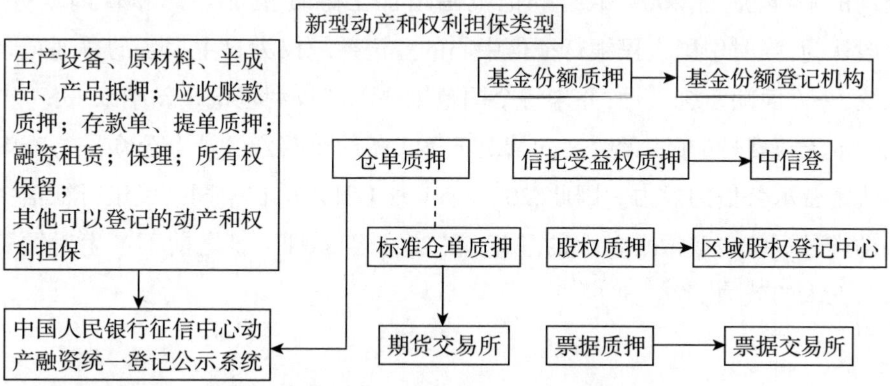

图 1　新型动产和权利担保类型的登记情况

(三)担保物权的顺位认定:冲突的解决

从立法上来说,《民法典》及《担保制度司法解释》的出台一定程度上明确了我国担保物权法律制度中的顺位利益,解决所有权保留、融资租赁、保理等交易形态中发生的担保物权竞存时的权利冲突问题。从实践层面来说,构建统一的动产担保融资登记系统是实现动产担保物权登记对抗主义的技术支持,也是担保物权优先顺位的确定依据。

《民法典》以及《担保制度司法解释》确立了先登记者优先受偿规则以确定多担保物权竞存时的顺位利益,先登记者优先受偿规则是以客观上的登记先后作为顺位确立的标准。此时,动产和权利担保统一登记刚开始在全国范围内实施,抵押权及质权等法定的登记机关也发生了相应变更。在新旧法律更替阶段容易引发登记效力认定及顺位确定等争议问题。

举例说明,如融资租赁登记发生于《民法典》施行以前,承租人将同一租赁物前后做了多次融资租赁或动产抵押,融资租赁合同在中国人民银行征信中心动产融资统一登记公示系统上登记,但动产抵押则是在各地市场监督管理局进行了登记。在此情况下,如何对同一租赁物上实现担保物权的顺位进行认定。担保物权登记发生于《民法典》实施以前,当时全国范围内并不具有统一的动产和权利担保登记平台。中国人民银行征信中心动产融资统一登记公示系统仅系从2007年起运营,提供应收账款质押登记及查询的平台,后自2009年起登记范围增加至融资租赁登记和查询业务。一般认为,当时中国人民银行征信中心的登记系统仅为自主报备的普通记录系统,一方面缺乏统一性,并未将全国范围的动产权利登记全部纳入;另一方面也缺乏权威性,在法无明文的情况下不具备约束善意的社会公众进行查询的法定公示公信的效力。因此,2021年1月1日之前在中国人民银行征信中心动产融资统一登记平台上的登记,在2021年1月1日之前不产生对抗善意第三人的效力。

五、总结及建议

（一）立法机关:进一步完善功能主义化的动产和权利担保制度

在权利担保领域,分散式的继受路径同样使当前法律未完全协调登记型权利担保的整体性及其与动产抵押的同质性。这主要体现为《民法典》只为应收账款的保理引入了功能主义,实现了与动产抵押权在设立、登记、顺位等方面的统一,但忽视了其他类型的权利担保同样具有规范统合的需求,由此产生了一系列有违法律内在体系融贯性之处。建议立法机关结合金融司法实践,进一步明确新类型财产权利之间的冲突解决、权利顺位。

（二）司法机关:明确动产和权利担保清偿顺序以登记优先为一般规则的司法裁量标准

目前实践中的动产和权利担保冲突频发,司法机关面临在法律意义上公示性不足的情况下解决权利顺位的司法难题,建议审判机关明确动产和权利担保清偿顺序以登记优先为一般规则的司法裁量标准,通过发布新类型金融担保审判白皮书、典型案例裁判要旨的方式,发挥裁判的导向作用,实现新型担保登记常态化。

（三）行政机关:完善金融领域特殊担保品的登记平台体系化建设

结合本文前述对动产和权利担保案例及实践研究,笔者建议完善金融领域特殊担保品的登记平台体系化建设,打通中信登、区域股权登记中心等平台与征信中心动产和权利担保登记平台的信息互联互通,推动监管数据共享,推进金融担保数据治理,提高数据真实性和数据质量。

操纵证券市场民事赔偿损失计算的司法逻辑

上海金融法院课题组*

引　言

操纵是证券法明确禁止的行为,其破坏证券市场的价格形成机制,使投资者无法依据真实市场价格进行买卖决策,从而额外支付人为价格与真实价格之间的差价,操纵行为人应对由此导致的损失承担赔偿责任。建立操纵证券市场民事赔偿制度,明确科学合理的操纵证券市场民事损害赔偿计算方法,可以有效弥补投资者损失,威慑违法操纵者,对资本市场的健康有序发展具有重要意义。

在投资者诉鲜言操纵证券交易市场责任纠纷一案中,上海金融法院遵循交易因果关系和损失因果关系两重判断认定操纵侵权责任,适用欺诈市场理论和推定信赖原则,采用"净损差额法""价格同步对比法"精确计算投资差额损失,最终判决鲜言赔偿投资者损失 470 余万元,并依据证券法关于民事赔偿优先的规定,对其证券操纵刑事案件罚没款作相应保全,优先用于执行民事判决确定的赔偿责任,最大限度实现了中小投资者权利救济。

一、操纵证券市场民事赔偿责任的理论

(一)操纵证券市场的定义和类型

就操纵证券市场的定义,学界尚无定论。一种观点认为,随着互联网科

---

* 本课题成员有沈竹莺、杨晖、周嘉禾、翟爽、徐佳云、胡文丰。

技和证券市场的发展,操纵证券市场行为方式也在不断增加,若对其进行界定,反而会让操纵者有可乘之机;另一种观点则认为,有必要赋予操纵行为统一的定义。本文同意第二种观点,虽然操纵证券市场的表现形式多样,但各种具体操纵方式均有相似之处,可从理论上提炼归纳定义。随着证券市场的发展,操纵行为日益多样化、复杂化,与传统的操纵行为相比,更具隐秘性和危害性,若不对操纵证券市场行为进行概念内涵限定,将难以准确把握新出现的操纵行为和方式。本文认为,操纵证券市场是指利用资金优势、持股优势或者信息优势等操纵证券交易价格或交易量,使证券交易价格严重偏离其真实价值或真实价格,诱导投资者交易,意图从中获利的行为。

根据证券市场实践,操纵证券市场行为从操纵手段角度可分为交易型操纵和信息型操纵。此外,跨市场操纵①作为期货市场发展到金融期货时代的产物,也应当被纳入操纵证券市场行为的研究范围。从我国现行法律体系来看,就操纵证券市场具体类型的相关规定散见于《中华人民共和国刑法》、《中华人民共和国证券法》(以下简称《证券法》)、《证券市场操纵行为认定指引(试行)》、《关于公安机关管辖的刑事案件立案追诉标准的规定(二)》、《关于办理操纵证券、期货市场刑事案件适用法律若干问题的解释》等法律法规,基本明确了连续交易操纵、约定交易操纵、洗售操纵、蛊惑交易操纵、抢帽子交易操纵、虚假申报操纵、重大事件操纵和利用信息优势操纵八种具体类型。

需要注意的是,信息型操纵和虚假陈述都是通过控制信息发布的内容和时间节奏来达到操纵市场的目的,容易产生混淆,但两种行为仍存在两点不同:一是行为主体不同。虚假陈述的行为主体必须是特定的信息披露义务人,而信息型操纵的主体是不特定的人,只要存在操纵证券市场的主观动因和客观行为。二是行为方式不同。虚假陈述是指通过包括虚假记载、误导性陈述、重大遗漏、不正当披露等虚假的信息来影响证券市场的价格,而信息型操纵在发布信息之外还必须有操纵交易行为,通过控制这些信息发布的内容和时间节奏,吸引中小投资者跟进操作或者配合资金炒作达到跟风操作,从而实现操纵操作获利的目的。此外,在信息型操纵中发布的信息不一定是虚

① 参见钟维:《跨市场操纵的行为模式与法律规制》,载《法学家》2018年第3期。

假信息,操纵行为人可能利用真实信息优势,控制信息发布的内容及时间节奏,配合其交易行为,从而达到操纵目标股票价格的不法目的。我国法律规定的操纵证券市场的具体类型如表1所示。

表1 我国法律规定的操纵证券市场具体类型

类型	具体操纵行为
交易型操纵	连续交易操纵
	约定交易操纵
	洗售(对倒交易)
	虚假申报操纵(订单型操纵、恍骗交易操纵)
信息型操纵	蛊惑交易操纵
	抢帽子交易操纵(抢先交易、黑嘴)
	重大事件操纵(编故事、画大饼)
	利用信息优势操纵
跨市场操纵	市场力量型跨市场操纵
	价格关联型跨市场操纵

(二)操纵证券市场民事赔偿责任的性质

操纵证券市场行为一般给投资者造成的是金钱损失,不同于带有惩罚色彩的行政责任中的罚款、没收非法所得以及刑事责任中的罚金、有期徒刑等,民事赔偿制度突出地体现了民事责任的补偿性,是保护受害人合法权益最常用、最有效的法律手段。因此,民事赔偿责任也是操纵证券市场行为法律规制中的重要惩戒措施。就操纵证券市场民事法律责任的性质存在多种解读,主要存在违约说、侵权责任说、独立责任说等。本文认为,操纵证券市场侵权行为符合一般侵权行为的特征,同时有其自身的特点,应适用特殊侵权民事责任。理由如下:其一,操纵证券市场行为的侵权行为人和被侵权行为人主体都是特定的金融市场主体。操纵证券市场行为不仅导致投资者损失,而且扰乱金融市场公共秩序,违背证券交易诚信基础,亦侵害金融市场的整体利益。其二,一般侵权行为适用“谁主张,谁举证”原则,将过分加重投资人的举证责任。特殊侵权行为适用无过错责任原则或者过错推定原则,能够减轻原告投资者的举证责任,间接保护处于弱势地位投资者的合法权益。因此,采用特殊侵权行为说能更有效地保护中小投资者的合法权益,也更利于证券市场的稳定性。

二、我国操纵证券市场民事赔偿的司法实践

(一)我国操纵证券市场责任的行政处罚及司法审理情况

对操纵证券市场所引发的法律责任,我国形成了行政责任、刑事责任和民事责任的法律责任体系,三种不同的责任各有分工,每种责任的侧重点也各不相同。就行政处罚而言,近年来,证监会作出的操纵证券市场相关的行政处罚数量呈现逐年上升的趋势。在证监会公布的2016年至2021年的702份行政处罚决定书中,操纵证券市场相关的行政处罚决定书有199份,占所有行政处罚的28.34%。就处罚数量的分布而言,2016年有13份,2017年有21份,2018年有35份,2019年有22份,2020年有19份,2021年有11份。可见操纵证券市场行为也正逐步进入证监会的重点监管范围,近几年有所改善。

在诉讼领域,由于我国证券市场发展时间较短,法律发展还不完善,信息型操纵市场行为屡禁不止,再加上证券民事法律制度滞后于证券业的发展,在一定程度上损害了中小投资者的利益。我国操纵证券市场民事索赔相关案例极少,且鲜有投资者成功获赔的案例。截至2022年年底,操纵市场民事索赔案例的民事审判情况如表2所示。

表2　操纵市场民事索赔案例的民事审判情况

代表案件	操纵方式	一审结果	二审结果	法律责任
亿安科技案	连续交易行为	未查到	未查到	行政、刑事
汪建中案	抢帽子行为	驳回起诉	驳回起诉	行政
中核钛白案	洗售	驳回起诉	驳回起诉	行政
恒康医药	利用信息优势	—	—	行政、民事
鲜言案	连续交易操纵、洗售、虚假申报操纵、利用信息优势	判决赔偿投资者470万余元	—	行政、刑事、民事

(二)我国操纵证券市场民事责任的司法问题

操纵证券市场侵权诉讼的实践中,如何举证损失与操纵的因果关系、如何界定民事责任的主体范围、如何计算投资损失等问题一直困扰司法实践。

1.操纵证券市场行为认定难

我国《证券法》第55条对操纵行为的界定采用的是列举式加兜底的方式,但是该种界定方式没有明确操纵行为的基本概念和共同特征,没有形成针对操纵行为的完备法律解释体系。虽然证监会发布的《证券市场操纵行为认定指引(试行)》对列举的操纵种类予以补充,但其属于证监会的内部性文件,尚且属于试行阶段,法律位阶较低。

2.因果关系证明难

对于操纵证券市场的行为,因没有相关司法解释的规定对举证责任进行合理分配,所以司法实践中依然将操纵行为归属于一般侵权行为,适用"谁主张,谁举证"原则,采用过错责任原则,这就使本就处于弱势一方的平台投资者需要承担操纵证券市场民事责任诉讼的全部举证责任。其中,原告论证其损失与市场操纵行为存在因果关系举证难度较高。现代证券市场交易采用的都是信息化、无纸化交易,加之新型证券操纵行为的多样化和隐蔽化,即便是证券业内专家也无法准确地认定各种不同因素对证券价格所造成的影响,投资者在实践中很难从高度专业性的操纵交易中收集到充足证据。长此以往,过重的举证责任也成为操纵者逃脱民事赔偿的手段之一。

3.民事赔偿范围确定难

民事责任赔偿包括直接损失和间接损失。就当前法学界的主流观点而言,许多专家和学者都认为操纵证券市场行为的民事赔偿责任范围应是证券的真实交易价格与投资者实际支付价格二者之间的差价,但由于证券真实价格的不稳定性,价格异常波动的影响因素很多,包括经济状况、行业状况、上市公司经营情况等,因此被操纵的证券的真实价格难以确定。

4.损失金额认定难

损失赔偿数额的计算方法多样,且《证券法》未明确规定操纵市场民事损害赔偿的具体计算方式,难以对投资损失进行客观计算。没有具体的计算损失的方式,是证券市场民事责任久拖不决,转而通过庭外调解、行政处罚的原因所在。

三、操纵证券市场民事赔偿责任实践及评析

通过探讨美国、德国等欧美国家、日本、韩国等亚太国家以及我国香港特别行政区的相关规定,对全球金融市场发展过程中证券市场的操纵证券市场民事赔偿责任的典型实践进行梳理,以期对我国证券市场民事赔偿责任制度构建有所启发。

(一)适格原告

美国确定适格原告的方法①,最开始为“直接交易对手法”规定,即仅与操纵者作交易对手的人才能作为适格原告。后改进为“同时期交易法”②,明确适格原告包括与操纵者交易同时期进行相反交易的所有投资者。最后又发展出“揭露后一段时间法”,明确适格原告包括从操纵行为开始到操纵行为结束或被揭露为止,与操纵交易反向交易的投资者。上述三种方法逐步拓宽了适格原告的范围,故学者评价其便利于投资者针对证券市场操纵行为提起民事诉讼,很大程度上提升了投资者主张民事赔偿的积极性。但即便如此,美国就适格原告范围的规定仍限于“与操纵交易反向交易的投资者”。在日本,《金融商品交易法》并未就适格原告加以明文规定,学界推断投资人及接受投资人委托之证券经纪商可以主张权利。

(二)因果关系认定

在长期的司法实践中,美国在证券侵权案件中对因果关系认定采用“两

---

① See Alkhamees, *Ahmad A.*, *Private Action as a Remedy Against Market Manipulation in the USA*. Journal of Financial Regulation and Compliance, Vol. 20, Iss: 1, p. 41 -55(2012).

② See Fridrich v. Bradford,542 F.2d 307 (6th Cir. 1976).

分法”[①]。在此基础上,又逐步演变成交易因果关系与损失因果关系。[②] 这两个因果关系是递进关系,投资者要获得赔偿,首先需证明交易因果关系,然后再证明损失因果关系,两者缺一不可。与此同时,美国在司法实践中采用“市场欺诈理论”[③],投资者只要证明自己的投资决策是根据被影响的证券交易价格或者证券交易量做出的,不需要证明自己的损失是由于证券市场操纵行为人的行为造成的,即可推定存在损失的因果关系。在德国、日本,目前仍依据传统民法领域的“相当因果关系理论”确定因果关系,[④]即在操纵证券市场案件中不仅需要受害人证明行为人的行为产生了损害结果,同时要证明损害产生的因素。[⑤]

综观上述立法与司法实践,可以看出制定操纵证券市场的法律需要充分考虑到与民事法律制度和诉讼制度的衔接。德国、日本等基于传统的民事侵权责任因果关系,认定操纵市场行为。因证券操纵案件复杂,往往涉及金融证券专业知识与电脑网络科技,原告证明因果关系的存在必须具备一定专业知识,同时损害产生的因素众多,因果关系证明难度大,原告很难胜诉,不利于实现公平正义。因此,操纵交易的因果关系认定可以参考较为成熟的“两步走”认定方法,与我国目前虚假陈述民事侵权责任因果关系认定的司法实践保持一致。在认定交易因果关系时,参酌“市场欺诈理论”,在特定情形下适用因果关系推定。在认定损失因果关系时,法院结合操纵行为发生的时间和损失发生的时间、操纵行为的潜在作用、连续性、影响股价变动的其他因素及其各自的作用力、作用范围等参考因素进行综合判定。

---

① “两分法”又称“两步走”,即对因果关系分两步进行考察和认定:一是运用事实上的因果关系理论(cause in fact),确定行为人的行为或者依法应当由其负责的事件是否在事实上属于造成损害发生的原因;二是运用法律上的因果关系理论(legal cause),确定已构成事实上原因的行为或事件是否在法律上成为应对该损害负责的原因。参见范利平:《侵权行为法中的因果关系理论和实践》,中山大学出版社2004年版,第1页。

② 参见曾世雄:《损害赔偿法原理》,中国政法大学出版社2001年版,第96页。

③ Basic, Inc. v. Levinson, 485 U.S. 224 (1988).

④ 参见傅长禄:《证券民事赔偿诉讼——最高人民法院证券民事赔偿司法解释的评述与展开》,法律出版社2003年版,第157页。

⑤ 参见杨峰:《操纵证券市场民事责任因果关系认定规则之完善——对美国、日本相关规定的比较出发》,载《法商研究》2006年第6期。

(三)损失及计算方法

就损失范围而言,德国立法明确损害赔偿原则为"让受害投资者回到未受到损害的状态"。美国的司法实践存在一定分歧,有法院认为,投资者不能获得惩罚性赔偿。[①] 也有法院认为,在强因果关系的情况下投资者可获赔间接损失。[②] 为避免损失范围过于宽泛,美国就单个投资者的赔偿金额设置了上限,[③]但未限制赔偿金额总额的上限。对此,有学者主张参考内幕交易行为的惩罚性赔偿规定设限,即被告获利数额的 3 倍。[④] 但也有批评者认为,这种限制会导致原告实际获赔不足,而失去起诉救济的动力,故应持审慎态度。

就损失计算方法而言,目前欧盟、德国、日本、韩国、我国香港特别行政区等没有明确规定具体的计算方法。在美国的司法实践中,各地法院在确定具体损失金额时,因为对于实际损失有不同理解,所以在司法实践中采用不同的损失计算方法,[⑤]主要采用"毛损益法"和"净损差额法"等损失计算方法。其中,"净损差额法"作为美国司法实践普遍采用的方法,其核心在于"真实价格"的确定,即没有操纵行为情况下,股票的正常价格,并以此为基础计算出操纵证券市场行为给投资者造成的损失,符合侵权因果关系理论。由于认定真实价值的困难,美国法院有少数判决表面上虽采"净损差额法",但却以揭露日后的价格或拟制的"真实价格"作为股票在交易时点的真实价值。这种"简易的""净损差额法"掺杂了买入时点后发生的损失,其内核仍是"毛损益法"。由此,不难发现两种计算方式在司法实践中有逐步趋同的迹象。不同损失计算方法的定义与司法实践如表 3 所示。

---

① Stone v. Kirk. 8F. 3d 1079 (6th Cir. 1993).

② Zeller v. Bogue Elec. Mfg. Corp., 476 F. 2d 795 (2d Cir. 1973).

③ 《1934 证券法》第 21D 条(e)款规定,不超过交易价格与揭露日后 90 日内每日收盘均价(未卖出)/揭露日至卖出日每日收盘均价(90 日内卖出)之差。

④ 参见朱伟一编著:《美国证券法判例和解析》,中国政法大学出版社 2013 年版,第 135 页。

⑤ Kevin P. McCormick, Untangling the Capricious Effects of Market Loss in Securities Fraud Sentencing, 82 TUL. L. Rev. 1145 (2008).

表3　不同损失计算方法的定义与司法实践

方法	定义与司法实践
毛损益法又称完全价差法	定义:以买入价与卖出价之间差额计算,即假设如没有操纵行为,投资者不会购入该公司股票,法律效果等同撤销契约,使赔偿权利人恢复至交易缔结前之状态。 实践中,计算难点为投资者买入成本如何计算、证券市场系统风险如何扣除、是否扣除非系统风险等问题
净损差额法又称实际损失法　真实价差法	定义:以买入价与买入时点还原的真实价值之间差额计算,即假设没有操纵行为,投资者应当以真实价值购入该公司股票。 实践中,经修正的实际损失法一般以操纵行为结束后90日的平均收盘价计算真实价格,故也被称作真实价值不变法
取消法	定义:不考虑外部因素对价格的影响,将原告或受害人恢复至欺诈交易发生之前所处的位置。 实践中,该种方法由简单的取消法发展为修正取消法
市场调整法	定义:是指在排除外部因素的基础上,计算欺诈行为带来的损失。 实践中,多以基准价为基础还原真实价值,在扣除外部因素时,采取恒差法、恒比法、指数法等不同的方法

四、操纵证券市场民事赔偿损失司法认定的关键要素

(一)适格投资者

就适格投资者而言,笔者认为,操纵证券市场民事赔偿诉讼的适格投资者的范围不限于与操纵行为人做反向交易的投资者,而是在拉抬型操纵中,有买入行为的投资者;在打压型中,有卖出行为的投资者。从法理上看,操纵证券市场行为扭曲市场的方式是影响证券交易价格或者证券交易量。操纵证券市场行为的外部性影响不仅在于对手交易,还在于扭曲了操纵行为时期市场的整体交易情况和证券价格,使投资者以扭曲后的证券价格进行了投资交易。从技术上看,股票交易实行集中竞价交易制度,虽然操纵市场者与受损投资者之间通过交易所匿名撮合成交机制而发生实际买卖关系,但买卖双方难以一一对应,投资者不能也无须证明买卖之间的对应关系。

(二)交易因果关系认定

1. 交易方向

根据价格扭曲的方向,基于操纵市场下"真实价格"与实际交易价格的互相关系,对操纵行为定性可以分为拉抬型操纵和打压型操纵。如果是拉抬型操纵市场,在操纵期间买入交易而受损的投资者可以主张赔偿;如果是打压型操纵市场,在操纵期间卖出交易而受损的投资者可以主张赔偿。相反,如投资者在拉抬型操纵中卖出受损或在打压型操纵中买入受损,其交易行为与操纵行为不具有因果关系,系个人投资决策等其他原因导致,对该损失不予赔偿。例如,在拉抬型操纵市场行为中,一般而言,交易价格是高于股票"真实价格"的,投资者在操纵期间卖出股票的,但可能由于卖出时点不佳,其实际卖出股票的价格低于股票的"真实价格"造成损失,因为该卖出损失与操纵行为不具有因果关系,损失不应由操纵行为人承担。

2. 交易时段

本文认为,具有交易因果关系的交易时段包括操纵行为期间和行为影响消除期间,即影响消除期间为操纵行为结束后,市场价格回落到"真实价格"的期间。理由如下:

只要市场价格因为操纵行为产生了扭曲,即市场价格与"真实价格"不一致,投资者因为对价格的信赖而进行了投资,在该时间段内投资者的交易与操纵行为具有因果关系。具体而言,在拉抬型操纵市场行为中,适格投资者的买入时间是在操纵市场行为开始到影响力消除前;在打压型操纵市场行为中,适格投资者的卖出时间是在操纵市场行为开始到影响力消除前。

对于交易型操纵行为和信息型操纵行为的影响消除日的界定,根据两种操纵行为的影响方式有所不同。交易型操纵中操纵行为人通过操纵交易,扭曲市场供求关系,交易型操纵的影响完全消除的时点为操纵行为人操纵交易结束后,受到影响的证券交易价格和交易量回落到真实状态的时点。信息型操纵的影响完全消除的时点,需要考虑在信息型操纵中,存在两部分行为:虚假陈述等滥用信息优势行为和反向操纵交易行为。操纵交易结束后真实信息不会主动被揭露,操纵行为中的虚假信息对价格的影响仍然存在,该虚假信息被揭露后,证券交易价格才会逐渐回落到真实价格。因此,信息型操纵对市场价格的影响完全消除的时点为虚假信息被揭露后价格回落到真实价格的时点。

在特定情况下,投资者的交易与操纵行为之间的交易因果关系应被切断。一是投资者明知操纵行为存在而进行投资的,如在信息型操纵市场行为中,投资者如果是在信息被揭露后买入,投资者明知证券价格不真实仍然购买,则不能获赔。二是投资者存在恶意投资、操纵证券价格的。

3. 交易因果关系证明责任

推定因果关系即由被告承担因果关系不成立的举证责任,主要从证明责任分配的角度分析应采因果关系推定标准。采用推定因果关系主要基于以下几个方面考虑:一是从双方当事人距离证据远近的角度考虑。在操纵市场侵权中,操纵行为人具备财力、专业知识、技术设备的优势地位,具备证券专业知识,精通证券交易有关技术,对其操纵市场行为所引起的证券价格变动的信息掌握得更充分。受害者距离证据较远,难以接近该证据。故由操纵行为人承担不具备因果关系的证明责任更合理。二是从举证能力的角度考虑。在价格影响因素众多、价格波动的内在作用机制复杂、专业性和技术性极强的证券市场中,普通的投资者客观上难以获得材料证明操纵市场行为对价格变动的确产生了作用且其他因素对价格变动无影响,也就无法证明直接因果关系或者条件关系的存在。三是从法益保护的角度考虑。操纵市场行为危害性严重,应当严厉打击操纵市场违法行为,保护证券市场处于弱势地位的中小投资者的合法权益。如果参考传统民事侵权行为诉讼采相当因果关系理论证明要求较高,无法有效遏制该违法行为,且不利于保护投资者。四是从理论基础的角度考虑。操纵市场以"欺诈市场理论"为理论基础,股票价格常随着市场信息的变化而变化,操纵行为的基本特征是使股价偏离真实价格,导致投资者根据扭曲价格进行判断进行了交易,故推定该交易行为系因为操纵行为诱导的结果。五是参考虚假陈述的因果关系推定规则。操纵证券市场行为和虚假陈述侵权行为都使投资者在公开市场集中竞价交易时投资受损,均适用"欺诈市场理论"认定因果关系,故操纵证券市场侵权中投资者受到的损失和操纵行为之间的因果关系,与虚假陈述侵权中的因果关系具有可参照性。因此，综合以上考量，宜采用因果关系推定原则，实现价值平衡。

（三）损失因果关系认定

损失因果关系是指操纵行为系投资者产生特定数额之损失的原因。操纵行为导致投资者购买股票时的实际交易价格偏离“真实价格”，导致投资者买入价格偏高或卖出价格偏低。因为受同一操纵行为影响的不同投资者，会由于已有持股仓位和成本的不同以及对受操纵行为影响的市场交易价量信号含义的判断不同，而对同一操纵市场行为产生不同的反应，在不同的时段实施买卖行为，从而产生不同的损失，甚至不产生损失。投资者交易方向、操纵市场的方式和操纵行为实际作用力之间会产生多种匹配结果，宜分门别类予以考察。

1. 系统风险损失部分不予赔偿。投资损失与操纵证券市场行为之间因果关系的推定建立在“欺诈市场理论”的逻辑基础之上，故对于因大盘指数或板块指数大跌而引起的个股股价波动，所造成的投资者损失系市场风险所致，不应由操纵行为人承担赔偿责任。侵权损害赔偿的计算应有效剔除系统风险的“干预”。

2. 其他风险因素损失部分不予赔偿。其包括案涉证券真实价值变动等，主要为上市公司经营管理中的重大变故、重大挫折。该部分风险因素与操纵行为无关，却导致价格发生波动，故应当在损失赔偿中予以扣除。可以通过对上市公司的重大事件影响纳入“真实价格”曲线，实现影响扣除。

（四）损失及赔偿范围

《民法典》总则和侵权责任编确定了侵权损害赔偿补偿性质，即“填平”原则，损失赔偿范围包括直接损失和可得利益。对于操纵证券市场民事赔偿的损失及赔偿范围应当考虑损益相抵原则和损失赔偿范围限制。

1. 损失范围为投资差额及其佣金、印花税、资金利息

就损失范围为投资差额及其佣金而言，与虚假陈述原理相似。关于印花税，可以投资差额损失为基数，按照印花税千分之一的征收标准，确定印花税

损失金额。若是印花税仅对卖出方单边收取,则投资差额损失部分无佣金损失。关于佣金,可以以投资差额损失为基数,参照当时券商收取佣金的一般标准,以及该投资者的实际佣金标准予以确定。关于利息损失计算,可以投资差额损失为基数,参照投资者第一笔有效交易至行为影响消除日或基准日,按银行同期活期存款利率计算。

2. 损益相抵原则的适用

若投资者在操纵开始到操纵影响消除期间存在多笔交易,则投资者可能因操纵行为中交易而获利,基于公平原则和损益相抵原则,其中盈利的交易所得利益应当在损失中抵扣。如在拉抬型操纵市场行为中,投资者在操纵期间卖出股票的,其实际卖出股票的价格高于股票的"真实价格"的差额,是投资者因操纵市场行为获得的利益。同理,在打压型操纵市场行为中,投资者在操纵期间买入股票的,其实际买入股票的价格低于股票的"真实价格"的差额,是投资者因操纵市场行为获得的利益。因获得利益与交易损失基于同一原因,根据公平原则和损益相抵原则,在损失中应当扣除所得的收益。

但是,拉抬型操纵投资者买入或打压型操纵中投资者卖出盈利的,该盈利与操纵行为不具有损失因果关系。例如,拉抬型操纵影响的交易价格是高于"真实价格",但这种情况下投资者却因为买入时点等其他因素导致买入价格低于"真实价格",该笔交易获利与操纵行为不具有损失因果关系,不适用损益相抵原则,该部分盈利不应抵扣。

3. 损失赔偿范围限制

对于操纵市场民事损失赔偿是否需要设置限额,本文认为,应当对侵权行为人的损失赔偿范围设定上限。具体赔偿限额根据案件情况确定,以投资者的实际损失为基础,兼顾操纵行为人过错、清偿能力、投资者受害程度、损害结果等因素,同时按照《证券法》罚则部分的规定,将赔偿数额限制在违法所得或罚金的一定倍数以此协调各方利益。理由如下:

操纵行为人对投资者的侵权通过市场影响投资者,民事赔偿的适格原告包括全部交易投资者,但适格原告与操纵行为人可能并非交易对手方,原告投资者的损失也不必然表现为操纵行为人的非法获利。部分投资者的损失可能表现为其他投资者的获利,对于该部分单纯获利并未要求投资者返还,故如果由操纵行为人对该部分损失进行全部赔偿有失公允。如果受侵害的投资者众多,总体损失金额巨大,操纵行为人交易数量有限且违法获利不是很多,若让操纵行为人承担所有受损投资者的损失不设上限,会使操纵行为人责任过重。基于价值衡平的考虑,应对最终损失赔偿数额进行必要的限制。对证券欺诈行为的民事责任设置上限,以避免过分赔偿,也是许多国家的通行选择。同时,在民事赔偿损失认定中,司法审查已经采用全部投资者为适格原告、因果关系推定等倾向保护投资者的裁判规则,使证券侵权赔偿的主体和范围都已经扩大,可能会使证券侵权赔偿数额存在过大的后果,应当在损失范围限定中予以修正限定。

关于操纵市场民事损失赔偿应否设限,需要将虚假陈述和操纵市场统合考虑。笔者认为,目前虚假陈述民事赔偿中并未设置赔偿上限,而信息型操纵行为是虚假陈述行为与操纵交易获利行为的叠加,如果欺诈行为人在有反向交易获利时赔偿需要设限,而无反向交易获利时反而需要赔偿投资者所有损失,有失公允。上文关于操纵市场损失赔偿限制的说理同样适用于虚假陈述,因此建议就虚假陈述问题今后立法过程中也应当借鉴设置赔偿限额的规定。同时,根据《证券法》第 220 条的规定,违法行为人的财产不足以支付的,优先用于承担民事赔偿责任。实践中,或因为行政处罚多先于民事诉讼,违法所得已经被收缴国库,受害人民事赔偿无法被执行。这需要进一步理顺民事赔偿和行政处罚的关系,在行政执法中对没收违法所得进行特殊处理,与民事赔偿诉讼的执行进行有机衔接。

五、损失计算的具体方式

操纵行为破坏了证券市场的价格形成机制,使投资者无法依据证券的真实市场价格进行买卖决策,额外支付了人为制造的操纵价格(人为价格)与市场真实价格之间的差价,投资者的损失由此产生。操纵市场民事损害赔偿应以填补为原则,计算操纵行为给原告带来的损失尤为重要。一直以来损失计算的难点在于对操纵行为定价,具体量化操纵行为对原告利益的影响。本文拟采用"净损差额法"及"价格同步对比法",以投资者的实际成交价格与同期股票的真实价格之差来计算损失的具体金额。

(一)确定损失计算区间

损失计算区间应包括操纵行为开始日到操纵行为影响消除日,其中有三个关键时间点:操纵行为开始日、操纵行为结束日、操纵行为影响消除日。操纵行为通常包括制造人为价格和交易股票获利两个步骤,前者是手段,后者是目的,因此判断操纵行为开始日与操纵行为结束日要通盘考虑。不同的操纵类型中影响股价偏离正常价格的行为方式不同,交易型操纵的手段行为和目的行为均表现为控制账户组进行交易,信息型操纵的手段行为往往表现为控制信息披露的节奏和内容,目的行为表现为控制账户组进行交易。在交易型操纵中,开始日和结束日为控制账户组进行交易的起止日。在信息型操纵中,因为操纵行为通常表现为控制信息披露节奏和内容与控制账户组进行交易的叠加,故开始日、结束日的确定应综合考虑两种行为的截止日,通常情况下信息型操纵的开始日为信息发布日,结束日为信息揭露日(或更正日)。

在损失计算中,操纵行为影响消除日是指操纵行为结束后的合理期间内,因操纵行为而产生的人为价格回归至真实市场价格的日期。操纵行为虽然结束,但其给市场带来的价格扭曲仍然存在,故操纵行为结束日到操纵影响消除日之间投资者仍会因交易标的股票而产生损失,在计算投资者损失时应将此区间考虑在内。操纵影响何时消除,取决于操纵力量、操纵时长等多种因素,需要结合个案具体情形酌定。操纵者施加的力量越大,连续操纵的时间越长,发布的信息越具有市场关注性,影响消除所需要的时间也可能越长。关于操纵行为影响消除日的确定规则法律并没有明确规定,在目前的司法实践中可参考《最高人民法院关于审理证券市场虚假陈述侵权民事赔偿案件的若干规定》关于虚假陈述基准日(影响消除日)的确定规则,以交易型操纵行为结束日或信息型操纵信息揭露日起,集中交易累计换手率在10个交易日内达到可流通部分100%的,以第10个交易日为影响消除日;在30个交易日内未达到可流通部分100%的,以第30个交易日为影响消除日。

(二)操纵的损失计算方法

本文认为损失计算应适用“净损差额法”,并且对其进行合理的改良,设计出“净损差额法”和“价格同步对比法”相结合的损失计算方法，即根据行业类比法或多因子量化模型计算出操纵行为实施日到操纵行为影响消除日区间之内的模拟真实价格，采用投资者实际交易价格和模拟真实价格对比的方法来计算投资者因市场操纵导致的投资损益。

1. 确定损失计算范围

明确纳入损失计算的交易如下：

(1)交易型操纵中，投资者在实施日至操纵行为影响消除日期间的买入行为和卖出行为，纳入投资损失计算范围。

信息型操纵中，投资者在实施日至揭露日期间的买入行为和卖出行为，纳入投资损失计算范围。投资者在揭露日至影响消除日期间所卖出的标的公司股票纳入投资损失计算范围。投资者在操纵揭露日至影响消除日期间的买入行为不纳入投资损失计算范围。

(2)拉高型操纵纳入投资损失计算的交易行为包括“买入受损”和“卖出获利”。“买入获利”和“卖出受损”这两类情形不纳入损失计算范围。

打压型操纵纳入投资损失计算的交易行为包括“卖出受损”和“买入获利”。“卖出获利”和“买入受损”这两类情形不纳入损失计算范围。

2. 具体损失计算方法

损失量化计算模型采用“价格同步对比法”来计算投资者因市场操纵导致的投资损失。该方法的基本逻辑是对影响股价的各种因素加以定量分析，在不考虑操纵因素的前提下，以其他各种因素所形成的标的公司收益率曲线计算出模拟价格，将其与投资者在交易中的实际成交价格进行对比，从而得出投资者因受操纵影响而产生的投资损失。就标的公司而言，除操纵因素外，影响其股价的主要因素包括大盘因素、行业因素、个股风格因素和其他重大事件。故“价格同步对比法”基于大盘因素、行业因素、个股风格因素以及重大事件因素的量化计算构建模型，模拟除操纵因素外，其他因素影响形成的标的公司股票日收益率 $\tilde{r}_t$（t 代表不同日期），再以操纵实施日的前一交易日标的公司股票实际收盘价为模拟初始价格 P_0，根据模型计算的日收益率模拟出标的公司每日股票价格 $P_t = P_0 \times (1 + \tilde{r}_1) \times (1 + \tilde{r}_2) \times \cdots \times (1 + \tilde{r}_t)$（以下简称标的公司股票模拟价格）。

在估计出标的公司股票模拟价格后,采用“净损差额法”分步计算每个投资者因操纵导致的投资损失。需要强调的是采用“净损差额法”计算投资者损失时应注意损益相抵原则,并以投资者账面损失作为损失核定的上限。侵权损害赔偿的目的在于填平实际损失,使权利恢复到侵权行为发生前的状态,超过账面损失的部分不应当属于投资者可获赔的范围,投资者因操纵行为获利缺乏合理依据。所以,应当根据公平原则,以账面损失作为投资者可获赔的上限。

第一步,以模拟价格核算投资损益:

(1)模拟单笔投资损益

拉抬型操纵单笔投资损益 =(模拟价格 - 实际成交价格)× 成交数量

其中,成交数量的符号体现交易方向。对于买入交易,成交数量为正;对于卖出交易,成交数量为负。如单笔损益为正数,则该笔投资有收益;如单笔损益为负数,则该笔投资有损失。

打压型操纵单笔投资损益 =(模拟价格 - 实际成交价格)× 成交数量

其中,成交数量的符号体现交易方向。对于卖出交易,成交数量为正;对于买入交易,成交数量为负。如单笔损益为正数,则该笔投资有收益;如单笔损益为负数,则该笔投资有损失。

(2)模拟累计投资损益

累计投资损益是投资者的单笔投资损益加总后的结果。计算公式为:

累计投资损益 = 实施日至影响消除日期间单笔投资损益之和

如累计投资损益为正数,则投资者无损失;如累计投资损益为负数,则投资者有损失,计算结果为投资者的模拟损失。

第二步,以实际成交价格计算投资者账面损益:

账面损益是投资者因标的公司的股价波动直接导致的损益。

计算公式为:

账面损益 = -(实施日至影响消除日期间每笔成交数量 × 实际成交价格)+(影响消除日后仍持有股数 - 实施日之前的持股数)× 基准价

其中,成交数量的符号体现交易方向。基准价指操纵行为结束日起至操纵影响消除日期间每个交易日收盘价的平均价格。如账面损益为正数,则投资者无损失;如账面损益为负数,则投资者有损失,计算结果为投资者的账面损失。

第三步,确定对投资者的赔偿金额:

投资者的可获赔金额应以其账面损失为上限。通过比较第一步"模拟损失"和第二步"账面损失"的具体金额,若"模拟损失"不超过"账面损失",则赔偿金额为"模拟损失";若"模拟损失"超过"账面损失",则赔偿金额为"账面损失"。计算公式为:

$$赔偿金额 = \mathrm{Min}\{|模拟损失|,|账面损失|\}$$

(三)模拟计算结果展示——以投资者诉鲜言操纵证券市场案为例

首先,根据《行政处罚决定书》确定案件的操纵区间,以 2014 年 1 月 17 日为实施日,2016 年 10 月 18 日为操纵行为结束日(揭露日),2016 年 11 月 14 日为操纵行为影响消除日,基准价为 12.73 元。

其次,根据多因子量化模型计算鲜言操纵的多伦实业股份有限公司(股票简称多伦股份)股票的模拟真实价格如表 4 所示。

表 4 多因子量化模型模拟出的多伦股份模拟真实价格

交易日期	模拟收益率(%)	模拟股价(元)
2014/1/16	-0.31	6.5
2014/1/17	-1.53	6.40
2014/1/20	-0.38	6.38
2014/1/21	1.64	6.48
2014/1/22	1.54	6.58
2014/1/23	0.41	6.61
……	……	……
2016/11/14	-0.61	7.13

最后,逐笔计算交易盈亏,进行盈亏相抵汇总,根据计算结果判定投资者索赔资格和索赔金额,如表 5 所示。

表5 投资者损益计算

姓名	交易日期	买卖方向	成交数量	成交价格（元）	股票余额	模拟真实价格（元）	单笔盈亏（元）	模拟损失（元）	账面损失（元）
张三	20140120	买入	30000	8.05	30000	6.38	50100	53260	27580
	20140121	卖出	-20000	8.624	10000	6.48	-21440		
	20140122	卖出	-10000	6	0	6.58	不计入		
	20140123	买入	10000	9.07	10000	6.61	24600		
李四	20140220	买入	18100	19.108	18100	14.40	85214.8	26027.8	65558.2
	20140320	卖出	-18100	18.33	0	15.06	-59187		
	20140328	买入	18100	8.33	18100	5.06	不计入		

注：张三、李四系为阐释计算方法而模拟的投资者。

张三的模拟损失为53,260元，账面损失为27,580元，模拟损失大于账面损失，因此赔偿金额为27,580元。

李四的模拟损失为26,027.8元，账面损失为65,558.2元，模拟损失小于账面损失，因此赔偿金额为26,027.8元。

结　语

理论源于实践，进而指导实践。通过梳理现有理论观点、操纵证券市场民事赔偿责任立法及纠纷案件情况，本文发现，不同类型的操纵证券市场行为对股票真实价值的影响方式有所不同，尤其是在信息型操纵证券市场行为中，有可能操纵行为与虚假陈述行为交织在一起，共同对目标股票价值施加影响，因此在具体计算损失时，必须对两种行为发生的时段，以及不同损失计算方法加以协调，进一步细化完善操纵证券市场民事赔偿的损失计算方法。同时，在研究分析证券虚假陈述行为与操纵证券市场行为对市场价格扭曲的作用机制与作用结果的基础上，提出可以“净损差额法”作为证券虚假陈述与操纵证券市场两种行为所致投资者损失的统一计算方法。实践是检验理论的必经途径，在实践中，不断厘清模糊概念，有利于填补空白地带。希望本文的初步研究可以为不断完善操纵证券市场行为民事赔偿法律责任体系提供理论支持，从而对我国资本市场的规范健康发展有所裨益。

涉外债券违约纠纷的金融司法规制与应对路径
——以中资离岸美元债相关案件为例

上海金融法院课题组*

一、美元债的相关概念与违约情形

(一)中资离岸美元债的违约及其影响

2022 年到 2024 年,中资离岸美元债到期额分别为 2064 亿美元、1378 亿美元和 1446 亿美元,其中地产债约占 1/3。① 债务集中到期将考验发债主体的偿债能力,国内企业境外债券的违约或重整大幅增加。2021 年 12 月,中国恒大集团(以下简称恒大)宣布境外债实质性违约,美元债违约率更是迎来了违约新高峰。据彭博新闻社(Bloomberg News)统计,2022 年 1 ~ 6 月地产美元债以本金计算的违约额为 246.06 亿美元,较 2021 年同期大幅增长。② 截至 2022 年 9 月,中资离岸债券 12 个月滚动违约率为 6.5%,过去 12 个月,31

---

* 本课题由上海金融法院综合审判二庭庭长符望主持,课题组成员有赵丹阳。本文节选自 2022 年度上海依法治市调研课题三等奖“涉外债券违约纠纷的金融司法规制与应对路径——以中资离岸美元债相关案件为例”。

① 参见余兆纬、李思明:《警惕重点房企等美元债的偿债风险》,载《清华金融评论》2022 年第 3 期。

② 参见观点新媒体:《解局丨卓越商管为何能再发一笔美元债?》,载微信公众号“观点”2022 年 7 月 25 日,https://mp.weixin.qq.com/s/J41f9KroRTXUdER1Dfm7ZA。

家发行人成为新违约发行人。[①] 高盛集团(Goldman Sachs Group Inc., GS)也将中资美元债 2022 年财年的违约估计从 11.5% 调高到 19.0%。[②]

美元债违约事件发生会导致市场信用风险上升。最显著的影响是增加企业的融资成本,违约事件直接影响评级机构对于发债企业、行业的信用评级,并不断降低对行业的风险敞口,增加对流动性危机严重程度的评估,导致企业融资成本大幅上升。如 2021 年上半年,花样年集团(中国)有限公司控股发行的 5 只美元票据年利率均高于 10%,其中有两支债券的年利率达 14.5%。[③] 房企利息成本高,违约风险较大,同时易引起其他金融产品的违约,形成风险传导。在这种情况下,美元债违约事件引发信用危机,从而成为金融危机导火索的可能性已不容忽视。

美元债违约一般会引发标的额巨大、案情复杂的诉讼。除面临起诉或仲裁对象数量多、管辖和法律适用复杂等问题外,还可能产生公共利益认定、相关增信措施效力和性质的认定以及承认与执行外国民商事判决、仲裁裁决等问题。因此,相关案件裁判一经作出,往往会引发高度关注,如上海金融法院审理的时和全球投资基金 SPC – 时和价值投资基金申请认可和执行香港特别行政区法院民事判决案(以下简称时和基金案)[④]引发了境外媒体的争相报道,包括彭博新闻社(Bloomberg News)在内的多家专业性财经、法律媒体以及多家一线律所对此作出分析。故此类案件的处理,不仅关系个案当事人利益的平衡,也影响离岸债券市场乃至中国金融市场的信誉与稳定。

(二)债权人境内司法救助路径初探

中资美元债违约处置方式可分为债务重组、求偿诉讼、破产重整三类。其中,债务重组的过程以体现当事人意思自治为主,无须司法介入即可实现

① 参见彭博:《彭博中资美元债(功夫债)月报:中资地产债的展期会变得更加复杂吗?》,载微信公众号"彭博 Bloomberg"2022 年 9 月 21 日,https://mp.weixin.qq.com/s/LdoHk_zX51gSccNBtEazoQ。

② 参见泰信:《高盛:中国地产美元债的违约概率》,载微信公众号"量观北外滩"2022 年 1 月 15 日,https://mp.weixin.qq.com/s/Yhr0RimMDK_eWo–7Y4ryLQ。

③ 参见天府之声:《花样年美元债违约后续:去年融资成本飙升》,载微信公众号"四川房观察"2021 年 10 月 16 日,https://mp.weixin.qq.com/s/B1TtuomnyBkU4A9vJL5EVQ。

④ 上海金融法院民事裁定书,(2019)沪 74 认港 1 号。

债权债务双方当事人的利益平衡。具体可细分为债券展期、债券置换、债转股、现金折价偿还、多种方式组合等方式,如巨星医疗、瑞幸咖啡等案例。

求偿诉讼适用于债券到期时债务人还有一定偿付能力、不满足破产诉讼条件的情况。前文所称的“时和基金案”就是其中的典型代表。就求偿诉讼而言,债权人对美元债相关主体又有不同的诉讼途径,而关于管辖的约定对路径的选择有重要影响,如果债券文件中约定违约由境外法院管辖,则债券持有人可至管辖法院同时起诉发行人和担保人,取得胜诉判决后,回到中国内地法院申请承认与执行该胜诉判决,以取得内地担保人的责任财产。有的债券文件约定并不排除中国内地法院管辖,故债券持有人也可以直接到内地法院针对担保人启动司法程序。

同时,由于美元债发行数量较大,触发交叉违约可能性较高,一旦发生违约,极易导致企业出现资不抵债的情形,此后可能进入破产重整程序,如方正集团的破产重整案,也可能进入破产清算,如华信集团的破产清算案。破产程序相对普通求偿诉讼更加复杂,发行人可能是位于境内的母公司,也可能是在我国香港特别行政区、新加坡等上市且实际运营的母公司,同时该公司在中国境内有大量经营实体以及财产,亦有可能是位于离岸中心的非经营性实体,境内母公司对此提供增信措施。上述情况导致跨境破产程序的协调问题、跨境司法协助机制运行及跨境破产中“主要利益中心地”的认定争议。鉴于目前美元债违约引发中资企业破产的案例并不常见,故本文对破产程序部分不予展开,主要研究普通求偿诉讼相关法律问题。

二、涉美元债违约案件的管辖问题

“不对称管辖条款”即一方当事人只能接受某一特定法院的排他性管辖,但是另一方当事人可以在其他法院起诉的管辖条款。典型的“不对称管辖条款”如“借款人/保证人承诺,如产生债券项下争议,接受某一特定司法辖区法院的排他性管辖,但是贷款人不受此限,贷款人仍可选择向其他司法辖区法院起诉借款人/保证人”。“不对称管辖条款”在国际金融市场被广泛运用,在国际商业活动实践中很常见。中资美元债交易文件通常也采取“不对称管辖条款”,其原因主要在于发行中资美元债的主体通常为中国境外注册的特殊目的载体公司(Special Purpose Vehicle,SPV),该公司名下并无可供执行的责任财产,整个交易的保障基础主要是位于中国境内的财产,因此,债券持有人在违约时的法律行动,需要控制中国境内财产。而与之相对的是,债券持有人在债券交易中通常并无违约风险,并无在不同司法辖区采取诉讼的必要,故通常约定债券发行人仅能在某一特定司法辖区针对债券持有人、管理人提起诉讼。[①] 这种交易安排能够大幅提高债券投资人的投资意愿和信心,进而降低融资者的融资成本。《中华人民共和国民事诉讼法》(以下简称《民事诉讼法》)并无对“不对称管辖条款”的明确规定,而是通过法院的司法案例[②]及《全国法院涉外商事海事审判工作座谈会会议纪要》(以下简称《会议纪要》)第2条[③]认可了“不对称管辖条款”的效力及含义。

在涉美元债案件中,“不对称管辖权条款”的认定主要影响我国内地法院对于我国香港特别行政区民商事判决的认可与执行。最高人民法院与我国香港特别行政区于2006年7月14日签署了《关于内地与香港特别行政区法院相互认可和执行当事人协议管辖的民商事案件判决的安排》(以下简称《2006年安排》,该安排于2008年生效)。其中第1条明确规定:“内地人民法院和香港特别行政区法院在具有书面管辖协议的民商事案件中作出的须支付款项的具有执行力的终审判决,当事人可以根据本安排向内地人民法院

① 参见高娜、陈已昕等:《中资美元债券违约后的维权路径初探》,载微信公众号“方达律师事务所”2021年9月15日,https://mp.weixin.qq.com/s/pf93kIeXtiP4AlD_VeXnpg。

② 如最高人民法院民事裁定书(2016)最高法民申704号中,案涉管辖条款约定:“英格兰法院具有对本《保证及赔偿函》及与其相关的非契约性义务所生纠纷的排他管辖权。保证人不得主张英格兰法院不具有管辖权或不适合或便宜调处纠纷。本款之制定出于建造方之利益考虑,建造方可以审慎考虑在其认为合适的(英格兰以外)任一法院提起诉讼,亦可以同时于多个司法管辖法域采取救济程序。”最高人民法院认为:“该条款是附有债权人选择前提的排他管辖条款,即仅在满足债权人选择英格兰法院起诉的条件时,英格兰法院享有排他管辖权,保证人必须服从排他管辖的约定,但不排除债权人选择英格兰以外的其他法院起诉的权利。该约定不违反中国民事诉讼法的规定,应认定有效。本案原告未选择英格兰法院起诉,而是选择在中国境内起诉,故排他管辖协议的条件并不成就。”亦可参见福建省高级人民法院民事裁定书,(2020)闽民辖终114号等。

③ 《全国法院涉外商事海事审判工作座谈会会议纪要》第2条规定:“涉外合同或者其他财产权益纠纷的当事人签订的管辖协议明确约定一方当事人可以从一个以上国家的法院中选择某国法院提起诉讼,而另一方当事人仅能向一个特定国家的法院提起诉讼,当事人以显失公平为由主张该管辖协议无效的,人民法院不予支持;但管辖协议涉及消费者、劳动者权益或者违反民事诉讼法专属管辖规定的除外。”

或者香港特别行政区法院申请认可和执行。”然而值得注意的是,《2006 年安排》第 3 条第 1 款明确规定:“本安排所称‘书面管辖协议’,是指当事人为解决与特定法律关系有关的已经发生或者可能发生的争议,自本安排生效之日起,以书面形式明确约定内地人民法院或者香港特别行政区法院具有唯一管辖权的协议。”如果美元债约定了“不对称管辖权条款”,就无法解读为“唯一管辖权”,即便由我国香港特别行政区法院管辖,也无法享受到《2006 年安排》带来的便利。

三、美元债相关判决承认与执行中相关法律问题

正如前文所述,由于中资离岸美元债中准据法与管辖权的安排,大量案件的管辖法院为境外法院。当境外法院作出裁判之后,债券持有人往往会向中国法院申请承认或认可与执行相关的判决。由于准据法的不同,该过程往往会产生观点的分歧,需要进一步分析以下几个方面的法律问题。

(一)美元债发行中增信方式相关法律问题

1. 维好协议的引入背景与主要内容

中资美元债通常分为直接发行和间接发行两种发行方式。由于严格的监管规定和较高的税收比例,公司通常选择间接发行美元债,即境内母公司一般选择首先在境外设立 SPV,其注册地多为英属维京群岛(The British Virgin Islands,BVI),然后由该 SPV 发行美元债。

在这种发行方式下,需要提供各种各样的增信措施以增加债券购买人的信心,如母公司为该 SPV 发行的债券提供直接担保、维好协议(Keepwell Deed)、安慰函(Comfort Letter)等以提高债券信用等级、降低融资成本。母公司的直接担保当然是最好的增信措施,但是中国境内公司担保的取得不仅涉及公司的内部决议程序,还涉及外汇外债管理部门的审批。在这种情况下,维好协议横空出世,并被大量应用于海外债务的发行过程中。为便于理解,图 1 为笔者列出的美元债维好协议架构图:

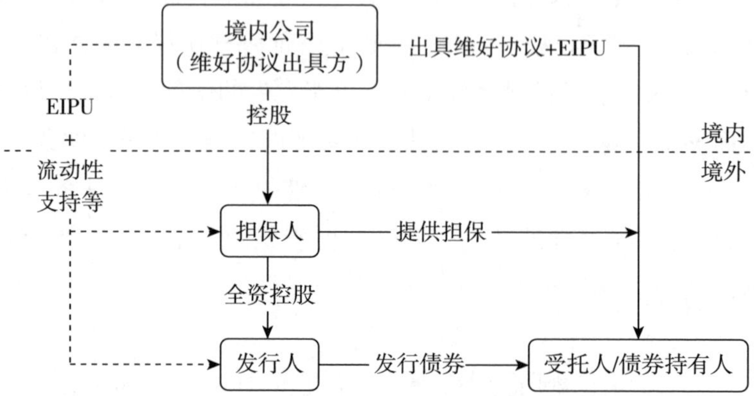

图1　美元债维好协议架构

维好协议源自英美法,与其说是协议,更准确应称为"维好契据",契据是普通法系特有的一种法律文书。与合同不同,契据不需要当事人支付对价,主要有三个作用:(1)使某项权益、权利或财产的转让生效;(2)创设在某些人之间有约束力的义务;(3)确认某些行为的发生,而这些行为导致了某项权益、权利或财产的转让。就本质而言,契据就是一种符合特定格式要件的书面法律文件。为表明其格式的重要性,经常会注明是"作为契据签署、盖印和交付"(signed, sealed and delivered as a deed)。当然,契据的出具也需要符合内部程序,如香港特别行政区《公司条例》第127条规定,若一个公司有两名及以上董事,则需两名董事或任一董事加公司秘书签署契据,若仅有一名董事,则需该董事签署。在恒大的债券中,亦存在维好协议条款。此外,恒大的美元债债券说明书中还约定了股权购买承诺(Equity Interest Purchase Undertaking,EIPU条款)。

2. 维好协议增信方式在原《中华人民共和国担保法》上的争议

时和基金案中,债权人时和全球投资基金SPC－时和价值投资基金首先在我国香港特别行政区法院提起诉讼。在该诉讼中债权人主张上海华信国际集团有限公司(以下简称华信集团)违反了维好协议,应赔偿相应损失。但华信集团并未应诉。为此我国香港特别行政区高等法院原讼法庭对该案作出HCA 1712/2018号民事判决:"鉴于本案被告无意为自己辩护,本案原告放弃起诉状第(2)项的损害赔偿诉请,本院特此判决,被告向原告支付

29,910,000欧元(或支付时等值港币金额),加上按年利率8%自传票签发之日(2018年7月24日)起至实际支付日止的利息和11,045港币的特定费用。"此后,时和基金向上海金融法院申请认可和执行我国香港特别行政区法院生效判决。上海金融法院作出裁定认可和执行该民事判决。但由于香港法院的判决为一项缺席判决,上海金融法院的认可与执行也是基于判决的效力,并未过多涉及维好协议在境内法律效力的实体法问题。因此,在诸多潜在的美元债案件当中,无论债券持有人向境外法院起诉,还是向中国境内法院起诉,维好协议的法律效力均有探讨之必要。

3.增信函件的效力梳理

投资或者交易过程中会产生以维好协议为代表的各种增信措施,且新的增信措施将随着实务的发展被不断创设,名称亦有所不同,需要区分认定对待,①并根据具体的条款用语进一步判断各类增信措施的法律效力。如在最高院公报案例佛山市人民政府与某银行香港分行担保纠纷案②中,最高人民法院认定,与借贷合同无关的第三人向合同债权人出具承诺函,但未明确表示承担保证责任或代为还款的,不能推定其出具承诺函的行为构成原《中华人民共和国担保法》(以下简称原《担保法》)担保法意义上的保证。在某银行与辽宁省人民政府、某借款人保证合同纠纷案中,最高人民法院亦认为,从该案《承诺函》的名称与内容看,辽宁省政府仅承诺"协助解决",没有对该公司的债务作出代为清偿责任的意思表示,③《承诺函》不符合《担保法》第6条有关"保证"的规定,不能构成法律意义上的保证。

英美法中,也需要法官对于当事人函件内容进行分析,然后作出相应判断。但由于当事人用语的故意模糊化,法官解释会出现较大的分歧。如在英国的克莱沃特·本森公司诉马来西亚矿业公司案(Kleinwort Benson v.

---

① 参见朱晓喆:《增信措施担保化的反思与重构——基于我国司法裁判的实证研究》,载《现代法学》2022年第2期。

② 参见最高人民法院民事判决书,(2004)民四终字第5号。

③ 参见最高人民法院民事判决书,(2014)民四终字第37号。在该案中,辽宁省政府向境外贷款人出具《承诺函》承诺以下事项:"……2、我省人民政府将尽力维持借款人的存在及如常营运;3、我省人民政府将竭尽所能,确使借款人履行其在贵行所使用的银行便利/贷款的责任及义务;4、如借款人不能按贵行要求偿还就上述银行便利/贷款下产生的任何债务时,我省人民政府将协助解决借款人拖欠贵行的债务,不让贵行在经济上蒙受任何损失。"

Malaysia Mining Corporation)中,克莱沃特·本森公司(KB)起诉马来西亚矿业公司(MMC),KB为一家英国银行,其在为MMC的全资子公司MMC Metals公司(Metals)提供贷款的过程中,由MMC出具了“安慰函”,其中承诺“在子公司Metal足额兑付对KB的债务前,母公司不会降低对Metals的持股比例;母公司将尽最大努力确保子公司Metals的正常运营,以满足最终的债务偿付条件”。1985年Metals破产,KB公司随即书面通知MMC履行代偿责任。法院对此判决认定MMC公司的出具的安慰函具有法律约束力,并要求MMC代为偿还子公司欠款,理由主要在于“安慰函构成了合同所需的要件,具有法律约束力;MMC在合同中承诺将采取积极行动以帮助子公司履行债务;安慰函中的表述是为了影响KB银行是否放贷的最终决定”。一审法院特别指出,本案中MMC公司所签署的安慰函不含有免责条款(Disclaimer of Liability),这是法庭判断的重要因素。但是,一审法院的解读并未获得二审法院的认可。在二审中,上诉法院认为,这份“安慰函”是对当前事实的陈述,而不是对未来行为的合同承诺。上诉法官拉尔夫·吉布森(Ralph Gibson)论述说:“法院不会仅仅因为双方将该文件称为安慰函而拒绝进一步考虑双方具体使用词语的含义。但在本案中,根据我的判断,很明显当被告拒绝承担连带责任或提供担保时,双方只好借助于安慰函的概念,这表明双方都知道此时至少要达成一份文件以安慰原告,但这种安慰表明被告承担的不是确保偿还其子公司债务的法律责任,而只是一种道德责任。”①

4.《中华人民共和国民法典》对增信措施与维好协议的定性

随着新类型的增信措施越来越多,为了在司法实务中加以规范,2019年的《全国法院民商事审判工作会议纪要》第91条曾经试图将其类型化,②2020年《中华人民共和国民法典》(以下简称《民法典》)出台之后,相应的《最高人民法院关于适用〈中华人民共和国民法典〉有关担保制度的解释》第

① Kleinwort Benson v. Malaysia Mining Corporation [1989] 1 WLR 379, CA.

② 《全国法院民商事审判工作会议纪要》第91条规定:“信托合同之外的当事人提供第三方差额补足、代为履行到期回购义务、流动性支持等类似承诺文件作为增信措施,其内容符合法律关于保证的规定的,人民法院应当认定当事人之间成立保证合同关系。其内容不符合法律关于保证的规定的,依据承诺文件的具体内容确定相应的权利义务关系,并根据案件事实情况确定相应的民事责任。”

36 条对此进行细化:“第三人向债权人提供差额补足、流动性支持等类似承诺文件作为增信措施,具有提供担保的意思表示,债权人请求第三人承担保证责任的,人民法院应当依照保证的有关规定处理。第三人向债权人提供的承诺文件,具有加入债务或者与债务人共同承担债务等意思表示的,人民法院应当认定为民法典第五百五十二条规定的债务加入。前两款中第三人提供的承诺文件难以确定是保证还是债务加入的,人民法院应当将其认定为保证。第三人向债权人提供的承诺文件不符合前三款规定的情形,债权人请求第三人承担保证责任或者连带责任的,人民法院不予支持,但是不影响其依据承诺文件请求第三人履行约定的义务或者承担相应的民事责任。”也就是说,《民法典》希望把增信措施分为三类,保证、债务加入以及其他无法归为这两类的措施。

笔者认为,司法实践应对如何解释增信措施保持开放态度,尤其是在意思表示意义不明时,应根据具体交易细节、当事人真实意思综合考量,而不是简单地将其解释为保证。一方面,债权人之所以采取各种各样的增信措施而非保证,其真实意思就是“若触发特定条件,差额补足义务人应付款”,甚至不需要存在主债务的不履行,如此可在跨境交易当中极大地节省成本。相反,若将增信措施认定为保证,则会涉及一般保证人的先诉抗辩权、公司对外担保、保证期间、混合担保中物保优先偿还等限制性规则,将给跨境交易债权债务人带来诸多不便,甚至有可能损害双方利益。另一方面,当事人不愿使用标准的保证方式一般具有经济上的合理理由。如保证措施要计入企业财务会计报告,上市公司需要对保证这一或有负债进行信息披露从而违背当事人的意愿;或在外汇外债管制的国家,跨境担保需要批准或者需要经历严格的审查,导致当事人成本显著增加。此外,提供保证和其他增信措施所需经历的公司内部程序有所不同,有效的保证需要董事会、股东会等作出的内部决议,而增信措施的要求则相对宽松,亦增加了当事人选择非保证方式的倾向性。

因此,正如有学者所说,“若将具有担保功能的合同都朝担保的方向解释,造成‘泛担保化’的理念,或将导致司法实践中法官怠于思考具体交易关系的特点,甚至罔顾当事人的行为目的而简单地靠向典型担保的解释方案,最终结果是压缩民事主体意思自治的空间,压制市场上的金融担保创新”。[①]美元债当中的维好协议亦是如此,在当事人约定其并非担保的情况下,应尊重双方意思表示。至于其条款用语,如果相关条款较明确地为境内母公司设定了具体义务,如要求“发行人随时保持至少1美元的合并净值”,则远远超过一般安慰函的用语。正如上文中列举的恒大美元债债券说明书中,除维好协议条款本身外,当事人还通过EIPU条款设定了更加明确的回购义务,从而具有相应的法律效力,且该责任在发债时设定而非后期加入,因此笔者认为,维好协议与EIPU条款应认定为具有法律约束力的增信措施,属于保证、债务加入之外的其他增信措施。债券持有人主张签署方违反此类约定的责任,在原《中华人民共和国合同法》(以下简称原《合同法》)与原《担保法》这一层面应得到法院支持。

(二)承认与执行美元债外国判决中的公共政策考量

在时和基金案中,华信集团主张,虽然维好协议约定该协议并非担保,但其实质符合担保责任的构成要件,目的是规避原《担保法》及内地金融监管体系,构成违反社会公共利益。由此亦引发了对含有此类协议相关判决的承认与执行中的公共政策审查问题。为解决这一问题,必须从我国外债与外汇管制政策历史变化中探寻我国立法原意。

1. 外债管理政策变化

为避免造成相应的风险,中国的外债管理政策相对较严格。根据2000年《国务院办公厅转发国家计委、人民银行关于进一步加强对外发债管理意见的通知》(国办发〔2000〕23号),境内企业在境外直接发行债券需要经过国家发改委乃至国务院的事前审批。此后,由于企业融资的需要以及对外开放力度的加大,2015年国家发展改革委发布了《关于推进企业发行外债备案登记制管理改革的通知》(发改外资〔2015〕2044号),取消了额度审批的做法。该通知明确,“(一)本通知所称外债,是指境内企业及其控制的境外企业或分支机构向境外举借的、以本币或外币计价、按约定还本付息的1年期以上

① 参见朱晓喆:《增信措施担保化的反思与重构——基于我国司法裁判的实证研究》,载《现代法学》2022年第2期。

债务工具,包括境外发行债券、中长期国际商业贷款等。(二)取消企业发行外债的额度审批,改革创新外债管理方式,实行备案登记制管理。通过企业发行外债的备案登记和信息报送,在宏观上实现对借用外债规模的监督管理”。

由此可见,在举借外债方面我国政策逐渐细化。2015 年之后发行外债虽然不需要额度审批,但发债主体规制的范围有所扩大,即从针对境内企业直接举债,扩大到境内企业以及控制的境外企业或分支机构。这样一来,时和基金案中,华信集团通过海外关联子公司发债便被纳入了管理范围,必须进行备案登记。事实上,一些进行海外发债的企业也进行了此类登记。以恒大为例,其债券说明文件便记载了外债登记的情形:“我方已向国家发改委登记了债券发行,并于 2017 年 3 月 22 日从国家发改委获得了证明该登记的证书。根据登记证书,我方将在债券发行日后的十个中国工作日内向国家发改委报告与债券发行相关的信息。”债务备案登记是海外债务得到承认的重要环节。如果缺乏上述登记过程,极有可能会被认定为违反相应的监管政策而导致有关裁判不被内地法院认可或承认。

2. 外汇管理政策变化

除外债备案登记外,外债归还还可能涉及外汇的使用,因此外汇管理也是实务中值得引起重视的环节。与外债管理相似,外汇的管理也经历了一个变化的过程,其突出表现在对外担保方面。2000 年出台的《最高人民法院关于适用〈中华人民共和国担保法〉若干问题的解释》规定:“有下列情形之一的,对外担保合同无效:(一)未经国家有关主管部门批准或者登记对外担保的……”这样一来,合同的效力与外汇管理部门的批准登记直接挂钩,因此在司法实务当中,没有经过登记的对外担保屡次被人民法院认定为无效。

但在 2014 年,国家外汇管理局出台了《跨境担保外汇管理规定》及操作指引,规定了事后监管的管理手段,取消了所有的事前审批,明确以登记为主要的管理手段,同时明确除内保外贷和外保内贷外的其他跨境担保都无须进行外汇登记。最为重要的一点是,该规定明确外汇局对跨境担保合同的核准、登记或备案情况以及该规定明确的其他管理事项与管理要求,不构成跨境担保合同的生效要件。由此,合同的效力与监管审批得以脱钩。

根据上述规定,含有维好协议的对外担保不会被根据原《合同法》直接认定无效,但这种维好协议是否构成内保外贷,仍然引起了诸多争议。笔者注意到,2014年《跨境担保外汇管理规定》规定,内保外贷是指担保人注册地在境内、债务人和债权人注册地均在境外的跨境担保。内保外贷和外保内贷实行登记管理,而其他形式的跨境担保,当事人可自行签订合同,无须登记或备案。《跨境担保外汇管理操作指引》第四部分第5条规定,具备以下条件之一的跨境承诺,不按跨境担保纳入外汇管理范围:……(二)履行承诺义务的方式不包括现金交付或财产折价清偿等付款义务;(三)履行承诺义务不会同时产生与此直接对应的对被承诺人的债权。根据这一规定,维好协议架构是否为内保外贷实际涉及条款解释的问题。从字面意义上来理解,既然维好协议的条款写明其并非"担保",故无须登记备案。因此就规避了实务中可能出现的登记困难,以及内保外贷情形下资金使用方面的限制。但需注意的是,上述规定提及"履行承诺义务的方式不包括现金交付或财产折价清偿等付款义务",维好协议的履行很明显会涉及付款义务,因此仍应纳入跨境担保外汇管理。按此分析,维好协议架构实则为一种不属于内保外贷的跨境担保手段。

3. 公共政策的司法实务分析

当然,也有观点认为,鉴于维好协议架构的特殊性,其应该被视为内保外贷管理并履行一定的登记义务,否则便应认定违反外汇管理政策,从而相关裁判不应得到承认与执行。该问题涉及我国司法实践中承认与执行外国裁判的公共政策考量,对此《民事诉讼法》第289条规定"违反中华人民共和国法律的基本原则或者国家主权、安全、社会公共利益的,不予承认和执行"。

但笔者认为,违反外汇管理政策不能简单地等同于违反公共政策。最高人民法院在针对涉外民商事仲裁裁决的承认与执行的复函中曾经对公共政策作出认定:"关于公共政策问题,应仅限于承认仲裁裁决的结果将违反我国的基本法律制度、损害我国根本社会利益情形。"[①]"只有在承认和执行外国商事仲裁裁决将导致违反我国基本法律原则、侵犯我国国家主权、危害国家

---

① 最高人民法院:《最高人民法院关于不予承认日本商事仲裁协会东京07-11号仲裁裁决一案的请示的复函》,2010年6月29日,〔2010〕民四他字第32号。

及社会公共安全、违反善良风俗等危及我国根本社会公共利益的情形，才能援引公共政策事由予以拒绝承认和执行。”①

我国涉外汇外债相关司法实务中也体现了上述精神。如《最高人民法院关于ED&F曼氏（香港）有限公司申请承认和执行伦敦糖业协会仲裁裁决案的复函》（〔2003〕民四他字第3号）提出，违反有关外债批准及登记的法律规定的行为，并不违反我国的公共政策。《最高人民法院关于对海口中院不予承认与执行瑞典斯德哥尔摩商会仲裁院仲裁裁决案的请示复函》（〔2001〕民四他字第12号）提出，违反相关法律规定，未经批准擅自从事境外期货交易的行为，不属于违反我国的公共政策的情形。在《最高人民法院关于申请人天瑞酒店投资有限公司与被申请人杭州易居酒店管理有限公司申请承认仲裁裁决案的复函》（〔2010〕民四他字第18号）中，也认为违反外资准入的备案制度的行为并不违反我国公共政策。

因此，笔者认为，对“社会公共利益”应作严格解释，一般情况下其仅包括承认与执行判决的结果直接违反我国公共利益之情形。外汇管理政策的规避很难认定为违反公共政策的情形之一。正因如此，在时和基金案中法院最终认定：“认可和执行该缺席判决本身亦不构成内地公共利益的违反。本案当事人在维好协议中所约定的准据法并非内地法律，不能以内地法律关于维好协议性质及效力的判断作为认可和执行该香港特别行政区判决是否违反内地社会公共利益的认定标准，而只应考量认可和执行相关判决的结果是否有悖于本案审理之时的公共利益。我国有关外汇管理的规定经历了不断变化的过程，CEFC并未证明认可和执行本案所涉香港特别行政区判决之结果对当前我国公共利益之违反。”

（三）承认与执行美元债域外裁判中的互惠因素与影响

法院作出裁判并得到执行是诉讼程序的目的和归宿，美元债的相关纠纷亦不例外。正如前文所述，美元债的债券发行文件中经常约定相关纠纷由美国纽约州法院管辖（如恒大美元债）或者我国香港特别行政区法院管辖（如

---

① 最高人民法院：《最高人民法院关于韦斯顿瓦克公司申请承认与执行英国仲裁裁决案的请示的复函》，2012年5月21日，〔2012〕民四他字第12号。

时和基金案),由此带来了域外裁判的承认(认可)与执行问题。对此,《民事诉讼法》第288条及第289条规定,外国生效判决可依据两国参加、缔结的国际条约或者互惠原则,由有管辖权的中国法院承认和执行。实务中,尽管美国法院作出的裁判和我国香港特别行政区裁判都涉及司法协助,但两者的区别应引起注意。

1. 中国内地对我国香港特别行政区法院裁判的特殊对待

香港作为中国领土的一部分,在"一国两制"的制度设计下,保留了带有英国法特点的普通法系法律制度。两个独立法域的存在,使得任一法域司法行为并不当然对另一法域产生效力,这也凸显了区际司法协助的必要性。正如前文所述,《2006年安排》给我国内地与我国香港特别行政区之间区际司法协助打开了方便之门。但问题在于,大多数美元债债券说明文件约定了"不对称管辖条款",即便当事人在香港法院取得生效胜诉判决,也无法按照《2006年安排》向内地法院申请认可和执行该判决。我国香港特别行政区法院的案例也采取了同样观点。如在中国工商银行(亚洲)有限公司诉高慧国际有限公司案中,香港特别行政区高等法院认为,中国工商银行(亚洲)有限公司与高慧国际有限公司之间诉争贷款协议的管辖条款实际上是"不对称管辖条款",仅限制借款人不得在香港特别行政区以外的司法区域提起诉讼,但是贷款人具有选择权,可以在香港特别行政区之外的司法区域针对借款人起诉。因此,这一条款不属于《2006年安排》及《内地判决(交互强制执行)条例》项下的书面管辖协议约定香港特别行政区法院具有唯一管辖权情形。对此,笔者认为,《2006年安排》是我国内地与香港特别行政区之间的一种体现紧密合作、方便快捷的机制,发挥着类似条约的作用。在美元债券发生纠纷时,如果因管辖约定问题无法利用这一机制,而另求其他途径,会带来认可与执行上的许多不确定性。当然,我国内地与香港特别行政区之间将来有可能产生新的安排,突破这一排他性管辖的条件限制。比如,2019年1月18日最高人民法院和香港特别行政区政府律政司在北京签署了《关于内地与香港特别行政区法院相互认可和执行民商事案件判决的安排》,其中就取消了唯一管辖权的限制。但目前这一新的安排尚未生效。

2. 中国与美国法院之间的承认与执行的实践:美元债案件的结果与时间的不确定性

我国尚未与美国签订互相承认与执行民事判决的双边条约,因此目前主要依据互惠原则决定是否承认与执行域外判决,即审查中国与作出待执行判决的域外法院所在地之间是否存在相互承认和执行对方判决的先例。因此,美国是否承认中国的裁判,决定了互惠原则的适用空间。

目前,美国包括加利福尼亚州、纽约州等在内的大部分州都已采纳《承认外国金钱判决统一法》(Uniform Foreign-Country Money Judgments Recognition Act,UFMJRA)。根据美国法律,各州有权自行制定承认外国判决标准的法律,位于该州的州法院或联邦法院均需遵循该州法律审理。但美国统一法律委员会(Uniform Law Commission)制定了 UFMJRA 供各州参考与采纳。根据该法的规定,只要相应金钱判决为终局的、结论性的、可执行的(Final and Conclusive and Enforceable),符合管辖和程序正当原则,且不存在部分特定情形,则原则上予以承认执行。目前该立法精神已被许多州参考,比如,纽约州《民事诉讼法和规则》(Civil Practice Law and Rules)第 53 条就参考了该统一法,制定了相关的承认规则。部分州已有承认与执行中国法院裁判的判例。比如,在 2011 年的 Hubei Gezhouba Sanlian Indus., Co., Ltd. v. Robinson Helicopter Co., Inc. 案中,美国联邦第九巡回法院便承认了中国湖北省高级人民法院的判决,这也是美国法院第一次承认和执行中国法院的判决。① 美国加利福尼亚中区联邦地区法院于 2017 年在 Qinrong Qiu v. Hanging Zhang 案中承认了中国江苏省苏州市中级人民法院的判决。②

近年来,随着"一带一路"的建设,上海金融法院也在不断放宽互惠原则的标准。最高人民法院在《关于人民法院为"一带一路"建设提供司法服务和保障的若干意见》第 6 条提出,"可以考虑由我国法院先行给予对方国家当

① Hubei Gezhouba Sanlian Indus., Co., Ltd. v. Robinson Helicopter Co., Inc., 425 Fed. Appx. (9th Cir. 2011).

② Qinrong Qiu v. Hongying Zhang, CV1705446JFWJEM, 2017 WL 10574227 (C. D. Cal. 2017).

事人司法协助,积极促成互惠关系,积极倡导并逐步扩大国际司法协助范围"。[①] 湖北省武汉市中级人民法院于2017年首次承认并执行了美国加利福尼亚州洛杉矶县高等法院的判决;[②]上海市第一中级人民法院2018年承认与执行了美国伊利诺伊州北区联邦地区法院的判决。[③] 相对以往而言,中国法院开始较宽泛地解读互惠关系。2021年《会议纪要》第44条则进一步明确与肯定了这一做法,规定了三种情形可以认定存在互惠关系:"(1)根据该法院所在国的法律,人民法院作出的民商事判决可以得到该国法院的承认和执行;(2)我国与该法院所在国达成了互惠的谅解或者共识;(3)该法院所在国通过外交途径对我国作出互惠承诺或者我国通过外交途径对该法院所在国作出互惠承诺,且没有证据证明该法院所在国曾以不存在互惠关系为由拒绝承认和执行人民法院作出的判决、裁定。"

但是,上述《会议纪要》也明确,"人民法院对于是否存在互惠关系应当逐案审查确定"。中美之间裁判的承认与执行也出现了不少未被承认的案例。比如,美国法院在承认与执行方面是以州为单位单独立法,而其中部分州尚未承认过中国法院的裁判,故中国法院将美国所有的联邦法院和州法院视为一个整体还是以州为单位单独认定互惠关系存在与否,将引发不同结果。司法实践中,中国法院在某些案件中否认了与美国之间存在互惠关系,[④]拒绝承认美国法院裁判。美国法院也存在以种种理由拒绝承认中国法院的裁判的情形。尤其需要注意的是,美国法院还出现了一些倒退的做法。如2021年4月30日美国纽约州纽约县高等法院在上海雍润投资管理有限公司诉喀什星河创业投资有限公司案(Shanghai Yongrun Inv. Mgt. Co., Ltd. v. Kashi Galaxy Venture Capital Co., Ltd.)中,明确拒绝承认中国北京市高级人民法院(2019)京民终115号民事判决,理由是该判决是在一个不提供公正的

---

① 《最高人民法院关于人民法院为"一带一路"建设提供司法服务和保障的若干意见》(法发〔2015〕9号),载最高人民法院国际商事法庭网2015年7月7日,https://cicc.court.gov.cn/html/1/218/62/409/2122.html。

② 参见湖北省武汉市中级人民法院民事裁定书,(2015)鄂武汉中民商外初字第00026号。

③ 参见上海市第一中级人民法院民事裁定书,(2017)沪01协外认16号。

④ 参见浙江省杭州市中级人民法院民事裁定书,(2010)浙杭民确字第4号。江西省南昌市中级人民法院民事裁定书,(2016)赣01民初354号等。

法庭或不符合美国的正当法律程序要求的制度下作出的判决。[①] 该案裁判不仅无视了近年来多起美国法院承认与执行中国民商事判决的先例,且全盘否认了中国司法系统能够作出公正裁决的能力,引起了法律界的哗然。此后,该案当事人上海雍润投资管理有限公司向美国纽约州纽约县高等法院上诉分庭提起上诉,请求推翻初审判决。2022 年 3 月 10 日,上诉分庭作出一致裁定,推翻了初审判决。

虽然上诉审进行了改判,但初审裁决还是在法律界产生一定程度的影响。该案是美国纽约州法院作出的,而由于纽约是美国的金融中心,故美元债纠纷当中,当事人约定的管辖法院基本上是纽约州的法院。[②]

此外,还需要注意一点,在法律体系中,对于不同类别或者案由的外国法院裁判,承认与执行的宽容度可能有所不同,由此也会带来诉讼时间上的差别。比如,婚姻关系的裁判、人身侵权损害赔偿的裁判,影响的是个人的权利而非社会公众影响,相对来说承认与执行比较便利,但是金融领域的裁判金额往往巨大,有可能影响众多投资者,而且往往涉及不同国家的金融监管政策,因此,金融领域的承认相对较为谨慎,至今中国在金融审判领域尚未承认与执行过美国裁判。鉴于此,如果涉及美元债的美国裁判作出之后,当事人向中国法院申请承认与执行也面临一定的不确定性,至少在诉讼时间成本上会存在一定的不确定性,[③]而这对一个处于困境当中的债务人和债权人来说,都较为不利。

---

① Shanghai Yongrun Inv. Management Co. , Ltd. v. Kashi Galaxy Venture Capital Co. , Ltd. , No. 156328/2020, 2021 WL 1716424, at *5 (N. Y. Sup. Ct. 2021).

② 比如,在恒大美元债《债券说明书》中,当事人约定:“The Notes, the Indentures and the Supplements to the Intercreditor Agreement will be governed by and will be construed in accordance with the laws of the State of New York.”中译文为“债权人间协议的契约和补充文件将受纽约州法律管辖,并将根据纽约州法律进行解释”。

③ 比如,上海海事法院裁定确认英国高等法院的判决可以在中华人民共和国被承认和执行。这是中国法院第一次裁定承认英国的民事判决在中国具有法律约束力。该起承认案件于 2018 年立案,在近四年之后才获得裁定承认,可见过程之复杂。Yang Yang、Patrick Lee《Gard 视角解读中国法院首次承认英国判决 / PRC Court recognises an English judgment for the first time-a Gard perspective Simplified Chinese》,载 Gard 网 2022 年 5 月 12 日,https://www.gard.no/web/articles? documentId = 33555008。

程序化高频交易的行政监管与司法规制

上海金融法院课题组*

2019年《中华人民共和国证券法》（以下简称《证券法》）进行了修订，其中第45条规定："通过计算机程序自动生成或者下达交易指令进行程序化交易的，应当符合国务院证券监督管理机构的规定，并向证券交易所报告，不得影响证券交易所系统安全或者正常交易秩序。"该条文对证券程序化交易作了原则性的规定，但是《证券法》并未对程序化交易的具体监管措施以及可能干扰正常市场秩序的情形作具体规定，而是授权给中国证券监督管理委员会（以下简称证监会）根据实际情况作相应规定，同时明确了相关实施主体的报告义务。程序化交易中高频交易是主要的类型，也是易引发证券期货等金融市场波动的交易模式，因此完善相应监管措施有着十分重要的意义。

一、证券交易的数字化发展路径

（一）证券市场中程序化交易模式的起源

证券市场中，传统交易模式一般系由人工作出交易决策和下单的交易，人工交易模式主要存在于证券市场发展的早期。相较于程序化交易，传统的证券交易模式在交易速度上不够迅捷，但其所蕴含的风险较小，交易频率低、

---

* 本课题由上海金融法院综合审判三庭法官葛翔，中国证券监督管理委员会上海监管局稽查一处副处长于承主持，课题组成员有韩旭至、关敬杨。本文节选自2022年度上海依法治市调研课题三等奖"程序化高频交易的行政监管与司法规制"。

价格波动较平缓。程序化交易始现于20世纪70年代,其兴起得益于信息技术的进步及电子化交易市场的快速发展。我国2019年《证券法》第45条将程序化交易界定为"通过计算机程序自动生成或者下达交易指令的行为"。与2015年证监会发布的《证券期货市场程序化交易管理办法(征求意见稿)》相比,2019年《证券法》的该次修订将一切利用计算机程序进行交易的行为都纳入程序化交易的监管范围,不再限定于特定的程序与软件。

程序化交易并没有一个准确的定义,不同国家、地区的程序化交易所处的发展阶段不尽相同,学者对此也有不同的界定和理解。一般而言,程序化交易指的是运用电脑程序来进行市场状态分析、投资策略选择、投资时机判断以及报单指令传送等,在一定时间内买入、卖出或者同时买入、卖出一定数量证券的交易技术和交易行为。[①] 我国证监会于2015年10月发布的《证券期货市场程序化交易管理办法》征求意见稿中,将程序化交易定义为"通过既定程序或特定软件,自动生成或执行交易指令的交易行为"。

与程序化交易一样,需厘清的另一个概念系自动交易系统,该系统通常指建立在计算机算法指令基础上的交易,高频交易便是其中的一种。所谓算法程序,是通过计算机解决某个问题或实现某种目标的程序,算法的核心是创建问题抽象的模型和明确求解目标,之后根据具体的问题选择不同的模式和方法完成算法的设计。自动交易环境的主要特点,一是高速,二是通过程序和信息科技实现下单、风险管理、传输指令、匹配指令和交易,以及通过高速信息网络确认交易、处理市场数据与相关系统等。[②]

从表面上看,程序化交易有以下两方面比较明显的优势:第一,程序化交易处理信息分析数据相比于交易员更快、更准确,并且能够避免受到人类情绪等非理性因素的干扰。第二,能够大幅提高交易员的生产力,具有优化价

---

① 纽约证券交易所将程序化交易量化为:指数套利或者任何买入或卖出一篮子股票(股票总数不少于15支且总金额不少于100万美元)的交易策略。韩国交易所对程序化交易的定义与纽约证券交易所类似,程序化交易包括两类,即所有的指数获利策略(Index Profit Trading),以及通过同一个人下达的同时交易KOSPI的15支成分股以上的非指数获利策略(Index Non-profit Trading)。参见郑凌云、钟鸣、卜晨宸:《程序化交易发展现状、影响及其启示分析》,中国金融期货交易所报告,2013年。

② Concept Release on Risk Controls and System Safeguards for Automated Trading Environments, 78 Fed. Reg. At 56,542.

格、隐匿下单、简化操作方式以及提高交易速度的特点。在发展初期,程序化交易更注重形成证券组合,对计算机技术的要求较低,而在成熟期更多元化,程序化交易不仅要求更高的技术、拓展应用环节,还逐渐对系统的处理速度、吞吐量和容量有更高的要求。现阶段,程序化交易的运用大多都包括交易清单的生成与执行。

(二)数字化条件下的高频交易基本特征

高频交易(High-Frequency Trading)实际上反映了证券期货市场日益复杂的科技手段与金融工具的深度融合。研究表明,美国和欧洲的证券交易中几乎一半都是高频交易,①这也显示出技术进展对于金融市场的作用和影响。当前市场和以往相比早已发生了根本性的变化。纵观美国,包括高频交易在内的电子交易系统现已占到美国期货市场交易量的91%。② 高频交易需要利用程序化交易的技术,也需要利用算法交易作为决策与执行的辅助。由于高频交易快速执行的特点,高频交易系统必须是程序化的和运用算法的,但并不是所有的程序化交易和算法交易都是高频的。③ 由于对高频交易的定义,涉及众多参与者、不同组织,最重要的是其还运用了大量不同的策略,导致极难有一个准确的定义对其予以界定,目前监管部门或者是学术界对高频交易也并没有形成统一的定义。从域外的监管实践来看,自动交易系统(Automatic Trading System, ATS)、程序化交易(Program Trading)、量化交易(Quantitative Trading)、算法交易(Algorithm Trading)、高频交易(High FrequencyTrading)等术语均有涉及,且互有交叉。

对于复杂的高频交易,目前往往需从其特征描述中来具体展现。例如,美国商品期货交易委员会成员 Scott OMalia 在2011年归纳了高频交易的七条特征:④(1)使用超高速的交易指令提交/取消/修改系统;(2)使用计算机程序或算法来自动化决策下单;(3)通过主机托管、直接市场进入等方式,最

---

① 参见肖凯:《高频交易与操纵市场》,载《交大法学》2016年第2期。

② Concept Release on Risk Controls and System Safeguards for Automated Trading Environments. 78 Fed. Reg. At 56,573 app. 2.

③ 参见邢会强:《证券期货市场高频交易的法律监管框架研究》,载《中国法学》2016年第5期。

④ 参见陈建平、卢庆杰:《CME程序化交易监管研究》,载《期货日报》2013年7月3日。

大限度减少网络和其他类型的延迟；(4)在极短的时间内建仓并平仓；(5)每日高成交额以及(或)当日高比例盘中交易；(6)在大量下单后立即或在提交后毫秒内取消订单；(7)在交易日结束前尽可能平仓(不保留仓位过夜)。

2011 年国际证监会组织(International Organization of Securities Commissions, IOSCO)发布的报告认为，高频交易具备六项特点：(1)高频交易会用到复杂的技术手段，会使用不同交易策略，包括做市和套利策略等；(2)高频交易整个投资链条上都使用算法程序的高级量化工具，包括市场数据分析、合适交易策略的选择、交易成本最小化和执行交易等；(3)日内交易频繁，与最终成交的订单相比，大部分订单都会取消；(4)隔夜持仓很低甚至不隔夜持仓，以便于规避隔夜风险、降低占用的保证金，即使是日内持仓，时间也就是几秒钟或不到一秒钟；(5)高频交易的使用者多为自营交易商；(6)高频交易对延时非常敏感，成功的高频交易策略几乎都有赖于比竞争者更快的速度，并利用直接电子接口(Direct Electronic Access)和托管(Co-location)服务。① 高频交易公司利用微小价格变动进行频繁交易获益，交易执行速度与投资组合周转率(portfolio turnover)是高频交易区别于其他算法交易的主要特征。

2014 年 6 月，欧盟修订通过的《金融工具市场指令》(Markets in Financial Instruments Directive II, MiFID II)，将高频交易定义为算法交易的一种，并认为其具备以下特征：②(1)利用托管服务等基础设施降低延迟；(2)订单的发起、生成、执行等都由机器完成，不受人为因素影响；(3)日内高信息率(high message intra-day rates)。根据欧洲证券及市场管理局(The European Securities and Markets Authority, ESMA)所发布的两篇征询性质的报告，识别高频交易有两种方法：第一种方法更注重高频交易商的低延迟和数据处理能力，分别通过以下几个指标衡量：(1)高频交易商交易系统与交易所的地理距离；(2)与交易所网络传输速度超过 10G 等标准衡量；(3)交易频率：每秒 2 笔信息的就可认定为算法交易。第二种方法则强调动态的认定标准，将"日

① IOSCO, Consultation Report on Regulatory Issues Raised by the Impact of Technological Changes on Market Integrity and Efficiency, July 2011, at 21 - 22.

② Directive 2014/65/EU of the European Parliament and of the Council of 15 May 2014 on Markets in Financial Instruments and Amending Directive 2002/92/EC and Directive 2011/61/EU. MiFID 2 于 2017 年在欧盟各国正式实施。

内修改/取消订单生存周期中位数”作为指标,该指标值低于全市场的交易商被认定为高频交易商。欧盟范围内,只要交易商在一个市场上被认定为高频交易商,在其他市场上均被认定为高频交易商。[①]

由此可见,高频交易主要依靠优良的计算机硬件、高效的软件系统以及与交易场所的良好通信实现交易的高频快速,根据预定策略快速发现机会,快买快卖,基本不留头寸、不隔夜持仓,以极度频繁的交易和很小的股差来获取利润。作为交易策略,高频交易本身不具有违法性,正如美国纽约州北区法院认为的,“高频交易公司通过创造大量的流动性来对市场产生积极影响,从而允许国家股票市场运作更高效和有益于普通投资者”。[②]

二、高频交易对于我国证券市场环境的影响

(一)高频交易对交易成本与交易公平的影响

我国高频交易的发展具有一定的特殊性,除期货、ETF、融资融券等交易允许“T+0”机制外,目前证券市场主要实施“T+1”机制,故难以满足高频交易通过捕捉细微的价格变动获利和不隔夜持有头寸的要求。此外,相对较高的印花税等交易成本,监管部门及交易所对频繁报撤单的严格限制,以及除新三板市场等领域外做市商制度的贫乏等因素,也使得高频交易目前在我国难以得到快速发展和普及。

高频交易具有高速、高频以及自动化执行的特征。从指令下达到成交或取消,仅需几毫秒时间。由于交易快速,加之程序化交易方式,高频交易者可以迅速捕捉市场套利机会。下达的报价基本是最优报价,尽管每笔交易都以最优价格成交,所赚取的差价相对较小,但是由于高频交易下单非常频繁,积少成多,进而获得可观投资收益。就微观上而言,相比于交易员下单的模式,通过计算机自动下单的方式更加高效,交易成本更低。就宏观上而言,有观

---

① 在ESMA发布的后续关于高频交易的报告中,ESMA判定高频交易的标准有:(1)根据交易商在监管机构的备案、公司主页上的主营业务、公司所做的宣传等认定是否为高频交易商;(2)如果交易商在特定股票上最快的订单修改和订单取消前10%,速度快于100毫秒的,即被认定为高频交易商。参见韩冰洁:《高频交易认定标准及最新监管趋势》,中国金融期货交易所报告,2015年。

② United States v. Michael Coscia, 100F.3d.653(2015).

点认为,高频交易在短时间内为市场提供了大量的报单量和成交量,同时为市场提供了更多的流动性。随着市场流动性不断增加,各个交易标的都能获得很好的买卖机会,进而导致其买卖价差逐步缩小,市场的交易成本也会更低。[①] 总体而言,高频交易在流动性方面对市场具有正面影响。高频交易的大交易量使市场的买卖价差收窄,这降低了市场的交易成本,进而对流动性有正面的影响。

高频交易在降低交易成本的同时,给整体市场带来的可能是潜在的不公平。在证券市场上适用高频交易模式的主体主要是机构投资者,而个人投资者往往不具备高频交易的客观条件。高频交易者通过运用先进技术和网络设备,制定复杂多样的高频交易策略,最终形成自己明显的交易优势,给其他交易主体带来了不公。这种优势,主要体现在两方面:一是技术优势;二是策略优势。就技术优势分析,高频交易作为一种新兴交易手段,需要以强大的技术投入作为支撑,这种技术投入主要围绕计算机设备和网络光纤。高频交易者为了能让交易指令快速传送至交易所,抢得交易先机,在技术设备的投入上往往是不计成本,也不遗余力,具有了明显的信息获取和交易速度上的比较优势,最终造成不公平的局面。就策略优势分析,高频交易相比于其他交易主体的低频交易,在交易方式上具有"更快、更多、更准"的特点,属于一种捷足先登的"技术套利"。高频交易策略可以通过更多的报单量、更精准的报价,促进自身报价成交的可能,而低频交易者却无法做到这一点。此外,高频交易者除高频策略本身的交易优势外,还有动机去制定和改善各种复杂多变的交易策略,甚至有些策略游离在违法违规的边缘,如"幌骗"策略、分层下单策略等。高频交易作为一种交易手段,我们不仅要把它与其他交易方式平等对待,而且要意识到其可能对其他交易主体带来的影响及对整个市场所产生的不公。

(二)高频交易对市场监管的影响

高频交易作为时代发展、科技进步的产物,综合考虑其对市场的作用与

---

① 参见巴曙松、王一出:《高频交易对证券市场的影响:一个综述》,载《证券市场导报》2019 年第 7 期。

危害,以及对其他交易主体带来的影响,各个国家都意识到要采取措施进行监管。自2010年美国股市发生“闪崩”事件以来,对高频交易的质疑声就不绝于耳。2010年5月6日下午,美国股市和期货市场突然出现大崩盘,道琼斯指数在短短5分钟内狂跌9.2%,下跌近千点,创造有史以来最大跌幅。然后20分钟后出现大反转,道指又反弹600点,下午收市股票价格基本回归正常范围,指数较前一日下跌约3%。针对“闪崩”事件,美国证券交易委员会(U.S. Securities and Exchange Commission,SEC)于当年9月30日发布调查报告,报告发现高频交易并非触发“闪崩”的导火索,但是起到了放大作用。同时,在后续交易过程中,正是因为高频交易者的参与促使市场又大幅反弹。

针对“闪崩”事件及其背后原因的分析,无论是理论界还是实务界已基本形成共识:在正常情况下,并无直接证据证明高频交易会加剧市场波动,而在某些极端情况下,高频交易会放大市场波动,造成股价暴跌。此种极端情况,包括高频交易商所出现的程序错误。2012年骑士资本因技术故障发生的交易失误,还有2013年光大证券ETF套利交易程序出现严重错误发生的“乌龙指”事件,均属该类风险爆发的情况。美国自2010年“闪崩”事件发生后,率先推出一系列举措,目前已形成较完整的高频交易监管体系,以此降低高频交易可能发生的风险。相比美国市场,欧洲国家证券市场规模较小,但也非常重视高频交易监管。尽管各国监管层针对高频交易分别制定监管措施,但是对待方式不同,监管手段不一。总体而言,高频交易作为新兴事物,对其进行专门监管还较困难。一方面,高频交易很难定义;另一方面,在其运行方式的微观结构上也极不成熟,使高频交易的监管难以形成系统化监管体系。我国2015年发生的股灾,就认为受到了高频交易的影响,监管部门也开始认识到要加强对高频交易的监管,并逐步出台措施。同年9月,证监会发布了《证券期货市场程序化交易管理办法(征求意见稿)》(以下简称《程序化交易办法(征求意见稿)》)。虽然程序化交易与高频交易定义不尽相同,但监管层强化高频交易监管的决心已经可见一斑。出于审慎态度,我国股票市场实行“T+1”的交易机制,使高频交易并不具备野蛮发展的土壤,但在期货市场,高频交易仍具有一定发展空间。近年来,监管层不断加强对高频交易的分析和调研,针对其可能给市场带来的不利影响出台相应监管政策,在为高频交易或程序化交易提供合理发展空间的同时,避免出现“监管真空”。

三、高频交易侵权行为的可能类型及监管成因

高频交易主要的侵权行为类型即表现为幌骗。所谓“幌骗”,美国于2011年7月正式施行的《多德－弗兰克法案》如此界定:“在买卖申报时就意图在执行前撤单(Bidding or offering with the intent to cancel the bid or offer before execution)。”2011年3月,美国商品期货交易委员会(U. S. Commodity Futures Trading Commission, CFTC)针对《多德－弗兰克法案》提出了一个“解释性文件”,文件中指出以下三种行为可认定为幌骗:(1)申报和撤单使报单系统超负荷;(2)申报和撤单来延迟其他人的交易执行;(3)申报和撤单来制造虚假的市场深度。CFTC于2013年5月28日发布了该解释性文本的最终版本,增加了第四种幌骗交易行为:申报和撤单来人为制造价格变动。

我国现行法律中并没有规定幌骗的具体认定和处罚标准。“幌骗”型交易是滥用高频技术进行交易的典型方式,行为人利用国家交易所出现的证券或商品价格的微小差异,通过买入低位和高位卖出,使用计算机软件以极高的速度执行大量的交易,在交易所之间进行套利交易。其常见的做法是:行为人不以实际成交为目的,以低于市场卖价的价格挂出卖单,这样其他卖家就会被迫挂出同样或更低的价格以获得成交;当发现更低的卖价后,幌骗行为人迅速撤单,反手做多,通过这种方式诱骗交易对手以更低的价格获取头寸。反之同理,用高于市场买价的价格挂出买单诱骗买家,以更高的价格结清头寸。①

以幌骗为代表的交易策略或行为通常借助程序化高频技术实施,其不以成交为目的进行大量报撤单,释放虚假供求信息,扰乱正常的价格形成机制,其实质系价格引导、隐形的欺骗。高频交易采取的幌骗、试单以及塞单等闪电订单策略,本质都是新型操纵市场的形式,使市场中的价格或交易量产生

① 参见张孟霞、尹小为:《美国“幌骗”案例的监管处罚与司法审判实践》,载《证券市场导报》2017年第5期。

了具有欺诈性的买卖信息,误导了其他投资者作出买卖的决策,进而影响了证券、期货市场的正常交易秩序,高频交易行为人从中谋取高额的非法利益。但并非只要是高频交易就涉及操纵或扰乱交易行为,关键要看行为人使用何种交易策略,有的高频交易策略本身就是被设计用来操纵市场的手段,存在被滥用的可能。如滥用高频交易干扰或者扭曲证券期货市场的正常价格形成机制,改变市场的普遍价格,歪曲购买意图,则表明该策略的目标是操纵市场。

市场操纵作为一种损害证券期货交易秩序的欺诈行为,受到各国法律的明确禁止。目前,受到广泛关注的市场操纵行为主要包括幌骗、塞单和试单。塞单(Quote Stuffing)主要表现为高频交易商在市场上瞬间投入大量的买卖订单,然后又被迅速取消或更新。SEC曾对2010年“闪电崩盘”中大量出现的塞单现象进行调查。① ESMA在针对自动化交易的监管文件中将塞单列为市场操纵行为,其具体是指行为人通过申报大量订单并且取消或者更新这些订单以造成其他投资者对市场行情的不确定,延缓其交易进程及掩饰行为人的交易策略。② IIROC亦明确将塞单列为市场操纵行为,并指出塞单行为人的目的是增加市场的数据迟延及增加套利机会等。试单(Ping Orders),亦可称为“高速试探”(High-Speed Ping)或“流动性探测滥用”(Abusive Liquidity Detection),③其通常针对机构投资者的大宗订单,高频交易商通过不断发出小量订单而后撤销,试探市场中大宗订单的反应并测算其体量,进而利用其信息获取速度上的优势抢先在机构投资者之前买入相应的股票等金融商品,然后报出更高的卖价,迫使机构投资者提价买入,形成对报价的操纵。试单在国外的暗池交易平台中十分常见。尽管我国证券期货市场存在大宗商品交易制度,但由于我国尚不存在类似国外的暗池交易平台,且大宗交易主要

① 参见严婷:《SEC介入调查,“塞单”涉嫌助推“闪电崩盘”》,载《第一财经日报》2010年9月3日,A14版。

② See ESMA, Systems and Controls in an Automated Trading Environment for Trading Platforms, Investment Firms and Competent Authorities, https: //www. esma. europa. eu/search/site/high-frequency% 20trading? date_from = 2012 - 01 - 01& date_to = 2012 - 03 - Ol&f [0] = is_esma_bundle_group% 3Al (last visited on 2018 - 02 - 07).

③ 参见肖凯:《高频交易与市场操纵》,载《交大法学》2016年第2期。

以协议交易形式进行,需在特定交易所及特定交易时段,在交易所的交易规则下进行,受到监管部门和交易所的严格管控,因此试单行为在我国当前的金融市场中尚难出现。

从行为模式上看,塞单与幌骗均属于行为人滥用高频交易技术的速度优势在极短的时间内向市场申报订单以干扰其他投资者作出交易决定的行为。但二者的不同之处在于前者并不一定紧跟着进行反向交易,[①]并且在行为目的这一认定行为人违法性的重要因素上,前者较后者更难判断。[②] 交易者极有可能是试图扰乱其他投资者的判断从而隐藏其交易策略。相较于幌骗与塞单,试单行为所针对的交易对象及交易环境更为特殊。试单的主要目的并非引诱其他投资者跟势买入或卖出,或者引起市场数据迟延,而是抢在大宗订单投资者之前交易以迫使其提高报价。

四、证券交易监管对数字化环境的适应

(一)对程序化交易服务提供商的监管

境外对高频交易的风险监管,其中就包括了经纪商对订单的审核与监测义务,即要求经纪商必须审核其客户的订单,以确保它们的交易是合适的;经纪商不能允许客户直接将订单送入交易所的交易系统,即不允许"无审核接入"("unfiltered" or "naked" sponsored access)。"无审核接入"允许交易者(包括高频交易者)通过经纪商的计算机代码进入交易所进行交易,但却没有任何事前审核或通过经纪商的系统进行过滤。这一规则最先由 SEC 鉴于"2010 年闪崩"的教训于 2010 年 11 月制定(Rule 15c3 - 5),并被一些国家或地区所参考。[③]

① 参见邢会强:《证券期货市场高频交易的法律监管框架研究》,载《中国法学》2016 年第 5 期。

② 参见严婷:《SEC 介入调查,"塞单"涉嫌助推"闪电崩盘"》,载《第一财经日报》2010 年 9 月 3 日,A14 版。

③ 参见邢会强:《证券期货市场高频交易的法律监管框架研究》,载《中国法学》2016 年第 5 期。

从伊世顿案[①]对华鑫期货有限公司(以下简称华鑫期货)相关行政处罚及自律惩戒文书来看,[②]在法院对上述案件作出判决后两年,针对为伊世顿公司提供期货经纪服务的华鑫期货,中国证券监督管理委员会上海监管局作出了下述三份行政处罚决定书。处罚决定书主要认定了以下事实:(1)华鑫期货违反期货公司审慎经营和风险管理的要求。2014年7月至2015年7月,华鑫期货原技术总监金某某组织、安排员工安装维护由伊世顿公司开发的交易系统(RM系统)。华鑫期货实际使用了非本公司购买或开发的交易系统传递客户交易指令,为该系统上进行交易的客户账户资金和持仓进行验证,不符合期货公司审慎经营和风险管理的要求,所获违法所得为10,089,097元。(2)华鑫期货未建立健全并严格执行业务管理规则、风险管理制度,风险管理和内部控制存在较大缺陷。涉案期间,金某某安排信息技术部员工将多套RM系统安装至华鑫期货机房服务器,使用华鑫期货IP、席位号连接中国金融期货交易所(以下简称中金所)交易系统。华鑫期货对交易系统、交易席位、对客户使用交易系统的切换以及结算、风控数据导入缺乏有效的管理和监督。据此,上海证监局分别对华鑫期货给予警告,没收违法所得10,089,097元,并处上述等额罚款;对时任华鑫期货总经理、法定代表人李某给予警告,并处3万元罚款;对时任华鑫期货技术总监金某某给予警告。

2020年7月17日,华鑫期货收到的中金所《纪律处分决定书》(〔2020〕1

① 伊世顿案,即张家港保税区伊世顿国际贸易有限公司操纵期货市场案:2015年6月1日至7月6日,被告单位张家港保税区伊世顿国际贸易有限公司(以下简称伊世顿公司)及其直接责任人员执行董事高某、业务拓展经理梁某某伙同华鑫期货技术总监金某某,在已使用高频程序化交易的基础上,利用不正当的交易优势和额外交易速度优势大量操纵中金所股指期货交易。经统计,伊世顿公司分别成交中证500股指期货(以下简称IC)主力合约、沪深300股指期货(以下简称IF)主力合约100.47万手和276.97万手,合计377.44万手,共计非法获利3.893亿余元。伊世顿公司为谋取非法利益,操纵中金所IC、IF主力合约,其行为构成操纵期货市场罪。被告人高某、梁某某系被告单位伊世顿公司的直接责任人员,被告人金某某系共同犯罪;金某某还存在职务侵占犯罪,依法应予两罪并罚。上海市第一中级人民法院对伊世顿公司以操纵期货市场罪判处罚金人民币3亿元,没收违法所得38,930万元;并对相关当事人处以有期徒刑不等。一审判决后,部分当事人不服提起上诉,被上海市高级人民法院驳回上诉,维持原判。该案是国内首例被认定滥用高频程序化交易操纵股指期货市场的刑事案件。

② 参见上海市第一中级人民法院刑事判决,(2016)沪01刑初78号。参见上海证监局行政处罚决定书,〔2019〕16号、〔2019〕17号、〔2019〕18号。

号)认定,[①]华鑫期货的行为违反《中国金融期货交易所违规违约处理办法》(2013 年修订)第 18 条、第 19 条有关会员管理和交易管理的规定,决定对华鑫期货采取通报批评、暂停受理华鑫期货为客户申请中金所交易编码业务六个月的措施,并将处理结果记入资本市场诚信档案。2020 年 9 月 11 日,中国期货业协会对华鑫期货作出《纪律惩戒决定》(中期协字〔2020〕109 号),[②]决定对华鑫期货有限公司暂停享有协会的选举权和被选举权 12 个月的纪律惩戒,对华鑫期货总经理公开谴责的纪律惩戒。上述纪律处分和惩戒决定的理由与行政处罚决定基本一致。从上述的处罚时间及认定来看,监管机构对高频交易操纵市场的认定及处罚存在一定的滞后性,主要囿于法律对此规定不清。在我国对市场操纵类型的规定中,有可能涉及程序化交易的操纵类型主要是连续交易、自买自卖和虚假申报。伊世顿案主要发生在 2013 年至 2015 年 7 月,当时有效的 2005 年修订的《证券法》第 77 条和《期货交易管理条例》第 70 条主要规定了连续交易和自买自卖,对滥用程序化交易操纵市场并未明确规定;《证券市场操纵行为认定指引(试行)》虽然规定了虚假申报,但其并未针对程序化交易设定细化的判断指标;在追究刑事责任方面,《中华人民共和国刑法》第 182 条也主要规定了连续交易和自买自卖,最高人民检察院、公安部《关于公安机关管辖的刑事案件立案追诉标准的规定(二)》对操纵市场的相关指标同样难以完全适用于伊世顿案的审理。我国《程序化交易办法(征求意见稿)》第 14 条规定,"证券公司、期货公司应当建立程序化交易指令计算机审核系统,自动阻止申报价格及数量异常的指令直接进入证券期货交易所主机"。这值得肯定,但问题是该规定较为原则,仍需要在实践中逐步细化,并建立相关标准。

(二)对部分高频交易策略的禁止性管制

正是基于高频交易抢先快速交易的特点,有些高频交易的策略确会存在

① 参见上海华鑫股份有限公司:《关于华鑫期货有限公司收到中国金融期货交易所〈纪律处分决定书〉的公告》,载巨潮资讯网 2020 年 7 月 21 日,http://www.cninfo.com.cn。

② 参见上海华鑫股份有限公司:《关于华鑫期货有限公司收到中国期货业协会纪律惩戒决定的公告》,载巨潮资讯网 2020 年 9 月 12 日,http://www.cninfo.com.cn。

不合理乃至不合法之嫌。在我国,尽管涉高频交易处罚案件数量虽少,可参考的案例不多。除伊世顿贸易公司涉嫌特大操纵期货市场犯罪案外,证监会已对东海恒信操纵市场案和江泉操纵市场案作出了行政处罚,这几个案例均具有高频交易的特征。无论是程序化交易的技术,还是高频交易的策略,都不是“价值中立”的。那种认为技术不涉及善恶问题的价值中立论,只强调其工具性质,忽视了其社会价值,会导致对技术的无约束,是一种错误的技术观。“技术永远不应该脱离于现实而存在,也不应成为支配市场功能的工具和手段。”程序化交易的技术以及高频交易的策略都有负外部性,不能以“技术价值中立”为由逃脱法律监管。[①] 2015年10月,中国证监会起草的《证券期货市场程序化交易管理办法(征求意见稿)》,虽只字未提“高频交易”,但其大部分内容都是针对高频交易的,即它以程序化交易监管为名,行高频交易监管之实。

境外对高频交易的限制性监管同样备受争议,争议的焦点在于限制措施的必要性,即对高频交易策略的禁止是否会降低市场的质量,是否会导致市场机制的扭曲。从境外的实践看,各国对高频交易竞争监管的政策选择多是限制和抑制。我国现阶段对程序化交易的监管分为事前、事中、事后三个阶段,其中事前对经营机构及其客户等在申报、风控、报盘通道隔离、指令审核、收费、额度控制、异常交易等方面进行了规定;事中通过交易所实时监测对违规程序化交易实施警示、限制账户交易、提高保证金、限制持仓、强制平仓等自律监管措施;事后,在交易分析的基础上,对于已经造成市场扰动等不良影响的程序化交易,由证监会及其派出机构等依法酌情进行处罚,或移送公安机关。我国程序化交易相关监管政策如表1所示。

表1 我国程序化交易相关监管政策

时间	机构	政策名称	相关内容
2010年2月	中金所	《股指期货合约、交易规则及其实施细则》	增加会员、客户采取程序化交易方式应当事先报备的内容

① 参见邢会强:《证券期货市场高频交易的法律监管框架研究》,载《中国法学》2016年第5期。

续表

时间	机构	政策名称	相关内容
2010 年 9 月	证监会	《期货交易所业务活动监管工作指引第 9 号——关于程序化交易的认定及相关监管工作的指导意见》(9 号指引)	将程序化交易定义为“由计算机事先设定的具有行情分析、风险管理等功能的交易模型,自动下达交易信号或报单指令的交易方式”,各期货交易所根据自身情况制定标准
2010 年 10 月	中金所	《期货异常交易监控指引(试行)》	第五条第(九)项中规定了“通过计算机程序自动批量下单、快速下单”中的异常交易行为
2015 年 1 月	上交所	《上海证券交易所股票期权试点交易规则》	均对程序化交易的报备范围、报备内容进行了规定
2015 年 1 月	上交所	《证券公司股票期权业务风险控制指南》	
2015 年 3 月	上交所	《关于加强股票期权程序化交易管理的通知》	对于期权经营机构程序化交易权限的管理、风险隔离、异常交易监控等明确要求
2015 年 10 月	证监会	《证券期货市场程序化交易管理办法(征求意见稿)》	明确了申报核查管理、接入管理、指令审核、差异化收费、监察执法方面的规定
2019 年 2 月	证监会	《证券公司交易信息系统外部接入管理暂行规定》	涉及程序化交易等新型交易方式的监管及自律要求,待相关规则出台后,外部接入系统需一体遵循
2019 年 12 月	全国人大	《中华人民共和国证券法》	规定通过计算机程序自动生成或者下达交易指令进行程序化交易的,不得影响证券交易所系统安全或者正常交易秩序
2019 年 12 月	深交所	《关于股票期权程序化交易管理的通知》	就程序化交易的接入、认证、报备等作出规定
2020 年 4 月	证监会	2020 年度立法工作计划	《程序化交易管理办法》作为“需要抓紧研究、择机出台的项目”

续表

时间	机构	政策名称	相关内容
2021年3月	证监会	2021年度立法工作计划	《证券市场程序化交易管理暂行办法》作为“需要抓紧研究、择机出台的项目”

来源:华锐金融科技研究所。

(三)将程序化交易监管与中小投资者保护相结合

对高频交易的行为监管,正是为了防止高频交易商滥用“市场优势地位”,进而保护处于弱势一方的利益。在高频交易领域,即使作为机构投资者的大型、专业投资者也有可能成为配备有“特殊武器”的高频交易商掠夺和“捕杀”的对象,从而沦为弱者;对于广大中小投资者如何保护,就更为迫切。

就我国现阶段的市场而言,如何做到既兼顾市场交易的公平、效率,又能切实保障非程序化交易的广大中小投资保护者,是一个需要制度层面设计的问题。随着交易手段及交易策略的不断更新,首先,应做到程序化交易的监管与现行法律法规体系的深度衔接,提升监管机制的效能。对程序化交易过程中的幌骗、塞单等行为予以明确界定,完善对相关行为的处罚标准,避免因法律法规的缺失导致无法对其追责或事后监管处理依据不足。其次,可以参考域外的有效监管实践。以程序化交易相对发达的美国为例,其对程序化交易的相关监管规定如表2所示。

表2 程序化交易的相关监管规定

项目	规定
电子识别	对程序化交易及非程序化交易指令进行识别并加以区分
大额交易	对大额交易商登记,分配对应的识别代码单独监控报告
过滤机制	禁止无审核通路(Naked Access),指令在进入交易所前须经过经纪商的风控系统,以过滤错误或不适当的指令
报价范围	做市商报价应在最佳买卖价格一定范围内,禁止无成交意向报价
熔断机制	部分标的价格波动达到一定幅度时暂停交易一段时间

续表

项目	规定
托管服务	交易所主机托管服务的同质化要求
市场扰乱	禁止幌骗、报价填充等扰乱市场的交易行为
错单取消	对于执行结果明显错误的交易依申请流程取消或宣布无效
交易检测	建立综合审计跟踪系统(Consolidated Audit Trail System),对各交易市场程序化交易合并监测,加强对订单的管理

从表2可以了解到美国对程序化交易监管的大致概况。其从公司内控再到行业自律、外部监管三个层次构建其监管制度,这也启示我们对程序化交易的监管不能局限于单一的机构,因其涉及多个交易市场,故需要完善相关机构的协同联动机制,加强数据的共享,构建监管机构的综合审计跟踪机制,对市场程序化交易合并监测,增强对于异常交易、关联交易的识别能力。

五、高频交易侵权行为的民事责任承担

目前,我国已经建立刑事责任、民事责任和行政责任的三层法律责任形式体系,并全部适用于证券期货交易市场。就高频交易而言,在法律实践层面,也已经受到刑事责任与行政责任的有效规制。2017年,国内首例被认定滥用高频程序化交易操纵股指期货市场案的被告伊士顿公司及其相关工作人员被判处构成操纵期货市场罪,被追究刑事责任。判决生效后,该案所涉华鑫期货和有关人员又陆续受到上海证监局、中金所等监管部门的行政处罚,被追究行政责任。尽管高频交易这一新型交易行为已经受到行政与刑事的双重规制,但是我国尚无因滥用高频交易或高频交易违规引发民事赔偿责任的案例。本文认为,民事责任对于规范高频交易民事行为,保护投资者合法权益意义重大。下面拟从民事侵权行为的构成要件、规则原则、责任范围的进路出发,以期构建高频交易民事侵权行为的责任体系。

(一)高频交易民事侵权行为的认定与构成要件

1. 高频交易民事侵权行为的认定

高频交易民事侵权行为,是指行为人违反证券法律法规规定,滥用高频交易操纵市场或者违规从事高频交易,侵犯了其他投资者合法权益的民事侵权行为。我国2019年《证券法》第45条,对程序化交易作出明确规定。高频交易作为程序化交易的典型代表,高频交易的投资者应当严格遵守该条所规定的义务,主要表现在:通过计算机程序自动生成或者下达交易指令进行高频交易的,应当符合证监会监管规定,并向证券交易所报告,不得影响证券交易所系统安全或者正常交易秩序。同时,2019年《证券法》第55条对操纵证券市场的类型,又增加了"不以成交为目的,频繁或者大量申报并撤销申报"这一虚假申报操纵类型。2019年《证券法》上述规范条文,为高频交易提出了法律规制与遵循。高频交易参与者因违反证券法律法规,致使其他投资者遭受损失的,理应承担相应民事赔偿责任。

2. 高频交易民事侵权行为的构成要件

按照传统侵权责任法理论,构成侵权行为需要具备四大要件:有加害行为;发生损害事实;加害行为与损害事实之间存在因果关系;行为人要具有主观过错。高频交易民事侵权行为,作为一种特殊的民事侵权行为,同样需要符合四大要件构成。

(1)有加害行为

高频交易加害行为是指高频交易者在从事高频交易过程中,采取连续买卖、自买自卖、虚假申报等违法违规活动,影响或扭曲市场价格,以致他人受损的行为。加害行为是高频交易民事侵权责任的前提和基础,没有加害行为,损害也就不会发生,也就无所谓责任承担。

(2)发生损害事实

根据2019年《证券法》第45条的规定,高频交易如因违反证监会规定,影响证券交易所系统安全或证券交易市场稳定,其引发的是刑事责任或行政责任。如欲对高频交易参与者追究民事责任,则需要因高频交易造成投资者财产损失的不利影响,否则,法律并无以民事责任追究对其进行权益填平的必要。高频交易的损害,一般是指由其导致的股价下跌所给他人造成的损害。

(3)加害行为与损害事实之间存在因果关系

侵权行为只有在加害行为与损害事实之间存在因果关系,才能构成。如果二者毫不相干,则侵权行为不能构成。投资人具有以下情形的,可以视为存在因果关系:

一是投资者所投资的证券是与高频交易直接关联的证券;

二是投资者是在滥用高频交易或高频交易违法违规前买入相关证券;

三是投资者因高频交易行为人滥用或违法违规行为,因卖出相关证券发生亏损或者因持续持有证券产生亏损。

(4)行为人具有主观过错

侵权行为的构成,除须具备前述三大要件外,还要以行为人主观上有过错为必要条件。过错包括故意与过失,其中过失又分为重大过失和一般过失。从2019年《证券法》第55条对于操纵市场的规定来看,连续买卖、自买自卖、虚假申报其背后隐含的主观过错为恶意实施和不以成交为目的两种,该种过错全部属于主观故意的过错。

(二)高频交易民事侵权行为的归责原则

民事侵权行为的归责原则,主要分为过错责任和无过错责任两种,其中过错责任属于侵权行为法律关系中最基本的责任形式,包括过错推定原则。就高频交易民事侵权行为而言,它仍属于侵权责任范畴,理应采过错责任的规定。鉴于高频交易这一特殊的证券交易市场应用场景,其他投资人在信息获取上相对弱势,如因高频交易遭受损失,取证能力较弱,为维护市场公平,保护投资者合法权益,应将本应由受害人承担的举证责任转嫁给加害人,适用过错推定原则。在高频交易民事侵权案件中,由高频交易行为人来证明自身没有过错,如果不能证明,就推定其有过错,由此承担侵权损害赔偿责任。

(三)高频交易民事侵权行为的责任范围

民事责任确定的原则和取向,应当是兼顾市场各方合法权益,充分保护投资者合理损失得到有效填补,因此,高频交易行为人在市场交易中承担的民事责任范围,应当以投资人因滥用高频交易或高频交易违法违规所遭受的实际损失为限。这里的实际损失主要指投资人的投资差额损失,同时包含投资差额损失部分的佣金和印花税。

我国证券法域外适用体系化构建的检视和完善

——兼评2019年《证券法》第2条第4款的司法适用

姚竞燕[*]　翟　爽[**]

引　言

《中华人民共和国证券法》(以下简称《证券法》)在2019年修订前后,对于是否新增证券法域外适用条款的讨论从未停歇,三次审议稿亦几经反复。虽然最终2019年《证券法》在第2条第4款中新增了关于中国证券法域外适用的原则性规定,突破了之前《证券法》的适用效力仅限于中国境内的证券发行和交易活动的做法,[①]成为我国反制单边主义金融霸权、维护我国金融秩序的重要手段,但对该条款的理解和适用在实践中产生很大分歧。证券法域外适用的效力边界和司法运用显然成为实践中的核心议题,但当前,国内学者多从行政执法的角度对证券法域外适用进行研究。在构建对外法治话语体系的宏观视角下,本文拟以司法适用为切入点,从法律位阶角度对立法机关、司法机关对证券跨境纠纷诉讼中的管辖权和法律适用的立法意图加以解析,并得出证券法域外适用体系的优化路径。

---

* 法学硕士,上海金融法院综合审判三庭法官。

** 法律硕士,上海金融法院申诉审查及审判监督庭法官助理。

① 《证券法》第2条第4款规定:"在中华人民共和国境外的证券发行和交易活动,扰乱中华人民共和国境内市场秩序,损害境内投资者合法权益的,依照本法有关规定处理并追究法律责任。"

一、问题的提出

对于新法之中具有规则设立性条款的理解逻辑应遵循从文意表述入手,并深入探讨其法律性质,最终落实到相应的具体审查规则之中的路径,故对 2019 年《证券法》域外适用条款解读中产生的"困惑",也应围绕文意、性质、审查规则等方面进行梳理。

(一)2019 年《证券法》域外适用条款的表述含混

2019 年《证券法》第 2 条第 4 款的域外适用条款丰富了我国跨境证券纠纷裁判法律体系,特别是首次于立法的层面将我国《证券法》具有域外适用效力加以明确,为我国跨境证券司法裁判提供了坚实的法律基础,但 2019 年《证券法》域外适用条款因表述过于含混,在司法实践中会面临一系列挑战。一是"用在哪里"?2019 年《证券法》的域外适用条款虽然明确了判断标准"扰乱中华人民共和国境内市场秩序""损害境内投资者合法权益",然而此处关于域外管辖的联结点的表述过于模糊,"扰乱"和"损害"之间的逻辑关系并不明确。弹性表述固然能够从逻辑上使得外延更具张力,但必然会使得司法实践中产生适用困惑,即如何把握具体案件的适用标准。二是"怎么用"?根据域外适用条款的表述"依照本法有关规定处理",这里的"处理"二字并不能明确该条款在性质上是管辖条款还是法律适用条款。我国的诉讼制度对于管辖和法律适用两个概念是有明确区分的,但《证券法》的域外适用条款从字面上看更类似于长臂管辖条款——对管辖和法律适用不作特别区分。[①]《证券法》的"例外"规定,使其在司法适用过程中与通常的既有诉讼程序必然存在"冲突"。三是"何种后果"?"追究法律责任"的笼统表述并未明确是刑事法律责任、民事法律责任抑或行政法律责任。同时,在裁判文书的判项处理上是否需要对《证券法》域外适用规制后果的表述作特别处理,亦成

---

① 参见杜涛:《美国证券法域外管辖权:终结还是复活?——评美国联邦最高法院 Morrison 案及〈多德-弗兰克法〉第 929P(b)条》,载黄红元、徐明主编《证券法苑》2012 年第 2 期,法律出版社 2012 年版。

为困扰实务界的问题之一。

(二)2019年《证券法》域外适用条款的定性尚存争议

从立法技术层面看,法律条文的性质通常可以通过某类固定的表述体现。例如《中华人民共和国刑法》第8条“外国人在中华人民共和国领域外对中华人民共和国国家或者公民犯罪,而按本法规定最低刑为三年以上有期徒刑的,可以适用本法……”,其性质上应属于法律适用条款,“适用”二字便是对法律适用属性的集中体现;《中华人民共和国民事诉讼法》(以下简称《民事诉讼法》)第272条“因合同纠纷或者其他财产权益纠纷,对在中华人民共和国领域内没有住所的被告提起的诉讼,如果合同在中华人民共和国领域内签订或者履行……可以由合同签订地……人民法院管辖”性质上属于管辖条款,“管辖”二字明确了其属性。2019年《证券法》域外适用条款中用了“处理”二字,而不是性质较明确的“管辖”或“适用”等字眼,这给域外适用条款的解读带来了困惑——该条款到底是管辖的规定还是法律适用的规定。有学者认为,该规定赋予我国法院对域外证券纠纷的管辖权。[①] 理由在于2019年《证券法》出台以后,最高人民法院对涉外金融案件的管辖在司法解释中变相予以明确——赋予上海及北京两家金融法院域外证券纠纷的管辖权。[②] 然而也有学者认为,该条规定仅仅是法律适用条款,因为从实体法和程序法的区分上看,管辖条款作为诉讼程序应规定在诉讼法之中,而不应出现在作为实体法的《证券法》中。[③] 对于域外适用条款属于管辖规则还是法律适用的辨析,直接影响了该条款的应用场景和适用思路。

(三)管辖过程中的审查规制尚未细化

如将域外适用条款认定为管辖条款,那么将适用原则与适用条件细化是不可回避的问题。首先,从条文表述上看,我国的证券域外管辖条款应属于

---

① 参见张迈:《中国〈证券法〉的域外管辖标准及其适用条件》,载《金融法苑》2020年第4期。

② 最高人民法院《关于上海金融法院案件管辖的规定》(2021年4月22日起实施)。

③ 参见孙南翔:《美国法律域外适用的历史源流与现代发展——兼论中国法域外适用法律体系建设》,载《比较法研究》2021年第3期。

“效果原则”,但是仅以效果原则作为确定我国证券法域外管辖的标准是否能满足司法实践中的需求,是否应同时引入“行为测试标准”等其他原则?其次,域外适用条款的适用条件如何解读?所有境外发行和交易行为只要扰乱我国市场、损害投资者权益,均可能受到我国法律的约束。这种宽泛的域外管辖规制虽具有更大的体系张力,可赋予司法机关较大的自由裁量权,以充分保护境内市场秩序、境内投资者权益,但涵摄外延的宽泛必然使司法保护的边界无法有效厘清。客观上,海量的涉外证券纠纷案件可能激化中外证券监管冲突,也不利于司法机关在保护主权、安全和发展利益的核心选项上主动作为。

(四)法律适用的规制属性尚未明确

如果将域外适用条款认定为法律适用条款,那么是否可以将其归入传统国际私法的范畴?如果可以归入,则其在国际私法体系中的性质又应当如何归类?在我国国际私法的体系当中冲突规范、直接适用的法、公共秩序保留、法律规避等被视为能够产生适用我国实体法效果的法律依据,其中冲突规范又包括单边、双边、选择型、重叠型等不同的类型。其中,在证券法域外适用条款上产生争议的主要包括:《涉外民事关系法律适用法》(以下简称《法律适用法》)第4条的“直接适用的法”①和第5条的“公共秩序保留”,②以及主张类似《中华人民共和国民法典》(以下简称《民法典》)第467条的“单边冲突规范”。③ 有学者认为,在私法领域《证券法》中关于法律适用的规定不能适用,仅仅在公法领域可以适用,也即证券法的域外法律适用条款仅能适用于行政管辖而不适用民事主体之间的私力救济。④

---

① 《涉外民事关系法律适用法》第4条规定:“中华人民共和国法律对涉外民事关系有强制性规定的,直接适用该强制性规定。”

② 《涉外民事关系法律适用法》第5条规定:“外国法律的适用将损害中华人民共和国社会公共利益的,适用中华人民共和国法律。”

③ 《民法典》第467条规定:“……在中华人民共和国境内履行的中外合资经营企业合同、中外合作经营企业合同、中外合作勘探开发自然资源合同,适用中华人民共和国法律。”

④ 参见杜涛:《美国证券法域外管辖权:终结还是复活?——评美国联邦最高法院Morrison案及〈多德-弗兰克法〉第929P(b)条》,载黄红元、徐明主编《证券法苑》2012年第2期,法律出版社2012年版。

二、跨境证券纠纷管辖权的体系化检视

对于证券法对跨境证券纠纷案件的管辖权，尤其是对中国境外证券发行和交易活动所引发的跨境证券纠纷案件的诉讼管辖权，[①]值得我们重点探讨。这需要我们结合《证券法》的立法背景，对跨境证券纠纷案件的管辖权进行更直观的梳理和理解。

（一）2019年《证券法》修订沿革中立法理念的变迁

在很长一段时间内，我国对于本国法的域外管辖和适用都持相当保守的谨慎态度。直到国际形势的剧烈变化，出于维护自身权益、反制国际霸权的角度考量，近年的立法和司法理念开始逐步变化。早在2015年中国启动《证券法》的新一轮修订工作后，虽然各项修改议题不断取得共识，但对于是否增加证券法域外管辖的讨论一直未有定论。“在中华人民共和国境外的证券发行和交易行为，损害中华人民共和国国家利益、社会公共利益和境内投资者合法权益的，适用本法”被增加到《证券法（一审稿）》，然而于2019年4月提交审议的《证券法（三审稿）》又将上述内容删除，使严格的属地管辖重新回归为证券法管辖的基本理念。然而2019年《证券法》正式颁布时，却又在第2条第4款将域外管辖的内容明确：“在中华人民共和国境外的证券发行和交易活动，扰乱中华人民共和国境内市场秩序，损害境内投资者合法权益的，依照本法有关规定处理并追究法律责任。”

对于此种立法表述的变化，尤其是三审稿与最后公布稿之间截然相反的表态，我们需要更深入地分析立法背后深层次的影响因素：2018年开始，美国不断扩充“长臂管辖”的范围，涵盖了出口管制、反垄断、网络安全等众多领域，还包括金融投资这一与《证券法》相关的领域，美国动辄要求他国主体在国际事务中必须服从美国之国内法，否则随时可能遭到其包括民事、刑事、贸

① 国际法上的管辖包括立法管辖、司法管辖、行政管辖，其中行政管辖属于公法领域，本文讨论的范围为私法领域，其中立法管辖又指法律适用，司法管辖又指法官的诉讼管辖。

易等在内的制裁。[①] 面对严峻的国际局势,2019 年 2 月 26 日,习近平总书记在中央全面依法治国委员会第二次会议上明确指出,要加快推进我国法域外适用的法律体系建设。2019 年 10 月 31 日中共十九届四中全会公报中明确表述——加强重要领域立法,加快中国法域外适用的法律体系建设。[②]

我们可以清晰地看到证券法修订过程中,显然是在积极落实党中央对于中国法域外适用法律体系建设的战略布局。这在随后最高人民法院司法解释的阐述中可见一斑——2021 年 4 月修订的《最高人民法院关于上海金融法院案件管辖的规定》,明确将"境内投资者以发生在中华人民共和国境外的证券发行、交易活动或者期货交易活动损害其合法权益为由"提起的诉讼纳入上海金融法院的管辖范围。

(二)我国法院对跨境证券纠纷行使管辖权的必要性

具体而言,我国法院对跨境证券纠纷行使管辖权又有着怎样的重要意义呢?

一是有效构建中国法域外适用体系。随着经济一体化与国际化进程加快,各国证券市场的竞争性和依存性不断增强,证券违法行为也更多体现出跨国性特征。由于各国对跨国证券违法行为的认定、惩治措施及投资者保护等方面的法规存在差异,为维护本国利益,确保国内证券市场的稳定和安全发展,纷纷扩展本国证券法管辖范围。我国正着力构建域外法律适用体系,行使案件管辖权是其中的首要环节。

二是应对美国"长臂管辖"的必然选择。从美国近 30 年的司法实践来看,其证券法域外适用的范围非常广泛,通过法律的技术性解释和创制,可以适用任何证券发行或交易。首先,从国际层面来看,美国频繁实施证券法域外适用违反了国际礼让原则,违背了基本的国际传统和国际惯例,引起国际

---

① 中华人民共和国国务院新闻办公室:《关于中美经贸摩擦的事实与中方立场白皮书》,载国务院新闻办公室网 2018 年 9 月 24 日,http://www.scio.gov.cn/zfbps/ndhf/37884/Document/1638295/1638295.htm。

② 中共十九届四中全会公报《中共中央关于坚持和完善中国特色社会主义制度 推进国家治理体系和治理能力现代化若干重大问题的决定》,载中华人民共和国中央人民政府网 2019 年 11 月 5 日,http://www.gov.cn/xinwen/2019-11/05/content_5449023.htm。

社会的反抗和抵制。其次,美国单边进行证券法域外适用冲击了国际金融市场秩序。当前,各国的监管者和市场参与者对于证券违法行为的含义和认定尚未达成一致,美国证券法的域外适用极易与他国金融监管部门产生冲突,增加国际金融市场不稳定因素。为保护我国投资者的利益、维护我国证券市场的稳定发展,我国应积极行使跨境证券纠纷的管辖权,抑制美国“长臂管辖”。

三是寻求平衡且富有弹性的域外管辖权行使方式。我国行使证券纠纷域外管辖权时也应注意寻求积极与谦抑之间的平衡点,既要“能管”,即通过涉外管辖权的行使保护我国投资者的合法权益、维护我国金融市场的稳定,同时要有所“取舍”,即应充分尊重国际礼让原则并以我国司法现有资源为基础,适当开放域外管辖,不能因过分开放域外管辖造成有限司法资源疲于应付的被动状态,甚至引起不必要的国际争端。

(三)2019年《证券法》中诉讼管辖权的审查规则

既然我国法院对扰乱我国境内市场秩序或损害境内投资者合法权益的境外证券发行和交易活动具有当然的管辖权,那么我们在具体案件的审查立案过程中,应当坚持构建怎样的审查规则?

1. 审查规则的法理基础

对于具体案件是否符合管辖规则的审查显然属于程序法范畴。鉴于“诉讼程序依法院地法”已成为国际私法中公认的、普遍采用的原则,因此对于具体案件中管辖权的审查规则应当依据我国的民事诉讼法加以确定。依据对《证券法》第2条第4款的理解,从扰乱秩序、损害权益的表述可以将其归入侵权法范畴,因此需从梳理我国对于侵权行为的管辖标准入手加以解读。

侵权行为地管辖标准是国际法上属地管辖原则的重要体现。[①] 属地原则分为主观属地原则和客观属地原则,实际上是以侵权行为在一国开始或完成为区分标准,其中主观属地原则坚持受一国法律管辖的侵权行为要在该国境

---

① 属地原则是国家行使管辖权的首要原则,它是指国家对于其领土内的一切人、物、行为或事件都拥有管辖权。现代国际法和国际体系是以国家主权为基石的。国家管辖权,包括立法管辖、司法管辖和执法管辖,都是国家主权权力的具体体现,它们拥有一个共同的逻辑起点:所有类型的管辖权都是属地的,首先及于本国境内的人、行为和财产,若无国际法上的特别理由,国家即当然享有管辖权。参见宋晓:《域外管辖的体系构造:立法管辖与司法管辖之界分》,载《法学研究》2021年第3期。

内开始实施,而客观属地原则突破了开始的概念,只要在该国完成即可以受该国管辖。可见在侵权行为地的概念中,同时包括了侵权行为发生地这一主观属地原则和侵权结果发生地这一客观属地原则。有学者认为"发生在境外的证券发行、交易活动或者期货交易活动损害境内投资者合法权益"正是侵权结果发生地原则的具体体现。[①] 这也可以理解为我国法院证券纠纷域外管辖找到了上位法基础,所以我国法院当然具有证券纠纷的域外管辖权。

但也有观点认为,客观属地原则中的侵权"结果"发生地与证券法域外适用是完全不同的概念。证券法域外适用实际上是效果原则,其背后隐含的法理是境外发生的证券侵权行为对境内产生了相应的影响。相较之下,首先,客观属地原则重在行为结果发生,而效果原则重在行为影响产生。其次,客观属地原则中的行为结果发生是认定侵权行为的构成要件,而效果原则中的产生影响并不是侵权行为的构成要件。对以上两个观点进行比较分析,不难发现,若法院以效果原则作为对域外证券侵权的管辖依据,那么只要该侵权行为对境内造成的损失效果存在即可;但是法院以客观属地原则中的侵权行为发生地作为管辖依据就会遇到很多障碍,例如,证明侵权行为造成的最终损害发生在我国境内,这与现实交易中损失多发生在境外市场的情况相悖,故很难得到证据证实。所以在我国《民事诉讼法》并未确立"效果原则"的情况下,为保护我证券投资的利益应将2019年《证券法》第2条理解为效果原则并以此为依据确立诉讼管辖权。

2. 域外证券纠纷管辖权的审查规则

如上文所述,2019年《证券法》第2条确定了"效果原则"作为我国证券法域外管辖原则。"效果原则"重点关注于在域外证券侵权行为是否会对一国市场秩序或国内投资者的利益造成可预见性的实质损害影响。可见,是否具有实质性影响是效果原则的重要判定标准。实质性审查的认定标准为:境外证券侵权行为影响在其国内注册并上市交易的证券,且损害了其本国投资者的合法权益。具体来说:一是投资者需要证明证券侵权行为是针对本国居民进行且受有实际损失;二是受损的利益在本国境内。直接性要求是"效果

① 参见[英]马尔科姆·N.肖:《国际法》(第6版下册),白桂梅等译,北京大学出版社2011年版,第540页。

原则”的行使条件。从域外实践看,虽然在证券法的域外适用中并没有详细解释直接性要求的内涵,但在反垄断法域外管辖中的讨论可作参考。在相关反垄断法域外适用的判例中,直接性要求境外侵权行为的直接后果是对一国境内的商业行为产生影响,而合理近因关系则要求,若侵权法中规定如果损失和行为之间的关联是间接关系,损失将无法获得赔偿。也有国外判例认为应采用风险防范标准,以行为产生的一定损害范围作为行为者的责任限制,在风险防范标准下法院应着重审查境外侵权行为和对本国市场产生的影响之间的因果关系,当影响已经超出境外侵权行为可预期的风险范围时,应认定行为与影响之间不具有直接的因果关系,故法院不得行使管辖权。

可预见性要求也是衡量“效果原则”的重要标准。可预见性的作用主要在于限制行为人的责任承担范围。要求境外行为人在实施行为时能够预见给境内投资者以及证券市场带来的损害,而对于具有偶然性的事件行为人不需要承担责任。

针对域外管辖的适用标准,2019 年《证券法》采用了“效果原则”。仅从 2019 年《证券法》域外管辖的字面表述看,其仅仅是笼统地以“扰乱市场秩序”为要件,并没有设置具体的限制条件。司法机关不仅被赋予了更大的自由裁量空间,而且带来了其滥用管辖权的风险。对于较严重的跨境证券侵权行为司法机关可以着手管辖,但是对于对境内影响较小的证券侵权行为,因为国际礼让原则的遵守以及司法资源的有限性,司法机关有必要放弃管辖。所以,应限定境外证券发行、销售行为对中国境内的影响为实质性、直接性、可预见性时,才对该证券纠纷行使管辖权。

“实质性”要求可以通过以下两方面进行判断:一是境内利益受到实际损害,具体来说,实际受损的主体要对损失有确切的感知,这里的损失不是仅仅指一般性的影响;二是证券侵权行为主要是针对中国境内投资者进行的,一般要求招股说明书中载明证券向中国投资者出售(或仅向中国投资者销售)。若侵权行为的受害主体中,中国境内投资者仅仅是很少的一部分,影响力不大,那么不应认定具有实质性损失。

“直接性”的认定可以参考侵权责任法中因果关系理论的相关理论,证券侵权可以被看作一种特殊的侵权形式,其本质也是通过追究证券侵权人的赔偿责任来弥补投资者的损失。[①] 相当因果关系理论在判定因果关系是否成立时采用两段式的标准:其一,侵权行为是投资者损害发生的充分必要条件;其二,侵权行为的产生客观上增加了损失发生的可能。如果侵权行为的存在并不能增加损失发生的可能性,就不应认定为具有相当因果关系。

"可预见性"要求跨境证券侵权人能合理地预见发生在境内的损害,损害发生并非偶然。[②] "可预见性"将侵权人承担的责任限制在可预见的范围之中,并且一般情况下行为人不一定要预见损害的发生方式、程度及范围,而只需预见损害类型即可。[③]

3. 2019年《证券法》与现行国际管辖规则的冲突与协调

证券法的域外适用必然导致平行管辖的普遍存在,因为证券法的域外适用并不具有排他性。一国法律域外适用可以及时弥补国际监管机制的缺失,将违背全球公共利益的事项"管起来"。某种程度上,法律的域外适用机制被合理使用不但可以发挥国际社会提供公共服务的优势,[④]而且将证券市场的公共秩序及相关投资者的合法权益依靠较为成熟的国内法保障也更符合相关福利经济学的原理。[⑤]

具体到我国域外证券纠纷的司法管辖问题,也必然面临平行诉讼的规制问题:在当前复杂的国际局势下,尤其金融领域涉外纠纷案件的处理结果,客观上往往会对我国的资本市场、金融安全等方面造成影响。此类案件的管辖权对抗将成为诉讼博弈、风险防范的重点领域。

首先,可以将国内诉讼规则引入涉外证券纠纷的具体实践中。我国在国内平行诉讼领域早就确立了先受理法院规则,国内法院之间就管辖权发生冲突时,案件应由最先立案的人民法院管辖。虽然《民事诉讼法》第四编有"涉外民事诉讼程序的特别规定",但是对于平行诉讼问题并未另行规定,仅仅在

---

① See Michael A. Carrier, *A Tort-Based Causation Framework for Antitrust Analysis*, 77 Antitrust Law Journal 991(2011).

② 参见王泽鉴:《侵权责任法》,北京大学出版社2009年版,第186页。

③ 参见程啸:《侵权责任法》(第2版),法律出版社2015年版,第234页。

④ Restatement (Fourth) of the Foreign Relations Law of the United States #407 (American Law Institute 2018).

⑤ 参见李庆明:《美国域外管辖:概念、实践及中国因应》,载《国际法研究》2019年第3期。

《最高人民法院关于适用〈中华人民共和国民事诉讼法〉的解释》第531条中规定了阻却先受理法院规则的适用。所以将平行诉讼的先受理法院规则拓展至域外证券纠纷不仅符合我国当前民事诉讼制度,也符合我国资本市场进一步对外制度型开放的战略要求。

其次,优化先受理法院规则的可预期性。处理域外证券纠纷的过程当中,应预先审查外国法院裁判的效力,对其能否得到本国法院的承认与执行加以判断,这样才能保证当事人实现权益不会因依据优先受理法院规则分配管辖权而产生额外困难。因此,在审查后认为外国法院裁判的处分无法得到本国法院的承认与执行的情况下,不应简单地排除本国管辖权。具体到域外证券纠纷案件中,并不需要对裁判内容符合本国的公共利益与否进行审查,仅需审查该裁判将来的承认与执行是否符合国际条约和互惠原则。所以承认预期规则审查的重点内容应包括:性质上是否是专属管辖,与现有规则的协调方面,是否存在排他性管辖协议、承认执行的司法互助条约、互惠关系。可见,将"先受理法院规则+承认预期规则"作为解决管辖权冲突一般规则的域外证券纠纷平行诉讼制度,在给予当事人高度确定的诉讼预期的同时,还具有很强的可操作性。

再次,通过不方便法院制度来防守风险。不方便法院制度通过抑制本国法院的司法主权,礼让案件于外国法院,由此在化解平行诉讼问题、协调国际管辖权冲突方面产生重要意义。当部分域外证券纠纷案件在本国法院审理会使本国公共利益受到损害,从防范重大风险的角度来考虑,我们应该运用不方便法院制度来将案件礼让,以求风险的有效化解。

最后,通过禁诉令制度保持管辖权的扩张性与延展性。当两个平行诉讼均发生法律效力时,仅仅依据《民事诉讼法》阻却外国裁判在本国的承认与执行并不能更好地使本国裁判在域外发生法律效力。此时需要禁诉令制度,本国法院为限制享有管辖权案件的当事人在外国提起诉讼,对其签发的命令。但也要注意发布禁诉令应采取保守的态度,发布的唯一要素应是侵害本国公共利益,以当事人申请为原则,并且在程序上严格禁诉令的签发流程。①

---

① 参见徐文进:《防范化解重大风险视阈下平行诉讼制度的反思与完善》,载《湖湘论坛》2020年第2期。

三、域外证券纠纷法律适用的检视

对于管辖权审查规则的厘清有助于法院解决案件的受理问题,当法院的管辖权得以确认后,就会对法律适用进行审查以确定案件的准据法。对于国际私法层面证券法领域的管辖和法律适用问题,其实是一个较复杂的沿革过程。

(一)区分管辖与法律适用的必要性

通过对美国证券法中域外管辖权的概念进行历史的比较研究,可以发现域外管辖权在美国具有特殊的意义,它主要是指美国法院的事务管辖权,长期以来证券纠纷的事务管辖权与证券法的域外适用问题混淆,随着经济全球化的发展,美国逐步区分两种不同的概念。

从遵循逻辑上看,美国法院初期认为,法院对涉外证券侵权案件的司法管辖权应通过各类判断标准(如效果标准、行为标准)加以确定,如果认定法院享有司法管辖权,便可直接适用美国的证券法,故美国的证券法被赋予了域外管辖的权利。直到2010年Morrison案,长久以来各巡回法院暴露在案件审理中的逻辑起点错误被美国联邦最高法院于判决书中加以纠正,并且首次提出法院司法管辖权与法律域外适用两者之间的差别,并加以区分。判决书中强调,美国《1934年证券法》是否具有域外效力并不能简单地取决于一国法院对某一案件具有司法管辖权与否,因为其本质上是关于法律适用的问题。

与美国《1934年证券法》第27条规定法院享有司法管辖权的态度不同,在证券法域外效力的问题上,"反域外管辖推定原则"被美国联邦最高法院通过判决的形式提出:原则上国会不会就域外事件立法,除特殊情况外,应推定国会确立的规则不具有域外效力。所以在Morrison案中,美国联邦最高法院开创了"交易标准",证券法仅管辖在美国境内购买和销售证券的行为。可以看出"交易标准"将连接点严格限制在了美国国内。因为美国意识到证券法的域外管辖是对国际礼让原则的违反,容易与他国的证券法产生法律冲突,甚至构成对他国国家主权的过度干涉,并且美国也逐步认识到如果法院一味扩张域外管辖权,对于与美国关联不大的案件提供诉讼服务,容易引起滥诉现象并且浪费美国有限的司法资源。

(二)规范域外证券案件管辖与法律适用的甄别

随着证券市场的全球化及证券交易的跨国发展,证券纠纷不再仅仅单纯地限于一国的内国法问题。为了保护本国的投资者权益、维护境内市场秩序,各国纷纷开始主张本国证券法具有域外管辖的效力。法律的适用范围越发得到关注的同时,我们也应注意到其后的延伸问题——法律和领土的关系实质上是系统的政治、经济和社会问题。[①] 我国2019年《证券法》第2条的域外管辖条款与美国证券法律体系中盛行一时的"效果原则"有一定的相似之处,都是重点关注在境外发生的行为是否对一国利益(包括投资者利益及市场秩序)造成可预见的实质性损害。[②] 但是美国混淆了管辖权和法律适用两个截然不同的问题,这就导致美国的证券法域外适用问题实际上就演变成了美国法院的域外管辖权问题。很长一段时间,我国学术界在讨论证券法域外适用时,也时常忽略这一问题,这直接使研究新《证券法》第2条时产生了概念和逻辑上的混乱。在破解逻辑难题的过程中,"公私分明"是一个有效的突破口,具体对于我国来说,2019年《证券法》域外适用条款的研究要严格区分私人执行和公法执行,万不可将二者混为一谈。首先,在证券侵权民事诉讼中,在依据证券法域外适用条款的基础上,应区分管辖权和法律适用两个不同的问题,关于管辖权的问题还需依据《民事诉讼法》的相关规定,而关于法律适用的相关问题也应依据法律适用法进行体系化考量。其次,当证券法作为具有监管性质的公法时,域外管辖条款为我国行政机关进行域外证券违法行为调查提供管辖权及法律依据。

(三)域外证券纠纷的法律适用考察

对于《证券法》第2条第4款法律性质的理解,不能仅以其规定在《民事

---

① 参见何其生:《比较法视野下的国际民事诉讼》,高等教育出版社2015年版,第54页。

② See Tamari v. Bache & Co. S. A. L. 730F. 2d 1103, 1108(7th Cir. 1984).

诉讼法》、《涉外民事关系法律适用法》、部门实体法中的规定来简单判断。一方面,由于法律制度的稳定性和滞后性,在成文法国家的法律制度创新往往无法及时在相应的法律体系中协调发展,而是会在部门法、单行法中率先落实某项制度;另一方面,某些特定法律程序性的制度设计在部门法、单行法中与相关机制作出协调性的规定有时更为简便恰当。因此实践中,在专业性、独立性较强的部门法和单行法中往往会出现程序法、实体法、组织法相互交织的情形,如《反垄断法》《香港特别行政区维护国家安全法》等。

诚如前文所述,证券法域外适用条款关于法律适用的争议主要包括公共秩序保留、直接适用的法、单边冲突规范三种情形。以下将着重针对三种情形展开剖析,以便为明确法院在适用该条款时的解析思路和裁判逻辑。

之于"公共秩序保留",是指因外国法的适用将会与法院地国公共秩序相抵触,而即使依据冲突规范应适用外国法,该国法院也有权排除或拒绝适用的制度。[①] 两者之间单从法律条文字面来看似乎相类似:《涉外民事关系法律适用法》第5条规定,外国法律的适用将损害中华人民共和国社会公共利益的,适用中华人民共和国法律。《证券法》第2条第4款规定中"扰乱境内市场秩序、损害境内投资者合法权益"的表述似与其"社会公共利益"的表述存在高度近似。但实际上公共秩序保留作为冲突规范的"安全阀",是适用冲突规范之后强行法律适用结果的一种制度,与《证券法》的直接适用存在本质区别。

之于"直接适用的法",是指为实现国家重大社会经济利益而制定的直接适用于涉外民商事关系的具有强制效力的实体法律规范。[②] 我国《涉外民事关系法律适用法》第4条以制定法的形式规定了直接适用的法:我国法律对涉外民事关系有强制性规定的直接适用该强制性规定。随后最高人民法院发布的《关于适用〈涉外民事关系法律适用法〉若干问题的解释(一)》(以下简称《涉外民事关系法律适用法司法解释》)又以不完全列举的方式对直接

① 参见韩德培主编:《国际私法》(第3版),高等教育出版社、北京大学出版社2014年版,第140页。

② 参见刘仁山:《直接适用的法在我国的适用——兼评〈《涉外民事关系法律适用法》解释(一)〉第10条》,载《法商研究》2013年第3期。

适用的强制性规定予以例式,并且在该解释的第 10 条明确了直接适用的法的内涵"涉及我国社会公共利益、当事人不能通过约定排除适用、无需通过冲突规范指引而直接适用于涉外民事关系的法律、行政法规的规定"。该解释将"涉及外汇管制等金融安全"列入"强制性规定"的范畴。实践中相当多的观点认为《证券法》第 2 条第 4 款应当以此为法源依据,在裁判中应当合并引用该条款。然而笔者认为,该条款的适用存在两个逻辑问题:一是从该条款的文义以及司法实践来看,目前该条款主要适用于可能会冲击我国外汇管理制度的对外借款、对外担保等情形,①若扩大至境外证券发行等活动则会显著扩大该条款的适用范围,逻辑上存在不够周延之虞;二是《涉外民事关系法律适用法司法解释》第 8 条在界定"强制性规定"过程中为防止适用的扩大化,明确将"涉及我国社会公共利益"作为判断要素之一。由此可见,直接适用的法的适用要着重考察对公共秩序损害,然而个人利益受损并不能必然导致公共利益受损,所以《证券法》适用范围中的"损害境内投资者利益"情形则被排除在外,这种理论架构不利于证券法域外适用的拓展。

之于单边冲突规范,是指直接规定适用某国法律的冲突规范。② 常见的单边冲突规范有《民法典》第 467 条,其规定我国境内履行的中外合资经营企业合同、中外合作经营企业合同、中外合作勘探开发自然资源合同,适用中华人民共和国法律。笔者认为,将新《证券法》的域外适用条款理解为单边冲突规范更为合适。因为全国人大常委会通过的《证券法》本身就具有创设法律适用规则的权限,并不需要强行套用冲突规范的现有逻辑。《证券法》该条规定具有典型的单边冲突规范特征——单边冲突规范只规定了一个明确的连接点,即当它指向适用国内法时就不能再适用国外法。法律规则深入的性质分析显然有利于构建明确的案件适用法律过程,尤其为跨境证券纠纷案件的裁判说理、法律论证等提供了坚实的逻辑基础。

---

① 参见广东省高级人民法院民事判决书,(2020)粤 14 民终 866 号;湖北省武汉市中级人民法院民事判决书,(2020)鄂 01 民终 3492 号;江苏省南京市中级人民法院民事判决书(2014)宁商外初字第 26 号,江苏省扬州市中级人民法院民事判决书(2014)扬商外初字第 0009 号。

② 肖永平:《我国国际私法立法现状及对策研究》,载《法学评论》1991 年第 6 期。

四、完善建议

证券法的域外适用机制建设不仅关涉国家主权、金融安全和资本市场的健康发展,也成为用中国理论阐述中国司法实践,用中国司法实践升华中国理论的重要方式。由于证券法域外适用在立法表达上较为简略,应以证券法域外适用制度的司法应用为抓手,大力加强国际传播能力,为推动构建人类命运共同体作出积极的贡献。

(一)加强顶层设计,构建更为系统的具有域外效力的法治体系

中国当下正致力于统筹国内法治和域外法治、建设社会主义法治国家和推进全球治理体系改革。在此背景下,我国探索构建"中国证券法域外适用体系"是构建"具有域外效力的中国法治体系"的题中之义。我国主张2019年《证券法》具有域外效力,应以域外证券侵权行为与中国存在合理、密切的联系为基础,对其中的合理性及正当性做充分的法理阐述,且不存在明确的禁止性国际法原则。但要使证券法的域外适用条款得到真正的落实,还要进一步加强顶层设计,构建完备且系统的具有域外效力的法治体系。从基本遵循上看,中国构建具有域外效力的法治体系应坚持以下原则:首先应与国家目前的发展实力相适应;其次不违反国际法基本原则。我国一直秉持多边主义,倡导构建人类命运共同体,着力推动经济全球化朝着健康、均衡、普惠的方向发展,所以中国构建的域外效力法治体系必须要严守国际法的基本原则,并且兼顾其他国家的合理发展利益,尽可能以国际法中的合理性原则为支撑,并以禁止性原则为边界。[①] 从有机化设计上,我国旨在构建的具有域外效力的法治体系应是融合立法、司法、执法的综合"法治体系"。

① 参见霍政欣:《国内法的域外效力:美国机制、学理解构与中国路径》,载《政法论坛》2020年第2期。

（二）加强体系协调，修订民诉法和涉外民事关系法律适用法

对外法治话语体系的有效运转需要构建具有域外效力的证券法律体系，并注重将实体法与程序法相结合。立法表达是静态的界定规则，司法表达是动态的阐释规则——两者相辅相成，正是用理论阐释实践，用实践升华理论的过程。具有域外效力的证券法律体系搭建的过程，正是打造中国特色新概念、新范畴、新表述的过程。在现有的《民事诉讼法》与《涉外民事关系法律适用法》的既有规定下，细化对证券法域外适用的具体规则。可以通过出台相关司法解释的形式予以明确，在符合效果原则的情况下的域外证券侵权行为，我国具有管辖权，并且在法律适用方面可以适用我国《证券法》的相关规定。只有打通了《民事诉讼法》《涉外民事关系法律适用法》《证券法》之间的协调机制才能真正做到证券法的域外适用有法可依。

（三）完善应用规则，细化管辖解释、厘清法律适用冲突规则

法律的意义在于实施。《证券法》的域外适用只有不断细化实施规则才能够实现机制创新的目的，使我国在证券法领域切实享有国际法治话语权。目前，最高人民法院《关于上海金融法院案件管辖的规定》已增加一条作为第2条："下列金融纠纷案件，由上海金融法院管辖：境内投资者以发生在中华人民共和国境外的证券发行、交易活动或者期货交易活动损害其合法权益为由向上海金融法院提起的诉讼"，其具体可细化为境内合格机构投资者或境内投资者通过沪港通、沪伦通等购买境外证券或期货，因证券发行、交易活动或期货交易活动损害其合法权益为由向上海金融法院提起诉讼。首先明确适用对象为符合外汇管理规定的金融投资或消费行为。正如最高人民法院民二庭负责人答记者问中提到的"沪港通、沪伦通等国家金融市场对外开放的重要改革措施正在实施之中，跨境证券期货交易等金融活动日益增多"，赋予上海金融法院管辖此类案件，有利于打造国际金融纠纷解决的优选地。值得注意的是，其中只规定了损害投资者权益，却没有包含扰乱国内市场秩序，是因为在目前的情况下，扰乱国内市场秩序的认定标准尚无定论并且也不具有操作性。

在法律适用方面,也应在现有的基础上,细化证券法域外适用的相关规则。因为法律适用不同于管辖权的规定,更多的是法律方面的指引,所以在适用范围上可以适当扩展至“扰乱国内市场秩序”“损害投资者利益”两个方面,并且两个方面在逻辑上是并列的关系,只要满足其一就可以适用我国的法律,这更有利于保护我国投资者的合法权益,同时给了境外主体稳定的法律预期。

上海法院2018～2022年期货和衍生品交易纠纷审理情况分析及《期货和衍生品法》实施之后趋势研判①

李瑶菲* 王 倩**

期货及衍生品交易具有发现价格、管理风险、配置资源等功能。我国期货和衍生品市场经过30多年的发展已成为中国国民经济高质量发展重要的“稳定器”,在服务实体经济和国家战略中发挥重要作用。《中华人民共和国期货和衍生品法》(以下简称《期货和衍生品法》)于2022年8月1日起施行,对健全我国金融法律体系、完善期货和衍生品法律制度、推进期货和衍生品市场法治建设具有重要意义。本文以上海法院2018～2022年涉期货及衍生品纠纷为样本,多维度梳理涉期货及衍生品纠纷的审判实践现状,围绕涉期货及衍生品纠纷中的主要争议问题展开研究,进一步思考《期货和衍生品法》未直接回应而司法实践迫切需要解决的问题,为《期货和衍生品法》颁布后妥善处理复杂的涉期货及衍生品纠纷案件探寻参考路径。通过对期货与衍生品案件的特点、趋势进行梳理、研判,以期精准把握国家金融战略和金融政策,正确理解《期货和衍生品法》立法旨意和内涵。

---

① 本文获2022年上海法院优秀司法统计分析三等奖。

* 法学硕士,上海金融法院综合审判一庭法官助理。

** 法学硕士,上海金融法院综合审判一庭法官助理。

一、现状描摹:2018~2022年上海法院期货和衍生品交易案件情况

以2018年8月至2022年8月为审结日期范围,限定民事案由为“期货交易纠纷”项下的11个三级案由①及“证券交易合同纠纷”项下“金融衍生品种交易纠纷”,经人工筛查排除后,最终保留有效裁判文书109篇,其中一审文书102件,二审文书7件。经分析,该类案件存在以下特点。

(一)案件数量呈上升趋势,涉诉标的集中在10万元以下

从样本案件的立案时间分布来看,2018年8月至2019年8月为9件,2019年8月至2020年8月为30件,2020年8月至2021年8月为39件,2021年8月至2022年8月为31件(见图1)。考虑到法院的收结案周期以及

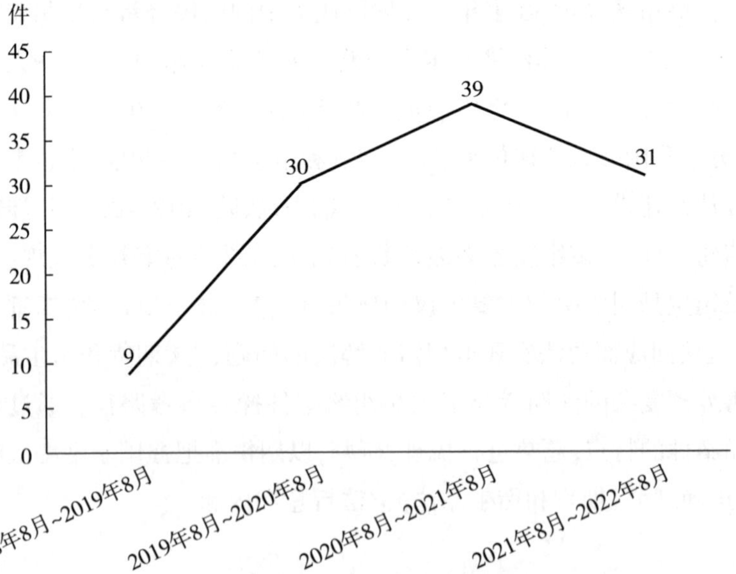

图1 上海法院期货纠纷年度审理数量

---

① 主要有:期货经纪合同纠纷、期货透支交易纠纷、期货强行平仓纠纷、期货实物交割纠纷、期货保证合约纠纷、期货交易代理合同纠纷、侵占期货交易保证金纠纷、期货欺诈责任纠纷、操纵期货交易市场责任纠纷、期货内幕交易责任纠纷、期货虚假信息责任纠纷、其他期货交易纠纷。

纠纷发生和判决作出之间的时间差,2020 年、2021 年案号的纠纷数量增加具有显著性,体现出涉期货交易及衍生品交易纠纷在 2019 ~ 2020 年有所增长。从涉诉标的来看,涉诉标的 10 万元以下的共计 72 件,涉诉标的 10 万元至 100 万元的共计 22 件,100 万元以上的共计 15 件。涉期货及衍生品纠纷的标的额集中在 10 万元以下。

(二)纠纷主要为期货公司诉期货交易者

就涉诉主体而言,期货公司诉期货交易者的案件 74 件,占比 67.89%。期货交易者诉期货公司的案件 31 件,占比 28.4%,其余类型 4 件。涉期货交易及衍生品交易纠纷诉讼主体集中,主要为期货公司及交易者。被诉主体为交易者的共计 71 件,被诉主体为期货公司的 26 件,除此之外,还有将居间人、担保人、证券交易所、期货公司工作人员列为共同被告的案件,共计 12 件。

(三)纠纷案由集中,多为期货经纪合同纠纷

样本案件中,期货交易纠纷共计 106 件,案由为期货经纪合同纠纷的案件 83 件,占样本案件的比例高达 83.76%,其他期货交易纠纷类案件 23 件;涉及衍生品纠纷仅有 3 件,案由为金融衍生品种交易纠纷(见图 2)。涉期货交易纠纷类型高度集中,与涉诉主体主要集中在期货公司与交易者之间的情况相吻合。

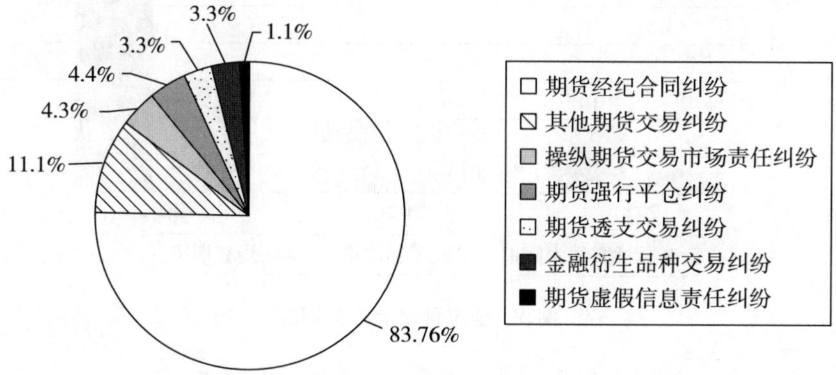

图 2 案由分布

(四)纠纷涉及期货合约占比高,多以判决方式结案

就合约类型而言,涉及期货合约的案件106件,占比高达98.17%。涉及期权合约、互换合约、远期合约的案件各1件。由此可见,涉期货及衍生品纠纷中因期货合约引发的纠纷占比大,应予以重点关注。就结案方式而言,以判决方式结案的案件共62件,占比56.9%;以调解方式结案6件,以撤诉及按撤诉处理方式结案32件,调撤率为34.9%;以其他方式结案共计9件。

(五)涉期货和衍生品纠纷全流程网上办案覆盖率高

自2020年以来,上海法院在深度运用现代科技辅助执法办案、方便群众诉讼方面持续发力,智慧法院建设深入推进,全流程网上办案体系稳步发展。根据样本数据显示,上海法院办理的期货与衍生品案件中,庭审记录改革使用率呈逐年逐步稳增态势,从2020年仅6%案件使用录音、录像记录庭审,到2022年近1/3案件中已实现庭审记录改革。在线庭审覆盖范围则呈短期激增态势,2020年期货类案件在线庭审率为19%,至2022年快速增长至75%,还有进一步提升的空间(见图3)。

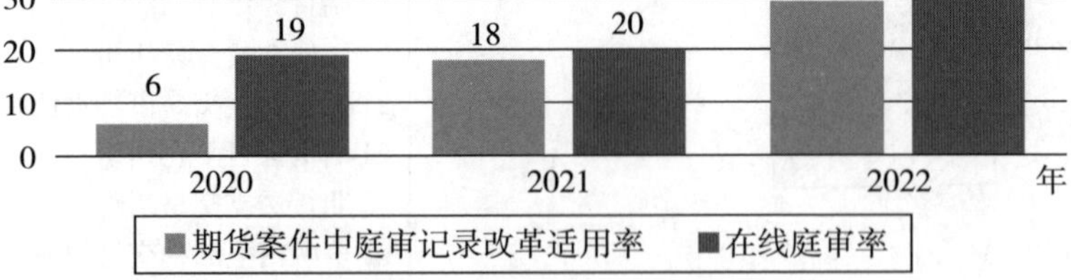

图3 全流程网上办案情况

二、问题发现：涉期货交易及衍生品纠纷的突出特征

（一）期货经营机构履行适当性义务趋于形式化

适当性义务的核心是了解客户、了解产品和适当销售。期货经营机构承担适当性义务的目的是确保期货交易者能够在充分了解相关期货产品、投资活动的性质及风险的基础上作出自主决定，并承受由此产生的收益和风险。《期货和衍生品法》颁布之前，中国证券监督管理委员会颁布的《证券期货投资者适当性管理办法》从合理性评价义务、风险揭示义务、内部管理义务、普通投资者保护义务等层面明确了证券期货经营机构的履责标准，并将交易者进行分类。期货经营机构不能简单地以法律事实发生在新法实施前而免除适当性管理义务。《期货和衍生品法》颁布后，适当性管理将作为期货经营机构的法定义务，期货经营机构应当将适当的金融服务提供给适当的客户，否则可能承担相应的赔偿责任。

期货经营机构应对交易者的适当性进行审查，但期货经营机构履行适当性义务可能流于形式。在司法实践中，交易者往往以其本身不属于合格投资者、期货公司未尽适当性义务及说明义务为由，诉请后者就投资损失承担赔偿责任而引发的纠纷多发。从样本案例统计来看，交易者主张的主要理由如下：期货公司及其工作人员提供了欺诈式服务，包括隐瞒期货交易所的风险控制规定和风险对冲规定等；风险测评等材料系在期货公司及其工作人员的要求下填写的，内容与实际情况不符，其并无期货交易方面的专业知识和交易经验；期货公司未向投资者充分揭示金融期货风险，未全面客观介绍金融期货法律法规、业务规则和产品特征，未测试投资者的金融期货基础知识，未认真审核投资者开户申请材料，未审慎评估投资者的诚信状况和风险承受能力等。

告知说明义务的衡量标准为一般人能够理解的客观标准和交易者能否理解的主观标准。有观点认为，如交易者签署的《投资者适当性特别风险警示》及《客户承诺》等文件上表明期货公司揭示了从事期货交易的风险，对于期货交易采取保证金交易方式以及交易者从事期货交易可能产生的最大财

产损失风险进行了明确的提示,交易者应当对自身行为及期货交易风险应有独立的判断,并对由此产生的后果负责。[①] 在司法实践中,法院通常综合开户视频、期货公司对交易者身份的核实情况、回访情况,确认交易者如实填写相关个人信息及风险评测问卷,并进行了交易者适当性评估,告知了期货投资风险,可以认定期货公司已尽到投资者适当性义务。[②]

期货交易及衍生品交易具有高风险的特征,从现有交易情况来看,从事期货的交易者不乏老年人。[③] 在样本案件中,支持交易者对于期货经营机构未履行投资者适当性主张的裁判较少,原因可能在于以往的法律规定中对于期货经营机构的适当性义务要求不高,以及期货经营机构通过标准化的风险评测问卷等方式在形式上履行了适当性义务。随着适当性义务引发的纠纷不断增多,以及对期货经营机构履行适当性义务的规则越发明确,期货经营机构履行适当性义务的方式方法应当走深走实,确保将适当的产品销售给适当的交易者。

(二)期货公司强行平仓权的行使不规范

在样本案件中,案由为期货经纪合同纠纷的案件高达83件,案由为期货强行平仓纠纷的案件4件,共计87件,所涉内容多为因强行平仓引发的民事赔偿责任纠纷,主要涉及期货公司在强行平仓后向交易者进行款项追讨所引发的纠纷以及交易者要求期货公司承担穿仓损失而引发的纠纷。在《期货和衍生品法》施行前,根据最高人民法院《关于审理期货纠纷案件若干问题的规定》《期货交易管理条例》[④]等规定,期货公司行使强行平仓权要满足一定的条件,具体包括交易者保证金不足、期货公司已履行通知义务、期货公司给予

---

① 参见上海市高级人民法院民事判决书,(2020)沪民终727号。

② 参见上海金融法院民事判决书,(2020)沪74民初3273号。

③ 参见上海金融法院民事判决书,(2019)沪74民初3078号。

④ 最高人民法院《关于审理期货纠纷案件若干问题的规定》第36条第2款规定:"客户的交易保证金不足,又未能按期货经纪合同约定的时间追加保证金的,按期货经纪合同的约定处理;约定不明确的,期货公司有权就其未平仓的期货合约强行平仓,强行平仓造成的损失,由客户承担。"《期货交易管理条例》第34条第2款规定:"客户保证金不足时,应当及时追加保证金或者自行平仓。客户未在期货公司规定的时间内及时追加保证金或者自行平仓的,期货公司应当将该客户的合约强行平仓,强行平仓的有关费用和发生的损失由该客户承担。"

交易者追加保证金的时间合理等条件。在司法实践中,交易者主张期货公司行使强行平仓权的时机和形式不适当的纠纷多发。

需要注意的是,期货经营机构除了在强行平仓行为时可能因不规范而引发纠纷,在调整手续费标准通知等方面,也存在因在合同订立时或调整时未明确向交易者告知,产生该种比例调整行为能否对交易者产生合同约束力的争议。

(三)期货服务机构损害赔偿责任纠纷涉及当事人多且审理时间长

部分样本案例系期货经纪公司及居间人在向期货交易者提供服务过程中引发的侵权纠纷,争议焦点主要集中在期货服务机构是否因上述不当行为而应对期货投资者的损失承担赔偿责任。[①] 交易者主张服务机构未充分了解交易者投资能力、没有告知风险,诱导跟单、反向加仓等行为导致交易者大额亏损。该类案件涉及当事人众多,交易者不仅起诉期货公司,还将信息技术服务公司等期货居间人一同作为被告提起诉讼。同时,法院因争议焦点复杂审理时间也相对较长,平均为 195 天。法院多数观点认为居间人对投资者的经济损失负有过错时,应当承担相应赔偿责任。

(四)操纵期货交易市场民事责任认定难

我国期货市场操纵行为的法律责任尤其是对于民事责任的认定处于相对滞后的阶段,一方面,在《期货和衍生品法》出台前,《期货交易管理条例》仅规定了针对操纵行为人的行政处罚及刑事责任,没有规定民事责任;另一方面,操纵期货市场行为具有隐蔽性,从行为、过错及因果关系等要件上认定操纵行为人的侵权责任难度较大。

在 109 件样本案件中,共涉及 4 件操纵期货交易市场责任纠纷,其中 3 件以裁定撤诉方式结案,1 件以判决方式结案。在秦某某与被告张家港保税区伊世顿国际贸易有限公司、被告金某某操纵期货交易市场责任纠纷案[②]中,

---

① 参见上海金融法院民事判决书,(2020)沪 74 民初 3239 号;上海金融法院民事判决书,(2022)沪 74 民终 41 号。

② 参见上海金融法院民事判决书,(2020)沪 74 民初 3228 号。

法院从行为、过错、因果关系、损害结果等多个构成要件,论述被告伊世顿公司、金某某的操作期货市场的行为是否造成原告的经济损失及原告损失如何计算两个问题。法院认为,本案系操纵期货交易市场责任纠纷,属于证券期货案件中民事侵权案件的一种,有其特殊的责任构成体系。相关刑事司法程序最终认定被告从事的是一种交易型操纵,在交易因果关系上,被告的行为对普通投资者是否进行交易影响微乎其微。原告的交易行为每天不超过数十笔,间隔并不短,很难表明原告期货交易的价格受到被告行为的较大影响。因原告的损失与被告操纵期货交易市场的行为并不存在因果关系,损失是由原告基于其投资策略和投资判断产生的投资风险,故应由原告自行承担投资损失。

(五)衍生品交易协议效力与结算规则的认定有新的突破

在样品案件中,案由为金融衍生品种交易的纠纷仅有3件,其中2件判决结案,1件移送其他法院管辖。案由为其他期货交易纠纷的1件案件,纠纷涉及场外衍生品交易。当事人之间的争议焦点集中在交易协议的效力认定及终止净额结算条款的性质认定及计算。其中,上海法院在首例石油掉期合约纠纷中依据国际惯例和国内行业规则认定终止净额结算条款的效力及计算方式。

实践中,被告通常主张因原告不具备相应的资质或衍生品种设计违反公平原则或相关法律规定而无效。在北京银行股份有限公司上海分行与上海刚泰黄金饰品有限公司、上海刚泰实业有限公司等金融衍生品种交易纠纷案①中,法院认为,原告已经提交的证据显示,北京银行股份有限公司根据《中国人民银行办公厅关于加强银行业金融机构黄金市场业务管理有关事项的通知》中的相关要求向中国人民银行办理了黄金业务备案手续,取得了相应资质,且具体黄金租借业务由原告提交总行通过上海黄金交易所办理,现被告认为《黄金租借业务协议》《黄金远期/掉期交易协议》等因违反法律规定而无效,但并未提交任何证据证明原告开展涉案业务受到法定主管部门的

① 参见上海金融法院民事判决书,(2019)沪74民初360号。

处罚或存在其他违法情形,故对其主张不予采纳。衍生交易下的盈亏与现货交易中的损益之间存在对冲关系,故也不应仅从涉案交易本身的盈亏判断合同的公平性。①

在张家口联合石油化工有限公司与渣打银行(中国)有限公司金融衍生品种交易纠纷案②中,法院认为,掉期交易中,交易双方对具体违约责任触发交易提前终止的合约安排实质上属于继续性合同的约定解除。违约事件下提前终止应付额包括终止款项和未付款项两部分,其中未付款项的清偿属于对已发生并确定之债务的履行,而提前终止款项即为交易违约方在合同解除后对非违约方应承担的违约责任,也就是赔偿非违约方因交易提前解除而遭受之损失。国际掉期及衍生工具协会主协议(International Swaps and Derivatives Association Master Agreement,以下简称 ISDA 主协议)的出台为场外衍生品交易提供了适用于国际市场的标准化合约,并作为国际惯例和国内行业规则在衍生品交易实践中被广泛采用并为交易参与方所熟知。因此,若交易协议中实际采用了 ISDA 主协议的相关规定,则应当认为交易各参与方对协议中所列违约责任的承担具有一定的预期。关于提前终止款项的计算方法,法院认为根据主协议的约定,计算方将以诚实信用原则,并按合理之商业程序确定任何结算款项,以达到合理之商业效益。计算方可参考任何有关信息,包括但不限于第三方提供的有关替换交易之报价、第三方提供的相关市场数据资料,等等。

(六)非法期货交易认定较难

《期货和衍生品法》实施之前,我国期货领域效力位阶最高的法律规范为《期货交易管理条例》,且修订前的条例中并未对期货交易行为进行正面界定,而是明确了变相期货交易的特征。由于期货合约缺乏实质性定义,很多类似期货的交易找不到明确的法律依据无法准确定性,进而发生了司法认定标准不统一的情况。修订后的《期货交易管理条例》废除了对变相期货的规定,在第 2 条正面规定了期货交易行为的特征。《期货和衍生品法》亦未对该

① 参见上海金融法院民事判决书,(2020)沪 74 民终 533 号。

② 同上。

条款进行实质性变更,而是明确期货交易应当在依法设立的期货交易所,采用公开的集中交易方式或者国务院期货监督管理机构批准的其他方式进行。期货合约品种和标准化期权合约品种的上市应当符合国务院期货监督管理机构的规定,由期货交易场所依法报经国务院期货监督管理机构注册。

三、深层追问:期货及衍生品交易纠纷发生原因分析

(一)法律制度尚不完善,监管标准尚不统一

我国期货市场一直缺乏一部基础性的法律来明确市场发展方向和基本规则。期货法虽然自20世纪90年代初便被列入立法计划,但在经历了第八届、第十届、第十一届、第十二届、第十三届共五届全国人大常委会审议后,历时近30年才最终问世,这才开启了我国期货市场发展的新篇章。在《期货和衍生品法》实施之前,主要的制度性规范文件如表1所示。

表1 《期货和衍生品法》实施之前主要的制度性规范文件

名称	出台部门	文件性质	时间
《最高人民法院关于审理期货纠纷案件若干问题的规定》	最高人民法院	司法解释	2003年实施; 2020年修正
《最高人民法院关于审理期货纠纷案件若干问题的规定(二)》	最高人民法院	司法解释	2011年实施; 2020年修正
《期货交易管理条例》	国务院	行政法规	2007年实施; 2012年、2013年、2016年、2017年修订

上述司法解释及法规无法满足期货及衍生品交易过程中的制度需求,在司法实践中主要存在以下问题:第一,调整范围不够广泛。上述司法解释及法规调整对象定位于场内商品、金融期货和期权标准化合约交易,而未纳入场外衍生品交易。这导致了部分衍生品交易纠纷中对交易双方结算方式认定方面存在认定不统一的情况。① 第二,强行平仓制度的法律属性及程序不

① 参见上海金融法院民事判决书,(2020)沪74民终533号。

够明确。强行平仓是期货经营机构防止交易者透支、进行风险控制的一种手段,但如何界定期货经营机构在强平过程中恰当履行存在制度上空白,部分交易者因期货经营机构在强平过程中未审慎操作而提起诉讼。第三,上述司法解释及法规未明确保证金履约担保性质,实践中引发争议。期货交易中收取保证金有助于实现风险隔离、保障交易者资金安全。对于保证金范围是否限于现金、有价证券,如因交易者自身债务被查封、冻结后能否优先用于期货交易履约等问题,制度层面上未有明确。

(二)期货公司规范经营意识相对薄弱,缺乏管理主动性

期货公司的规范经营与期货市场功能的发挥相辅相成。然而,根据样本案例统计,不同期货公司在对交易者适当性义务的履行程度、《期货经纪合同》中风险率计算方式、追加保证金等通知途径、强行平仓的操作规范、期货交易手续费的收取标准等方面尚不统一,导致争议发生。对样本案件中涉及的 18 家期货公司所使用的《期货经纪合同》条款版本进行分类汇总统计如下(见图 4)。

1. 期货公司制定的《期货经纪合同》多为格式合同,不同版本之间标准不统一、约定管辖条款不明晰引发争议。样本案例中反映,各期货公司制定的《期货经纪合同》条款在保证金比例、交易手续费收取标准、追加保证金和强行平仓通知的约定方式等方面尚不统一。例如,不同期货公司对盘中强平与盘后强平的通知义务约定存在不同,大多数《期货经纪合同》约定在交易过程中(盘中)如发生账户风险率大于 100%,则期货公司有权在不通知的情况下在集合竞价或盘中对全部未平仓合约执行强行平仓。仅有 3 家期货公司约定此种情况下将先向客户发出通知,如交易者未即刻补足保证金或平仓再有权强行平仓。样本案例中争议较多的是保证金调整通知方式,《期货经纪合同》中全部约定将随交易所收取保证金比例调整而随之调整,调整内容通过网站公告方式发布,对此种告知方式是否产生通知效力,实践中观点不一、存有争议。另有管辖条款约定不明确、存有歧义,法院最终判决驳回起诉转由

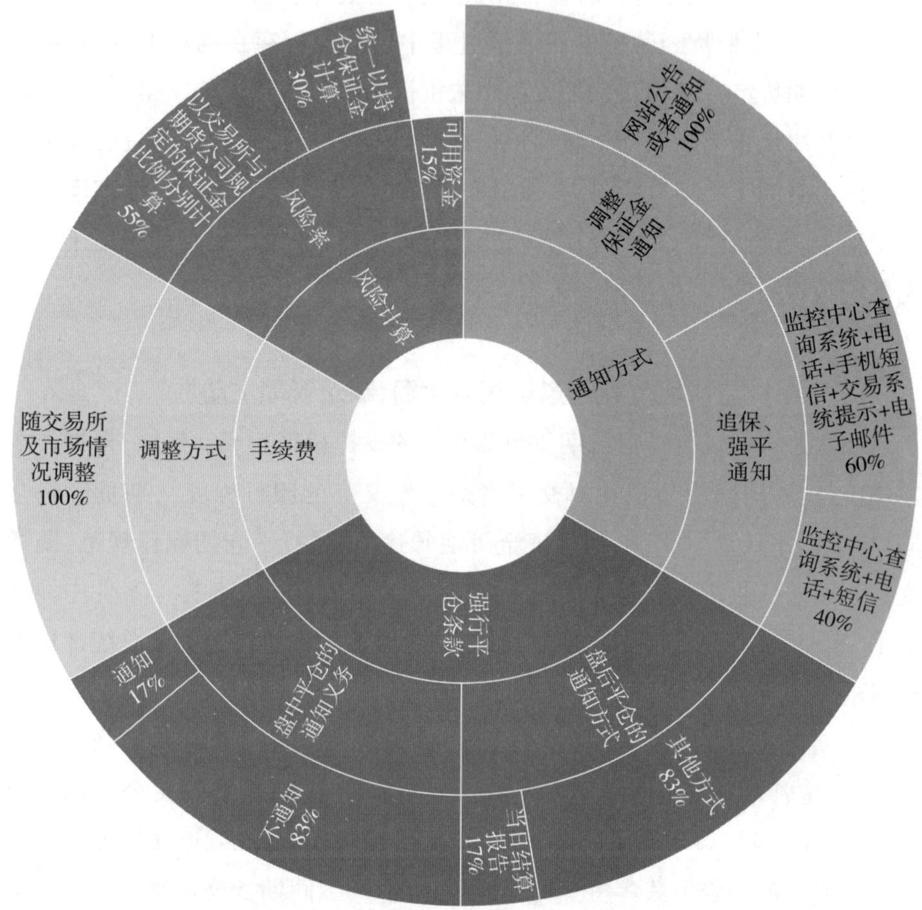

图4 期货公司合同条款约定统计对比

仲裁院裁决的纠纷时有发生。①

2. 强平行为不规范引发纠纷。期货公司平仓时点与条件存在差异。《期货交易管理条例》与《期货和衍生品法》均规定了期货经营机构有权在客户保证金不足时的追保与强平制度,而由于其系在一天之内可以多次根据交易风险要求会员追加保证金、不能及时追加将进行强行平仓,期货经营机构选

① 参见上海金融法院民事判决书,(2020)沪74民初2405号。

择平仓的时点不同可能影响交易者的利益。在样本案例中,各期货公司对通知的方式、通知的生效时间以及盘中追保、盘中强平的风险度的确定等问题存在争议,故引发诸多讨论。

3. 期货公司收取手续费、交易费标准不统一,且调整通知方式多为网站发布,影响交易者权益。期货公司作为交易所的会员,客户参与期货交易的手续费有固定一部分上交给交易所,另一部分由期货公司收取。期货公司在期货交易所的基础上加收一部分手续费,用于自身运营。根据《期货和衍生品法》第 25 条的规定,期货交易的收费应当合理,收费项目、收费标准和管理办法应当公开。期货公司在《期货经纪合同》中约定的收取手续费、交易费通常不固定,而是根据期货交易所的标准随之浮动,通常有等额调整和等比例调整两种方式。如果手续费收费标准发生变化,期货公司通知客户的方式通常为通过网站方式公告,对于此种通知方式的有效性能否为法院所认可还存有争议。

4. 金融机构开展衍生品交易业务过程中履行交易者适当性义务的认定标准尚不明确。在衍生品交易中,部分银行等金融机构往往通过设置交易金额门槛或以简单的风险测评问卷以区分适格交易者。然而股指期货和期权等高风险品种交易的金融专业性较强,仅通过交易金额或简易的风险测评无法筛选适格的交易者。《期货和衍生品法》明确,期货经营机构向交易者提供服务时,应充分了解交易者基本情况、财产状况、金融状况、交易知识和经验、专业能力等相关信息,而《期货和衍生品法》并未将期权合约等类期货交易纳入期货交易管理范畴,如何判断衍生品交易者的适当性义务还未有明确标准。实践中银行等金融机构在衍生品交易服务中是否妥当履行了适当性义务引发了争议。例如,在刘某诉上海浦东发展银行股份有限公司等财产损害赔偿案中,刘某主张银行未在销售过程中告知其进行黄金、白银延期交易的风险、未尽职履行适当性义务,[①]其对此类产品完全不了解,也不具备操作的能力,其在交易中的损失应由银行承担。另外,还值得关注的是对于不善于进行互联网操作的老年投资者是否具备合格交易者资格,期货公司为其开立

---

① 参见上海金融法院民事判决书,(2022)沪 74 民终 41 号。

账户、提供期货交易服务是否需提高投资者适当性义务审查标准存有争议。①如确认虽然年龄偏大但学历背景、经济状况和风险承受能力的老年者具备适格投资者身份,其后很有可能面临因无法及时专业操作造成投资损失,可能加大了强平的风险。

(三)期货服务机构行为不规范,交易者风险识别能力有待加强

期货公司在提供期货交易业务过程中,通常会委托第三方为其提供订立期货经纪合同的中介服务,第三方独立承担基于中介服务所产生的民事责任,期货公司按照约定向其支付报酬,该第三方称为期货居间人(见图5)。

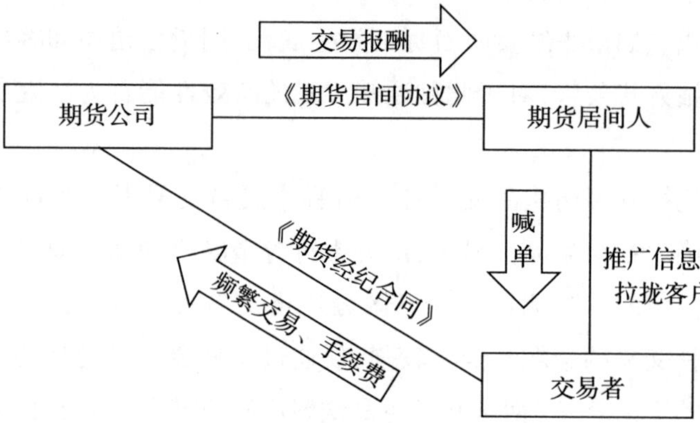

图5 期货居间业务盈利模式

在样本案例中,两例案件中交易者同时起诉期货居间人与期货公司要求赔偿其因喊单等误导行为发生的穿仓或强平损失。从期货居间业务模式中可以看出,期货居间人负责为期货公司推广业务,协助期货公司与交易者签订期货经纪合同,从交易者进场交易后发生的手续费按比例获得报酬,这也是期货居间人喊单行为的主要动机所在。然而对于证券期货经验不足的交易者无法清楚分辨期货公司与期货居间人的法律关系,易受喊单指导交易等超越居间人身份行为误导发生损失。中国期货业协会发布的《期货公司居间人管理办法(试行)》自发布之日起实施,过渡期为自实施之日2021年9月

① 参见上海市高级人民法院民事判决书,(2020)沪民终610号。

10日至2022年9月9日。该办法的实施对改善期货居间人问题具有重要意义,但在过渡期内仍有不规范行为发生的可能,需交易者提高风险识别能力。

(四)因非法期货交易引发纠纷

期货交易杠杆高、风险大,传导效应明显,我国对期货交易实行较为严格的行政监管,对期货交易场所和经纪单位均作出了准入限制。在鼓励金融创新的政策背景下,全国各地设立了许多现货商品交易平台,但由于地方政府监管松散,非法期货交易假借现货商品交易平台上开展,多采用高倍率杠杆保证金制度,风险较高。当前,大多数金融机构已收紧或全面暂停个人贵金属交易业务。2021年12月,中国人民银行会同银保监会、证监会、外汇局共同起草的《关于促进衍生品业务规范发展的指导意见(征求意见稿)》,将金交所延期交收合约,以及记账式贵金属、大宗商品、外汇类等账户类产品纳入衍生品监管范畴,也明确规定了银行保险机构不得通过柜台与个人客户直接开展衍生品交易。司法实践中对于如何判断此类交易是否属于非法期货交易判断标准不一,有的裁判以《期货交易管理条例》变相期货概念进行形式要件审核,①有的裁判以是否将实物交割为交易目的判断是否属于期货交易范畴,②亦有裁判以交易行为形式要件叠加交易效果是否以所有权交割为目的综合分析确定交易性质,③对此应加以研判统一。

(五)金融衍生品交易性质和效力的认识出现分歧

《民法典》施行前后,理论界和司法实务界对金融衍生品交易性质和效力的认识均存在一定的分歧。从历史发展来说,金融衍生交易是一种市场自发创设的防范履约风险的商业安排,衍生交易规则与传统民商法的履约风险防范措施之间存在不同程度的冲突或差异,复杂如远期、期货、期权、互换等衍生品的出现模糊了传统的物权和债权界限,长期以来场外衍生交易规则在司

---

① 参见广东省广州市中级人民法院民事判决书,(2013)穗中法金民终字第1号。

② 参见浙江省宁波市中级人民法院民事判决书,(2015)浙甬商外终字第27号。

③ 参见上海金融法院民事判决书,(2021)沪74民终1127号。

法实践中不时遭遇挑战。[①]《期货和衍生品法》对场外衍生品中履约保障、终止净额结算等交易规则效力予以确认,衍生合约提前终止时结算条款与实际履行没有区别,合约项下的全部损益必须兑现以保障发挥预期的套期保值功能,但此种观念与传统民商法的合同终止理念不符。在某原油掉期交易纠纷中,法院裁判认为,衍生品中终止净额结算条款应为"交易双方对具体违约责任触发交易提前终止的合约安排,实质上属于继续性合同的约定解除"。即提前终止款项可理解为交易违约方在合同解除后对守约方应承担的违约责任,也就是赔偿守约方因交易提前解除而遭受的损失。理论界有观点对此不予认同,认为从交易实质出发,ISDA 主协议项下的终止净额结算和我国合同法语境下的"继续性合同的约定解除"与"违约损害赔偿"等概念的要件和效力并不一致,应以其交易目的与交易惯例中的通常含义为依据,结合我国合同法制度,认定其性质为"合同义务的加速到期条款与兑现合约价值的结算条款"。[②] 对此,有待于在司法实务中对衍生品法律制度进一步研究以便正确理解适用。

四、《期货和衍生品法》实施后趋势预判及对策建议

(一)新法实施后相关案件趋势预判

《期货和衍生品法》总结期货市场30多年的发展经验,将实践中运行良好、成熟可行的期货交易、结算与交割、金融市场基础设施运行监管等制度和做法在法律层面予以肯定,将保证金监控、账户实名制等具有中国特色的监管制度确定下来,以稳定市场预期,适应现阶段市场发展特征。同时,该法也在司法实践中为期货案件审理提供根本性法律依据。可以预见的是,新法实施过渡阶段将引起期货和衍生品案件数量持续增长。结合样本案件的类型、特点,《期货和衍生品法》实施后在审理阶段有以下方面值得关注:第一,因强

---

① 参见刘燕、楼建波:《金融衍生交易的法律解释——以合同为中心》,载《法学研究》2012年第1期。

② 参见朱林啸:《合同法语境下ISDA主协议终止净额结算之性质认定——以上海市首例石油掉期合约纠纷为例》,载微信公众号"北京大学金融法研究中心"2023年1月2日,https://mp.weixin.qq.com/s/nGsS89CgM2jvcaB45QV0Sw。

行平仓行为引发争议的案由确定。期货公司强平后基于《期货经纪合同》向交易者提起的违约赔偿案由应为期货经纪合同纠纷而不是期货强行平仓责任纠纷。根据最高人民法院发布的《民事案件案由规定》(2020 年修正),期货交易纠纷作为第二级案由项下共有期货经纪合同纠纷、期货透支交易纠纷、期货强行平仓纠纷等 11 个三级案由。期货经纪合同纠纷指的是期货经纪公司与客户之间因期货经纪合同的订立、履行等发生的纠纷。期货公司向期货交易者行使追偿权的案件所基于的是双方订立的《期货经纪合同》,请求权基础为违约赔偿,因此案由应为期货经纪合同纠纷而非期货强行平仓纠纷。当期货公司因未履行通知义务给被平仓者造成损失、强行平仓过程中期货公司违规或违约强行平仓或超量平仓,或应平仓而未平仓产生损失的,此类案件应为期货强行平仓纠纷。第二,有关交易者适当性义务认定标准的变化。《期货和衍生品法》新增了期货交易者适当性制度的规定,并明确普通交易者与期货经营机构发生纠纷的,期货经营机构应承担举证证明不存在误导、欺诈等情形的举证责任。样本案例中有 5 件案件争议焦点为期货公司或服务机构交易者适当性义务的履行。新法实施后审理标准及履行过程中的举证责任的分配变化值得关注。第三,期货结算与交割规则的变化。《期货和衍生品法》设立期货结算与交割一章,相比于《期货交易管理条例》的结算与交割规则新增结算担保资金的执行豁免制度及实物交割的相关规定,完善了当日无负债结算制度、结算担保金制度。该章节还包括了期货市场保证金的风险隔离制度、期货交割、分级结算制度等内容。期货结算机构根据交易结果和有关规定对会员交易保证金、盈亏、手续费、交割货款及其他有关款项进行计算、划拨,直接影响期货经营机构对期货交易者的结算,与强平或穿仓结果直接相关。

(二)对策建议

2018 年以来,上海法院审理的期货案件呈现争议集中、信息化程度高的特点。为提高期货类案件审理的专业化与规范化程度,更好地推动新法落地与适法统一,本文提出以下建议:

1. 加强期货审理标准化,提高司法裁判标准统一性。探索标准化审理流程,强化审判机关责任担当,在总结期货强平类纠纷审理经验的基础上,归纳该类案件的集中争议问题,从询问交易主体适格性、平仓条款约定、通知义务履行及赔偿金额的计算方式,提炼共通的案件争点,进而通过标准化审理流程开展庭审,对同类案件作出规范判断,避免争点遗漏。同时,期货纠纷还存在信息化程度较高的特点,应同时结合全流程网上办案实践,创新并规范类型化案件审判模式。在期货和衍生品案件审理中进一步推广应用最高人民法院与中国证监会建立的在线诉调对接机制,推进证券期货纠纷多元化解工作。在审理机制方面,进一步充分发挥代表人诉讼制度优势,为交易者提供便利高效的救济途径。

2. 强化金融衍生品的法律制度健全与理解适用。《期货和衍生品法》虽然对其规范的期货交易和衍生品交易作了明确的定义,对衍生品的终止净额结算方式予以肯定,但其结算有效性与结算终局性尚不明确,理论与实务界还存有争议,有待立法机关完善金融衍生品交易相关法律制度或司法机关通过案例进一步解释。同时,由于场外衍生交易的市场透明度低,定价机制尚未健全,衍生品交易的担保规则中暗含的盈亏计算规则在新法背景下是否公允、是否需确立统一规则亦有待进一步研判。建议司法机关进一步完善类案办理规范,边办案边总结,持续编发典型案例、指导性案例,发挥案例的引领、指导作用,促进司法标准的统一,并推动专业化队伍建设。

3. 监管、司法部门联合打击非法期货和期货类欺诈行为。注重把握国家金融战略和金融政策,强化司法裁判导向与金融监管目标一致性,依法否定非法期货即衍生品交易行为效力,重视监管、司法、执法多部门配合,形成依法惩治非法证券活动的合力,切实维护广大投资者合法权益。监管部门应紧盯新形势、新动向,严厉打击非法证券期货活动,司法部门应加强衍生品交易纠纷理论与实务研判、对标国际最佳实践,防范和化解金融风险,维护市场秩序、社会公共利益和国家经济安全。

4. 加强行业自律和监管,强化期货经营机构、期货服务机构公司内部风险控制、规范化经营。期货公司应规范期货交易业务流程,规范期货经纪合同格式条款文本,自主制定统一合理的手续费收取标准,增加盘中、盘后追保和强行平仓通知方式的多样性以实现有效通知。在履行交易者适当性义务方面,以期货交易所与场外金融衍生品市场为区分,严格划分普通交易者与专业交易者的准入门槛,重视期货交易机构适当性义务的履行,充分发挥自律监管职能。进一步完善期货行业自律规则体系,严格规范期货居间人等期货服务机构提供的服务类型及内容,明确禁止各类期货服务机构诱导开户、“喊单、带单”指导交易、代理客户交易等违规行为,营造透明、高效的市场秩序。

典型案例

操纵新三板证券市场行为民事赔偿的司法认定

——定向增发投资者诉上海阿波罗机械股份有限公司、邵某操纵证券交易市场责任纠纷案①

朱颖琦*　李瑶菲**

【裁判要旨】

定向增发投资是以“面对面”签订协议方式参与认购证券,定增投资者的索赔不适用证券侵权中依据欺诈市场理论、旨在保护不特定投资者合法权益而确立的因果关系推定原则,定增投资者仍应对行为人实施的操纵证券交易市场行为与其遭受的损失之间存在因果关系进行举证。交易型操纵证券市场民事赔偿的损失认定有别于证券虚假陈述民事赔偿,应当以净损差额法原理作为投资差额损失的计算基础。对新三板市场证券侵权的损失认定,法院应充分听取专业意见,以对相关行业企业进行投资时的科学估值方法等作为参考。

① 本案入选“新时代推动法治进程2022年度十大提名案件”、上海法院2022年度“100个精品案例”、上海金融法院2022年度十大典型案例。

* 法学硕士,上海金融法院综合审判一庭副庭长。

** 法学硕士,上海金融法院综合审判一庭法官助理。

【案号】

上海金融法院(2021)沪74民初146号

【案情】

原告:上海朱雀珠玉橙投资中心(有限合伙)(以下简称朱雀投资中心)

被告:上海阿波罗机械股份有限公司(以下简称阿波罗公司)、邵某

被告阿波罗公司是一家经相关部门批准可以从事民用核安全设备设计、民用核安全设备安装、特种设备制造,凭营业执照可依法自主开展工业泵等装置制造、加工以及技术开发、技术咨询、技术转让的企业。2015年6月17日起,被告阿波罗公司成为新三板市场挂牌公司(证券简称:阿波罗,证券代码:832568)。2015年8月3日起,被告阿波罗公司在新三板市场的股票转让方式由协议转让变更为做市转让。2015年7月,6家证券公司作为机构投资者认购阿波罗公司首次发行股票,在2014年12月31日每股净资产(1.24元/股)的基础上根据公司未来盈利预期协商得出发行价格每股14.21元。2015年8月7日至2015年9月30日,阿波罗公司股价从20.26元增长至30.79元,期间最高价格为36.50元。

2017年11月20日,被告阿波罗公司发布《关于收到中国证券监督管理委员会对控股股东、实际控制人调查通知书的公告》,称因涉嫌证券市场操纵,中国证监会决定对阿波罗公司实际控制人陆某、邵某进行立案调查。2020年9月7日,中国证监会作出〔2020〕61号《行政处罚决定书》,认定被告邵某、案外人左某某、案外人胡某某于2015年8月7日至9月30日对被告阿波罗公司进行了股价操纵,上述期间内,新三板市场做市指数从1515.4点下跌到1322.15点,跌幅为12.75%,而同期阿波罗公司股价从20.26元上升为30.79元(期间成交价最高36.50元),涨幅为51.97%。邵某通过其控制的证券账户在操纵期间大量买卖阿波罗公司股票,其成交量占同期市场交易量的比率为54.03%。被告邵某影响阿波罗公司交易量和交易价格的主要手段

是通过连续主动买入,主动与做市商成交,迫使做市商不断提高双向报价中枢,进而推动成交价格不断上升。上述交易行为,影响了该股交易量,也对其价格走势产生了重大影响。《行政处罚决定书》认定,邵某与案外人胡某存在沟通串联,胡某利用做市商报价即为成交价的定价优势,使用广发证券做市专用账户多次在尾盘操纵阿波罗公司收盘价格,从 2015 年 9 月 14 日(阿波罗公司定增投融资对接会召开时间为 2015 年 9 月 17 日)开始,共 8 个交易日,有 7 个交易日的申买价最终成为当日收盘价,造成收盘价明显上涨,收盘价较前一笔成交价格的上涨幅度最高达 7.79%。结合行为人违法事实、性质、情节与社会危害程度,中国证监会对被告邵某处以 150 万元的罚款,对其他案外人亦有相应处罚。《行政处罚决定书》还认定,被告邵某等行为人利用控制账户在操纵期间买入的股份已全部卖出,"刘某英"账户组产生亏损 5,860,795.04 元,"小左 1 号"账户组产生亏损 1,142,066.92 元。

原告朱雀投资中心是一家从事证券及股权投资的私募基金。2015 年 7 月,原告员工黄某向阿波罗公司发送朱雀投资中心投资简介。2015 年 9 月 17 日,原告作为定增意向投资者参加被告阿波罗公司组织召开的定增投融资对接会。同期原被告展开线上线下多轮谈判,2015 年 9 月 21 日,原告员工黄某向阿波罗公司发送的邮件提及:"在价格方面,目前的做市交易量非常小,并且公司股东人数较少,因此将做市价格作为增发价格的标准,参照意义不大……20 元的发行价格相对于做市商成本已经溢价 40%,时间仅为半年,价格的上涨幅度已经比较大,投资机构在筹码上的劣势已经非常明显。"2015 年 11 月,原告与被告阿波罗公司签订《股票发行认购协议》,以 20 元/股的价格购入阿波罗公司发行的股份 150 万股,共计投资 3000 万元。此次股票发行数量为 2500 万股,参与发行的投资者包括原告在内的 23 家机构投资者及 2 名自然人投资者。

2015 年 9 月 15 日,阿波罗公司与 B 股份有限公司签订了《关于上海阿波罗机械股份有限公司首次公开发行境内人民币普通股(A 股)并上市之辅导协议》。2015 年 10 月 8 日至 2016 年 1 月 28 日,阿波罗公司股票处于停牌状态,2016 年 1 月 29 日,复牌后第一个交易日的股票价格为 20.2 元。2016 年 3 月 24 日起阿波罗公司第二次停牌,并至 2018 年 11 月 13 日长期停牌。

2016年4月7日,阿波罗公司领取了《中国证监会行政许可申请受理通知书》(160695号),公司首次公开发行A股股票并上市的申请被中国证监会受理。2017年8月17日起,阿波罗公司股票转让方式由做市转让变更为协议转让。2018年8月20日,阿波罗公司向中国证监会递交了撤回首次公开发行A股股票并上市申请的材料。2018年11月14日,阿波罗公司复牌,第一个交易日的股票价格为2.4元。2020年9月17日,即《行政处罚决定书》公告之日,阿波罗公司股票价格为5元。

庭审中,原被告就原告的投资损失与操纵证券交易市场行为是否存在因果关系、投资损失应当如何认定及阿波罗公司是否需要承担共同赔偿责任等问题展开辩论。在损失认定方面,为充分听取专业意见,法院两次委托专业机构对损失进行核定、对股权价值进行追溯评估。

【审判】

本案的争议问题主要有以下三个方面:第一,原告朱雀投资中心的投资损失与被告邵某的操纵证券交易市场行为是否存在因果关系;第二,若被告邵某对证券侵权行为承担民事责任,原告的投资损失应当如何认定;第三,被告阿波罗公司是否需要作为共同侵权方承担赔偿责任。

法院认为,根据2014年《中华人民共和国证券法》(以下简称2014年《证券法》)第77条的规定,操纵证券市场行为给投资者造成损失的,应当依法承担赔偿责任。原告系以"面对面"签订认购协议方式参与投资,应对行为人实施的操纵证券交易市场行为与其遭受的损失之间存在因果关系进行举证。本案中原告通过其定增投资与操纵行为高度关联等具体事实证明了邵某操纵市场行为对投资者的诱导是导致原告最终决定投资的重要因素之一,邵某拉升股价的行为影响了原告参与投资的定价,法院据此认定原告的投资损失与被告邵某操纵市场行为之间存在因果关系。在损失认定方面,证券虚假陈述侵权行为造成投资者的差额损失既包括行为实施后投资者买入价格虚高的损失,还包括虚假陈述行为揭露后股价下跌造成的投资者损失。交易型操纵市场行为下,操纵行为对投资者损失产生的影响集中在操纵行为实施期间及随后的影响时期，经过一定的消弭时期，操纵行为带来的影响会被市场所消化。法院充分考虑交易型操纵证券交易市场行为的特点，选取净损差额法原理作为基础，通过比较原告投资阿波罗公司股票的实际价格与公允的基准价格之间的差值计算原告的投资差额损失。据此，法院以专业评估机构评估的每股 17.88 元作为基准价格计算原告的投资差额损失，判决由被告邵某承担 318 万元赔偿责任。被告阿波罗公司因并非操纵市场行为人而不承担共同侵权责任。

一审宣判后，双方均未上诉，判决已生效。

【评析】

操纵证券市场是资本市场严厉打击的违法行为典型形式之一，也是严重损害投资者合法权益的易发多发行为，依法追究操纵证券市场行为人的民事责任是投资者权益保护的重要环节。我国司法实践长期面临操纵证券市场民事责任具体法律适用规则缺失的问题。本案系全国首例涉新三板操纵证券交易市场民事赔偿案，案件涉及定向增发投资者在操纵证券市场交易民事侵权认定中可否适用推定因果关系，以及如何证明存在因果关系的热点问题。作为首例涉交易型操纵证券交易市场行为的民事赔偿责任案，本案对交易型操纵市场行为作了有别于证券虚假陈述赔偿损失认定规则的探索。同时，本案还根据新三板市场的交易特点，通过专业支持努力寻求新三板股权公允价值的科学方法，具有一定前瞻性、实践性和典型意义。

一、操纵证券交易市场行为民事赔偿的理论基础及法律依据

操纵证券市场与证券市场的兴起和发展如影随形，世界主要发达经济体都通过立法的方式禁止任何人操纵证券市场。通说认为，操纵市场本质上是一种证券欺诈行为，其目的是以异常的交易行为，影响市场价格，制造交易假象，诱导或致使其他投资者在不了解真实的情况下作出证券投资，其本质特

征在于制造虚伪的市场行情从而诱使投资者在对行情误解的情况下做出错误的投资决定。[①] 多数操纵行为在根本上是通过诱导他人交易来实现非法牟利目的,而其他人被诱导交易是由于被欺诈,即对交易价量产生误判,而非屈服于操纵人的市场力量。[②] 由于操纵证券市场行为违背公平原则、扰乱市场秩序、引发市场波动、侵害市场投资者的权益,因此,世界各个国家或地区均规定禁止操纵证券市场行为,并制定了行政、刑事方面的罚则。美国《1934年证券交易法》在第 9 节、第 10 节(b)款以及第 15 节(c)款规定了反操纵行为条款,禁止对交易所挂牌股票的交易活动进行操纵;禁止洗售和相对委托交易;禁止连续交易引诱他人买卖证券;禁止恶意传播信息引诱他人买卖证券;禁止虚假陈述误导投资者;禁止限制价格(pegging)、固定价格(fixing)或者稳定价格(stabilizing)等。

我国《证券法》自 1998 年颁布实施以来便对虚假陈述、内幕交易、操纵证券市场三大危害证券市场正常秩序的违法行为作出明令禁止。《证券法》几经修改后对证券违法行为人的行政责任和刑事责任的规定日趋完善,而相关民事责任规定则相对缓进。从法律功能的角度来说,行政与刑事责任更侧重于规制、惩慑违法,而民事责任最主要的功能是补偿受害人的损失。在证券市场上,投资者损失能否得到合理补偿、投资者权益能否得到有效维护不仅关系证券市场的公平公正交易机制的构建,也关乎市场平稳发展的信心。因此,从这个意义上讲,证券和投资市场不可缺少民事赔偿机制。

近年来,我国证券领域侵权赔偿司法实践有了长足发展。2001 年最高人民法院曾发布《关于涉证券民事赔偿案件暂不予受理的通知》,规定对于内幕交易、欺诈、操纵市场等行为,“受目前立法及司法条件的局限,尚不具备受理及审理这类案件的条件。对上述行为引起的民事赔偿案件,暂不予受理”。2003 年,最高人民法院首次出台了《关于审理证券市场虚假陈述侵权民事赔偿案件的若干规定》(以下简称《虚假陈述司法解释》),人民法院开始受理并

---

① 参见汤欣、高海涛:《操纵市场行政处罚案例全景观察》,载黄江元、卢文道主编:《证券法苑》第 18 卷,法律出版社 2016 年版。

② 参见缪因知:《信息型操纵市场行为执法标准研究》,载《清华法学》2019 年第 6 期。

审理证券市场因虚假陈述引发的民事赔偿案件。随着我国证券市场的飞速发展以及资本市场法治建设的日益完善，特别是2015年中央加大对证券市场违法行为打击力度后，全国各地中级人民法院陆续审理了大量证券虚假陈述责任纠纷案件，并不断在侵权行为因果关系认定、专业化损失核定、系统风险等其他因素扣除等方面积累了经验。全国各级法院还通过探索"示范判决机制""代表人诉讼规则"等在证券群体性纠纷的程序规则领域不断实现突破。2020年至2022年，最高人民法院出台《关于证券纠纷代表人诉讼若干问题的规定》，并对《虚假陈述司法解释》进行了全面修订和完善。至此，证券民事赔偿领域新一阶段的规则基本形成。

相较于虚假陈述民事赔偿制度的完善和实践的丰富，我国操纵证券市场民事责任主要体现在《证券法》中的原则性规定，即2019年《证券法》第55条规定，"操纵证券市场行为给投资者造成损失的，应当依法承担赔偿责任"，而具体到操纵行为民事赔偿的归责原则、因果关系认定、损失赔偿计算则无其他法律法规、司法解释配套规定。审判实践中首次尝试是2021年1月四川省高级人民法院对恒康医疗案作出的二审判决，实现了操纵市场民事赔偿审判实务领域投资者获赔"零的突破"。但该案属于"信息型"操纵市场行为，法院在判决时更多沿用了虚假陈述民事赔偿的规则逻辑，并未真正体现操纵证券市场行为特殊的赔偿规则。操纵市场行为分信息型、交易型等多种表现形式，不同类型操纵市场行为导致投资者损失的原理和逻辑存在差异，不能一概而论，这也是相应配套规则难以出台的原因之一。在司法实践中，投资者损失因果关系认定、损失计算规则等法律问题始终是操纵市场行为民事赔偿责任案件的核心争议焦点。本案为典型的交易型操纵市场民事索赔案件，同时由于投资者身份、交易方式和所处交易市场的特殊性，在探索操纵证券行为司法认定共性问题基础上又面临诸多复杂方面。

二、投资者损失与操纵市场行为之间因果关系的司法认定

（一）因果关系推定规则的适用及例外

操纵市场行为人实施操纵行为往往主观上存在过错、客观上具有违法

性,而认定其是否需要对投资者损失承担赔偿责任主要在于因果关系的判断。因为并非证券市场投资人的所有损失都与证券侵权行为关联,只有那些直接为侵权行为造成的损害方是侵权行为人承担民事责任的范围。[①] 关于证券侵权行为与投资者损失之间因果关系的认定,新实施的《虚假陈述司法解释》承继2003年《虚假陈述司法解释》规定的推定因果关系原则,即虚假陈述行为对市场产生的诱导影响始于实施日,终于揭露日,只要是在此期间买入与虚假陈述直接关联的证券的,推定其受到虚假陈述行为的诱导、交易因果关系成立。该原则源于证券法律制度中的欺诈市场理论,旨在保护以集合竞价方式进行交易的证券市场上不特定的市场投资者的权益。

操纵市场民事责任中是否能类推适用因果关系推定原则在理论与实务界存在争议。主张在操纵证券民事责任认定中采用推定因果关系的理由在于,操纵行为对价格造成了影响,误导了投资者,但投资者对此很难举证,故应对举证责任进行重新分配,降低操纵市场案件原告的举证难度。相反观点则认为,推定因果关系的正当性在于基础事实之间具有因果关系的客观逻辑性,而不能仅因为一方难以举证而作出。操纵市场行为与投资交易行为之间的关联实际上是模糊的、不确定的,因此操纵市场民事责任中推定因果关系的正当性较弱。[②] 本文认为,推定因果关系适用于以集合竞价方式进行交易的证券市场,旨在保护公开有效证券市场上不特定投资者的权益,这点与虚假陈述行为并无二致,但不同类型的操纵行为对投资者交易及损失的影响存在逻辑差异,需具体进行分析。就信息型操纵行为而言,由于行为人以信息误导操纵股价,信息的发布类似于虚假陈述行为,该信息必然会在相关的股票价格中得到反映,投资者受信息误导而投资,可视为受操纵行为的影响。信息型操纵行为可适用因果关系推定原则,即认为信息误导直到信息更正的时期为信息操纵期间,在此期间交易的投资者交易损失与操纵行为之间存在因果关系。交易型操纵行为系以行为影响股价,具体表现为以各种交易手段拉高或打压股价,行为人对投资者的欺诈体现在对价格的影响上。在证券市

---

① 参见贾纬:《证券市场侵权民事责任之完善》,载《法律适用》2014年第7期。

② 参见缪因知:《操纵证券市场民事责任的适用疑难与制度缓进》,载《当代法学》2020年第4期。

场上,股票价格是公司各项经营指标的集中反映,行为人对价格的影响会误导投资者作出投资决策。交易型操纵行为中,如果没有行为人对价格的人为影响,投资者就有可能不会买入或卖出股票,说明在交易型操纵证券市场行为上也存在符合“but…for…”特征的交易因果关系,也可以适用因果关系推定原则。具体而言,在交易型操纵证券行为中,可以操纵证券市场交易影响时期作为因果关系判断标准,即认定在交易影响时期内进行相应交易的投资者其交易损失与操纵行为之间存在因果关系。

当然,因果关系推定规则的适用存在例外情形。一般认为,“欺诈市场理论”仅适用于股价能够立即并且充分反映公司所有公开信息的“信息有效率”的市场,虽然市场效率很难存在可靠的测量标准。① 同时,对于通过协议转让方式进行的证券交易,由于投资者主体确定且通常为大宗交易,往往存在单独议价磋商过程,也一般不认为适用交易因果关系的推定。2003 年《虚假陈述司法解释》第 3 条规定,其适用范围不包括通过协议转让的方式进行的交易。尽管 2022 年《虚假陈述司法解释》不再将协议转让、定向发行等交易方式排除在外,但考虑到新司法解释在适用范围上的广阔性,并非纳入《虚假陈述司法解释》适用范围的交易均适用因果关系推定的规则。新司法解释对于以实施日到揭露日区间判断因果关系认定的,只限于以集合竞价方式进行的证券交易。

2020 年,广东省高级人民法院审理的“保千里案”②直接体现了非公开进行的证券交易不适用因果关系推定的规则。该案判决明确指出,针对公开募集股份的发行市场和通过证券交易所报价系统进行的“非面对面”证券交易,才需要适用交易因果关系推定原则,以减轻不特定投资者的举证责任,实现实质公平。针对向特定投资者发行股票、协议转让等“面对面”证券交易,属于普通侵权,应由原告自行举证证明交易决策受到虚假陈述行为影响。

本案也沿用了该判决的观点,并认为这一观点在学理上也有足够的支持性论据。研究指出,在“推定信赖原则”发源的美国,该原则本就是用来解决

---

① 参见耿利航:《欺诈市场理论反思》,载《法学研究》2020 年第 6 期。

② 参见广东省高级人民法院民事判决书(2019)粤民终 2080 号,该案被评为 2020 年最高人民法院十大商事案例。

在“非面对面交易”(impersonal market)的证券市场上,投资者经由交易所的集中竞价系统或者做市商交易机制进行证券交易,此时其客观上无法负担举证交易因果关系的负担这一问题。[①] 而从另一角度,在“一对一交易”中,价格是由双方自行磋商决定的,不存在竞价系统中“价格”与“公开信息/行为”的高度关联性。在本案中,原告是新三板市场参与挂牌公司定向增发的机构投资者,其系以“面对面”签订《股票发行认购协议》的方式参与投资。与中小投资者相比,机构投资者具有专业的投资背景和资金信息优势,在投资前对目标公司进行了全面尽职调查并对价格进行磋商。证券侵权中依据欺诈市场理论、旨在保护不特定投资者合法权益而确立的因果关系推定原则对于定增投资者并不适用。在这类案件的索赔中,原告作为特定投资者,应对行为人实施的操纵证券交易市场行为与其遭受的损失之间存在因果关系进行举证。

(二)定增投资者对其损失和行为之间因果关系的证明

在推定因果关系不适用的情况下,特定投资者在民事索赔中要举证证明存在因果关系,具体在交易因果关系上,原告应举证证明其投资决定受了操纵行为的影响。这种证明应当特定并具体,并符合逻辑和一般交易常识。在本案中,原告证明了以下事实:

首先,原告证明了其定增投资与邵某的操纵行为在同时期同步进行,高度关联。根据中国证监会的《行政处罚决定书》,行为人邵某在2015年8月7日至2015年9月30日与案外人合谋拉升了阿波罗公司股价。原告系于2015年7月起开始与被告阿波罗公司开展投资接洽,从双方往来邮件看出,2015年9月是定增投资谈判及投资决策作出的最关键时期,原告参与被告阿波罗公司定增投融资对接会的时间是2015年9月17日,而几乎同一时期,邵某与案外人串联,自2015年9月14日开始连续8个交易日进行了尾盘操纵。尽管双方最终签署《股票发行认购协议》是在同年11月,但由于阿波罗公司的股票于2015年10月8日起就一直处于停牌状态,股价长期间定格在

① 参见樊健:《我国证券市场虚假陈述交易上因果关系的新问题》,载《中外法学》2016年第6期。

31 元,直至 2016 年 1 月复牌后股价才回落到 20 元左右,因此原告定增入股时正处于操纵行为结束后的影响期内,操纵行为对市场产生的影响尚未消弭。

其次,原告还证明了操纵市场行为对投资者的诱导是导致原告最终决定投资的重要因素之一。各方证据显示投融资各方前期进行了沟通,原告参与阿波罗公司定增投融资接洽与看好目标公司的行业前景和 A 股上市转板预期有关,同时原告还对公司基本面经营情况等展开尽职调查,但未有证据表明原告在操纵行为开始前已经决定投资。邵某作为阿波罗公司实际控制人,直接参与并主导定增计划,公司能否顺利完成定向增发对其自身利益关系密切。证据显示,邵某大量主动买入迫使做市商提高双向报价的行为最终没有获利反而产生大额亏损,而其在庭审中对此行为意图亦未作出合理解释,很大程度上表明邵某操纵股价的行为意图即在于诱导或影响同期进行的定向投资。中国证监会也在《行政处罚决定书》中将邵某与案外人连续 8 个交易日拉升尾盘的行为与原告参与的定增投融资对接会进行了关联认定。可见,目标公司实际控制人在同期不断拉升股价的行为客观上造成了公司在新三板市场股价走势强劲、交易热络的表象,对正在考虑定增决策的原告产生了心理影响,导致其作出投资决定。

最后,原告还证明了操纵行为影响了它的投资定价。原告系专业的投资机构,在该轮定向投融资中,原告与阿波罗公司经过一对一接洽、充分协商最终确定定增价格。这一投资价格受到公司基本面、财务指标、行业前景及成长性等多种因素综合影响。但由于阿波罗公司当时为新三板市场挂牌公司,且已经采用做市转让方式交易,具备一定价格发现功能,一旦该时期公司股票交易频率稳健、流动性高,股票市场价格就会成为影响投资者协议定价的参考因素之一。邵某在定增同期的操纵行为恰好造成了公司股票在新三板市场挂牌交易中量价齐升、走势稳健的局面,此时的市场价格会使投资者产生合理信赖。案件证据显示,双方在谈判过程中也相互提及了二级市场价格,并对此展开价格谈判。在其他原告投资者的案件中,还有专业机构提供证据证明其在内部的投资意见决策书中将目标公司同期的二级市场价格纳入了考量范围,并作为公司投资前景预测的依据。法院由此认定,被告邵某在定增定价的关键时期,长达近两个月的过程中一直主动维持股票交易量、不断拉升公司股价,影响了同期的定向增发价格。关于被告主张原告投资完全是因为看好公司前景和A股转板预期的抗辩,法院认为,当时阿波罗公司仅仅是进行上市辅导,A股转板的预期可靠性还很薄弱,投资者对公司前景的预测系基于公司当前的整体情况,其中公司的市场交易情况很难被排除。综合上述因素,法院最终认定原告投资损失与被告邵某操纵证券交易市场行为之间存在因果关系。

值得一提的是,关于专业投资者在证券侵权的认定中是否应考虑其负有更高注意义务的问题,实践中存在争议。本案中,被告律师围绕这一观点也展开论证,他们反复指出原告作为专业投资者,在对新三板挂牌公司的股权投资中应自行展开调查独立决策,对新三板市场价格无法反映真实股价的情况应有充分认识,甚至应当觉察当时股价存在人为操纵的情况。本文认为,在证券虚假陈述侵权中,对于集合竞价方式开展的证券交易,一般不区分专业投资者和普通投资者,这是因为虚假陈述行为人公开进行的信息误导对于整个市场的全部投资者都是一样的,专业投资者的投资决策也是基于对公开信息的信赖。交易型操纵市场行为主要通过操控证券交易价格和交易量对投资者形成误导和欺诈,投资者的注意义务因其专业能力、所处的交易市场和交易方式而有所差别。与普通投资者相比,专业投资者在证券交易量价判断上能力更高,注意义务应与其专业能力相匹配。同时,新三板市场流动性和定价功能的特点也影响投资者在价格判断上的注意义务。对于向特定投资者发行股票的"面对面"证券交易,因投资者的交易决策主要通过财务分析、前景预测、尽职调查等方式对投资可行性进行分析,同时由于投资门槛高、期限长,定增投资者在投资时应负有更高的注意义务。需要指出的是,一旦原告完成对交易因果关系的举证证明义务,则举证责任发生相应转移,如果操纵市场行为人认为专业投资者未尽到注意义务的,应由操纵市场行为人承担举证证明义务,从而推翻投资者合理信赖的主张。本案中,法院认为被告并未提供证据证明原告做出投资决策系因自身的重大过错,原告作为专业投资者即便能够注意到股价和交易量的异常波动,也无法完全排除个股市场行情造成量价齐升的可能性,更无法辨别该异常波动是人为的虚假交易所引起的。由此,对于行为人造成的股价拉升,本案认为原告虽为专业投资者,但还是对该股价情况产生了一定的合理信赖,影响了投资决策和定价。

三、交易型操纵证券市场行为民事赔偿的损失计算规则

(一)交易型操纵行为侵权赔偿损失计算宜采用净损差额法

《虚假陈述司法解释》采用了毛损益法作为证券虚假陈述侵权赔偿损失计算的基础方法,其逻辑在于证券虚假陈述侵权行为造成投资者的差额损失既包括行为实施后投资者买入价格虚高的损失,还包括虚假陈述行为揭露后股价下跌造成的投资者损失。因此投资者的投资差额损失应为其实施日到揭露日期间买入价与揭露日后卖出价(或基准价)的差额。本案中,原告也主张以此方法计算损失,原告认为,操纵行为推高了定增价格,操纵违法行为的揭示又导致公司股价大幅下跌,两项叠加造成了投资者损失。操纵行为揭露日为阿波罗公司公布《关于股东邵女士收到行政处罚决定书的公告》之日即2020年9月17日,基准日为揭露日后第30个交易日,原告主张其投资差额损失为20元/股的买入价格与揭露日至基准日期间每个交易日收盘价的平均价格5.22元之差乘以150万股。被告则指出操纵行为发生在2015年9月,而随后阿波罗公司股票长期停牌,股价下跌主要系因2017年公司撤回首次公开发行A股申请并在新三板市场长期无流动性所致,与操纵行为无关,因此原告的投资损失并非由操纵行为造成。

在损失认定方面,交易型操纵证券交易市场侵权与证券虚假陈述侵权存在不同,交易型操纵行为对投资者损失的影响主要在于交易行为的影响期,在该期间内,操纵行为影响了股价,导致投资者买入或者卖出股票的价格偏离了正常价格。而在交易行为影响期后,由于操纵行为不再继续进行,操纵行为的影响逐渐消弭,股价逐渐回归正常价格。本案中,行为人操纵证券交易的行为表现是在一定时期通过连续主动买入的方式单方面拉升股价,属于交易型操纵证券市场的行为。该行为将人为的错误信息反映到证券价格上,扭曲了证券价格,释放了虚假的市场信号,导致投资者受操纵行为误导而买入虚高价格的股票。从这一角度讲,投资者的投资差额损失应为其实际买入

价格与没有操纵行为影响时股票的真实价格的差额。在交易型操纵市场行为下,操纵行为对投资者损失产生的影响集中在操纵行为实施期间及随后的影响时期,操纵行为结束后,经过一定的消弭时期,操纵行为带来的影响会被市场所消化。股价后期因其他经营性因素、市场因素以及操纵行为被监管处罚所产生的负面因素造成的影响,均非操纵行为对投资者需要承担的损失赔偿范围。

本案中,邵某的操纵行为集中发生于2015年8月7日至9月30日,随后公司停牌至2016年1月,第一次复牌后股价回落到20元左右,此时操纵行为的影响已近消弭。后阿波罗公司股票自2016年3月24日至2018年11月13日长期停牌,并经历从首次公开发行A股股票并上市的申请被中国证监会受理到递交撤回申请、交易方式从做市转让到协议转让等重大变动。因此,公司股价在2018年第二次复牌后直接下跌至2.4元并长期缺乏流动性,并非由操纵市场行为造成,而是受到阿波罗公司重大经营环境变化的影响。由此,本案判决考虑交易型操纵证券交易市场行为的特点,选取了净损差额法原理作为基础,通过比较原告投资阿波罗公司股票的实际价格与公允的基准价格之间的差值计算原告的投资差额损失,这是对交易型操纵市场行为民事赔偿损失计算基础方法的有益探索,实践中可以推广。

值得一提的是,本案中法院委托的第三方专业支持机构在损失核定中也运用了净损差额法的原理。法院曾委托中证资本市场法律服务中心对投资者损失进行核定。该中心出具的《损失核定意见书》载明:证券市场的股票价格遵循价值规律,受市场供求关系等因素影响围绕真实价值上下波动。受到操纵证券交易市场行为影响的股票,在行为操纵期间其交易价格并不是真实价格的反映。操纵证券交易市场行为致使阿波罗公司股价在操纵期间异常上涨,投资者原本应当以较低价格获取股票,因操纵行为不得不高成本获取股票,致使投资者买入成本被垫高而发生了损失。投资者因操纵行为所受到的损失应当为买入被操纵股票的实际价格与股票未被操纵状态下的"真实价格"之间的差值。该报告以同行业对比的方法拟制出剥离操纵行为影响后的"真实价格"作为净损差额的基准。尽管这份《损失核定意见书》最终因不符合新三板市场定增交易特点而未被采纳,但其中的净损差额基础方法是可取且可行的。

(二)新三板市场的投资差额损失计算具有特殊性

运用净损差额法计算操纵行为造成投资者投资差额损失的重点在于“真实价格”的拟制,一般认为,投资差额等于实际投资价格与“真实价格”的差值。在流动性强、定价充分有效的证券市场中,“真实价格”可以操纵行为消弭后一定时期股票的平均价格作为基准,也可以根据该股票所在同行业同类相关股票进行收益率对比等方法计算获得。但在新三板市场,特别是定增交易过程中,真实价格的拟制方法需要考虑市场和交易的特点。2022 年 6 月,最高人民法院印发《关于为深化新三板改革、设立北京证券交易所提供司法保障的若干意见》。该意见指出要充分理解、深刻认识多层次资本市场“层层递进”市场结构的多层次司法需求,尊重新三板市场流动性及价格连续性与交易所市场存在较大差距的客观实际,在损失计算上应充分听取专业意见,以对相关行业企业进行投资时的通常估值方法等为参考,综合考量各项因素,合理确定投资者损失。

本案特殊之处即在于被告阿波罗公司系新三板市场挂牌公司,法院充分考虑了新三板市场在交易量、流动性及定价能力上与成熟的主板市场有较大差距。原告系定增投资者,其并非直接从新三板市场买入证券,而是通过面对面协商方式议定投资价格。基于此,法院在最终核定损失时,并未采纳中证资本市场法律服务中心的损失核定意见,认为新三板市场同类可比公司数量有限且类比公司在特定时期亦存在流动性较差、定价能力不强等情况,因此股价和收益率对比的方法从客观上无法保证“真实价格”的科学性和准确性。同时,《损失核定意见书》在计算得出阿波罗公司拟制的“市场真实价格”后,直接采用正向同比例计算方法换算出“真实定增价格”,容易放大市场交易价格对定增价格影响,不符合证券投资行业投资新三板挂牌公司的普遍实际情况,因此没有采纳其结论。法院认为,在对新三板挂牌公司的投资合理价格进行判断时,应参考对该行业企业进行投资时的通常估值方法,而资产评估公司对阿波罗公司在 2015 年 11 月股权价值进行的追溯评估更符合新三板定增投资的现实情况。

股权价值追溯评估是资产评估的一种类型,其目的在于对目标公司过去某一时期的股权价值进行综合性评定。负责股权追溯评估的机构必须是具有合法的证券类资产评估资质的资产评估公司,且必须依照相关资产评估行业准则,通过组成评估项目小组、收集资料、数据清查、财务分析、调查访谈、编制评估报告等步骤得出专业结论。实践中,资产评估机构的选定往往通过司法机关在具有资质的企业中随机抽取选定,权威性和可靠度较高。股权价值评估须根据企业特点,采用两种以上的评估方法。本案中评估公司用了资产基础法和市场法两种评估方法,最终根据阿波罗公司在2015年盈利能力、行业前景、管理水平、竞争优势等综合情况,选用市场法的结果作为评估结论。在市场法评估中,该报告将阿波罗公司与同行业同类A股企业进行对比,A股企业的交易数据较为全面可靠;还分别对类比公司在财务指标和非财务指标上的差异点进行数据调整纠正,其中非财务指标中统筹考虑了公司当时的团队竞争力、发行A股转板预期及行业板块优势等综合因素,尽可能保持类比科学性;在估值结果上还考虑了新三板市场挂牌公司与A股上市公司的差异,通过建立期权定价模型计算两者的折扣率,最终还原阿波罗公司合理的股权价值为每股17.88元。法院认为这一评估过程逻辑完整,分析较全面,相较于阿波罗公司在2015年7月6家证券公司定增入股时的协议价格每股14.21元,和同年8月3日(开始做市转让之日)至8月6日(操纵行为发生前一交易日)阿波罗公司在新三板市场每日收盘价平均值为18.24元,评估结论尚在合理区间范围之内,由此认定该追溯评估具有公允性。

与证券虚假陈述民事赔偿相对统一的执法标准相比,操纵市场民事赔偿案件的个案差异更大,需要法官综合运用法律逻辑,更加注重不同市场的交易规则和特点。本案发生在新三板市场的定增机构投资者和挂牌公司实际控制人之间,在规则判定、利益衡量等方面确实存在诸多复杂特殊的情形,并非典型的欺诈证券市场普通投资者的案件。作为首例新三板市场操纵证券交易市场责任纠纷,本案对操纵证券交易市场民事赔偿中的因果关系认定、损失计算规则等诸多新颖的法律问题进行了前瞻性的探索和尝试。判决结果最终支持投资者索赔,体现了人民法院贯彻落实中央对资本市场违法行为"零容忍"要求,有效引导、教育证券参与主体敬畏市场、敬畏法律,共同构建中小企业健康发展的良性生态,维护新三板市场交易秩序。

涉主板市场多手法证券操纵侵权责任的认定[①]

——投资者诉鲜某操纵证券交易市场责任纠纷案

肖　凯[*]　沈竹莺[**]

【裁判要旨】

操纵行为,是《中华人民共和国证券法》(以下简称《证券法》)明确禁止的行为。该行为破坏了证券市场的价格形成机制,使投资者无法依据真实市场价格进行买卖决策,额外支付了人为价格与真实价格之间的差价,操纵行为人对由此导致的损失应承担赔偿责任。行为人虽实施了多种操纵手法,但目的同一、时间交织、作用叠加的,应整体视为一个操纵行为。人为价格存在期间即操纵行为影响起止时点,交易型操纵影响消除取决于操纵力量时长等因素,信息型操纵影响消除取决于信息影响何时消除。操纵侵权责任应遵循交易因果关系和损失因果关系两重判断,公开交易市场中应适用欺诈市场理论和推定信赖原则,应采用"净损差额法""价格同步对比法"精确计算投资差额损失。信息型操纵与虚假陈述发生竞合时,按照目的吸收手段的原则,信息型操纵吸收虚假陈述,投资者可择一追责。对证券操纵行为进行立体追责时,操纵行为人财产不足以同时支付行政处罚、刑事罚没款和民事赔偿金的,先承担民事赔偿责任。

---

① 本案获评"新时代推动法治进程2022年度十大案件"、上海金融法院十大典型案例。

* 时任上海金融法院党组成员、副院长。

** 时任上海金融法院申诉审查与审判监督庭副庭长、研究室负责人。

【案号】

上海金融法院(2021)沪74民初2599号

【案情】

原告:曹某某等13名投资者

被告:鲜某

2017年3月30日,中国证券监督管理委员会(以下简称证监会)作出〔2017〕29号《行政处罚决定书》,认定鲜某通过采用集中资金优势、持股优势、信息优势连续买卖,在自己实际控制的证券账户之间交易,虚假申报等方式,影响匹凸匹金融信息服务(上海)股份有限公司(系上交所主板上市公司,曾多次更名,以下简称标的公司)股票交易价格和交易量,操纵期间为2014年1月17日至2015年6月12日,期间内标的公司股价涨幅为260.00%,同期上证指数涨幅为155.29%。责令依法处理非法持有的证券,没收违法所得578,330,753.74元,并处以2,891,653,768.70元罚款。2020年12月21日,上海市高级人民法院作出生效刑事判决,认定鲜某利用信息优势操纵标的股票价格和交易量,构成操纵证券市场罪,处以有期徒刑3年4个月,罚金1000万元并追缴违法所得。

鲜某前述信息型操纵中发布虚假信息的行为同时构成了证券虚假陈述,对此,证监会于2017年5月12日作出〔2017〕52号《行政处罚决定书》,对标的公司和作为实际控制人的鲜某作出相应处罚。之后,陆续有投资者向标的公司提起证券虚假陈述责任纠纷诉讼。相关生效判决认定,投资者损失的50%归因于自身非理性投资行为,20%由市场系统风险导致,10%归因于鲜某操纵行为,最终判定投资者损失的20%由标的公司赔偿。

本案13名原告投资者主张在鲜某操纵期间买卖了标的公司股票发生损失,要求鲜某赔偿包含投资差额损失、佣金、印花税等在内的全部经济损失。

鲜某因操纵证券市场行为被追究行政责任和刑事责任后,表示无力承担本案民事赔偿责任。为此,上海金融法院依据《证券法》关于民事赔偿责任优先的规定,对鲜某操纵证券市场刑事案件中相应款项进行相应保全。

案件审理中,上海金融法院依职权委托上海交通大学中国金融研究院对案涉投资者的投资差额损失进行核定。

鲜某对《行政处罚决定书》所认定的事实无异议,但对投资者主张的赔偿金额不予认可,认为其操纵行为最晚于 2015 年 6 月 12 日结束,此后投资者的交易行为与其操纵行为无因果关系;标的股票价格波动主要受到 2015 年股灾等系统性风险的影响,在损失计算时应当相应扣除;其实施信息型操纵同时构成证券虚假陈述,相关证券虚假陈述责任纠纷生效判决认定投资者存在非理性投资行为,应当对投资损失自担 50% 的责任,同时认定投资者损失的 10% 归因于其操纵行为,本案对其赔偿责任的认定应与该生效判决保持一致。

综合投资者的诉讼请求和鲜某的答辩意见,双方的争议焦点在于以下四个方面:一是如何认定鲜某操纵证券市场行为的方式、类型,以及操纵行为的开始日、结束日、影响消除日;二是投资者买卖标的股票遭受的损失是否与鲜某操纵证券市场行为具有因果关系;三是投资者因鲜某操纵证券市场行为所导致的损失应如何计算;四是本案与投资者诉标的公司证券虚假陈述责任纠纷案应如何衔接。

【审判】

上海金融法院认为,鲜某采用了连续买卖、洗售或对倒交易、虚假申报和利用信息优势操纵四种操纵手法,其中前三种手法属于交易型操纵,后一种手法属于信息型操纵。上述四种操纵手法皆服务于同一目的,在时间上相互交织,在作用上彼此叠加,共同影响了标的股票的交易价格和交易量,彼此之间难以区分,应当在本案中整体视为一个操纵证券市场行为。

结合鲜某操纵的具体方式、标的股票的价格波动情况,可认定其操纵行为属于拉高型操纵。《行政处罚决定书》关于操纵行为起止时间的认定符合证券操纵行为的要件特征,应予确认,故操纵行为开始日为 2014 年 1 月 17

日,结束日为2015年6月12日。交易型操纵与信息型操纵制造人为价格的方式不同,其影响消除所需要的时间也不同,交易型操纵影响何时消除取决于操纵力量、操纵时长等多种因素,信息型操纵影响何时消除取决于其发布之信息的影响何时消除。鲜某控制标的公司信息披露的节奏与内容,同时构成证券虚假陈述。为衔接操纵和虚假陈述民事责任,考虑到虚假陈述的司法解释已经对虚假信息的影响消除时间作出明确规定,故可在本案中予以参考。确认2016年11月14日作为信息型操纵影响消除之日,该日距整个操纵行为结束长达一年多之久,期间标的股票多次累计换手率超过100%,应当能够涵盖交易型操纵的影响消除合理期间,可以作为整个操纵行为影响消除之日。

证券操纵行为在因果关系上应遵循交易因果关系与损失因果关系两重判断,在公开交易的证券市场中,应适用欺诈市场理论和推定信赖原则,来判断投资者的投资决策与操纵行为之间是否存在交易因果关系。从鲜某操纵行为开始日到信息型操纵之虚假信息揭露日,原告买入标的股票的行为与操纵行为具有交易因果关系,此后原告再买入标的股票则与操纵行为无交易因果关系。证券价格会受到各种因素的影响,如大盘、行业以及发行人自身风格等,该等因素导致的损失是投资者交易标的证券理应承担的投资风险,与操纵证券市场行为之间不具有损失因果关系,不属于操纵者的赔偿范围。损失因果关系的判断可由专业第三方机构在投资者损失核定中加以解决。

投资者损失计算是证券欺诈侵权责任案件审理的重点和难点,侵权人仅应对其不法行为造成的损害承担赔偿责任,然而证券价格的波动受多重因素影响,要较为准确地界定证券欺诈行为对投资者造成的损害,须排除其他因素对证券价格的影响,客观上需要借助专业人员的知识与技能。因此,委托专业第三方核定投资者损失具有必要性。净损差额法揭示了证券操纵的侵权本质,证券价格天然具有波动性,采用“净损差额法”和“价格同步对比法”,以投资者的实际成交价格与同时期股票的真实价格之差来计算损失金额具有合理性。

按照目的吸收手段的原理,信息型操纵吸收虚假陈述行为,既可以主张证券操纵赔偿责任,也可以主张虚假陈述赔偿责任。对投资者已在证券虚假陈述责任纠纷案件中获偿的部分,在本案中予以相应扣除。

上海金融法院于 2022 年 9 月 29 日作出(2021)沪 74 民初 2599 号民事判决,判决鲜某赔偿原告 13 名投资者合计 470 万余元。判决同时明确,若鲜某的财产不足以履行民事判决所确定的赔偿责任,则可以执行已依法保全的刑事案件罚没款,最大限度实现中小投资者权利救济。判决后,双方当事人均未提出上诉,判决已发生效力。

【评析】

一、案件裁判的背景

投资者是资本市场健康发展的基石,保护投资者合法权益是资本市场建设的重要主题。操纵证券市场行为扰乱资本市场的健康发展,破坏投资者对资本市场的信任基础,抑制资本市场正常功能的发挥。建立操纵证券市场民事赔偿制度对资本市场的健康有序发展具有重要意义。从实践看,已基本形成了对操纵证券市场行为进行规制的刑事、民事、行政责任法律体系,但目前世界范围内的操纵证券市场民事赔偿法律责任的构建从理论基础到实际运作都还有待进一步完善。

我国操纵证券市场民事责任制度的建立经历了一个渐进过程:从 2001 年 9 月最高人民法院《关于涉及证券民事赔偿案件暂不予受理的通知》到 2002 年 1 月 15 日《关于受理证券市场因虚假陈述引发的民事侵权纠纷案件有关问题的通知》,人民法院迈出了证券民事赔偿的第一步。2005 年修订的《证券法》首次明确规定"操纵证券市场行为给投资者造成损失的,行为人应当依法承担赔偿责任",使投资者因证券市场被操纵遭受损失寻求救济有了法律依据。

2008 年汪建中案[①]是我国法院正式受理的首个操纵市场民事赔偿纠纷案件,投资人要求参照虚假陈述司法解释计算其损失。北京市第二中级人民

① 参见北京市高级人民法院民事判决书,(2011)高刑终字第 512 号。(一审文书号未公开)

法院认为证券操纵与虚假陈述是两种不同的违法行为,在违法主体、行为表现、持续时间、影响范围方面均不同,参照虚假陈述司法解释缺乏依据。虽然《证券法》规定,操纵证券市场行为给投资者造成损失的,行为人应当依法承担赔偿责任,但对于操纵市场与损害结果之间的因果关系的确定以及行为人承担赔偿责任数额的范围、损失的计算方法均无明文规定。最终判决驳回投资者诉讼请求。此后十年间,没有一起成功获得赔偿的证券操纵侵权案件,提起诉讼的中小投资者也很少,即使提起诉讼也因为认定难、举证难以及没有相关司法解释而被驳回起诉,所以大多操纵证券市场行为以行政处罚终结,但即使行政处罚罚款再多,中小投资者的损失也并未因此受到补偿。

2018 年,中证中小投资者服务中心支持投资者起诉恒康医疗利用信息优势操纵市场,[①]法院判决首次支持了投资者的民事赔偿请求,在社会引发较大反响。该案中,中证中小投资者服务中心提出以买入股票价格与股票"真实价格"之差计算交易损失的净损差额法,然而未考虑操纵影响消除期间,致使算得损失金额明显过高,被法院以无法律依据又缺乏实质合理性为由拒绝采纳。该案生效判决认为信息型操纵因果关系、损失计算均可参照虚假陈述司法解释,这在一定程度上忽视了信息型操纵与虚假陈述的差异性,未对两者影响股价的机理作进一步分析,在证券操纵损失计算方法的探究上不免失于简单,难以对之后的证券操纵侵权案件尤其是复杂操纵案件提供有效参考。

二、证券操纵行为的定义及多手法操纵的认定

一般认为,操纵证券市场是指以交易活动或交易策略为手段,通过影响证券交易价格或者证券交易量,破坏证券市场的价格形成机制,从而误导或扭曲投资者的投资决策,以实现非法获利之目的。本质上,操纵行为的危害性在于破坏了证券市场的价格形成机制,使投资者无法依据证券的真实市场价格进行买卖决策,进而影响了证券市场的定价准确性和市场流动性,损害了证券市场有效配置资源、促进资本形成和保护投资者的社会功能。因此,

---

① 参见四川省成都市中级人民法院民事判决书,(2018)川01民初2728号。

操纵行为所产生的是人为价格,有别于基于真实买卖的真实市场价格。随着金融市场的不断深化和发展,操纵证券市场的行为也不断变化,法律除明确禁止的操纵手段外,亦专门设置兜底条款,以涵盖不同类型的操纵。通常,操纵行为可以分为交易型操纵、信息型操纵,以及其他滥用优势的操纵。虽然在理论上,所有正常的证券交易或相关信息均可能影响证券价格,但在判断操纵行为之构成时,除行为人主观上欠缺正当性理由外,应主要考量操纵行为对证券市场价格形成机制的破坏,即对市场上真实交易之供需关系信号的扰乱。实践中,容易影响价格形成的操纵行为包括:连续买卖形成影响股价的交易量、不改变实际所有权的交易、短时间内的反向交易、不以成交为目的的虚假报撤、影响开盘价或尾盘价的交易、事前或事后发布虚假信息的交易,以及与误导性或虚假性投资建议存在实质利益的交易,等等。

根据证监会〔2017〕29 号《行政处罚决定书》认定的事实,鲜某具体采用了以下四种手法实施操纵证券市场行为:(1)连续买卖,即通过集中资金优势、持股优势连续买卖操纵标的股票价格;(2)洗售或对倒交易,即通过在自己控制的账户之间进行证券交易操纵标的股票价格;(3)虚假申报,即不以成交为目的,通过频繁申报、撤单制造涨停价买单众多假象,操纵标的股票价格;(4)利用信息优势操纵,即利用信息优势控制信息披露节奏及内容操纵标的股票价格。相关刑事判决书以鲜某连续交易的数量未达到刑事案件立案追诉标准为由,认定鲜某不构成刑事上的连续交易操纵,仅构成利用信息优势操纵的犯罪。究其原因,刑法、行政法和民法各自保护的法益不同,同一违法行为有可能被追究刑事、行政与民事三种不同性质的法律责任,其构成要件相互独立,具体认定某一行为的民事责任应依据相应的民事责任标准予以判断。因此,鲜某实施的不同操纵手法是否构成刑事犯罪,不影响认定相应操纵行为的民事责任。

本案所涉四种操纵手法中,前三种操纵手法属于交易型操纵,后一种操纵手法属于信息型操纵。交易型操纵是指行为人通过交易活动,制造证券价格变动的误导性或虚假信号,影响证券交易价格的形成,误导投资者作出投资决策,从而获取不法利益;信息型操纵是指行为人通过制造、传播对证券市场价格有重要影响的信息,或者控制该类信息披露的方式,制造证券价格变动趋势,误导投资者作出投资决策,从而获取不法利益。虽然采用了多种操纵手法,但皆服务于同一目的,在时间上相互交织,在作用上彼此叠加,共同影响了标的股票的交易价格和交易量,彼此之间难以区分,应当整体视为一个操纵证券市场行为。

三、人为价格存在期间的判断——操纵行为开始日、结束日和影响消除日的认定

操纵行为的可责性,表现为扭曲真实市场价格所形成之人为价格的欺诈性,从而误导不知实情的投资者买入标的股票,额外支付了人为价格与真实市场价格之间的差价,由此产生投资损失。要准确界定此类操纵行为侵权赔偿责任的范围,就必须准确界定人为价格存在的时间,即标的股票价格受操纵行为影响的起止时间,包含三个关键时点:操纵行为开始日、操纵行为结束日和操纵行为影响消除日。

由于操纵行为包含制造人为价格和交易股票获利两个步骤,前者是手段,后者是目的,因此判断操纵行为的开始与结束,就要通盘考虑手段行为和目的行为的开始与结束。交易型操纵的手段行为和目的行为均体现为鲜某控制账户组进行交易,信息型操纵的手段行为表现为其控制信息披露的节奏及内容,目的行为表现为其控制账户组进行交易。根据《行政处罚决定书》查明的事实,鲜某所控制账户组的交易开始于2014年1月17日,其控制信息披露节奏及内容的行为发生在2015年4月9日至5月11日,其所控制账户组的交易结束于2015年6月12日,可以认定鲜某操纵行为开始日为2014年1月17日,操纵行为结束日为2015年6月12日。

关于操纵行为影响消除日,指的是因操纵行为产生的人为价格回归至真实市场价格所需的合理时间。由于交易型操纵与信息型操纵制造人为价格的方式不同,其影响消除所需要的时间也不同。交易型操纵以交易制造人为价格,当交易行为结束,施加在股价上的人为力量不复存在,股价逐渐回归至真实市场价格。需要注意的是,因为交易型操纵手法具有隐蔽性,一般情况下行为结束不会向市场释放明显信号,投资者尚不知晓受到欺诈,可能还会

继续实施于己不利的交易,操纵影响何时消除,取决于操纵力量、操纵时长等多种因素,需结合个案具体情形酌定。操纵者施加的力量越大,连续操纵的时间越长,影响消除所需要的时间可能越长。信息型操纵通过发布信息来制造人为价格,操纵行为结束后,其影响何时消除则取决于其发布之信息的影响何时消除。

本案中,鲜某是标的公司的实际控制人,属于《证券法》规定的信息披露义务人,因此其控制标的公司信息披露的节奏与内容,同时构成了证券虚假陈述,被证监会立案调查并受行政处罚。尽管本案中发布虚假信息这一行为,在法律上存在操纵和虚假陈述两种定性,但在民事赔偿上应择一而处。为衔接本案操纵与前案虚假陈述的民事责任,考虑到虚假陈述的司法解释已经对虚假信息的影响消除时间作出明确规定,故可在本案中予以参照。

本案中,虽然交易型操纵影响消除的合理时间取决于个案裁量,但信息型操纵之虚假信息揭露日距整个操纵行为结束长达一年多,期间标的股票多次累计换手率超过100%,应当能够涵盖交易型操纵的影响消除合理期间,可以将信息型操纵影响消除之日作为整个操纵行为影响消除之日。

四、证券操纵侵权责任因果关系的认定

欺诈是指故意告知虚假情况,或者负有告知义务的人故意隐瞒真实情况,致使当事人基于错误认识作出意思表示。欺诈的定义明确了欺诈行为与受欺诈人表意错误之间存在因果关系。这一因果关系投射到证券领域,就要求欺诈行为与投资者决策之间必须具有因果关系,即投资者基于对欺诈者的信赖而作出交易(此为交易因果关系)。由于证券市场投资者众多、情况各异,投资者往往对此难以举证证明。为此,《证券法》在经济学有效市场假说的基础上发展出欺诈市场理论,确立了一个可以反驳的推定:市场受到了欺诈即推定投资者受到了欺诈,但实际情况证明投资者并未受到欺诈的除外。此即为推定信赖原则。此外,民事侵权责任还要求侵权人仅应对其违法行为导致的损害承担赔偿责任,而投射到证券欺诈法律关系,就要求欺诈行为与投资者的损失之间也必须具有因果关系(此为损失因果关系)。截至目前,我

国证券欺诈民事案件最常见的类型是证券虚假陈述责任纠纷,其审判实践在近年来普遍使用交易因果关系与损失因果关系两重分析框架,该实践经验也被相关司法解释吸收,即将因果关系拆分为交易因果关系与损失因果关系两个要件。操纵证券市场行为同为证券欺诈行为,在因果关系上亦应遵循交易因果关系与损失因果关系两重判断。

就交易因果关系而言,证券市场以价格发现为重要功能,证券价格的真实性和准确性取决于各影响因素的真实性。在公开交易的证券市场中,影响股票价格的因素不仅包括上市公司披露的信息,也包括供求关系、成交量、以往价格走势等。操纵证券市场者通过交易策略,影响特定证券的市场价格,从而误导或扭曲投资者的投资决策,这与证券虚假陈述行为通过发布虚假信息扭曲股票价格具有相同的欺诈本质。因此,在公开交易的证券市场中,亦应适用欺诈市场理论和推定信赖原则,来判断投资者的投资决策与操纵行为之间是否存在交易因果关系。如果投资者能够证明行为人实施了操纵证券市场的行为,投资者在操纵行为开始日之后、操纵行为影响结束日之前交易了与操纵行为直接关联的证券,即在拉高型证券操纵中买入相关证券,或者在打压型证券操纵中卖出相关证券,则应当认定投资者的投资决策与行为人的操纵具有交易因果关系。对于交易因果关系,操纵行为人可以提出反证推翻,即投资者明知或应知存在欺诈而交易,或投资者出于其他目的而交易,则交易因果关系不成立。信息型操纵中,如果虚假信息被揭露,投资者再行交易标的证券则为明知或应知欺诈,不构成交易因果关系。交易型操纵因具有隐蔽性,如无相反证据,投资者在操纵影响消除前交易标的证券的行为均与操纵具有交易因果关系。

具体到本案,从鲜某操纵行为开始日(2014 年 1 月 17 日,含当日),到信息型操纵之虚假信息揭露日(2016 年 10 月 18 日,不含当日),原告买入标的股票的行为与操纵行为具有交易因果关系,此后原告再买入标的股票则与操纵行为无交易因果关系。

就损失因果关系而言,证券价格会受到各种因素的影响,如大盘、行业以及发行人自身风格等,该等因素导致的损失是投资者交易标的证券理应承担的投资风险,与操纵证券市场行为之间不具有损失因果关系,故不属于操纵者的赔偿范围。因此,应在查明证券操纵与投资者损失之间的因果关系,以及导致投资者损失的其他原因等基本事实的基础上,综合判断。操纵者能够举证投资者的损失部分或全部是由他人操纵市场、证券市场的风险、证券市场对待特定事件的过度反应、上市公司内外部经营环境等其他因素所导致的,应当相应减轻或者免除其责任。要准确认定损失因果关系,就须合理剥离与操纵行为无关之因素对股价的影响,这涉及金融资产定价问题,也与投资者损失核定紧密相关。被告鲜某虽然主张存在导致投资者损失的其他因素,但对"其他因素"的影响程度及相应扣除金额如何确定,并未提出合理的计算方法,此问题宜由专业第三方机构在投资者损失核定中加以解决。

五、投资差额损失计算的方法

证券投资者损失计算是证券欺诈侵权责任案件审理的重点和难点。根据侵权责任的法理,侵权人仅应对其不法行为造成的损害承担赔偿责任,然而证券价格的波动受多重因素影响,要较准确地界定证券欺诈行为对投资者造成的损害,须排除其他因素对证券价格的影响,这涉及金融学、数学、统计学等专业学科,客观上需要借助专业人员的知识与技能。因此,委托专业第三方核定投资者损失具有必要性、合理性,近年来也在证券虚假陈述等证券欺诈责任纠纷案件的审理中所普遍采用。

净损差额法,或称净损益法、真实价值计算法等,即以投资者的实际成交价格与股票的真实市场价格之差来计算损失金额。所谓真实市场价格,是指在没有被操纵的情况下,股票应有的价格,是一种法律拟制的价格。净损差额法揭示了证券操纵的侵权本质,即操纵行为使股价偏离真实市场价格,使投资者额外承担了被操纵后的人为价格与真实市场价格之间的差额部分,该部分即为侵权人应赔偿的因其侵权行为所导致的投资损失。

确定真实市场价格是净损差额法的核心,亦是难点。证券价格天然具有波动性,真实市场价格并非一个恒定不变的值,而是一条不断变化的价格曲线。随着操纵手法和力量的变化,股票价格被扭曲的幅度也会相应地发生变化,实际成交价格与真实市场价格之间的差值也并非恒定不变,而是处于不断变化之中。理论上讲,采用净损差额法应当确定投资者每笔交易发生时的股票真实市场价格,但考虑到股票结算和大部分的股票定价都以日为单位,因此比较合理与可行的方式是以交易日为单位模拟股票真实市场价格,单一交易日确定一个真实市场价格。

采用净损差额法计算投资损失时应注意适用损益相抵原则,并以投资者账面损失作为损失核定的上限。侵权损害赔偿的目的在于填平实际损失,使权利恢复到侵权行为发生前的状态,超过账面实际损失的部分不应当属于投资者可获赔的范围,投资者因操纵行为获利缺乏合法依据,应当根据公平原则,在损失中予以抵扣。

本案中,投资损失核定的具体方法是:以操纵行为影响标的股票价格的期间作为损失核定期间,构建损失量化计算模型,结合运用多因子模型法和重大事件分析法,对影响股价的各种因素定量分析,在不考虑操纵因素的前提下,以其他各种因素所形成的标的股票收益率曲线模拟计算真实市场价格,将其与投资者在交易中的实际成交价格进行同步对比,按照损益相抵的原则得出投资者的投资差额损失。该损失金额扣除了与被告操纵行为无关的其他因素对股价的影响,可确定为鲜某操纵证券市场行为所导致的投资损失。

通过计算标的股票日收益率来模拟其每日真实市场价格。就标的公司而言,除操纵因素外,影响其股价的主要因素包括大盘因素、行业因素、个股风格因素和其他重大事件。基于以上因素的量化计算构建模型,模拟除操纵因素外,其他因素影响形成的标的股票日收益率(t 代表不同日期),再以操纵行为开始日的前一交易日标的股票实际收盘价为模拟初始价格,根据模型计算的日收益率模拟出标的公司每日股票价格 $P_t = P_0 \times (1 + \tilde{r}_1) \times (1 + \tilde{r}_2) \times \cdots \times (1 + \tilde{r}_t)$。

第一步:采用多因子模型法来计算标的股票由大盘因素、行业因素、个股风格因素引发的模拟日收益率。该模型除考虑市场风险外,还采用行业因素考虑行业对企业股票收益的影响,采用风格因素考虑各种基本面因素对企业股票收益的影响。其中,包括多因子模型中常见的影响因素,即规模因素(大、小市值的收益差)、价值因素(估值高低的收益差)、盈利因素(公司不同盈利水平的收益差)、投资因素(公司不同投资比例的收益差)、动量因素(股票收益历史表现好坏的收益差）、流动性因素（股票换手率大小的收益差）。

第二步：采用重大事件分析法来计算标的股票因其他重大事件引发的模拟日收益率。通过梳理损失核定区间标的公司发布的公告，筛选出显著影响标的股票价格且与操纵因素无关的两个重大事件。具体计算上，首先利用资本资产定价模型估计重大事件引发的日超额收益率；其次选取与标的公司发生过同类重大事件的其他上市公司作为基准；再次判断重大事件影响标的股票价格的窗口长度；最后将同类事件中其他上市公司日超额收益率的均值作为该事件对标的股票价格的影响。

第三步：将多因子模型法计算的日收益率与重大事件分析法计算的日收益率叠加，得到标的股票的模拟日收益率。

标的股票每日真实市场价格建立在模拟标的股票日收益率的基础上，采用多因子模型法和重大事件分析法模拟标的股票日收益率已在多个证券侵权案件的审理中采用，其科学性、合理性已为司法实践所认可。首先，该方法引入金融学领域中股票日收益率的概念，构建不同的损失量化计算模型对于各种致损因素的影响进行量化分析，进而计算投资者因与操纵行为无关的其他因素导致的投资差额损失，不仅逻辑自洽，也能够有效避免因各种风险因素重复计算而导致的结果偏差。其次，多因子模型法对股价造成持续性影响的共性因素的核定更全面，既包括大盘因素、行业因素，还考虑了多个对股价具有影响作用的个股风格因素。核定方式上，通过定量分析的方式逐日考察各因素对于股价的影响，包括正面影响和负面影响，其核定结果更精确。最后，重大事件分析法可以对与操纵行为无关的其他重大事件进行定量分析，包括影响时间区间和每日影响值，不同投资者在不同交易时间是否受到重大事件影响及其影响程度，均可得到较为客观准确的核定。

六、信息型操纵与虚假陈述的竞合

虚假陈述与信息型操纵都是证券欺诈行为，在信息型操纵通过发布虚假信息（包括隐瞒重大信息）的手段完成时，二者可能存在竞合。但是，虚假陈述的主体范围较小，限于发行人、上市公司及其他法律规定的信息披露义务人,只有在涉及信息披露义务人利用其优势地位通过公司发布信息时,二者才存在竞合可能。在此情形下还需满足两个条件:一是信息的内容属于披露义务的范围;二是发布信息的性质要满足虚假信息中的虚假或误导属性。本案就正属于这种情况。

就信息型操纵和虚假陈述两种行为间的关系而言,虚假陈述只是手段,起辅助作用,操纵行为才是目的,起主要作用。按照目的吸收手段的原理,信息型操纵可以吸收虚假陈述行为,当事人可以选择不同的法律救济途径,既可以主张证券操纵赔偿责任,也可以主张虚假陈述赔偿责任。对同一行为追究不同法律责任,因行为主体、责任类型等差异亦会有所不同。如本案所涉之情形,若追究虚假陈述责任,则标的公司是信息披露义务人,鲜某则是实际控制人,投资者可就证券虚假陈述单独或共同起诉标的公司和鲜某,而若追究证券操纵赔偿责任,则只能起诉鲜某个人。考虑到本案中虚假陈述行为属于鲜某操纵行为的一部分,故投资者已在之前证券虚假陈述责任纠纷案件中获偿的部分,应当在本案中予以扣除,以避免重复受偿。当然,前案证券虚假陈述责任纠纷中标的公司与鲜某的责任分配也不影响本案证券操纵中鲜某应当对投资者的全部投资损失承担赔偿责任。

在投资者诉标的公司证券虚假陈述责任纠纷案件中,法院认定投资者损失的20%为证券市场系统风险等因素所致,损失的50%归因于投资者的非理性投资行为。然而,上述比例系法院酌定,本案已委托专业第三方机构核定投资者损失,对于证券市场系统风险等因素的扣除将更为精准,投资者的主观认知和判断在付诸交易之前并不能实际影响股价,其付诸交易后,则成为影响个股风格或大盘走势的因素,进而纳入多因子模型或重大事件分析的考察范畴,投资者非理性交易如果对投资损失发生影响,亦可体现在损失核定结果中。

结　　语

投资者诉鲜某操纵证券交易市场责任纠纷案是全国首例主板市场交易型与信息型操纵混同的证券操纵赔偿责任纠纷案件。该案判决对证券市场操纵的基础性法律问题进行了深入分析,为同类案件提供了有益参考。

上市公司以“隐藏承诺”对抗限售股解禁中的责任认定

——东方证券股份有限公司诉皇氏集团股份有限公司损害股东利益责任纠纷案①

符　望[*]　朱婧婧[**]

【裁判要旨】

在限售股相关承诺条件已完成的情况下，受让人针对其在司法执行程序中取得的股票，有权要求上市公司配合办理解除限售手续。上市公司不愿配合并突然提交了一份此前未曾公开的隐藏承诺进行对抗。作为上市公司，如存在这样一份承诺并新增了许多解禁条件，会影响已经符合条件的股票解禁，却不对投资者提及，并不符合企业经营常理，时间真实性存疑。该承诺在作出之后两年直至争议发生时才披露，现有的或者潜在的投资者此前无从知晓系争股票又增加了限制条件。由于这种隐藏承诺此前未曾公开并公告，不符合我国证券监督管理委员会（以下简称证监会）制定的《上市公司信息披露管理办法》，无法对抗公告之前的善意受让人。受让人作为司法执行程序的当事人，对执行过程中的公告信息亦有充分的信赖。另外，上市公司亦无权通过股东大会决议的形式限制某个股东出售股票的权利。

---

① 本案入选上海金融法院2022年度十大典型案例。

* 法学硕士，上海金融法院综合审判二庭庭长。

** 法学硕士，上海市黄浦区人民法院金融审判庭法官助理。

【案号】

一审:上海金融法院(2020)沪74民初3479号

二审:上海市高级人民法院(2021)沪民终514号

【案情】

原告:东方证券股份有限公司(以下简称东方证券)

被告:皇氏集团股份有限公司(以下简称皇氏集团)

2014年11月25日,皇氏集团发布《广西皇氏甲天下乳业股份有限公司发行股份及支付现金购买资产并募集配套资金暨关联交易实施情况及新增股份上市报告书》("广西皇氏甲天下乳业股份有限公司"为皇氏集团原名),载明:(1)皇氏集团以发行皇氏集团股份35,520,446股和支付现金人民币204,750,000元(以下币种相同)相结合的方式,购买李某某持有的御嘉影视集团有限公司(以下简称御嘉影视)100%股权;(2)李某某以资产认购的皇氏集团股份在业绩承诺期内(2014年至2017年)不得转让,即在2017年审计报告出具后、《发行股份及支付现金购买资产协议》约定的盈利承诺与补偿责任履行完毕后,方可转让其在本次发行中取得的上市公司股份。在上述锁定期限届满后,其转让和交易依照届时有效的法律和深交所的规则办理。

东方证券因与案外人李某某之间质押回购交易,引发公证债权文书强制执行案,由北京市第二中级人民法院执行。2017年10月12日,北京市第二中级人民法院出具执行裁定书,明确东方证券有权将李某某出质的58,410,000股"皇氏集团"股票以折价或拍卖、变卖所得价款优先受偿。2018年1月,该院向皇氏集团出具《协助执行通知书》要求其协助法院查明上述质押股份是否达到解除限售条件。皇氏集团答复北京市第二中级人民法院称:上述股票尚属限售状态,并提出皇氏集团2017年度审计报告尚未出具,御嘉影视2017年度业绩完成情况仍有待审计机构的审定,尚未具备办理股票解除限售手续的相关条件。

针对御嘉影视盈利与业绩承诺情况，皇氏集团2015～2018年发布多份关于御嘉影视集团有限公司盈利情况报告、承诺完成情况说明。上述报告确认御嘉影视2014年至2017年业绩承诺完成率均超100%。此外，2018年4月28日，皇氏集团发布的《皇氏集团股份有限公司2018年第一季度报告》中，载明了多名股东持有的限售股情况，包括李某某、徐某等。同时，在“三、公司实际控制人、股东、关联方、收购人以及公司等承诺相关方在报告期内超期未履行完毕的承诺事项”中，专门载明盛世骄阳原股东徐某未完成2016年与2017年的业绩承诺。但该报告未载明李某某超期未履行完毕的承诺事项。

之后，法院对上述股票进行拍卖。2018年7月31日皇氏集团发布《关于公司持股5%以上股东股权将被司法拍卖的提示性公告》，告知了上述法院准备拍卖股票的情况，并载明“本次司法拍卖对公司的正常生产经营不产生影响，公司将持续关注此次拍卖的进展，并根据相关法律法规的规定及时履行信息披露义务”。后因拍卖无法成交，2018年9月，北京市第二中级人民法院出具裁定书将李某某的限售流通股作价人民币300,694,680元交付东方证券抵债，办理了过户手续，并随后向皇氏集团出具《协助执行通知书》，要求皇氏集团协助办理解除限售手续。2018年9月7日，东方证券作为信息披露义务人，发布了《皇氏集团股份有限公司简式权益变动报告书》，披露了上述股票抵债情况，并提到李某某所持股份对应的所有业绩承诺已完成。

2020年3月起，东方证券工作人员王某通过微信向皇氏集团工作人员王某某了解解禁流程及所需材料。在微信沟通记录中，王某表示准备申请解禁，但应该不会减持，并多次向王某某了解解禁时需要准备的材料清单。王某某回复称：看了一下相关的材料，基本都是上市公司填，因为规则上都是对于非公开、定增对象的解除限售，对于司法划转的情况没有提及，故要求王某把东方证券相关案件的判决书、中登公司的股份划转文件扫描发给她。但皇氏集团后续并未办理。2020年7月24日东方证券正式向皇氏集团发送一封《要求办理股票解禁手续的公函》，要求皇氏集团收函后3日内办理解禁手续，随后又于8月5日发出《律师函》。但皇氏集团仍未配合解禁，故东方证券遂于2020年12月2日向上海金融法院起诉，请求法院判令：(1)皇氏集团停止对东方证券股东权利的侵害,并立即为上述限售股办理解除限售手续;(2)皇氏集团赔偿因延迟解除限售而给东方证券造成的损失 50,000,000 元。

在案件诉讼过程中,皇氏集团提出还存在一份载明日期为 2018 年 3 月 20 日,由李某某向皇氏集团出具的《解除股份限售之自律承诺函》(以下简称承诺函),该承诺函载明李某某自愿增加以下解除股份限售之自律条件:(1)2018 年 3 月 20 日御嘉影视及其子公司产生的应收账款、预付账款、存货及其他应收款,李某某已完成全部保值收回。(2)李某某因本次交易所取得的现金已完税(包括因后期国家税务政策变化和调整新增的应缴所得税)。(3)就拟申请解除限售部分的股份在未来转让时涉及的个人所得税税金(以申请解除限售时国家相关税务法律政策为准)已足额缴纳至皇氏集团。2020 年 8 月 13 日,皇氏集团将上述增加限售条件事宜向深圳证券交易所进行报告。此后,皇氏集团先后召开董事会、股东会,通过决议认定李某某的新增条件未完成,并同时提出,对于东方证券因抵债取得股票,应由东方证券缴纳李某某应承担的账款清收和税费责任 11,110.70 万元,然后才可以解除限售。①

【审判】

本案争议焦点为:(1)李某某向皇氏集团出具的承诺函的真实性以及该函对东方证券要求皇氏集团解除限售是否具有约束力;(2)皇氏集团通过的股东大会决议是否可以限制东方证券请求解除限售条件;(3)若皇氏集团应配合而不配合东方证券解除限售,皇氏集团应赔偿的东方证券损失如何确定。

上海金融法院一审认为:(1)直至 2020 年 8 月,皇氏集团才向东方证券以及深圳证券交易所提及该份承诺函。此前皇氏集团发布的多个公告中,不仅未曾提及该承诺函,而且明确披露解禁条件已成就。作为上市公司,如存在这样一份承诺函并新增了许多解禁条件,会影响原来已经符合条件的股票

① 一审:上海金融法院民事判决书,(2020)沪 74 民初 3479 号;二审:上海市高级人民法院民事判决书,(2021)沪民终 514 号。

解禁，却不去对投资者提及，并不符合企业经营常理。在法院司法拍卖系争股票、东方证券联系解除限售过程中，多次与皇氏集团联系，但皇氏集团从未提及存在承诺函，故该承诺函真实性存疑。(2)即便承诺函签署日期确系2018年3月20日，但其内容有别于原先的限售承诺，对市场、投资者、东方证券均有重大影响，故应按证监会制定的《上市公司信息披露管理办法》《深圳证券交易所中小企业板上市公司规范运作指引(2015年修订)》进行披露。皇氏集团直至2020年10月28日才披露，现有的或者潜在的投资者此前无从知晓系争股票又增加了限制条件。(3)东方证券作为司法执行程序的当事人，对执行过程中的公告信息有充分的信赖，根据当时公开信息及拍卖公告，案涉股票上并不存在承诺函、不存在除业绩承诺之外的承诺，原有业绩承诺已经完成，在此基础上，才形成了以司法拍卖的保留价作为抵债价格。如果存在承诺函，自然会对抵债价格产生重大影响。基于对东方证券信赖利益的保护，股票抵债过户之后方才披露的承诺函对东方证券并无约束力。(4)皇氏集团无权通过股东大会决议的形式限制某个股东出售股票的权利。综上，法院认定皇氏集团拒绝配合解禁的行为存在过错，限制了东方证券的交易自由与交易机会，故判决皇氏集团配合办理手续解除限售。(5)关于损失的认定，2020年4月至本案起诉之时即2020年12月，皇氏集团股价经历了先涨后跌的过程。起诉后，股价先跌后涨。根据一审中这一股价波动情况，酌定皇氏集团先行赔偿损失500万元，其余损失待配合解禁后东方证券卖出后可视情主张。综上，上海金融法院于2021年7月29日作出一审判决：皇氏集团在判决生效之日内10日内配合办理解除限售手续，赔偿东方证券损失500万元，支付东方证券律师费等。

判决后，皇氏集团不服向上海市高级人民法院提起上诉。上海市高级人民法院于2022年7月25日作出二审判决，认可了一审裁判中的主要认定，但根据二审期间股价继续上涨情况将赔偿损失固定为500万元，不再允许东方证券根据出售的情况另行求偿。最终驳回上诉，维持原判。

【评析】

一、上市公司限售承诺制度与司法难题

上市公司限售股是与上市公司流通股相对应的一个概念,屡屡见于上市公司公告中。限售股指的是因为法律限制或者持股人自我承诺,而在特定的期限届满或特定的条件成就前不能在公开市场自由买卖的上市公司股票。我国资本市场上的限售股制度基于法律强制与私人契约二者共同发挥作用从而产生限售的效果,通常情况下是通过公开限售承诺这一形式来实现目的,即行为人公开承诺在特定的期限届满或特定的条件成就前不能在公开市场自由买卖上市公司股票。

限售承诺属于涉及上市公司公开承诺的类别之一。近年来,上市公司及其大股东、董监高公开承诺的情形并不少见。在IPO、上市公司再融资、并购重组等情形中,承诺人通过承诺释放信息增强中小投资者信心来达到稳定或拉抬股价的目的。大多数承诺内容为承诺人表示自愿承担不利益,限制自己的权利(如限售承诺)或增设自己的义务(如资产注入承诺),具有自我限制的特征。限售承诺虽以自我限制的方式出现,但仍可进一步细分为基于监管的限售承诺与基于约定的限售承诺:(1)基于监管的限售承诺主要规定于《中华人民共和国公司法》(以下简称《公司法》)、《中华人民共和国证券法》(以下简称《证券法》)等法律,《监管规则适用指引——关于申请首发上市企业股东信息披露》[①]等部门规章以及《上海证券交易所股票上市规则》《深圳证券交易所股票上市规则》等行业规范中。比如,《深圳证券交易所股票上市规则》(2023年修订)规定"3.1.9 发行人首次公开发行股票前已发行的股份(以下简称首发前股份),自发行人股票上市之日起一年内不得转让";"3.1.10 发行人向本所申请其首次公开发行股票上市时,其控股股东和实际控制人应当承诺:自发行人股票上市之日起三十六个月内,不转让或者委托

---

① 该部门规章规定"上述新增股东应当承诺所持新增股份自取得之日起36个月内不得转让"。

他人管理其直接和间接持有的发行人首发前股份,也不由发行人回购其直接或者间接持有的发行人首发前股份。发行人应当在上市公告书中公告上述承诺……"。美国限售股主要类别有公开市场转让受限以及证券和控制证券(限售期为6个月或1年)、向合格投资者转让私募的受限证券和控制证券(限售期为6个月或1年)、向私人投资者进行发行和转售。(2)基于约定的限售承诺则不同于前者,是以私人契约的形式存在的,系基于自身意愿作出的限售承诺。上市公司的股东、董事、高管可以在通常的监管要求之外,基于一些特定事项作出更高承诺。这些承诺作出之后,在一定程度上成为广义行政监管手段。目前上市公司股东作出限售承诺的现象较常见,深圳证券交易所"承诺事项及履行情况监管"中"股份限售承诺"栏目载明的限售承诺共有393页。①

限售承诺作出之后,便具有了相应的法律约束力。中国证监会于2015年12月发布的《关于进一步推进新股发行体制改革的意见》中提到"(三)强化对相关责任主体承诺事项的约束。发行人及其控股股东、公司董事及高级管理人员等责任主体作出公开承诺事项的,应同时提出未能履行承诺时的约束措施,并在公开募集及上市文件中披露,接受社会监督。证券交易所应加强对相关当事人履行公开承诺行为的监督和约束,对不履行承诺的行为及时采取监管措施"。《证券法》第84条第2款也规定,"发行人及其控股股东、实际控制人、董事、监事、高级管理人员等作出公开承诺的,应当披露。不履行承诺给投资者造成损失的,应当依法承担赔偿责任"。

限售承诺明确行为人在一定期限内不得转让股份,或约定满足一定条件前不得转让股份。违反这些承诺,会产生一定的民事责任,②因此,法律责任后果成为承诺人直接违反承诺的阻碍因素。但如果承诺人成为债务人以及司法程序中的被执行人,则产生了限售股能否在强制执行后流通的争议。实践中,人民法院一般通过司法拍卖或者拍卖无法变现后以股抵债的方式清偿

---

① 参见深圳证券交易所:承诺事项及履行情况栏目,载深圳证券交易所官网,http://www.szse.cn/disclosure/supervision/promise/index.html,2022年9月24日访问。

② 有学者以侵权和违约这两类责任为基础,提出责任承担方式应包括"停止侵害、返还财产、实际履行、赔偿损害"等。参见陈亦聪、武俊桥:《上市公司承诺履行与上市公司诚信塑造》,载《证券法苑》2012年第2期。

债务,此时限售期可能届满,也可能尚未届满,但无论如何,实务中拍卖、抵债的受让方要真正出售股票,仍要面对程序与实体阻碍。在程序上,根据相关规则,股票受让方无法自行向交易所提交解禁申请,若上市公司不予配合,解禁程序便不能启动。控股股东实际掌控上市公司,在控股股东与限售股受让方利益不一致的情况下,受让方交易该等股份的权利将难以实现。这种情况下,受让方只得通过投诉或诉讼的方式寻求救济,本案就是其中一起典型案例。

二、限售承诺的约束力与司法应对

(一)限售股的转让、执行与司法的态度

由于限售涉及上市公司中小股东的利益,受到市场关注,司法实践中,对于限售股的执行,司法持一种相对审慎态度,做法也略有不同。比如,北京市高级人民法院于2014年1月1日施行的《北京市法院执行工作规范》第390条规定:“被执行人作为发起人持有本公司股份的,人民法院对该股份可以强制进行转让,不受《中华人民共和国公司法》第一百四十二条‘发起人持有的本公司股份,自公司成立之日起一年内不得转让’的限制,有关单位应当按照人民法院的裁定书和协助执行通知书办理转让股份的变更登记手续。”2018年8月22日施行的《江苏省高级人民法院关于执行疑难问题的解答》第6条第2款规定:“执行被执行人所持上市公司限售流通股(股票),可以先将限售流通股强制扣划至申请执行人账户,待限售股办理解禁手续转为流通股后再行处置。在此过程中,执行法院视情可以冻结申请执行人该账户,防止变价款高于执行标的额时申请执行人转移变价款损害被执行人利益。”2019年11月21日施行的《上海金融法院关于执行程序中处置上市公司股票的规定(试行)》第18条规定:“处置上市公司限售流通股、存托凭证,根据限售条件、解禁条件、案件情况可选择适用大宗股票司法协助执行方式或网络司法拍卖方式。”上海金融法院未就限售股的强制执行可行性问题予以规定。

在司法执行过程中,司法会尊重法律规定以及监管部门的要求。比如,公司法限制了发起人股份在一年内转让,而发起人为了规避司法执行,签订

转让协议并让受让人提出异议。法院认定这种情形系违反法律规定的限售条件,并非善意,不予保护。[①] 对于约定的限售承诺,司法也会考虑监管部门的规定。比如,《深圳证券交易所主板上市公司规范运作指引》(2015 年修订)第 4.5.14 条以及《深圳证券交易所创业板上市公司规范运作指引》(2015 年修订)第 4.5.14 条明确规定,承诺人作出股份限售等承诺的,其所持股份因司法强制执行、继承、遗赠、依法分割财产等原因发生非交易过户的,受让方应当遵守原股东作出的相关承诺。在浙江省嘉兴市中级人民法院审理的张某与巴士在线股份有限公司(以下简称巴士公司)股票权利确认纠纷一案中,[②]2018 年 5 月巴士公司公告称标的公司未完成业绩承诺,中麦控股有限公司(以下简称中麦公司)等 11 名股东需履行业绩补偿承诺,其持有的巴士公司股份由公司以 1 元总价回购并注销。同年 5 月 23 日,张某与中麦公司达成调解协议,由中麦公司于 5 月 31 日前偿还借款,并最终通过司法拍卖方式获得中麦公司持有的巴士公司股票。法院认为,中麦公司作出的业绩补偿承诺早已在 2015 年以公告形式发布。张某作为投资者可以随时查阅相关承诺的具体信息以及动态情况,故其对案涉股票存在的限售风险理应明知。中麦公司明知其所持有的巴士公司股票首先应作为业绩补偿,且其并无能力向张某履行还款义务,仍签订一份履行期限仅为八天的调解协议,显然其主观上具有将案涉股票转让给张某以变现的意图,系对其公开承诺的违反。在此情况下,如果以司法拍卖形式即可完全涤除股票上承载的公开承诺业绩补偿义务,则会导致原设定的业绩补偿机制以及股票限售制度目标落空,成为原限售股股东恶意以合法形式逃废相关债务,并损害上市公司及中小投资者的合法权益的方式,不利于建立健康的证券市场秩序环境,故对张某解除限售的请求不予支持。

---

① 参见甘肃创新商贸集团有限公司与亚联盟资产管理有限公司、甘肃致远商贸集团有限公司案外人执行异议之诉一案,最高人民法院民事裁定书,(2021)最高法民申 3062 号。最高人民法院认为:“致远公司作为发起人在一年期内向创新公司转让股权的行为违反了《公司法》第一百四十一条第一款关于‘发起人持有的本公司股份,自公司成立之日起一年内不得转让’的规定,创新公司明知违反上述法律规定而受让股权,应自行承担不利后果。……案涉兰州农商行 1000 万元股权仍然登记在致远公司名下,原判决据此认定创新公司不作为案涉股权的权利人,不足以排除对案涉股权的强制执行,并无不当。”

② 参见浙江省嘉兴市中级人民法院民事判决书,(2021)浙 04 民终 162 号。

(二)公开承诺VS隐藏承诺:本案限售的特殊性

上文总结了司法尊重限售承诺、审慎处理的态度,但实务总是丰富多彩的。本案中,限售承诺股票的受让方,在解除限售的条件满足之后,要求上市公司配合解禁,又不得不面临新增的隐藏承诺,由此产生了法律难题。本案中,根据皇氏集团公布的多份文件可以看出,股权转让人李某某分别作出了两份约定限售的承诺,第一份系李某某以资产认购的皇氏集团股份在业绩承诺期内(2014年至2017年)不得转让,即在2017年审计报告出具后、《发行股份及支付现金购买资产协议》约定的盈利承诺与补偿责任履行完毕后,方可转让其在本次发行中取得的上市公司股份。第二份系于2018年3月20日由李某某向皇氏集团出具的《解除股份限售之自律承诺函》,该承诺函载明李某某对皇氏集团购买其持有的御嘉影视100%股权时向其发行的全部皇氏集团股份,除国家规定的解除限售股份法定条件外,自愿对上述股份(包括上述股份实施的送红股,资本公积金转增股份等原因新增的股份)增加解除股份限售之自律条件……但该承诺函于2020年8月13日才对外公布披露。基于公告披露情况与时间点的不同,笔者将第一份称为公开限售承诺,第二份称为隐藏限售承诺(面临诉讼才披露)。对于他们的效力,进一步具体分析如下:

1. 公开限售承诺之效力

对于第一份公开承诺,其本质与合同法上的承诺并无不同,行为人可以单方作出承诺,一旦公开作出,其他人便可以对该承诺产生信赖。如果随意违反承诺,行为人应承担相应的法律责任。[①] 对于上市公司而言,这种公开承诺,会在上市公司的相关公告中公布出来,并且附着于相应股票之上。交易相对方在交易时知晓这一承诺,故应受其约束。故第一份限售承诺函的效力及于东方证券。东方证券只能等待限售条件成就之后,才能处分该股票。

---

① 对于公开承诺行为的学理分析,尚存在不同路径。比如,有观点认为,公开承诺属于民法上的单方允诺,行为人对此产生信赖。但也有观点认为,民法分析框架存在不足,公开承诺应以证券法框架加以分析,公开承诺属于信息披露行为,违反则可能构成虚假陈述或者操纵市场。参见龚澄渝:《公开承诺的法律定位与责任框架——论〈证券法〉第八十四条第二款的适用》,载《金融法苑》2021年第1期。

2. 隐藏限售承诺之效力

在东方证券要求皇氏集团配合解除限售的过程中,皇氏集团突然提出还有一份李某某出具的日期为2018年3月20日的承诺函。这种隐藏的承诺,其内容会对东方证券权利产生重大影响,也会对投资者判断皇氏集团财务状况、进行投资决策产生影响。但在东方证券取得涉案股票的司法执行过程中,皇氏集团从未告知过执行法院或者东方证券存在这样一份承诺函。因此,该函的真实性以及约束力成为本案中争议的焦点。

在真实性方面,东方证券提出该函完全可能是倒签日期形成,因为直至2020年8月,皇氏集团才向东方证券以及深圳证券交易所提及该份承诺函。此前皇氏集团发布的多个公告中,不仅未曾提及该承诺函,而且明确记载御嘉影视业绩承诺完成率超过100%,即符合了相关的解禁条件。笔者认为,作为上市公司,如存在这样一份承诺函并新增了许多解禁条件,会影响原来已经符合条件的股票解禁,却不对投资者提及,并不符合企业经营常理。此外,2018年4月28日《皇氏集团股份有限公司2018年第一季度报告》,未载明李某某超期未履行完毕的承诺事项,却载明了另一股东徐某未完成承诺事项。在2018年7月31日皇氏集团发布的关于司法拍卖的公告中,也没有提及存在承诺函。2020年3月,东方证券与皇氏集团工作人员沟通过程中,微信记录显示,双方都已经在协商办理解禁所需手续与清单了,皇氏集团也没有提及存在李某某的承诺函。在本案审理过程当中,法庭专门询问了皇氏集团何时收到该承诺函,但皇氏集团的律师无法当庭回复并要求庭后书面答复。事后的书面答复写明"在皇氏集团敦促之下,李某某于2018年3月20日向皇氏集团出具《解除股份限售之自律承诺函》",并未正面回复法庭问题即皇氏集团何时收到承诺函。这些不合逻辑与常理的现象,自然会让法庭对于承诺函的日期真实性产生怀疑。不过,在本案中,双方当事人亦未申请对承诺函签字日期进行技术鉴定,但即便申请技术鉴定,现有技术亦未必能鉴定出承诺函的真实签署时间。综合考虑上述情况,法庭认为承诺函存在较大的倒签日期的可能性。

在约束力方面,即便承诺函签署日期确系2018年3月20日,亦不能约束东方证券:(1)承诺函增加了多项解除股份限售条件。该份承诺函就内容而言有别于原先的限售承诺,对市场、投资者和东方证券均有重大影响。对此,中国证监会制定的《上市公司信息披露管理办法》(2007年)存在相关规定:第19条第1款规定,“上市公司应当披露的定期报告包括年度报告、中期报告和季度报告。凡是对投资者作出投资决策有重大影响的信息,均应当披露”;第30条第1款规定,“发生可能对上市公司证券及其衍生品种交易价格产生较大影响的重大事件,投资者尚未得知时,上市公司应当立即披露,说明事件的起因、目前的状态和可能产生的影响”;第31条第1款规定,“上市公司应当在最先发生的以下任一时点,及时履行重大事件的信息披露义务:……(三)董事、监事或者高级管理人员知悉该重大事件发生并报告时”。《深圳证券交易所中小企业板上市公司规范运作指引》(2015年修订)(以下简称《深交所运作指引(2015)》)第4.5.10条则进一步对相关承诺作为披露规定,“承诺人作出追加承诺后二个交易日内,应当通知上市公司董事会;追加承诺达到披露标准的,公司应当及时公告,并向本所提交下列文件:(一)承诺人追加承诺申请表;(二)承诺人追加承诺的公告;(三)承诺人出具的追加承诺书面文件;(四)本所要求的其他文件”。皇氏集团作为深圳证券交易所中小企业板上市公司,应清楚了解这些制度要求。按照皇氏集团的主张,李某某于2018年3月20日向皇氏集团出具承诺函,但皇氏集团于2020年10月28日才将此承诺予以公告,并不符合上述规定中对于重大信息及时披露的要求,现有的或者潜在的投资者此前无从知晓系争股票又增加了限制条件。(2)就合同法义务而言,东方证券系因司法执行而取得股票所有权,李某某并未在相关质押回购合同中把承诺函内容作为合同条款。在司法执行过程中,皇氏集团亦未把承诺函内容及时告知东方证券。在这种情况下,东方证券作为系争股票的善意取得者,李某某的单方承诺,仅对李某某有约束力,对东方证券并无约束力,否则难言公平。(3)东方证券作为司法执行程序的当事人,对执行过程中的公告信息有充分的信赖,根据当时公开信息及拍卖公告,案涉股票上并不存在承诺函、不存在除业绩承诺之外的承诺,原有业绩承诺已经完成,在此基础上,才形成了以司法拍卖的保留价作为抵债价格。如果存在承诺函,则流动性折扣的不同会影响股票的保留价,进而会对抵债价格产生重大影响。最高人民法院《关于人民法院民事执行中查封、扣押、冻结财产的规定》第 24 条第 1 款规定：“被执行人就已经查封、扣押、冻结的财产所作的移转、设定权利负担或者其他有碍执行的行为，不得对抗申请执行人。”突然冒出来的承诺函即属于对冻结财产设定权利负担，损害了东方证券作为执行申请人的权利。此外，皇氏集团在接受承诺函后，既未在合理期限内向公众披露，也没有在股票处置前告知东方证券和执行法院。执行法院和东方证券在不知道新设负担的情况下，将系争股权折价 3 亿余元抵偿债务，如认可承诺函对不知情的东方证券发生约束力，无疑有悖诚信原则。因此，基于对东方证券信赖利益的保护，股票抵债过户之后方才披露的承诺函对东方证券并无约束力。

3. 上市公司无权通过股东大会决议强加限售条件

本案中，皇氏集团还通过董事会、股东大会作出决议，限制了东方证券解除限售。对此，笔者认为，首先，《公司法》第 137 条规定：“股东持有的股份可以依法转让。”第 144 条规定：“上市公司的股票，依照有关法律、行政法规及证券交易所交易规则上市交易。”根据上述规定，股东有权转让自己所持有的股票，这是股东基本的权利之一。除非事先存在特别的约定，[①]否则股东大会不能通过事后的决议程序来限制某位股东转让自己所持有的股票。对于上市公司来说，股东之间的人合性更弱，这种自由转让股票的权利应得到更好的保障。在司法执行程序中，如果受让方基于对系争股票满足自由流通条件这一公开信息的信赖，取得了股票，则事后通过的股东大会决议，不能约束先前的受让行为。其次，上市公司在解除限售过程中，并非一个审批主体，并无权自行施加其他限制。《深交所运作指引（2015）》第 4.3.6 条规定，“股东申请限售股份上市流通的，应当委托公司董事会办理相关手续”。这表明上市公司董事会对此类事项系受托办理手续的角色，并非审批者，其无权通过董事会决议或进一步形成股东大会决议来限制股票受让人的权利。如果施加无理限制，则构成侵权。

① 比如，一些员工持有股票期权如何行使权利的约定。

三、不予协助解禁限售股的责任承担

根据沪深交易所相关规则,限售股的解禁申请只能通过上市公司提出,若上市公司坚持不向交易所提出申请,解禁程序便无法启动,股票受让人依据其自由意志进行处分的可能性进而受限。这种上市公司的不作为将导致持有人无法及时处置股票,而股票可能会价格下跌,导致持有人遭受损失。但是,这种侵权行为的因果关系以及损失认定较困难。本案中,东方证券的损失认定,属于本案的难题之一。《中华人民共和国民法典》第1184条规定:“侵害他人财产的,财产损失按照损失发生时的市场价格或者其他合理方式计算。”对于此类损失,不同于上市公司虚假陈述造成的投资者损失,也不同于公开承诺人违反限售承诺导致的其他中小投资者损失,《证券法》《公司法》均无明确规定。此外,起诉时由于尚未出售,故实际损失是否发生,亦存在争议。

一审、二审过程中,皇氏集团的股价涨跌不同。2020年4月23日收盘价为6.13元,7月31日收盘价为5.93元。2020年12月1日立案后,股价先跌后涨。一审判决后,股价先涨后跌。截至2022年10月22日该股日线走势图如图1所示(重要时间点已标明)。

起诉时,东方证券提出了两种损失计算方式:一是在股价较高时卖出;二是一经解禁便着手卖出。在第一种方式中,假定股份于2020年4月解禁,则2020年4月1日至11月16日,东方证券可通过二级市场集中竞价交易及大宗交易进行股份减持,按照相关的交易规则,则东方证券可以在股价较高时的2020年7月13日进行集中交易按市场收盘价7.50元减持8,376,400股(占皇氏集团总股本1%),同时进行大宗交易(交易价格约为收盘价的9折)减持16,752,800股(占皇氏集团总股本2%),合计减持金额为170,596,467.78元。按证监会《上市公司股东、董监高减持股份的若干规定》,3个月后的10月12日东方证券可继续从事上述同样操作,合计减持金额为133,522,407.55元。上述两次可合计减持50,258,400股,合计金额为304,118,875.33元。东方证券认为上述金额与2020年11月17日的股票市

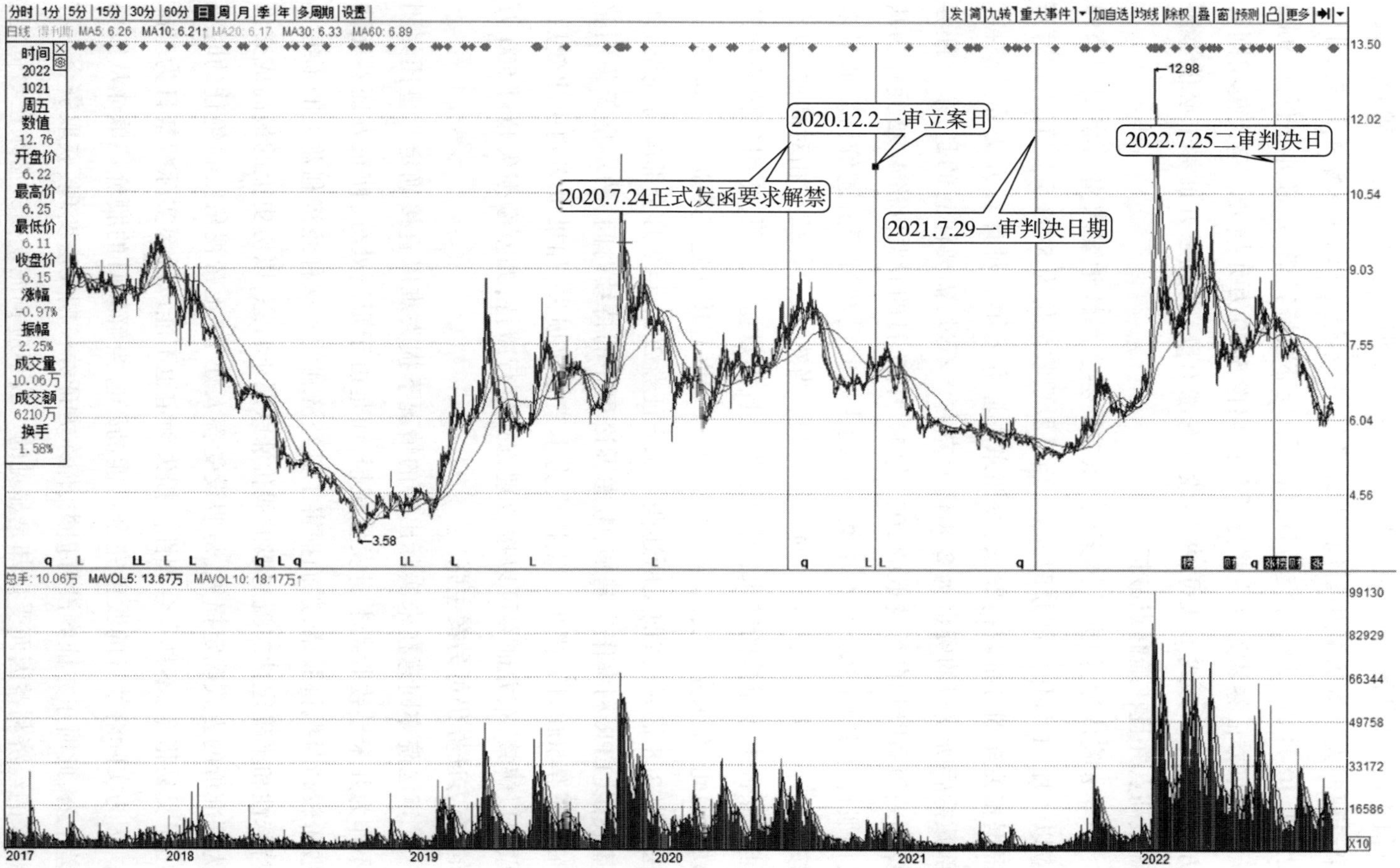

图 1 皇氏集团股价涨跌情况

场价值相比(收盘价4.92元/股×50,258,400股),差额已超过5000万元。在第二种损失计算方式中,计算方式类似,只不过是以2020年4月23日、7月22日、10月20日作为交易日,将股票全部减持完毕,差额亦不低于5000万元。故东方证券认为其主张皇氏集团赔偿5000万元损失。皇氏集团则对东方证券的计算方式不认可,提出股票有涨有跌,而且东方证券未必能够预料到最高点并且在最高点减持。

一审法院认为,根据具体案情,东方证券实际性地要求皇氏集团配合解禁应以7月31日作为解禁时间点,当日股票收盘价为5.93元。假定此时开始根据相关规则分批减持股票,按照东方证券的第二种计算方式分批减持,全部减持后所获得的资金为2.8亿元左右。不过,需要注意的是,东方证券计算的差额系以其自行选取的2020年11月17日的股票价格4.92元作为基准,而股价其实不停变动,在本案一审判决之时已超过了上述价格。如果未予按前述计划减持,反而可能对原告有利。当然,股价保持在相对高位,也有可能是原告未能减持的结果,因为原告一旦大量抛售股票,将引发价格猛烈下跌。因此,在未完成实际减持的情况下,难以直接认定差额损失。最终,一审法院以2.8亿元(按前文所述假定东方证券2021年2月全部减持完毕)作为基数,以LPR利率作为基准,考虑诉讼程序的持续时间,酌定皇氏集团赔偿东方证券500万元损失。该损失为本案暂定损失,如果本案判决生效后,股票得以解禁,东方证券可以按合理方式进行减持,如差额损失超过500万元的,东方证券仍可另案主张。

二审法院亦同意在未实际出售的情况下损失难以直接确定。皇氏集团的不作为并未导致股票本身发生减损,而是由于限制处分,使东方证券无法在股价较高时抛售股票,进而损害了其经济利益。这种经济利益上的损害具有特殊性和不确定性。流通股的股价涨跌属于常态,以历史上的最高成交价作为基准价的方式确定损失,是假设受害人处于“上帝视角”,在绝佳的时机发出了交易指令,不具有合理性。损失确定也不能以股票实际解禁日为基准点。因为实际解禁日的股价完全可能高于应当解禁日的股价。单纯从股票价差上看,此时东方证券没有损失,但东方证券长期无法变现、获取资金占有所带来的经济利益因而受损却是显见的。故不应拘泥于损失必须已经固定,也不应过分倚重股价的实际表现,而应依据个案情况酌情确定损失金额,并考虑一次性解决纠纷,降低当事人诉讼成本,故酌定东方证券全部损失金额为5,000,000元作为终局赔偿金额,不再保留东方证券的诉权。

在司法实务中,以利息计算损失以及酌定损失的判决均有出现。比如,在天津市第一中级人民法院(2017)津01民终8582号案件中,损失计算以受让人提交解限申请材料之日(2014年8月5日解限)起计算其资金量按银行同期贷款利率计算至开庭2017年9月12日的利息损失。在湖北省武汉市东湖新技术开发区人民法院审理的(2020)鄂0192民初1477号案件中,法院认为因股市行情的变化不定,原告要求按最高价与最低价之间的差价作为损失数额的依据不充分。根据案件的实际情况,法院酌定按限售期满后6个月内的平均股价(1.88)元和目前股价(0.44)元之间的差价作为依据。司法实务中的不同做法表明,该问题值得进一步研究。

私募基金强制开放赎回的执行

——孔某某申请执行巴加索(上海)投资有限公司仲裁纠纷案[①]

钟　明[*]　徐　俊[**]

【裁判要旨】

生效仲裁裁决确定基金管理人负有履行开放基金、赎回特定份额的行为义务,但未明确具体的开放日和基金份额净值,基金份额持有人申请强制执行的,应依照《最高人民法院关于人民法院办理仲裁裁决执行案件若干问题的规定》第 3 条第 1 款的规定判断开放赎回义务的标准、对象、范围能否明确。执行时,人民法院应结合基金实际情况和金融市场交易规则,以生效仲裁裁决确定的基金管理人自动履行期限内的最后一个证券市场交易日作为开放日,并确定当日的基金份额净值。关于开放赎回义务的强制执行,可依照《中华人民共和国民事诉讼法》第 259 条的规定,采取代履行的方式执行。同时,当基金内货币资金无法满足赎回要求,且基金内其他财产具有可分性、高度流通性、具备强制变现可能的情况下,可处置基金内其他财产获取货币资金用以赎回。处置基金财产时,人民法院应合理选择处置的财产,尽量保持基金财产原有架构,避免对基金后续运作产生不利影响。

---

① 本案入选上海金融法院 2022 年度十大案例。

* 法学硕士,上海金融法院执行局局长。

** 法学硕士,上海金融法院执行局法官助理。

【案号】

执行:上海金融法院(2022)沪74执195号

【案情】

申请执行人:孔某某

被执行人:巴加索(上海)投资有限公司(以下简称巴加索公司)

申请执行人孔某某与被执行人巴加索公司仲裁一案,上海仲裁委员会于2021年3月22日作出(2020)沪仲案字第3560号裁决书,裁决被执行人巴加索公司自裁决书作出之日起10日内开放"巴加索神州1号基金",履行对申请执行人孔某某持有的200万份基金份额赎回义务。前述裁决书已经发生法律效力,因被执行人巴加索公司未按照生效裁决履行义务,申请执行人孔某某申请强制执行。

【执行】

上海金融法院经审查认为,案涉仲裁裁决确定的基金管理人负有的开放赎回义务的履行标准、对象、范围能够明确,于2022年5月10日依法立案受理,并于2022年5月17日向被执行人巴加索公司公告送达执行通知书,责令其自动履行开放基金、赎回份额的义务,但被执行人未按执行通知自动履行义务。

执行中,上海金融法院查明,"巴加索神州1号基金"系开放式私募基金,目前仍处于存续期内,基金财产为货币资金和上市公司股票,2022年7月6日当日,"巴加索神州1号基金"持有货币资金人民币23,504.06元(以下币种均为人民币),持有"江西铜业"(证券代码600362)无限售流通股票50,000股、"德展健康"(证券代码000813)无限售流通股票400,000股、"和辉光电"(证券代码688538)无限售流通股票500股、"安达智能"(证券代码

688125)无限售流通股票500股、“山东出版”(证券代码601019)无限售流通股票1000股、“中国电信”(证券代码601728)无限售流通股票2000股、“ST中基”(证券代码000973)无限售流通股票20,000股、“日上集团”(证券代码002593)无限售流通股票110,000股,前述股票的交易券商为国盛证券有限责任公司。基金管理人为被执行人巴加索公司,基金托管人为招商证券股份有限公司,申请执行人孔某某系基金份额持有人,持有200万份基金份额,目前基金份额总数为400万份,基金份额净值可回溯确定。

基于以上查明事实,上海金融法院认为,上海仲裁委员会于2021年3月22日作出的(2020)沪仲案字第3560号裁决书确定的被执行人巴加索公司负有的开放基金、赎回特定份额的义务属于行为义务,在被执行人巴加索公司未按执行通知要求履行该行为义务的前提下,人民法院可依法采取代履行方式执行,并由被执行人巴加索公司负担相应费用并承担法律后果。依据前述生效裁决,被执行人应当在2021年3月23日至4月1日开放基金、赎回份额,因被执行人未自动履行,上海金融法院确定自动履行期限的最后一日为基金开放日,经查,2021年4月1日为交易日,当日基金份额净值为0.7705元。同时,因基金现有货币资金无法满足赎回资金要求,在基金财产主要为上市公司股票的情况下,代被执行人变价基金内上市公司股票具有可行性。据此,2022年7月22日,上海金融法院依照《中华人民共和国民事诉讼法》第259条、《最高人民法院关于人民法院办理仲裁裁决执行案件若干问题的规定》第3条第1款之规定作出(2022)沪74执195号执行裁定书,裁定:(1)以2021年4月1日为开放赎回日强制开放“巴加索神州1号基金”,以当日基金份额净值0.7705元赎回申请执行人孔某某持有的200万份基金份额;(2)变价“巴加索神州1号基金”持有的上市公司股票,保证基金持有货币资金达到1,541,000元。

2022年8月4日,上海金融法院向股票交易券商国盛证券有限责任公司送达协助执行通知书,通知其协助将基金持有的前述股票按比例以市价委托方式依次卖出(抛售),使基金持有的货币资金达到1,541,000元,并将前述资金支付至“巴加索神州1号基金”托管资金专门账户。国盛证券有限责任公司抛售基金持有的“江西铜业”股票29,000股、“德展健康”股票232,000

股、“和辉光电”股票300股、“安达智能”300股、“山东出版”股票600股、“中国电信”股票1200股、“ST中基”股票11,600股、“日上集团”股票63,800股。之后,上海金融法院向基金托管人招商证券股份有限公司送达协助执行通知书,通知其开放基金并赎回申请执行人持有的基金份额,由其协助将赎回资金1,541,000元从基金托管资金专门账户划转至“巴加索神州1号基金”资金募集账户,[①]再支付给申请执行人孔某某,并注销申请执行人持有的200万份基金份额。2022年8月26日,基金托管人根据前述要求完成了开放“巴加索神州1号基金”并赎回申请执行人孔某某持有的基金份额工作,将赎回资金1,541,000元支付给申请执行人孔某某。至此,上海仲裁委员会(2020)沪仲案字第3560号裁决书确定的被执行人巴加索公司负有的开放基金、赎回份额行为义务已由上海金融法院强制执行完毕。

【评析】

近些年,私募基金市场蓬勃发展,私募基金交易产生的纠纷也不断出现,基金份额持有人申请开放基金、赎回特定份额的请求颇为常见。该类纠纷的当事人多数约定通过仲裁方式解决纠纷。仲裁委员会作出生效裁决后,人民法院司法强制执行中主要存在以下三个问题:一是基金管理人成为被执行人,其负有的开放基金、赎回特定份额义务的性质未予明确,执行法院适用法律不准确,导致执行不规范的情况出现。二是部分裁决书中关于基金开放日、赎回份额的基金份额净值未予明确,该类裁决书是否具有可执行性,是否符合执行立案受理条件以及具体执行中基金开放日和赎回份额的基金份额净值如何确定均存在较大争议,导致司法实践标准不统一。三是开放基金、赎回特定份额类案件执行中,执行法院能否处置基金财产以及处置的标准和方式存在争议。本案中亦存在前述问题,但上海金融法院在执行过程中围绕前述问题进行阐述,作出有效回应,对今后的类案执行具有一定的参考意义。

---

① 基金资金的募集账户由基金管理人委托运营服务机构开立,该账户用于基金产品募集期间和存续期间认购、申购和赎回资金的归集与支付。涉案基金的运营服务机构为招商证券股份有限公司托管部。

一、开放式私募基金赎回义务的法律性质及仲裁裁决的可执行性审查

(一)开放式基金赎回义务的法律性质

根据《中华人民共和国证券投资基金法》的规定,以是否向不特定对象公开募集资金、向特定对象募集资金是否超过200人为标准分类,基金可分为公开募集基金和非公开募集基金。非公开募集基金即是实践中常说的私募基金。从目前的基金市场发展现状来看,公募基金市场的发展较健康,因公募基金运作涉及数量不特定的金融投资者,相关法律、法规、监管规则较完备,基金管理人、托管人违反合同约定和监管规则、恶意履职的情况较少。与此相对,近些年,私募基金相关的监管规则虽在不断完善,但是混乱现象仍时常出现,基金管理人"卷钱跑路""恶意管理"的情况屡见不鲜。基金管理人怠于履行善良管理义务的情况则更常见,尤其在开放式私募基金市场。基金的运作方式可以采用封闭式、开放式或者其他方式。采用封闭式运作方式的基金,即封闭式基金,其基金份额总额在基金合同期限内固定不变,基金份额持有人不得申请赎回。封闭式基金运作过程中,因份额持有人不得申请赎回,实践中不会因开放、赎回而引发纠纷。采用开放式运作方式的基金,即开放式基金,其基金份额总额不固定,基金份额可以在基金合同约定的时间和场所申购或者赎回。在我国证券投资基金的发展历程中,封闭式基金的产生早于开放式基金,但是由于开放式基金具有随时申购、赎回的特性,在给予基金投资者方便和较大自主权的同时,也有利于筹集更多的资金以满足证券投资之需,同时基金管理人的经营灵活性也大得多,使开放式基金越来越获得基金投资者的青睐,成为当今证券投资基金的主流产品。自2001年9月我国第一只开放式基金华安创新成立以来,经过20多年的发展,开放式基金在品种、规模以及管理人队伍等方面都得到了很快的发展。[①] 开放式私募基金则兼具"开放"和"非公开"的特点,基金份额持有人申请赎回的权利和基金

---

① 参见赵冠军:《我国开放式基金的赎回行为研究》,西南财经大学2009年硕士学位论文。

管理人滥用管理权的矛盾激化在开放式私募基金市场，实践中因申请赎回引发的纠纷愈渐增多。因此，理清基金管理人开放赎回义务的法律性质是强制执行开放赎回义务的前提。

行为义务，是指义务人负有的作出或不作出特定行为的义务，分为作为义务和不作为义务。作为义务，是指义务人根据法律的规定或合同的约定等，应当以积极的方式去从事某种行为的义务。开放式私募基金运作过程中，基金管理人根据诚实信用、勤勉尽责的原则负有妥善管理基金的义务，其履行义务的主要方式是通过向基金托管人、证券交易券商等主体发送指令的方式管理和运用基金财产。可以看出，基金管理人的管理义务不具有金钱给付内容，通俗来说是一种提供金融服务的行为，从法律上分类则是一种金融市场领域的作为义务。更进一步来看，根据基金合同约定，开放赎回义务则是基金管理人管理义务的一部分，也是一种需积极作为的行为义务，因此，人民法院应当根据法律、司法解释中关于行为义务执行的规定予以强制执行。

本案中，上海仲裁委员会(2020)沪仲案字第3560号裁决书主文写明："被申请人巴加索(上海)投资有限公司自本裁决书作出之日起十日内开放巴加索神州1号基金，履行对申请人孔某某持有的200万份基金份额赎回义务。"对此，上海金融法院认为，被执行人巴加索公司作为"巴加索神州1号基金"的基金管理人，其负有开放基金、赎回特定份额的义务，应当为一种行为义务。

(二)涉开放赎回义务仲裁裁决的可执行性审查

私募基金开放赎回类仲裁案件中，部分仲裁裁决中关于基金开放日、赎回份额的基金份额净值未予直接写明，人民法院审查受理该类案件时，应当依照最高人民法院《关于人民法院办理仲裁裁决执行案件若干问题的规定》第3条第1款规定予以审查，结合基金的实际运行情况和基金合同的具体约定判断仲裁裁决确定的基金管理人开放赎回义务的履行标准、对象、范围是否能够明确。前述内容能够予以明确的，应当认定仲裁裁决具有可执行性。

本案中，就仲裁裁决内容是否具有可执行性，上海金融法院依照最高人民法院《关于人民法院办理仲裁裁决执行案件若干问题的规定》中关于行为义务执行的规定予以审查。巴加索公司开放基金、赎回特定份额的义务系一种行为义务,是其作为“巴加索神州1号基金”管理人依据基金合同约定和生效仲裁裁决应当履行的管理义务。可强制执行的行为,其履行的标准、对象、范围应当明确。其一,关于开放赎回行为的履行标准。虽然涉案仲裁裁决主文并未明确载明履行标准,但是基金合同已明确“赎回”是指“在基金开放日,基金投资者按照本合同的规定将本基金份额兑换为现金的行为”,且在基金合同“七、基金的申购、赎回与转让”中载明基金正常运行过程中管理人开放基金、赎回份额的履行标准,明确了开放赎回的方式、价格及程序等。同时,“巴加索神州1号基金”内财产主要为上市公司股票,存在市场公允价值,流通性强,具备强制变现可能。因此上海金融法院认为,结合基金合同约定和基金实际运行情况,开放赎回行为的履行标准可以明确。其二,关于开放赎回行为的履行对象和范围。涉案仲裁裁决已明确,开放行为的履行对象为“巴加索神州1号基金”,赎回行为的履行对象为孔某某持有的基金份额,赎回行为的履行范围为200万份。综上所述,涉案仲裁裁决具有可执行性。

二、强制执行程序中,开放赎回日及基金份额净值的确定标准

在强制执行程序中,确定开放赎回日的目的是确定赎回的基金份额净值。私募基金开放赎回类仲裁案件中,多数仲裁裁决书在裁决基金管理人负有开放基金、赎回特定份额义务的同时会将开放赎回日以及当日的基金份额净值予以明确,人民法院依据该等生效仲裁裁决强制执行时,直接以确定的基金份额净值强制开放赎回即可。但是司法实践中仍有部分裁决书未明确开放赎回的具体日期及基金份额净值,仅明确基金管理人应当在一定期限内履行开放赎回义务,此种情况下,人民法院如何确定开放赎回日以及基金份额净值是强制执行过程需要解决的关键问题。

第一,明确基金份额净值是否可以回溯确定。在作为义务人的基金管理人未自动履行开放赎回义务的情况下,权利人向人民法院申请强制执行,因此人民法院的强制执行程序必然在裁决书确定的被执行人自动履行开放赎

回义务的期限之后。在此种情况下,需要通过基金托管人查明涉案基金的份额净值能否回溯确定,若无法回溯确定,则只能以执行立案后的特定日期作为开放赎回日,并据此确定赎回的基金份额净值。若可以回溯确定,则应当以仲裁裁决确定的期限内选定特定日期作为开放赎回日。人民法院通过强制执行程序保护权利人的合法权益、实现其权利时,在实际情况允许的情况下,应当尽可能将权利人合法权利的实现时点倒推至生效法律文书确定的被执行人自动履行的期限内,如此方能最大限度兑现申请执行人的胜诉权益。因此,在仲裁裁决明确被执行人应当在特定期限内履行开放赎回义务的情况下,需要结合基金的实际情况选定开放赎回日。

从私募基金运作的实际情况来看,各类私募基金的基金合同中均会约定基金管理人负有定期对基金财产进行估值的义务,基金管理人需定期对基金拥有的所有资产和负债进行估值,计算基金资产总值、基金资产净值、基金份额净值等。从具体估值程序来看,基金财产估值由基金管理人进行,基金管理人完成估值后,需由基金托管人复核后双方各自将结果登记造册,并定期进行核对。从目前私募基金市场的交易惯例来看,投资于上市公司股票等场内交易证券资产的私募基金,基金合同中均约定基金管理人需在每个证券市场交易日进行估值并将估值结果登记造册。因此,投资于上市公司股票等场内交易证券的私募基金,其基金管理人和基金托管人均有记录每个交易日的基金份额净值的资产账册,基金份额净值可以回溯确定。

第二,明确开放赎回日的选择逻辑。部分仲裁裁决书中未明确开放日和赎回的基金份额净值,仅裁决基金管理人应当在特定期限内履行开放赎回义务。例如,本案中上海仲裁委员会即裁决基金管理人巴加索公司自裁决书作出之日起十日内开放涉案基金,履行对孔某某持有的 200 万份基金份额赎回义务。前述的“十日”期限是基金管理人自动履行的期限,该期限届满后,因基金管理人未履行义务,导致基金份额持有人的合法权利无法实现,其合法权益受到侵害。前文已论及,应当在自动履行期限内选定开放日。一般而言,以被执行人自动履行义务的最后一日作为开放赎回日较为合理,如此既能保证申请执行人的权益兑现时点在生效法律文书确定的期限内,也符合正常的思维逻辑。同时,明确以此为执行标准,可以减少未来类似案件中执行自由裁量权的滥用。因为,私募基金的每日基金份额净值都有可能变动,如果任由执行人员选择日期,难免会造成同案不同执的结果。

第三,开放赎回日需同时结合涉案基金的实际情况进行复核。一般而言,执行中需要考虑的主要事项是按照前述标准确定的开放赎回日的基金份额净值是否能够计算。例如,若基金财产主要为上市公司股票,在非证券市场交易日,其基金份额净值无法确定,因此人民法院确定的开放赎回日应当为证券市场交易日。

本案中,根据上海仲裁委员会(2020)沪仲案字第3560号裁决,被执行人巴加索公司应当在2021年3月23日至4月1日开放"巴加索神州1号基金",赎回申请执行人孔某某持有的200万份基金份额。执行中,经基金托管人招商证券股份有限公司证实,"巴加索神州1号基金"的基金份额净值可以回溯确定,因此开放赎回日应当在2021年3月23日至4月1日确定。关于具体日期的确定,根据仲裁裁决,被执行人应当自动履行开放赎回义务的期间为2021年3月23日至4月1日,因强制执行在裁决书确定的开放赎回日之后,以被执行人巴加索公司自动履行开放赎回义务的最后一日即2021年4月1日为开放赎回日。同时,因"巴加索神州1号基金"内财产主要为上市公司股票,开放赎回日应当为证券市场交易日。经查,2021年4月1日为交易日,基金托管人确定当日基金份额净值为0.7705元。综合上述三点,上海金融法院明确2021年4月1日为开放赎回日,赎回份额的基金份额净值为0.7705元。

三、强制开放基金、赎回特定份额时,人民法院处置基金财产的前提条件和基本要求

首先,需要明确的是,人民法院强制开放基金、赎回特定份额的法律规定和执行方式。《中华人民共和国民事诉讼法》第259条规定:"对判决、裁定和其他法律文书指定的行为,被执行人未按执行通知履行的,人民法院可以强制执行或者委托有关单位或者其他人完成,费用由被执行人承担。"《最高人民法院关于适用〈中华人民共和国民事诉讼法〉的解释》第501条第1款规

定:“被执行人不履行生效法律文书确定的行为义务,该义务可由他人完成的,人民法院可以选定代履行人;法律、行政法规对履行该行为义务有资格限制的,应当从有资格的人中选定。必要时,可以通过招标的方式确定代履行人。”因此,被执行人负有的行为义务可由他人完成的情况下,人民法院可以采取代履行的方式强制执行。私募基金运作过程中,基金管理人根据基金合同负有的开放赎回义务并不具有人身属性,法律、行政法规亦未对该等行为主体有资格限制,因此基金的开放赎回义务可以由他人代为完成。与此同时,私募基金合同对开放赎回义务的履行标准有明确约定,人民法院亦可代基金管理人履行开放赎回义务。因此,私募基金开放赎回类行为执行应当依照《中华人民共和国民事诉讼法》第259条规定采取代履行的方式执行。本案执行过程中,上海金融法院认为,被执行人巴加索公司未按执行通知要求履行生效裁决确定的行为义务,可依法采取代履行方式执行该案,并由被执行人巴加索公司负担相应费用并承担法律后果。

其次,人民法院采取代履行方式强制开放基金、赎回特定份额时,应当遵循基金合同的约定,避免打破基金正常经营时开放赎回的操作要求,减少对基金经营的影响。例如,人民法院应通知基金托管人按照基金合同要求将赎回资金支付给申请执行人,而不能从基金托管资金专门账户、交易券商资金账户等账户里直接扣划赎回资金,如此操作将对基金托管人的托管工作造成困扰,不利于基金正常运作。

最后,关于人民法院强制开放基金、赎回份额时,能否处置涉案基金财产。在司法机关未介入的情况下,私募基金正常运作中,基金管理人根据基金合同约定为基金份额持有人赎回份额时,若基金内货币资金不能满足赎回要求,基金管理人也需要处置基金财产获得货币资金进行赎回。因此,变价基金财产的行为内含于开放赎回行为中。在司法执行中,强制开放赎回时,人民法院亦可以处置基金财产获取变价款。当然,人民法院采取代履行的方式强制开放赎回基金时,处置基金财产应当满足必要性和可行性的前提条件。所谓必要性,即处置基金财产是必要的。只有在基金持有的货币资金无法满足赎回特定份额资金要求的情况才可以处置基金财产。所谓可行性,即处置基金财产是可行的。一般而言,在部分开放赎回的情况下,基金持有的财产应当是可分的,且分开处置对财产价值影响有限,方基本满足可行性的要求。同时,若基金财产具有市场公允价值和活跃的交易市场时,在强制开放赎回时进行处置才是确定可行的。以上市公司股票为例,其在上海证券交易所或深圳证券交易所等活跃的二级市场上市交易,具有市场公允价值,流通性强,人民法院可参照市场公允价值通过抛售的方式处置,从而使基金内货币资金满足赎回要求。

本案执行中,上海金融法院查明,“巴加索神州1号基金”的基金财产为货币资金23,504.06元和8只上市公司股票,因赎回申请执行人孔某某持有的200万份基金份额需货币资金1,541,000元,目前基金的货币资金无法满足赎回要求。在此种情况下,上海金融法院认为,变价基金内财产、满足赎回资金要求的行为属于被执行人巴加索公司开放基金、赎回特定基金份额行为的一部分,应当代被执行人巴加索公司履行。同时,“巴加索神州1号基金”内财产主要为上市公司股票,存在市场公允价值,流通性强,具备强制变现可能,代被执行人巴加索公司变价基金内上市公司股票具有可行性。因此,该案强制执行程序中,可以代被执行人巴加索公司变价基金内上市公司股票,用以满足赎回基金份额的资金要求。

需要注意的是,人民法院强制处置基金财产时,应合理选择处置的基金财产范围。“巴加索神州1号基金”开放赎回的执行过程中,对于基金持有的8只上市公司股票,上海金融法院结合上市公司股票交易每笔交易最少一手(一手即100股)的规则,按照一定的比例确定每只股票处置数量,该比例是赎回资金的差额与当前股票总市值之比。在保证获得足够赎回资金的同时,保持基金内上市公司股票原有的组成结构,尽可能减少对基金后续正常经营的影响。因此,强制开放赎回基金份额案件执行中,人民法院处置基金财产的,应当保持基金持有财产的原有组成结构,尽可能按照比例处置基金财产,减少对基金后续正常经营的不利影响,保护其他基金份额持有人的权益。

新三板公司司法估值的路径选择及因素考量

——上海绿岸网络科技股份有限公司诉沈某、深圳市豹风网络股份有限公司其他合同纠纷案①

黄　婧*　苏　煜**

【裁判要旨】

在缺乏流动性市场的新三板公司估值问题上，法院审查的范围不应局限于相关合同文本的法律判断，而要着眼于目标公司的实际情况，综合考虑目标公司所处的发展阶段、行业特点、经营情况、财务状况等因素，选择金融市场普遍认可的、适当的估值方法判断企业的公允市值或估算出公允市值的区间。在估值方法的选择上，可以通过不同估值方法的交叉验证减少估值偏差。同时，在条件允许的情况下应充分发挥专家辅助人制度的积极作用，从专业背景、形式要件及程序完整性的角度分析专业人士意见，以作出更符合市场及投资者预期的估值结论。

---

① 本案入选上海法院 2022 年度"100 个精品案例"、2022 年度上海金融法院十大典型案例。

* 法学硕士，上海金融法院综合审判二庭法官。

** 法学硕士，上海金融法院综合审判二庭法官助理。

【案号】

一审:上海市静安区人民法院(2019)沪0106民初44920号

二审:上海金融法院(2021)沪74民终530号

【案情】

上诉人(原审原告):上海绿岸网络科技股份有限公司

被上诉人(原审被告):沈某

原审第三人:深圳市豹风网络股份有限公司

深圳市豹风网络股份有限公司(以下简称豹风公司)为一家在全国中小企业股份转让系统(以下简称新三板)上挂牌的手机游戏公司,该公司的控股股东和实际控制人为沈某。2016年5月12日,上海绿岸网络科技股份有限公司(以下简称绿岸公司)与豹风公司签订《股份认购协议》,约定绿岸公司以现金方式按照每股15元认购豹风公司发行的股票333,333股,共计5,000,000元。同时,绿岸公司与沈某签订《补充协议》,约定若豹风公司在绿岸公司增资完成后3年内达成以下任意条件的,绿岸公司无权要求沈某回购绿岸公司所持有的全部或部分豹风公司股份或股权:(1)2016年、2017年经审计归属于母公司净利润两年合计大于或等于8000万元;(2)在本次增资完成之后3年内实现IPO(指豹风公司取得中国证券监督委员会或其他IPO审核部门关于其IPO申报材料的受理通知书);(3)在本次增资完成之后3年内进入全国股份转让系统创新层;(4)在本次增资完成之后3年内再融资的市值超过6.5亿元。若上述任一条件均未成就,则绿岸公司有权要求沈某回购。

2017年6月6日,豹风公司迎来一名新的定增投资者,其与A公司签署《股票认购协议》,A公司按每股22元认购豹风公司发行的股票181,818股,共计3,999,996元,该次投资占总股数的0.57%。对此次定增,主办券商东吴证券出具了股票发行合法合规的意见书,其中"关于发行定价"部分载明:

“豹风公司采取协议转让方式,挂牌以来仅进行四次交易……交易活跃程度低,交易价格不具参考性;本次发行价格综合考虑了豹风公司所处行业、成长性、每股净资产、前次融资价格等多种因素,并与投资者沟通后最终确定为每股22元;2016年度财务数据每股净资产为1.83元,基本每股收益为0.23元,本次股票发行价格对应2016年发行市盈率为95.65倍,发行市净率为12.02倍,发行价格高于每股净资产,估值水平与豹风公司目前发展阶段相适应,发行价格公允。”

2019年7月,绿岸公司向沈某寄送《股权回购通知书》,认为按市场协议交易价格计算,豹风公司在增资之后3年内未能满足市值条件以及其他条件,已经触发回购条件,要求沈某回购绿岸公司持有的全部豹风公司股份。沈某则认为,以A公司定增价格22元为基准,豹风公司向A公司再融资时的公司估值已经超过6.5亿元,即应免除回购义务。双方就是否满足回购条件存在争议,绿岸公司遂向法院起诉。

在一审、二审审理过程中,法院查明:

豹风公司自2015年12月挂牌以来至2017年6月增资时,采取协议转让方式的交易共有5次,成交价格分别为20元/股、22元/股、30元/股、11元/股、10.18元/股,成交数量分别为3000股、5000股、2000股、3000股及8000股。

在2016年5月豹风公司向绿岸公司以每股15元定向增发时,该轮融资以15元/股的价格共计增发1,806,666股,占总股数的5.99%,融资总金额为27,099,990元。该轮融资涉及的投资人包括三家机构和一名自然人,其中案外人苏州市历史文化名城发展集团创业投资有限公司(以下简称名城创投公司)及绿岸公司为新投资人,案外人北京华盖卓信投资合伙企业(有限合伙)(以下简称北京华盖公司)与沈某为原股东。上述投资人认购豹风公司股份情况如下:名城创投公司认购1,333,333股、绿岸公司认购333,333股、北京华盖公司认购70,000股、沈某认购70,000股。名城创投公司在投资前自行委托了江苏中天资产评估事务所有限公司对豹风公司的市值进行评估,江苏中天资产评估事务所有限公司采取资产基础法、收益法对豹风公司市场价值作出判断,于2016年5月10日出具苏中资评报字(2016)第2019号《评估报告》。该报告载明:经协商确定本项目资产评估基准日为2015年12月31日。根据评估目的、市场条件及被评估对象的自身特点,本次评估中选取的价值类型为市场价值。评估中采取了资产基础法、收益法进行。(1)资产基础法是以被评估企业评估基准日的资产负债表为基础,合理评估企业表内及表外各项资产、负债价值,确定评估对象价值的评估方法。评估后的豹风公司总资产价值3456.81万元,总负债868.39万元,净资产2588.42万元,净资产增值157.39万元,增值率6.47%。(2)收益法,是指将预期收益资本化或者折现,确定评估对象价值的评估方法。针对豹风公司,本次收益法评估采用现金流量折现法,并采用股权自由现金流折现模型。本次评估取6年,即预测期为2016年1月至2021年12月,用折现率对未来6年预测的收益进行折现,然后假设以后各年度的年收益相等,通过对第6年的收益进行调整并年金化,将其折现成现值,从而求得6年以后永续期的年金现值,将未来6年的折现值加上期后永续期的年金现值,求得收益现值法评估结果。评估结论为股东全部权益价值为46,560.81万元。根据收益法的评估值比豹风公司账面净资产增值44,129.79万元,增值率1815.28%。(3)采用资产基础法评估后的股东全部权益价值为2588.42万元,采用收益法评估后的股东全部权益价值为46,560.81万元,两者相差43,972.39万元,差异率1698.81%。评估机构认为投资方和被投资方相对于被评估单位目前拥有的有形资产,更加重视的是被评估企业未来的经营状况和获利能力,收益法能够较好地体现被评估单位的未来盈利能力,因此,采用收益法的评估结果更适用于本次评估目的。

豹风公司相关的财务数据变化如表1所示。

表1 豹风公司的财务数据

财务数据	2016年上半年	同比增减	2017年上半年	同比增减
营业收入	16,091,112.66元	124.59%	14,209,708.77元	-11.69%
毛利率	60.24%	—	27.73%	—
净利润	2,869,062.74元	111.37%	-19,260,946.78元	-771.33%
ROE	11.14%	—	-39.50%	—
EPS	0.1	-23.08%	-0.6	-700%

【审判】

一审法院认为:第一,基于双方的专业认知能力,“再融资”不仅具有时间节点的含义,还包括“再融资”行为对公司市值的影响,即争议条款的免除条款应当理解为豹风公司在本次增资完成后 3 年内发生再融资,且再融资行为或行为后果对豹风公司市值的影响达到使其超过 6.5 亿元。第二,从“再融资”行为的发行程序、发行价格、发行对象、出资情况、融资款用途角度来看,豹风公司向 A 公司“再融资”的价格具有公允性,能够反映豹风公司的市场价值。根据《证券期货业统计指标标准指引》(以下简称《统计指引》)的规定,按照“再融资”发行价格 22 元乘以总股数计算市值具有行业依据。第三,考虑到豹风公司是在新三板挂牌的公司,与竞价交易机制下的收盘价意义不同,不能以“再融资”时点的收盘价确定豹风公司的市值。综上,一审法院认为沈某回购义务依约免除,驳回绿岸公司的全部诉讼请求。绿岸公司不服上诉至上海金融法院。

上海金融法院二审认为:第一,豹风公司为新三板挂牌的非上市公司。结合我国新三板市场现状,豹风公司股票流动性差,交易极不活跃。以豹风公司收盘价格 10.18 元乘以总股数的方法计算公司市值难以反映公开市场对豹风公司价值的认同。第二,案涉“再融资”采取了定向增发的融资方式,仅涉及一位新投资者,亦未引入做市商参与。投资金额不大,占总股本比例极低,也无法反映市场情况。第三,豹风公司系一家以游戏研发业务为主的企业。该行业竞争激烈、不确定性高、盈利波动较大。但若公司后续自行研发游戏项目上线表现达不到预期,则公司存在持续亏损的风险。结合豹风公司 2016 年上半年及 2017 年上半年的财务数据,毛利率在 2017 年下降很多,许多反映公司盈利能力的指标,已呈现连续下行的态势。结合 2016 年融资时的公司资产评估报告,2017 年再融资时的公允市值不应高于 2016 年的评估结果。第四,在约定不明、双方各执一词的情形下,应当依据合同法关于约定不明的相关规则予以确定。为此,法院综合考虑以下两个估值标准:(1)《统计指引》中的计算方法。该指引设立专章对于股转系统挂牌公司市值的计算方法作了明确规定,引入了市盈率概念,并提出了净利润为正值或负值时应采取不同统计方法。该指引中的估值方法已经适当考虑了挂牌公司特点,虽然《统计指引》主要用于统计而非直接用于投资估值,但仍具有相当的参考价值。这些统计方法表明单纯地依据个别交易进行估值,忽略净利润、市盈率等指标,可能会产生较大的偏差。(2)《私募投资基金非上市股权投资估值指引(试行)》(以下简称《估值指引》)中的投资估值方法。本案当事人沈某主张的估值方法,即该《估值指引》中的"参考最近融资价格法"。该《估值指引》规定,运用参考最近融资价格法时,应当对最近融资价格的公允性作出判断,如果没有主要新的投资人参与最近融资,或最近融资金额对被投资企业而言并不重大,或最近交易被认为是非有序交易,则该融资价格一般不作为被投资企业公允价值的最佳估计使用。第五,本案审理中各方均就估值问题提供了专家意见。其中绿岸公司聘请金融研究专家团队提供《专家意见书》并出庭接受质询。该意见从纵向估值法和横向估值法入手,结合豹风公司所属的行业特征及相关行业股票交易情况如市净率、市盈率进行了对比分析,认为豹风公司市值在再融资时点上的公允市值在 2.96 亿~3.2 亿元。二审法院采纳该专家意见,二审改判沈某履行股权回购义务。

【评析】

一、对赌协议与市值挂钩带来的不确定性

本案对赌协议中设置了 4 个对赌条件,若目标公司满足任意条件,则免除融资方的回购义务。其中,第 4 个对赌条件划定了公司市值目标,该种约定在投融资实践中较为罕见,因为市值涉及估值,而估值方法、标准的多样化,会导致完全不同的结果。在合同本身对于估值方法没有明确约定的情形下,本案争议并非一个简单的合同解释问题,估值方法的确定无法单单通过合同解释来实现。本案中的估值问题应视为"约定不明"。根据 1999 年《中华人民共和国合同法》第 61 条的规定,合同没有约定或者约定不明的,当事人可以协议补充,不能达成补充协议的,应按照合同相关条款或者交易习惯

确定。因此,各方应避免将估值约定为对赌条件,如果约定,也要明确约定估值的方法与标准,同时明确估值方法使用过程中选择的参数。

二、本案挂牌公司如何估算市值

(一)估值方法的选择

1.《统计指引》中统计方法的参考意义

中国证券监督管理委员会(以下简称证监会)于 2019 年发布的《统计指引》,主要用于规范证券期货监管系统内部的数据统计工作。根据该指引的定义,挂牌公司股票市值是指统计期末根据挂牌公司股票价格和总股本计算的股权价值合计。同时,该指引对于计算方法有专门的规定:(1)股票价格通常以收盘价计算;无转让成交记录但有股票发行记录的,按最近一次发行价格计算。(2)在计算挂牌公司股票市值时,既无转让成交记录又无股票发行记录的挂牌公司股票,市值估算方法为:①对于净利润为正的挂牌公司股票,股票市值通常按平均市盈率估算($CAP = \overline{PE} \times NP$);②对于净利润为负的挂牌公司股票,股票价格按每股面值估算。该指引是否具有规范投资估值的功能尚需讨论,但其区分不同情形分别将成交价格、发行价格、净利润、市盈率等指标纳入计算考量的方法,对于本案估值具有一定的参考性。

2. 市场交易收盘价能否直接用于认定新三板公司市值

《全国中小企业股份转让系统业务规则(试行)》规定,股转系统挂牌公司的股票可以采取协议方式、做市方式、竞价方式或者其他中国证监会批准的转让方式。本案中目标公司是新三板普通层挂牌的非上市公众公司,自挂牌至涉案增资时,仅有几次交易,成交量限于几千股,交易极不活跃。上述交易均通过"协议方式"转让,而非做市方式或竞价方式。再融资时,协议方式的收盘价为每股 10.18 元,与定向增发的 22 元差别较大。

根据查明的事实,该收盘价系小股东卞某为筹钱为其父亲治病而抛售其持有的 8000 股股票而形成。在此之前,卞某按照 10.18 元/股的价格挂牌时间长达半年仍无人问津。最后由豹风公司原股东青岛蓝海方舟创业投资基金合伙企业(有限合伙)与其达成协议转让。因此,该交易价格的形成有其特殊的背景及偶然性，且成交量极小，难以客观反映豹风公司在特定时间节点的市场公允价值。但该小股东报出交易意向却长时间无人问津的情况，从侧面表明了豹风公司股票在这一相对较低价格仍难以得到市场认可。

3.《估值指引》对估值方法的细化

中国证券投资基金业协会制定、经中国证监会批准的《估值指引》对于投资估值的原则与方法作了更加详细的规定。《估值指引》系行业规定，该指引"总则"部分第3条规定："本指引所称的非上市股权投资，是指私募基金对未上市企业进行的股权投资。对于已在全国中小企业股份转让系统挂牌但交易不活跃的企业，其股权估值参考本指引执行。"《估值指引》规范的是私募投资基金管理人进行股权投资时的股权估值行为，本案中估值对象豹风公司即为交易不活跃的全国中小企业股份转让系统挂牌公司，故该指引对本案估值具有重要参考价值。

本案中，沈某提出的估值方法，即"市场法"中的"参考最近融资价格法"。对此，《估值指引》规定，运用参考最近融资价格法时，应当对最近融资价格的公允性作出判断，如果没有主要新的投资人参与最近融资，或最近融资金额对被投资企业而言并不重大，或最近交易被认为是非有序交易，则该融资价格一般不作为被投资企业公允价值的最佳估计使用。此外，该条款还规定，（基金管理人）还应当结合最近融资的具体情况，考虑是否需要对影响最近融资价格公允性的因素进行调整，相关因素包括但不限于：……最近融资价格中是否包括新投资人可实现的特定协同效应或新投资人可享有某些特定投资条款，或新投资人除现金出资外是否还投入了其他有形无形的资源。

本案中，豹风公司最近融资即为2017年6月向A公司的定向增发。该轮融资金额较小，增发新股数量占比仅0.57%，对被投资企业而言并不重大。与此同时，该轮融资价格中还包含A公司的其他商业目的。根据庭审中当事人的陈述，A公司投资豹风公司除希望获取投资回报外，还包含商业合作机会如获得游戏发行权的考量。这种商业合作机会可视为本次投资的协同效应，属于影响公允性需要调整的因素。因此，在未对上述影响该估值方法公允性的因素进行调整的情况下，直接以22元/股的定增发行价计算豹风公司市值缺乏公允性。故以最近融资价格法计算得到的市值，不能视为豹风公司最佳的公允估值。值得注意的是,近几年来最近融资价格法被市场错误地理解与使用,国际规范开始剔除该方法作为单独可选择的估值方法,而将其作为估值模型的输入值的一种"校对"。[①]

(二)本案估值应综合考虑的因素

本案中,因为无法简单套用任一标准,因此需要对公司的市值进行一个初步分析。在本案中,合议庭综合考虑了以下因素。

1. 目标公司的经营状况

从发展阶段来看,目标公司豹风公司尚处于成长期。目标公司于 2008 年成立,2015 年在新三板普通层挂牌。自挂牌以来,目标公司的财务数据处于一个持续且快速的变化状态,除呈现一定的成长活力外,还隐含发展前景不稳定的风险。

从所处的行业来看,豹风公司属于轻资产、智力密集型的游戏研发企业,主要经营活动为网络游戏的开发和发行。目标公司无形资产比重大,故将对其估值产生重大影响。同时,游戏研发具有一定的周期性,不同阶段的记账标准不同,对估值的基本参数影响巨大。

2. 目标公司的财务变化状况

目标公司的财务变化情况能反映出企业的过往,也可以间接说明企业未来价值趋势。从豹风公司公布的相关财务数据入手,通过对比 2016 年 6 月与 2017 年 6 月目标公司半年报中主要会计数据和关键指标,可以推断 2017 年上半年较 2016 年同时期的市值变化:豹风公司 2017 年 6 月的盈利能力较 2016 年同时期的盈利能力有了显著降低,可以判断 2017 年 6 月的公司市值是低于 2016 年同时期的市值。

3. 可以综合多种估值方法考虑估值区间

每一种估值方法都有其特点和局限性,而且可能相差比较大。在估值的

---

① IPEV Board, *The International Private Equity and Venture Capital Valuation (IPEV) Guidelines*, privateequityvaluation (Dec. 2018), https://www.privateequityvaluation.com/Portals/0/Documents/Guidelines/IPEV%20Valuation%20Guidelines%20-%20December%202018.pdf?ver=2018-12-21-085233-863&timestamp=1545382360113.

过程中,如果被估值企业的特征允许、财务数据可得,比较考察多种估值方法的结果,能够一定程度上避免单独估值方法的局限性。通过多种估值方法来判断公允价值,既可以以某种估值方法的估值结果来交叉验证另一种方法的估值结果,又可以结合多种估值方法使用来划定公允价值范围。这一特定区间便是最能反映目标公司公允价值的结论。

三、专家辅助对于估值的作用

估值是一项专业技能,涉及财务数据的解读、资产折旧的规则(如账面资产的现值),还涉及市场数据(如可比公司的选取需要Wind数据),而这些并不是法官的专长,因此,需要在专家辅助的基础上作出判断。《中华人民共和国民事诉讼法》第82条规定:"当事人可以申请人民法院通知有专门知识的人出庭,就鉴定人作出的鉴定意见或者专业问题提出意见。"专家辅助人不同于鉴定人亦有别于英美法的"专家证人"。

就估值问题,本案各方就2017年6月目标公司市值问题分别提供了专家意见。沈某在本案一审中提交了两份"访谈笔录"形式的专家意见,专家未出庭接受质询。绿岸公司亦提交了两份专家意见,其中一份专家意见书由专家代表出庭接受质询。

就上述专家意见,可以从各方专家意见的专业角度、形式要件、程序完整性方面进行比较分析,能够对说服力和证明力进行认定。(1)从专业背景的角度来看,各方聘请的专家均达到"有专门知识"的标准。(2)从形式要件上来看,一般要看各方专家意见的作出形式、相关的数据和材料基础、判断的依据等,沈某提供的专家意见属于个人对条款的理解与意见,而绿岸公司提供的金融学院研究团队的专家意见就2016~2017年豹风公司相关财务数据为基础进行纵向数据对比分析,同时自新三板创新层、A股市场选取对标公司进行数据对比分析(市场法分析)。因为意见的形成基础是本案特定目标公司的财务数据信息,有翔实的推理过程,得出的结论相对严谨。(3)从程序完整性看,法院均允许各方专家到庭发表意见,接受法庭和对方当事人询问。绿岸公司的专家辅助人到庭,其意见在程序方面更具有完整性和充分性。

证券虚假陈述责任纠纷中董事责任承担的认定

——彭某诉中安科股份有限公司、黄某、邱某、朱某等证券虚假陈述责任纠纷案①

周　菁*　靳　轶**

【裁判要旨】

证券虚假陈述责任纠纷中，关于公司董事是否勤勉尽责，应在区分内部、外部董事的基础上，结合其职责范围以及在公司决策中所起的作用等因素综合作出认定。对于不参与公司经营活动的独立董事，如果虚假陈述所涉事项超出其职责范围，且已有相关专业中介服务机构进行审核，一般应认定独立董事已勤勉尽责。对于公司内部董事，如果虚假陈述所涉事项属于其职责范围，而未根据其职责要求对相关事项予以谨慎审核，导致虚假陈述行为发生，则应当认定其未尽勤勉之责，应对投资者损失承担相应赔偿责任。

【案号】

一审：上海金融法院(2019)沪74民初2509号

二审：上海市高级人民法院(2021)沪民终870号

① 本案入选上海金融法院2022年度十大典型案例。

* 法律硕士，上海金融法院综合审判二庭法官。

** 法律硕士，上海金融法院综合审判二庭法官助理。

【案情】

原告:彭某

被告:中安科股份有限公司,黄某、邱某、朱某、殷某、常某、蒋某、涂某、周某、吴某、梅某、杨某,中安消技术有限公司,深圳市中恒汇志投资有限公司,银信资产评估有限公司

原告彭某诉称:中国证券监督管理委员会(以下简称证监会)分别做出〔2019〕40、44、45、46号行政处罚决定书,认定中安科股份有限公司(以下简称中安科公司)公开披露的重大资产重组文件存在误导性陈述、虚假记载,并对中安科公司及其6名董事黄某、邱某、朱某、殷某、常某、蒋某,中安消技术有限公司(以下简称中安消技术公司)及其法定代表人周某、财务负责人吴某,深圳市中恒汇志投资有限公司(以下简称中恒汇志公司)及其实控人涂某、银信资产评估有限公司及其评估师梅某、杨某处以警告、罚款等行政处罚。彭某在虚假陈述行为实施日至揭露日期间买入中安科股票,并因此遭受损失,该损失与中安科公司等的虚假陈述行为之间存在因果关系,中安科公司应对原告损失承担赔偿责任,其余各方被告承担连带责任。

被告中安科公司辩称:本案虚假陈述揭露日应为2016年2月25日。彭某主张的投资损失和被告中安科公司虚假陈述之间不存在因果关系。彭某是因为中安科公司发布的经营性利好消息以及2015年上半年股市大涨因素影响而买入中安科股票,其投资决策与案涉信息披露行为之间没有因果关系。

被告黄某、邱某、朱某、殷某、常某、蒋某辩称:行政责任和民事赔偿责任在过错的认定等诸多方面存在明显区别,上市公司董事受到相关行政机关的行政处罚,并不必然导致或者推定其在民事纠纷中存在过错并承担相应的民事赔偿责任。就本案所涉重大资产重组事项,6名董事出席、审议并签署了相关董事会会议决议。在重组过程中,6名董事和中介机构就重组问题多次展开讨论,要求中介机构就发现的问题进行论证和答复,对于中介服务机构

出具的审计报告、评估报告和重大资产重组报告均认真审阅,不存在任何怠于履行职责的情形。在中安科公司对相关文件盖章之前,6 名董事还严格要求中安消技术公司、中恒汇志公司及相关中介服务机构书面承诺该等文件真实、准确和完整,预防其出具不实文件和资料的风险。同时,6 名董事积极要求中安科公司和中恒汇志公司签署了严格的利润补偿协议,防止上市公司及其股东因中恒汇志公司无法完成盈利预测而遭受损失。6 名董事已经尽力避免案涉重大资产重组所采取的以收益法为基础的评估方法而可能产生的资产高估情形,防止因中恒汇志公司无法完成业绩承诺而导致中安科公司、股东及中小投资者的损失。故 6 名董事对投资者的损失不存在主观过错,彭某不能基于行政处罚要求其承担连带赔偿责任。证监会认定的违法事项属于借壳方中安消技术公司和中恒汇志公司提供的外部信息,6 名董事作为被借壳方的董事,并非标的公司中安消技术公司的运营、管理和实际控制人员,并不熟悉中安消技术公司的经营情况。《盈利预测报告》和《评估报告》属于专业报告,对该等报告的实体内容审核完全超越了 6 名董事的核查能力、核查义务和履职范围。6 名董事作为非专业人士,只能履行程序上的核查义务,不能以专业人士的标准加以要求。本案中,除有中介服务机构分别出具《盈利预测审核报告》《独立财务顾问报告》《评估报告》,6 名董事还单独聘请了申银万国证券股份有限公司(以下简称申银万国公司)作为上市公司的独立财务顾问,对重大资产重组文件进行审核。在盈利预测值和评估值均经过该等专业权威的中介机构审核无误并出具了无保留意见报告的情况下,6 名董事有理由信赖该等专业权威中介机构的意见,故 6 名董事已经履行了程序上的核查义务,不存在任何民事侵权的主观过错。本案所涉重大资产重组系国资项目,已经履行了全部国资审批程序。针对所涉置入资产评估报告,上海市国有资产监督管理委员会(以下简称上海市国资委)召开了共计两次专家评审会,部分董事参加了评审会,并取得了上海市国资委以及上海市政府的批准。故 6 名董事已勤勉尽责,不应对被告中安科公司的偿付义务承担连带赔偿责任。

上海金融法院经审理查明:

2013 年 4 月,上海仪电电子(集团)有限公司(以下简称仪电电子公司)

与申银万国公司签订《财务顾问协议》,约定仪电电子公司委托申银万国证券股份有限公司作为其在涉案重大资产重组中的财务顾问,具体工作内容包括:协助仪电电子公司就本次交易涉及与仪电电子公司的交易内容、交易结构、交易价格、法律程序等提供专业咨询意见;协助仪电电子公司与独立财务顾问协作,对重组方(收购人)的背景、资质、注入资产是否符合收购及重组条件进行必要的复核等。申银万国公司分别于2013年6月4日、6月20日、6月24日出具三份重组财务顾问专业意见备忘录,载明"中安消100%股权的预估交易价格约为60亿~70亿元,该等交易价格过高……我们认为:置入资产的评估和交易价格应按照12%的折现率和符合会计准则合理确认的利润水平进行公允评估,并确保置入资产按照2012年净利润除以交易价格计算的净资产收益率达到10%,从而令上市公司在本次重组后盈利能力指标得到提升"。

2013年11月15日、2014年3月12日,就涉案重大资产重组置入资产评估项目召开了两次专家评审会议。专家组审核意见中提到,"对中安消智能安防合同,建议进一步履行好审查核实确认程序"。

2014年6月10日,中安科公司第八届第十四次董事会审议通过重大重组议案,董事邱某、朱某、蒋某、殷某、常某表决同意,关联董事黄某等回避表决。6名董事中,黄某、邱某、朱某是中安科公司内部董事,分别担任董事长、总经理、财务总监一职,殷某、常某、蒋某是中安科公司的独立董事。

2014年6月11日,中安科公司发布《关联交易报告书(草案)》,披露了中安科公司通过向中恒汇志公司非公开发行股份的方式购买中恒汇志公司持有的中安消技术公司的100%股权。当日,中安科公司公告了包括资产评估报告在内的重大资产重组文件。2014年12月30日,被告中安科公司就本次向中恒汇志公司发行股份购买资产总计395,983,379股普通股(A股)股份向证券登记结算公司提交相关登记材料。2015年1月23日,本次配套募集资金新增股份完成登记。至此,中安科公司本次重大资产重组实施完成。

2016年12月24日,中安科公司发布《关于收到中国证券监督管理委员会调查通知书暨风险提示公告》,载明:2016年12月22日,中安科公司收到证监会调查通知书,因公司涉嫌违反证券法律法规,根据《中华人民共和国证券法》(以下简称《证券法》)的有关规定,证监会决定对公司进行立案调查。2019 年 5 月 31 日,中安科公司发布关于收到证监会行政处罚决定书的公告。证监会认定中安科公司在其 2014 年 6 月 11 日发布关联交易报告书中所披露的置入资产评估值及 2013 年度营业收入存在严重虚增,构成证券市场虚假陈述。同时受到处罚的还有本案其余各方被告。

【审判】

对于 6 名董事的责任问题,上海金融法院认为,2014 年《证券法》第 69 条规定,发行人、上市公司公告的招股说明书、公司债券募集办法、财务会计报告、上市报告文件、年度报告、中期报告、临时报告以及其他信息披露资料,有虚假记载、误导性陈述或者重大遗漏,致使投资者在证券交易中遭受损失的,发行人、上市公司应当承担赔偿责任;发行人、上市公司的董事、监事、高级管理人员和其他直接责任人员以及保荐人、承销的证券公司,应当与发行人、上市公司承担连带赔偿责任,但是能够证明自己没有过错的除外。2003 年最高人民法院《关于审理证券市场因虚假陈述引发的民事赔偿案件的若干规定》(以下简称 2003 年《虚假陈述民事赔偿若干规定》)第 21 条规定,发起人、发行人或者上市公司对其虚假陈述给投资人造成的损失承担民事赔偿责任。发行人、上市公司负有责任的董事、监事和经理等高级管理人员对前款的损失承担连带赔偿责任。但有证据证明无过错的,应予免责。就公司董事而言,根据董事是否在公司内部从事专职董事工作,可以区分为独立董事和内部董事。独立董事的作用主要在于确保战略决策的妥当性、合理性和强化公司的经营监督。内部董事则主要承担企业具体运营职责。可见,独立董事与内部董事的职责并不相同,故对于二者所应承担的责任也应有所区分。本案 6 名董事中,被告殷某、常某、蒋某为独立董事,未在中安科公司任职。作为独立董事,被告殷某、常某、蒋某并不参与公司的经营活动,仅是对公司的经营决策提供建议和监督,况且本案中他们是对重大资产重组所涉的标的公司中安消技术公司的经营状况进行表决。同时,专业中介服务机构对本次重大资产重组置入资产进行了审计和评估,也未发现置入资产存在营业收入及评估值虚增的情形。对于被告殷某、常某、蒋某这3名外部董事而言,既不参与公司经营,又非专业人士,还要求其持续关注标的公司“班班通”项目的履行进程,并对已经专业机构评审的项目进行审核,未免过于苛刻。故被告殷某、常某、蒋某在本案中应予免责。被告黄某、邱某、朱某系被告中安科公司的内部董事,其对于公司所负有的勤勉义务标准理应高于独立董事。该3名董事当时分别担任中安科公司董事长、财务总监、总经理一职,有义务对交易对方及标的公司提供的相关资料尽到谨慎审核义务。现他们未能提供证据证明其已尽到勤勉之责,故应对被告中安科公司在重大资产重组中存在虚假陈述行为致使投资者彭某遭受损失承担相应的民事责任。对于该3名董事的赔偿责任范围,应结合其过错程度进行考量。首先,本案中,被告黄某、邱某、朱某对交易相对方提供的信息负有的谨慎注意义务应与对中安科公司自身信息有所不同。被告黄某、邱某、朱某分别作为公司担任董事长、总经理、财务总监,理应对重组过程中需要披露的信息负有一定的注意义务。其次,虽本案所涉重组交易中除有独立财务顾问、审计机构、评估机构等中介服务机构外,还有申银万国公司提供专业咨询意见。同时,被告中安科公司就置入资产评估项目曾召开两次专家评审会议。但被告黄某、邱某、朱某作为内部董事,过分依赖专业中介服务机构,没有尽到合理调查义务。鉴于此,被告黄某、邱某、朱某对于被告中安科公司违反信息披露义务,构成虚假陈述具有一定的过错,应酌情对原告的损失在2%的范围内承担连带责任。

上海金融法院于2021年7月30日作出(2019)沪74民初2509号民事判决:被告黄某、邱某、朱某对被告中安科公司的赔偿义务在2%的范围内承担连带责任。

判决后,中安科公司不服向上海市高级人民法院提起上诉,6名董事均服判息诉。上海市高级人民法院于2022年1月21日作出(2021)沪民终870号民事判决:驳回上诉,维持原判。

【评析】

《中华人民共和国公司法》(以下简称《公司法》)第147条规定,董事应当遵守法律、行政法规和公司章程，对公司负有忠实义务和勤勉义务。董事的勤勉义务是指董事、监事、高级管理人员在处理和安排公司事务时，以一个普通正常人的合理、谨慎的态度，恪尽职守，维护公司的利益。本案就董事责任的认定较以往的案件更为细致，在对公司外部董事和内部董事的勤勉义务加以区分的基础上，结合内部、外部董事的职责、作用，深入分析内部、外部董事提出其尽到勤勉义务的抗辩理由能否成立，最终作出判决。

一、上市公司董事的勤勉义务

2003 年《虚假陈述民事赔偿若干规定》第 21 条规定，发起人、发行人或者上市公司对其虚假陈述给投资人造成的损失承担民事赔偿责任。发行人、上市公司负有责任的董事、监事和经理等高级管理人员对前款的损失承担连带赔偿责任。但有证据证明无过错的，应予免责。2014 年《证券法》第 69 条规定，发行人、上市公司公告的招股说明书、公司债券募集办法、财务会计报告、上市报告文件、年度报告、中期报告、临时报告以及其他信息披露资料，有虚假记载、误导性陈述或者重大遗漏，致使投资者在证券交易中遭受损失的，发行人、上市公司应当承担赔偿责任；发行人、上市公司的董事、监事、高级管理人员和其他直接责任人员以及保荐人、承销的证券公司，应当与发行人、上市公司承担连带赔偿责任，但是能够证明自己没有过错的除外。根据上述规定，可以看出我国证券法律对上市公司董事承担民事责任采取的是过错推定原则，即董事可以对自己是否尽到勤勉义务提出抗辩，以证明自己不存在过错，从而免于承担相应责任。

2011 年，我国证监会发布的《信息披露违法行为行政责任认定规则》第 21 条第 1 项、第 3 项，对董事可以提出的抗辩理由作出规定。抗辩的理由分别是：(1)董事对信息披露事项提出的异议要记载于董事会、监事会、公司办公会会议记录等，并提反对票；(2)对公司信息披露违法行为不负有主要责任的人员在公司信息披露违法行为发生后及时向公司和证券交易所、证券监管机构报告。2022 年最高人民法院《关于审理证券市场虚假陈述侵权民事赔偿案件的若干规定》(以下简称 2022 年《虚假陈述侵权民事赔偿若干规定》)

第16条规定了5种独立董事可以免责情形:(1)在签署相关信息披露文件之前,对于不属于自身专业相关具体问题,借助会议、法律等专门职业的帮助仍然未能发现问题的;(2)在揭露日或更正日之前,发现虚假陈述后及时向发行人提出异议并监督整改或向证券交易所、监管部门书面报告的;(3)在独立意见中对虚假陈述事项发表保留意见、反对意见或者无法表示意见并说明具体理由的,但在审议、审核相关文件时投赞成票的除外;(4)因发行人拒绝、阻碍其履行职责,导致无法对相关信息披露文件是否存在虚假陈述作出判断,并及时向证券交易场所、监管部门书面报告的;(5)能够证明勤勉尽责的其他情形。

我国以往的司法实践中,证券虚假陈述案件中以董事为被告的案件相对较少,而较为常见的董事抗辩理由主要归纳为以下三种:

第一,对披露的违法事实不知情。大部分董事在诉讼中会提出抗辩称其对公司披露的违法事实毫不知情,如不属于其工作范围;未实际参与公司经营;虽尽到审慎注意义务,但由于种种原因最终无法发现等。

第二,合理信赖。主要指基于对专业的第三方中介机构出具的审计报告、评估报告的信赖,而无法发现违法事实。

第三,合理调查。如在相关董事会、监事会上就有关披露的事项进行了关注、询问或提出反对意见,甚至投票反对,或有邮件往来等证据证明其对披露的违法事实尽到了审慎注意义务等。

二、独立董事和内部董事的勤勉义务

本案主要的争议在于6名董事是否应当承担连带责任,如应承担,则应如何承担责任的问题。本案的难点就在于怎么样既保护投资者的合法权益,又平衡好董事的责任,以有利于证券市场的良性有序发展。

中安科案件中包括3名独立董事和3名内部董事,在对独立董事和内部董事的勤勉义务的认定上,法院采取了不同的标准。

(一)独立董事的勤勉义务

我国证监会在2001年8月发布了《关于在上市公司建立独立制度的指

导意见》,要求所有上市公司必须按照该意见的规定,建立独立董事制度。我国独立董事制度建立以来,大大改良了上市公司董事会结构。证监会颁布的《上市公司独立董事规则》第2条以及《关于在上市公司建立独立董事制度的指导意见》第1条,均就上市公司独立董事的定义作出规定,即独立董事是指不在上市公司担任除董事外的其他职务,并与其所受聘的上市公司及其主要股东不存在可能妨碍其进行独立客观判断的关系的董事。独立董事应当按照相关法律法规、本着指导意见和公司章程的要求,认真履行职责,维护公司实体利益,尤其要关注中小股东的合法权益不受损害。上述规定强调了独立董事要维护的是公司利益,而非大股东的利益;中小股东与大股东的利益都蕴含在公司利益中,不允许大股东凌驾于小股东利益之上。独立董事和其他董事一样,既享有权利和权力,也应承担义务与责任。独立董事对公司和全体股东负有忠实和注意义务,一旦违反,也应对公司及股东承担民事赔偿责任。

我国公司治理中,独立董事虽为公司董事,但其不参与公司日常经营,是具有一定独立性的董事,因此独立董事也被称作外部董事。从前述独立董事的定义可以看出独立董事强调其独立性,类似于《公司法》中的监事,但又不完全一样。独立董事对于公司运营的合规性、对公司不利影响后果的可能性、防范内部人利益输送、对中小股东的保护更为关注。内部董事作为董事会成员,则更偏向于商业管理,享有公司的经营决策权和管理权,对内掌管公司事务,对外代表公司进行决策和执行。独立董事和内部董事的工作职权也是不同的。根据《上市公司独立董事规则》第22条、第23条及有关部门规章等,独立董事应当对特殊事项发表专门的独立意见与事先认可,这是独立董事所享有的特权。内部董事仅依据《证券法》《公司法》享有在董事会中的决策和管理的权力。虽然职权不同,但独立董事与内部董事一样需要对公司和股东尽诚信及勤勉之责。

2022年《虚假陈述侵权民事赔偿若干规定》对独立董事的归责与免责抗辩事由作出了细化规定,第16条规定了5种独立董事可以免责的情形。该规定认可了合理信赖的抗辩理由。实践中,法院也更关注勤勉义务履行的过程及相关证据,独立董事能够提供证据证明其充分参与了项目的考察,如独立董事在董事会前阅看相关资料,了解相关背景,就其中发现的异常行为或异常数据提出疑问并要求公司作出合理解释,然后根据自身经验提出意见和建议,或者依靠专业第三方中介机构出具的专业意见作出判断,并对专业意见尽到了审核义务,则很大可能被认定为尽到了勤勉义务。由于每个独立董事的学识、职责、获取信息的渠道的差异性,勤勉义务的抗辩也应当更具有针对性,而不能一概用同一个标准去衡量。例如,上市公司的独立董事是律师、会计财务或本行业的技术专家等类型的专业人士,那么他们对于上市公司披露的与其专业相关方面的信息应尽到却未尽到勤勉义务的时候,独立董事就应当承担上市公司违法主要责任,毕竟关联交易的构成与否涉及专业知识的掌握和运用。反之,如果独立董事并非专业人士,还要求其对披露信息承担较高的审核义务,则未免过于苛刻。

在此意义上,中安科案中的6名董事中,被告殷某、常某、蒋某为独立董事,未在中安科公司任职,也并非律师、会计师等专业人士。这3名独立董事平时也不参与公司的经营活动,仅是对公司的经营决策提供建议和监督,相对于中安科公司的其他董事而言,其对公司经营状况的了解程度更小。况且,中安科公司披露的信息源于他人提供的第三方信息,即重大资产重组所涉标的公司中安消技术公司的经营状况,对于这种源于第三方的信息,相对于内部董事而言独立董事所负有的审慎注意义务的程度也有所不同。根据证监会的行政处罚决定,被告中安科公司虚假陈述主要涉及"班班通"项目、"智慧石拐"项目和"BT"项目等。被告中安科公司、中安消技术公司已聘请专业中介服务机构对本次重大资产重组置入资产进行了审计和评估,均未发现置入资产存在营业收入及评估值虚增的情形。被告殷某、常某、蒋某这3名独立董事都不是专业人士,且在专业的第三方中介机构已经作出专业的审计和评估的情况下,再苛求其持续关注标的公司"班班通"项目的履行进程,并对与标的公司经营状况相关的资料进行审核,显然已超出独立董事的职责范围,因此,法院认定3名独立董事已经尽到了勤勉义务,在本案中应予免责。该认定很好地衔接了2022年《虚假陈述侵权民事赔偿若干规定》的裁判思路。

(二)内部董事勤勉义务

勤勉是指努力、勤劳,从其字面含义来看应包含积极、善意、审慎之意。公司法上的勤勉是指尽心尽责地处理公司事务。董事的勤勉义务就是要求董事必须以一个谨慎之人管理自己事务时具有的勤勉程度去管理公司事务。现行法律对于董事勤勉义务的认定未作出明确规定。判断内部董事是否已履行勤勉义务,应从董事的行为是否符合法律法规、公司章程、岗位职责的规定,并结合董事是否已尽到合理注意义务等方面来考量。《证券法》第82条规定,发行人的董事、监事和高级管理人员应当保证发行人及时、公平地披露信息,所披露的信息真实、准确、完整。本案中,被告黄某、邱某、朱某是被告中安科公司的内部董事,其对于公司所负有的勤勉义务标准理应高于独立董事。该3名董事当时分别担任中安科公司董事长、财务总监、总经理一职,有义务对交易对方及标的公司提供的相关资料尽到谨慎审核义务。被告黄某虽对于置入资产的相关决议均回避表决,但其作为被告中安科公司的董事长,系公司的主要决策者,对于涉及公司经营等方面事务负有直接责任。被告黄某在审议涉案重大资产重组事项中回避表决系由于其在重大资产重组所涉置出资产交易对方公司任职,据此并不能成为免除其作为董事长所负有的谨慎注意义务的理由。被告中安科公司披露的信息源于其交易对方被告中恒汇志公司及标的公司被告中安消技术公司,3名内部董事黄某、邱某、朱某对该信息所负有的谨慎注意义务也与对中安科公司自身信息应有所不同。被告黄某、邱某、朱某虽不具备审计和评估方面的专业知识,但他们作为分别在公司担任董事长、总经理、财务总监的内部董事,理应对重组过程中需要披露的信息负有一定的审慎注意义务。尤其对于需要经过招投标程序才能实际付诸履行的"班班通"项目未予以持续关注,导致最终的股权价值严重虚增,该3名董事对被告中安科公司的违法行为理应负有相应的责任。虽本案所涉重组交易中除有独立财务顾问、审计机构、评估机构等中介服务机构外,还有申银万国公司对本次重大资产重组涉及的置入资产范围、预估交易价格以及交易结构等提供专业咨询意见,同时,就置入资产评估项目曾召开两次专家评审会议,但被告黄某、邱某、朱某作为内部董事,过分依赖专业中介服务机构,没有实施诸如实地调查或要求中介服务机构进一步查证相关在手合同实际履行情况等主动核查行为。鉴于此,被告黄某、邱某、朱某对于被告中安科公司违反信息披露义务,构成虚假陈述具有一定的过错,应酌情对原告的损失在2%的范围内承担连带责任。

结　语

近年来,证券虚假陈述案件中,投资者追究上市公司董事责任的案件呈上升趋势。2003年《虚假陈述民事赔偿若干规定》对公司董事的勤勉义务只作了概括性规定,即有证据证明无过错的,应予免责,但未有明确的细化规定。本案审理中,法院对上市公司董事的勤勉尽责抗辩事由不再“一刀切”,打破“签字追责”的惯性思维,而是根据具体情况作出判断。比如,允许独立董事在尽到了勤勉义务的情况下合理合法的免责,既切实保护了中小投资者的合法利益,又为公司独立董事的履职标准提供了法律依据,也更有利于证券虚假陈述案件中独立董事责任的认定,发挥独立董事制度的作用,推动资本市场的良性运作。

本案判决于2022年《虚假陈述侵权民事赔偿若干规定》颁布之前,但与新司法解释中有关独立董事过错认定的规定是契合的,对于上市公司独立董事责任的认定具有典型意义。

保理人明知应收账款虚构情形下法律关系的认定与责任承担

——江铜国际商业保理有限责任公司诉上海顿展实业有限公司、上海长展国际贸易有限公司等借款合同纠纷案[①]

崔　婕[*]

【裁判要旨】

保理人明知应收账款系虚构的，保理人与应收账款债权人之间成立借款法律关系。无证据证明保理人以发放贷款为主要业务或主要利润来源的，该借款法律关系有效，应收账款债权人对保理人负有本息偿付义务。但因不存在真实的应收账款，亦不存在保理人基于对真实应收账款及付款承诺发放借款的信赖，债务人又未作出提供担保等增信的意思表示，保理人要求债务人承担支付义务，不予支持。

【案号】

一审：上海金融法院(2019)沪74民初553号

---

① 本案入选上海金融法院2022年度十大典型案例。

* 法学博士，上海金融法院综合审判二庭副庭长。

二审:上海市高级人民法院(2021)沪民终236号

【案情】

原告:江铜国际商业保理有限责任公司(以下简称江铜保理公司)

被告:上海顿展实业有限公司(以下简称顿展公司)、上海长展国际贸易有限公司(以下简称长展公司)

2016年8月8日,江铜保理公司与顿展公司签订《保理协议》,约定双方一致同意叙做有追索权的国内保理业务,基础商务合同及标的应收账款为顿展公司与长展公司于2016年6月6日签署的编号为DZCZ20160606-02的《购销合同》及编号为JF2016LX011_BL001_BC001的《购销合同补充协议》,应收账款金额为272,790,332.58元,预计到期日为2017年8月8日;顿展公司转让、江铜保理公司受让标的应收账款的对价,即保理款为252,790,332.58元;就江铜保理公司受让的标的应收账款,若发生不能按时足额收回等情形时,江铜保理公司有权无条件向顿展公司进行追索,顿展公司应履行反转让义务,江铜保理公司随时有权要求顿展公司立即对应收账款中未获清偿的部分或全部进行回购,回购价款为已受让的全部应收账款减已获债务人清偿的部分加未结清的保理手续费等费用、逾期违约金、其他江铜保理公司有权收取的费用;顿展公司逾期支付回购价款的,江铜保理公司有权就逾期支付的回购价款按每日万分之七的标准向顿展公司逐日计收逾期违约金;在顿展公司未能足额支付回购价款或未完全履行回购义务前,江铜保理公司仍为标的应收账款的债权人。

作为合同附件的长展公司出具的《回执》载明,已收到《应收账款债权转让通知书》,《应收账款债权转让通知书》项下提及应收账款真实、有效且尚未偿付;应收账款转让方在基础商务合同项下的对应供货义务均已履行完毕,且未发生任何涉及或不利于该等应收账款回收的违约、争议、逾期、异议或索赔;将严格按照所签署之相关基础商务合同通过(且仅通过)《应收账款债权转让通知书》规定的收款账户,向上述应收账款受让方(作为新债权人)及时足额履行付款义务。若逾期履行付款义务的,自逾期之日起,应收账款受让方有权就逾期金额按每日万分之七的标准逐日计收逾期违约金,直至付清该等款项为止。任何非通过前述收款账户进行的应收账款清偿行为(包括但不限于未经前述指定账户的票据支付或其他方式支付、债权抵销等,以下简称越项支付)均不构成在基础商务合同项下有效支付,也不解除在基础商务合同项下就该等转让应收账款任何付款义务;长展公司将赔偿因此等越项支付给受让方造成的全部损失(若有),并自行处理与转让方间的任何责任分担事宜或争议。

2016年8月17日,江铜保理公司向顿展公司发放扣除履约保证金2,790,332.58元后的融资款250,000,000元。

2018年2月2日,江铜保理公司向顿展公司发送《应收账款反转让通知书》。由于顿展公司未履行回购义务,江铜保理公司遂提起本案诉讼,要求顿展公司支付回购款、长展公司在应收账款及其逾期违约金范围内承担连带清偿责任。

根据江铜保理公司提供的证据,案涉保理业务的基础债权债务资料包括顿展公司作为卖方、长展公司作为买方、载明签订日期为2016年6月6日的《购销合同》、《购销合同补充协议》、发票及提货单,上述资料均为复印件,顿展公司、长展公司在复印件上加盖公章。

上海市公安局浦东分局经侦支队曾经对江铜保理公司分管风控的副总经理郑某某、资金经理张某某进行询问。郑某某陈述,由于顿展公司与长展公司之间贸易合同约定的是"带款提货",已经钱货两清、没有应收账款了,照理是不符合申请保理的条件的,所以需要由法务来做一份有收款账期的贸易合同,让顿展公司和长展公司重新签订。张某某陈述,顿展公司于2016年8月在江铜保理公司的2.5亿元的保理业务由其经办,在接到这个任务时就知道顿展公司提供的用来做保理的贸易合同是没有账期的,是不能做保理融资的,所以领导才安排帮顿展公司重新草拟一份有账期的贸易合同,具体的业务数据就根据顿展公司提供的发票和提货单金额、数量来填写。

本案审理中,经江铜保理公司申请,郑某某、张某某出庭作证,两证人对公安机关询问笔录上签名及捺印的真实性均予以确认。证人郑某某称,其在案涉保理业务中负责方案的审核,在公安机关陈述的意思是顿展公司与长展公司提供的合同本身有问题,所以江铜保理公司会提供模板,没有材料证明案涉保理业务存在应收账款,但公司领导沟通后称有应收账款。张某某称,其在案涉保理业务中根据领导安排协助法务部起草合同,其起草的合同模板和案涉保理业务中的购销合同是一致的,客户提供的原合同中没有付款期限,其起草的合同中有关付款期限的条款是按领导要求拟定的。

【审判】

上海金融法院于2021年1月29日作出(2019)沪74民初553号民事判决:(1)顿展公司向江铜保理公司偿还借款本金及利息人民币270,000,000元,以及自2017年8月9日起至实际清偿之日止,以借款本金人民币250,000,000元为基数,按年利率24%计付的逾期利息;(2)顿展公司向江铜保理公司支付律师费人民币200,000元;(3)驳回原告江铜国际商业保理有限责任公司的其余诉讼请求。

上海市高级人民法院于2022年3月4日作出(2021)沪民终236号民事判决:驳回上诉,维持原判。

上海金融法院认为,本案的争议焦点为:(1)系争法律关系性质与效力的认定;(2)顿展公司和长展公司应否及如何承担付款责任。

关于争议焦点一,真实、合法、有效的应收账款转让是开展保理业务的前提。本案江铜保理公司相关经办员工于庭审中的陈述与公安机关询问笔录中的陈述基本一致,两证人的证言相互印证,足以证明案涉保理业务的购销合同系由江铜保理公司在顿展公司与长展公司已履行完毕的购销合同基础上制作而成,案涉保理业务并不存在真实有效的应收账款,且江铜保理公司与顿展公司、长展公司均明知案涉应收账款系虚构。本案法律关系应认定为江铜保理公司与顿展公司之间的借款关系。由于借款行为系真实意思表示,且不存在法定无效情形,亦无证据显示江铜保理公司以发放贷款为主要业务或主要利润来源,该借款法律关系应作有效处理。

关于争议焦点二,江铜保理公司向顿展公司支付了涉案融资款,顿展公司应当按约承担还本付息的责任。由于本案不构成保理法律关系,江铜保理公司向顿展公司收取、抵扣保证金亦缺乏法律依据，应以江铜保理公司向顿展公司实际发放的款项250,000,000元作为本案借款本金。双方协议中约定、江铜保理公司据此主张的保理回购款中除去本金的部分以及自2017年8月9日起的违约金，性质上相当于借款合同项下的利息及逾期利息，但江铜保理公司可以主张的逾期利息不应超过法定保护上限。

关于长展公司应否承担支付责任。首先，根据查明事实，顿展公司对长展公司并不享有应收账款，江铜保理公司无权要求长展公司承担应收账款的给付义务。其次，从长展公司出具的确认回执的内容看，长展公司只是就并不存在的应收账款的支付方式以及违反该支付方式的后果向江铜保理公司作了承诺，并无由长展公司履行融资款的还款义务或在顿展公司不履行还款义务的情况下长展公司履行付款义务的意思表示。最后，本案借款系发生于江铜保理公司与顿展公司之间，江铜保理公司明知应收账款不存在、应收账款不能为案涉融资款的归还提供任何担保仍对顿展公司出借款项，对江铜保理公司来说亦不存在基于对真实应收账款以及长展公司付款承诺向顿展公司发放款项的信赖。长展公司的行为与本案借款不能归还的风险并无因果关系，相应的风险应由江铜保理公司自行承担。因此，江铜保理公司要求长展公司就案涉融资本息的清偿承担支付义务，缺乏法律依据，不予支持。

综上，上海金融法院遂判决：顿展公司支付江铜保埋公司借款本金及利息，并驳回江铜保理公司对于长展公司的相关诉讼请求。

判决后，江铜保理公司不服一审判决提起上诉。上海市高级人民法院认可一审判决理由。

【评析】

近年来，随着保理业务在国内的迅猛发展，保理业务中虚构应收账款的情形屡见不鲜。纠纷进入诉讼后，应收账款系虚构往往成为应收账款债务人乃至应收账款债权人的主要抗辩事由，也是此类案件审理中的主要争议焦点和难点。应收账款虚构，尤其是保理人明知应收账款虚构的情形下，法律关系及其性质如何认定，应收账款债权人与债务人应否及如何承担责任？本案系经审理查明保理人明知应收账款虚构的案件,案例结合《中华人民共和国民法典》(以下简称《民法典》)的相关规定,就这一问题进行了系统探讨。

一、通谋虚伪意思表示在保理合同中的运用:视保理人是否明知而发生不同的效果

《民法典》第146条及原《中华人民共和国民法总则》(以下简称原《民法总则》)第146条均规定,行为人与相对人以虚假的意思表示实施的民事法律行为无效。以虚假的意思表示隐藏的民事法律行为的效力,依照有关法律规定处理。这是立法关于通谋虚伪意思表示的原则性规定。就通谋虚伪意思表示在保理合同中的运用,《民法典》第763条规定,应收账款债权人与债务人虚构应收账款作为转让标的,与保理人订立保理合同的,应收账款债务人不得以应收账款不存在为由对抗保理人,但是保理人明知虚构的除外。

考察日本民法关于通谋虚伪行为的规定可以发现,均规定,“不得以虚假的意思表示无效,对抗善意第三人”,即区分通谋虚伪行为在当事人之间的效力以及对第三人的效力作出了不同的规定。就此,《民法典》第146条虽然没有原则性规定,但第763条体现和采纳了这一精神。但是,《民法典》第763条规定否定保理法律关系以保理人的明知为要件。其实,不明知与善意两者并不等同。善意按照通常的解释,为“不知情且不应知情”。在保理人未尽注意义务,对应收账款进行必要的核查的情况下,保理人当然并不明知,但也不构成善意。《民法典》第763条所规定的“明知”应当如何理解,是否需要考虑保理人作为专业机构应有的注意义务,还有赖于司法实践的探索。

可见,应收账款系虚构是否影响保理法律关系的成立及其效力,应当视保理人是否明知应收账款不真实而发生不同的效果。在无证据证明保理人明知应收账款虚构的情况下,债权人与债务人之间通谋虚构应收账款的行为不得对抗作为相对方的保理人。如果保理人不行使撤销权,而是选择按照保理合同的约定主张权利,保理合同应合法有效,债权人与债务人均应依约履行义务。

二、保理人明知应收账款系虚构情形下的法律关系及效力认定

审判实践中应收账款债权人、债务人抗辩保理人明知应收账款系虚构，甚至参与、主导应收账款虚构的情形，并不罕见。但囿于相关事实举证的困难，最终为法院所认定的情形则较为鲜见。本案因公安机关对保理人经办人员的询问，以及这些人员于庭审中出庭作证的证言等相互印证，认定案涉保理业务的基础合同系由江铜保理公司在顿展公司与长展公司已履行完毕的购销合同基础上制作而成，三方均明知案涉保理业务并不存在真实有效的应收账款。

根据《民法典》第 763 条的规定，债权人与债务人虚构应收账款且保理人明知的，保理合同无效。由此也引发了争议，即是否需要对虚伪意思表示行为背后隐藏的民事法律行为进行定性及效力评价。一种意见认为，应参照《民法典》第 737 条的规定，径行认定当事人订立的保理合同无效，之后再根据《民法典》第 157 条规定的合同无效的法律后果，判决返还财产、赔偿损失。主要理由是：第 146 条是一般规定，第 737 条是特别规定；第 737 条实际上明确排除了第 146 条在虚构租赁物情形中的运用，若违反第 737 条，不仅会导致融资租赁合同无效，当事人之间成立的其他法律关系也应根据本条规定按无效处理。另一种意见认为，对名为融资租赁合同、保理合同，但实际不构成融资租赁法律关系、保理法律关系的合同，按照其实际构成的法律关系处理，该实际构成的法律关系若不存在法定无效情形的，则应当认定为有效。

本案支持后一种意见，认为《民法典》第 737 条、第 763 条只是对蕴含在融资租赁合同、保理合同中的通谋虚伪行为的效力予以否定，由于该表面行为并非当事人真实意思表示，融资租赁合同、保理合同当然应当认定为无效。但对于隐藏在其背后的民事法律行为，体现了当事人的真实意思表示，仍应当按照其实际构成的法律关系定性并进行效力评价。债权人与债务人虚构应收账款且保理人明知的，应定性为借款法律关系，并按照借款合同的相关规定认定其效力。

当然,名为保理实为借款的,借款法律关系是否有效,实践中也存在较大争议。一种意见认为,保理人违反监管规定应承担相应的行政责任,并不当然影响民事法律关系的效力,如无证据显示保理人以发放贷款为主要业务或主要利润来源,原则上不应否定借款法律关系的效力。另一种意见认为,虽然企业间为生产经营需要签订的借款合同不再被认定为无效合同,但金融是特许经营行业,保理人作为未取得贷款业务资格的金融机构从事放贷业务,违反国家特许经营规定超越经营范围订立的合同,应认定无效。两种观点在案件处理效果上存在较大差异,采用何种观点其实是价值及利益衡量问题。第二种意见对于加强金融机构资质监管、督促保理人回归保理本源规范经营都具有更好的裁判引导作用,但由于主合同无效担保合同也随之无效,由此就会导致附随于保理合同的担保人担保责任的减免,裁判结果与当事人的预期及真实意思表示存在较大背离。本案持不轻易否定保理合同背后隐藏的借款法律关系效力的观点,这也是目前审判实践中通常采纳的观点。

三、保理人明知应收账款系虚构情形下的责任承担

(一)应收账款债权人的责任承担

对于保理人明知应收账款虚构而认定为借款法律关系的,无论借款法律关系是否认定为有效,保理人向应收账款债权人发放的融资本金,应收账款债权人均负有返还责任,而且保理人以首付款、手续费等形式收取的款项,不构成法定金钱质押的,应当在借款本金中扣除,对此均不存争议。争议集中在融资利息如何计付。实践中存在三种裁判标准:第一种是认定借款法律关系有效,按照合同约定的标准,只要不超过法定保护上限即予以支持;第二种是认定借款法律关系无效,由于保理人和应收账款债权人对无效均有过错,判令应收账款债权人仅赔偿保理人的资金占用成本;第三种是认定借款法律关系有效,但考虑到保理人作为专业金融机构具有明显过错,将合同约定的融资利率予以一定下调。上述第三种裁判标准在逻辑上存在明显矛盾,即在认定借款合同有效的情况下,却未按合同约定的利率标准支持保理人的请求,有欠妥当。第一种、第二种裁判标准与借款法律关系的效力认定一脉相

承，本案由于在效力认定上采有效说，故关于融资利率的认定采第一种意见。

（二）应收账款债务人的责任承担

在保理人、应收账款债权人与债务人三方通谋的情况下，应收账款债务人应否及如何承担责任，是此类案件审理中争议及分歧最大的问题，也是本案中各方当事人一审、二审争议的焦点。有意见认为，债务人已以书面方式对应收账款的数额、期限等明确确认并承诺付款的，即便基础交易合同无效，亦因债务人的自认向保理人承担违约责任，或者对保理人构成侵权，应当就保理人的实际损失承担侵权损害赔偿责任。对此，本案并不赞同，具体分析如下。

1. 债务人无应收账款的给付义务。根据《民法典》第763条的规定，债权人与债务人恶意串通共同虚构应收账款时，由于债务人已自认，该债权债务对保理人应视为真实存在，保理人有权直接就该受让债权向债务人主张权利。这是出于对善意保理人的保护而作出的规定。保理人参与的三方通谋的虚伪意思表示行为与之有根本区别，保理人明知债务人对债权人并不享有应收账款，基础合同、债务人出具的对应收账款真实、有效且尚未偿付的回执，只是为了使相关交易符合保理业务的要求，并非债务人的真实意思表示。根据《民法典》第146条的规定，行为人与相对人以虚假的意思表示实施的民事法律行为无效。在通谋虚伪意思表示的当事人之间，要求按照虚伪的意思表示承担应收账款的给付义务，显然缺乏依据。

2. 保理人主张债务人侵害其债权亦不能成立。在仅债权人与债务人串通虚构应收账款的情况下，保理人对债务人主张的是何种权利，实践中存在不同的路径和观点。一种意见认为是基于债务人的自认，应收账款债权对保理人视为真实存在，保理人有权直接就该受让债权向债务人主张权利；另一种意见认为保理人就债务人侵害其债权有权主张侵权责任，即债务人对应收账款的明确确认使得保理人对应收账款的真实存在产生合理信赖，进而向债权人放款，客观上造成了保理人的融资债权失去了应收账款的保障并且产生损失，若保理人已尽审核义务，保理人本身并无过错，亦不存在减轻债务人责任的情形与必要，债务人应依据其确认向保理人承担侵权赔偿责任。我国法律包括《民法典》对于第三人侵害债权是否受侵权责任法调整并无明确规定,实务中也应仅将其作为例外规则适用,尽量通过债务不履行规则予以解决,而且即便采纳第三人侵害债权理论,在保理人明知应收账款虚构的情况下亦并不符合侵权责任的构成要件。保理人明知应收账款不存在、应收账款不能为融资款的归还提供任何担保仍对债权人出借款项,对保理人来说并不存在基于对真实应收账款以及债务人的付款承诺发放融资款的信赖。在无证据证明债务人与债权人就融资款的使用等存在利益关联的情况下,债务人的行为仅属于配合保理人与债权人实现以保理方式借款的目的,债务人的行为与借款不能归还的风险并无因果关系,相应的风险应由保理人自行承担。

3. 保理人无权参照合同无效要求债务人对以虚伪意思表示实施的法律行为的无效承担一定的赔偿责任。通常合同无效,乃双方当事人之间达成了某种意思表示的合意,只是由于该法律行为因目的、内容违法,违背了外部价值判断而无效。在通谋虚伪意思表示场合,行为人和相对人均知晓这一"意思表示"所指向的法律效果并非双方当事人的内心真意,也均不愿意受该虚伪行为的约束,民事法律行为本身欠缺效果意思。因此,任何一方当事人均无权主张该虚伪意思表示的法律效果,而且由于该虚假意思表示是双方意思联络的结果,任何一方也无权要求另一方承担损失赔偿责任。

4. 债务人应否承担责任视其是否有为隐藏行为提供担保、债务加入等增信的意思表示而定。如上,在保理人与债权人、债务人三方通谋的情况下,债务人对应收账款真实性的确认本身并不构成有效的意思表示,也无保护保理人信赖利益的必要性可言,债务人无须承担违约或侵权责任。但是,若债务人于应收账款确认书中或另行向保理人作出了为所涉融资提供担保、债务加入、损失赔偿等增信的意思表示,此时债务人的单方允诺可能构成一个完全不同于基础合同项下应收账款的新债,应根据债务人承诺的具体内容确定相应的权利义务关系。一般首先应判断该增信措施在性质上是债的加入、保证还是完全独立的合同,如果定性为保证,则需进一步判定是一般保证还是连带责任保证。由于实践中债务人出具的确认书表述不一,亦不够严谨规范,意思表示可能存在一定的模糊性。此时就需要法官综合运用合同解释的方法作出合理认定。从债务人承担责任的轻重来说,一般保证小于连带保证,连带保证小于债的加入。在理解上存在分歧、运用合同解释方法难以得出有说服力的解释时,应当根据民法典更倾向于保护保证人利益的立法精神进行解释,即在认定债的加入和保证难以取舍时,应认定为保证;在认定为一般保证和连带保证难以取舍时认定为一般保证。在解释为保证或债的加入均不合时宜时,则应尊重当事人的行为目的和意思自治,认定其为一种独立的无名合同。

本案从长展公司出具的确认回执的内容看,其中并无任何为案涉债务提供担保等增信措施的意思表示。在回执中长展公司只是就并不存在的应收账款的支付方式以及违反该支付方式的后果向江铜保理公司作出了承诺,并无由长展公司履行融资款的还款义务或在顿展公司不履行还款义务的情况下长展公司履行付款义务的意思表示。因此,法院对江铜保理公司要求长展公司就案涉融资本息的清偿承担支付义务,未予支持。

金融基础设施自律监管措施的可诉性与合法性审查

——厦门华侨电子股份有限公司诉上海证券交易所终止上市决定案①

葛　翔*

【裁判要旨】

证券交易所在实施监管行为时,可以作为公法上的法律主体履行相应职责并承担相应责任。证券交易所根据法律授权并经证监会批准,依照自律监管规则作出的终止上市决定等监管决定,对当事人权益产生实质影响并具有成熟性,属于行政诉讼受案范围。依照《中华人民共和国证券法》(以下简称《证券法》)和《证券交易所管理办法》等规定,《股票上市规则》所规定的组合财务退市指标,构成了约束上市公司股票财务类强制退市的法定条件。上市公司触及《股票上市规则》规定的退市条件,证券交易所据此作出终止上市决定,符合法律规定。

【案号】

一审:上海金融法院(2022)沪74行初1号

① 本案入选2022年度人民法院十大案件、《中国审判》2022年度十大案例。

* 法学博士,上海金融法院综合审判三庭法官。

二审:上海市高级人民法院(2022)沪行终288号

【案情】

原告:厦门华侨电子股份有限公司(以下简称厦华电子)

被告:上海证券交易所(以下简称上交所)

厦华电子股票原在上交所上市。2021年4月29日,厦华电子发布2020年年报,其中载明:当期主要会计数据中营业收入为8,505,794.08元,比上年同期减少70.09%,扣除与主营业务无关的业务收入和不具备商业实质的收入后的营业收入为0元。

因同时触发2020年《股票上市规则》第13.9.1条和第13.3.2条规定,2021年4月29日,厦华电子发布《关于公司股票实施退市风险警示暨临时停牌的公告》,载明:退市风险警示起始日为同年5月6日,并于同年4月30日停牌一天。

2022年4月29日,原告发布《厦门华侨电子股份有限公司2021年年度报告》,其中载明:当期营业收入152,397,617.52元,同比上涨1691.69%,扣除与主营业务无关的业务收入和不具备商业实质的收入后的营业收入133,945,619.51元,净利润为-4,737,609.51元,扣除非经常性损益的净利润为-6,237,691.17元。同日披露的《2021年度专项核查意见》中记载:厦华电子营业收入扣除情况表中"营业收入扣除后金额"13,394.56万元属于"与主营业务无关的业务收入",应予以扣除,营业收入扣除后金额为0元。

2022年4月30日,上交所向厦华电子发出《关于拟终止厦门华侨电子股份有限公司股票上市的事先告知书》,告知其根据年报审计机构出具的《2021年度专项核查意见》,其营业收入扣除后金额为零元,已触及2022年《股票上市规则》第9.3.11条规定的终止上市条件,将根据2022年《股票上市规则》第9.3.14条的规定,对厦华电子股票作出终止上市的决定,并告知了申请听证的权利。

同年5月20日,应厦华电子申请,上交所组织进行了听证。同日,上市委员会作出审核意见,同意股票终止上市。2022年5月25日,上交所作出

〔2022〕148号《关于厦门华侨电子股份有限公司股票终止上市的决定》(以下简称《终止上市决定》),认定厦华电子已构成2022年《股票上市规则》第9.3.11条规定的终止上市情形,根据《股票上市规则》第9.3.14条的规定,经上交所上市委员会审核,决定终止厦华电子股票上市;并在退市整理期届满后5个交易日内,对厦华电子股票予以摘牌,股票终止上市;对终止上市决定不服的,可以在上交所公告决定之日后的5个交易日内申请复核。

后厦华电子不服,以上交所为被告,向上海金融法院提起行政诉讼,请求撤销上交所《终止上市决定》。

【审判】

上海金融法院经审理认为,本案存在三项争议焦点:(1)被告上交所在本案中所履行的职责是否属于公法上的权力,本案被诉《终止上市决定》是否属于可诉的行政行为;(2)原告2021年年报中所确认并经《2021年度专项核查意见》扣除的营业收入,是否属于"与主营业务无关的业务收入和不具备商业实质"的收入;(3)被告上交所作出被诉决定的程序是否正当。

关于第一项争议,上海金融法院认为,自律监管措施是否属于行政诉讼的审查范围,应结合其性质和对当事人权益之作用效果,分别予以判断。根据《证券法》第96条、第99条第1款、第115条的规定,证券交易所是依法设立的重要金融基础设施,公开上市的证券交易是受国家监管的金融活动。上述所列法律条款授权证券交易所组织和监管证券交易,属于公法规范。因此,证券交易所在实施监管行为时,可以作为公法上的法律主体履行相应职责并承担相应责任。此外,证券交易所根据法律授权并经证监会批准,依照自律监管规则实施证券交易监管行为,系维护证券市场公平、有序、透明的公益目的,其并不仅仅以证券交易所与上市公司订立的《证券上市协议》为基础,自律监管措施也不单纯基于意思自治而得为之,而应依照法律、法规等上位法并结合自律监管规则予以实施,并因此受到合法性原则的约束。同时,鉴于证券交易所自律监管措施类型多样,对参与证券交易相关主体的权益所产生的效果也不同,故纳入司法审查的自律监管措施应当对当事人权益产生实质影响并具有成熟性。

就本案而言,依照《证券法》第 9 条的规定,证券须"依法报经国务院证券监督管理机构或者国务院授权的部门注册"后方能上市,证券上市注册属行政行为自不待言。而强制退市虽系证券交易所依照《股票上市规则》实施的自律监管措施,但其褫夺原由行政行为赋予之资格,改变了原告股票上市的法律状态,对原告权利义务产生重要影响,故应当纳入司法审查的范围。本案中被诉《终止上市决定》作为被告上交所履行证券交易监管职责之表现,被告依照《证券法》第 48 条、《证券交易所管理办法》第 64 条以及《股票上市规则》的规定作出被诉决定,应当视为授权行政主体;《终止上市决定》系上交所依照 2022 年《股票上市规则》,对原告股票所实施的强制退市监管措施,该决定对原告权益产生终局性影响,属于可诉的行政行为。

关于第二项争议,一审法院认为,首先,依照《证券法》第 48 条第 1 款、第 115 条和《证券交易所管理办法》第 10 条、第 11 条的规定,2022 年《股票上市规则》第 9.3.2 条、第 9.3.11 条等条款所规定的组合财务退市指标,构成了约束上市公司股票财务类强制退市的法定条件。原告作为市场参与主体应当予以遵守,被告上交所亦应依照业务规则规定的构成要件,依法对原告财务情况予以认定。其次,2022 年《股票上市规则》第 9.3.2 条第 1 款第 1 项以及第 9.3.11 条规定,上市公司最近一个会计年度经审计的净利润为负值且营业收入低于 1 亿元,或追溯重述后最近一个会计年度净利润为负值且营业收入低于 1 亿元,即触发退市风险。第 9.3.2 条第 2 款明确规定,"所述'营业收入'应当扣除与主营业务无关的业务收入和不具备商业实质的收入"。"与主营业务无关收入的扣除"并非《企业会计准则》所规定的会计标准,而是证券交易所为实施证券监管,完善上市公司监管体系,依照法律规定在业务规则中确立的监管标准。同时,《营收扣除指南》中对"主营业务无关的业务收入和不具备商业实质的收入"的扣除作了具体的解释,并对"与主营业务无关的业务收入"列举了六种情形,"未形成或难以形成稳定业务模式的业务所产生的收入"属其中之一,指南中对中介机构判断是否形成稳定业务模式也作了相应指引。本案中,审计机构依据《股票上市规则》和《营收扣除指南》所确立的标准出具《2021 年度专项核查意见》,对核查过程予以明确说明,并指出了原告2021年年报中扣除相应收入后的营业收入为13,394.56万元不能成立,并结合营收扣除专项核查结论以及相关披露文件,认定原告厦华电子2021年度营业收入在扣除与主营业务无关或不具备商业实质的收入后的金额为零元,并无不当。

关于第三项争议,一审法院认为,《证券法》2019年修订后确立了以信息披露为核心的监管原则,被告根据《证券法》等法律法规以及章程、自律规则,对证券交易活动所开展的监管行为,以督促和完善上市公司及相应主体履行信息披露义务为主要形式,确保证券交易市场主体公平参与交易活动。同时,依照《股票上市规则》第9.3.2条第3款以及《营收扣除指南》的规定,对于最近一个会计年度归母净利润为负值的,公司应当在年报或更正公告中披露扣除"与主营业务无关的业务收入和不具备商业实质的收入"的扣除情况和扣除后的营收金额;负责审计的会计师事务所应就公司营收扣除事项是否符合前述规定及扣除后的营收金额出具专项核查意见。由此可见,根据相应规则指引对营业收入扣除进行核算、认定并予以披露,也是上市公司和中介机构应予履行的信息披露义务之一。

本案中,被告上交所根据原告相关披露文件中记载的内容,对其营业收入的真实性、与主营业务的关联性以及是否符合会计准则等进行了问询,确保了监管的公开性,同时在听证过程中原告对2018年以来的经营情况进行了说明,上市委员会并就此进行了询问。结合审计机构近两年出具的专项核查意见,被告就此作出《终止上市决定》,所认定的事实并无不当。

被告上交所依照2022年《股票上市规则》第9.3.2条、第9.3.11条、第9.3.13条和第9.3.14条的规定,在原告被实施退市风险警示后,再次触及第9.3.2条组合财务退市指标时,事先告知了拟终止上市决定,并依申请组织了听证,调查了相关事实、听取了原告的陈述申辩,经上市委员会审核后作出被诉行政决定,行政程序合法。

上海金融法院据此依照《中华人民共和国行政诉讼法》第69条之规定,判决:驳回原告厦门华侨电子股份有限公司的诉讼请求。

一审判决后,厦华电子不服,向上海市高级人民法院提起上诉。上海市高级人民法院二审判决:驳回上诉,维持原判。

【评析】

近年来,随着资本市场发展、金融法律制度不断健全,证券交易所等金融自律管理组织在完善金融监管体系、提升资本市场法治透明度等方面发挥越来越重要的作用。证券交易所等机构通过自律监管措施实施监管,上市公司等主体能否提起诉讼,法院如何进行审查,一直以来并不十分明确。本案一审、二审判决围绕争议焦点进行了阐述,对今后类案裁判和适法统一具有一定参考意义。

一、证券交易所的行政诉讼被告资格与自律监管行为的性质

当事人就证券交易所作出的强制退市、纪律惩戒等自律监管行为向法院提起行政诉讼并不鲜见。如英国,从英国国际证券交易所案(1993 年)①到 2022 年 10 月 3 日,英国高等法院批准美国对冲基金就伦敦金属交易所(London Metal Exchange,LME)在 2022 年 3 月取消镍交易安排提出的司法审查(judicial review)申请,②期间多起案件确认了交易所可以作为行政诉讼的被告。德国《交易所法》第 2 条中也明确规定:“行政诉讼程序中,交易所可以自己的名义起诉与应诉。”我国香港特别行政区自朗盈证券诉联交所案以来,③也有多起以联交所为被告的行政案件诉至法院。

我国法院曾在郑某诉上交所政府信息公开案、新都酒店诉深交所终止上市决定案等案件中确认交易所具有行政诉讼的被告资格。在这些案件判决后仍有观点认为,交易所等自律管理组织所行使的自律监管行为是基于民事

① R v. International Stock Exchange of the United Kingdom and the Republic of Ireland Ltd., [1993] QB 534.

② Elliot Smith, *US Trading Firm Jane Street Sues LME for Nickel Trade Chaos*, CNBC (Mar. 5, 2023), https://www. cnbc. com/2022/06/07/london-metal-exchange-hit-with-two-us-lawsuits-over-nickel-trading-chaos. html.

③ Onshine v. SEHK, [1994] 1 HKC 319.

合同,基于自律规则所作出的相应行为也不是行政行为。[①] 为此,本案从三方面考虑证券交易所的行政诉讼被告资格和终止上市决定的可诉性。

1. 证券交易所在公法上的地位。根据《证券法》第96条、第99条第1款的规定,证券交易所的设立由国务院决定,其组织、监督证券交易并基于公益优先原则履行自律管理职能,维护市场的公平、有序、透明。《证券法》《证券交易所管理办法》对证券交易所的设立、变更、法定代表人任免等组织事项作了特别规定,对证券交易所的职能也作了明确规范。因此,证券交易所作为承担维护证券市场秩序等重要公共职能的金融基础设施,显然有别于一般的金融市场主体。依照《金融市场基础设施原则(PFMI)》,[②]证券交易所等重要金融基础设施的首要原则是在其行为的各个重要方面都必须有"充分的、明确的、透明的和可执行的法律依据"(a well-founded, clear, transparent, and enforceable legal basis)。从这个角度来说,证券交易所其设立、职能、行为等都必须依法,且以公益为优先,而不是基于意思自由、以营利自益为目的,故具有明显的公共目的属性。大陆法系对这类基于公共目的设立,其职能又不适合直接由行政机关承担的机构,往往在组织法上归于公务法人(行政法人)或公营造物。不少学者认为,交易所、结算机构等金融自律组织(self-regulatory organizations,SRO)实施的是会员制,是典型的私法主体。虽然,从金融自律组织起源来看,从金融自律组织的发展历程来看,早期金融自律组织的组建是市场主体为了提高行业质量,通过自愿加入特定行业组织的方式形成行业壁垒,以将劣质服务机构排除,进而实现行业收入整体提升的目的。但是,随着金融风险积聚、金融危机的发生以及大量非专业投资者进入金融市场,完全自我管理、自我约束的机制已经不再适应金融市场。因为过度依赖自律监管和金融批发市场中的内部风险控制,同样会引发风险。[③] 因此一

---

① 参见叶林主编:《中华人民共和国期货和衍生品法理解与适用》,中国法制出版社2022年版,第251页。

② Bank for International Settlements and International Organization of Securities Commissions, *Principles for Financial Market Infrastructures*, BIS (Apr. 2012), https://www.bis.org/cpmi/publ/d101a.pdf.

③ 参见[英]罗伯特·鲍德温等编:《牛津规制手册》,宋华琳等译,上海三联书店2017年版,第505页。

些原来实施自律管理、自愿参与的金融行业组织在法律制度变革过程中已经由纯粹的自律组织向准政府机构(quasi governmental organizations, QGO)转变。从我国的现实情况来看,改革开放后我国证券交易所等金融自律组织自设立以来就从来没有经历过完全自愿参与、自制章程、纯粹自我管理的发展阶段。[①] 因此,将证券交易所定位为纯粹的私法主体显然是不符合现实的。

2. 证券交易所的自律监管行为可以归为行政行为。证券交易所作为公共机构,应当指出的是,并非其实施的所有行为都属于行政行为。理论上,公营造物之利用关系区分为公法上的利用关系和私法上的利用关系,或依照"二阶段理论"将缔约之意思视为行政决定,而将履约阶段所实施的行为依私法行为处理。证券交易所作为间接行政的授权主体,相应地,只有在依照法律、法规、规章授权其实施行政管理职能时,才构成行政主体。证券交易所作为中央对手方所实施的交易活动,管理、公布市场信息或提供证券服务等行为,属于单纯私法上的行为。至于证券交易所实施的自律监管行为,监督证券交易活动是一项行政职能,如我国证监会及其派出机构本身就行使相应监管职责,同时《证券法》《证券交易所管理办法》又将部分监管职责授权证券交易所根据法律规范和自律规则实施。因此,证券交易所根据法律授权所实施的自律监管行为,可以归为行政行为的范畴。证券交易所根据法律授权并经证监会批准,依照自律规则实施证券交易监管行为,并不仅仅以《证券上市协议》为基础,自律监管措施也不单纯基于意思自治而得为之,而应依照法律、法规等上位法并结合自律监管规则,因此受到合法性原则的约束。

3. 纳入行政诉讼的自律监管行为需要符合条件。根据《股票上市规则》及其他自律规则,证券交易所自律监管措施类型多样,对参与证券交易相关主体的权益所产生的效果也不同,因此并非所有自律监管措施都符合行政诉讼受理条件。就本案而言,证券上市本身须经行政许可,强制退市虽系证券交易所依照《股票上市规则》实施的自律监管措施,但其褫夺原由行政行为赋予之资格,改变了股票上市的法律状态,对相对人权利义务产生重要影响,具

① 参见卢文道:《证券交易所及其自律管理行为性质的法理分析》,载《证券法苑》2011 年第 2 期。

备终局性和成熟性,故应当纳入司法审查的范围。需要指出的是,根据《证券法》第49条的规定,对交易所终止上市决定,可以向交易所设立的复核机构申请复核。当事人是否须复核后才能向法院提起行政诉讼,是值得研究的问题。虽然如我国香港特别行政区朗盈证券诉联交所案及新世界公司诉联交所案①等案件中强调原则上须经交易所内部救济程序后方能提起行政诉讼,但我们认为,作为内部救济程序的复核类似于行政复议,我国目前除法律特别规定复议前置外,其他行政行为皆以复议选择主义为原则,并不实行严格的穷尽救济原则,因此对于终止上市决定在法律未明确复核前置的情形下,应当允许当事人直接提起行政诉讼。

二、退市新规实施后终止上市决定的合法性审查要点

我国上市公司退市制度曾经历多次改革,在2019年《证券法》修订前,原《证券法》第55条、第56条分别规定了暂停上市和终止上市。2019年《证券法》修订,第48条明确由交易所依照自律规则决定终止上市。2020年中央全面深化改革委员会通过《健全上市公司退市机制实施方案》,在此基础上沪深交易所分别在上市规则及相关业务指南中对退市规则作了明确。

1. 自律规则的地位。制定自律规则是证券交易所作为自律管理机构履行自我管理、落实一线监管和提供证券业务服务的重要权力。根据《证券交易所管理办法》的规定,自律规则由交易所董事会或理事会审议通过,并经证监会批准,同时"证券交易所制定或者修改业务规则,应当符合法律、行政法规、部门规章对其自律管理职责的要求"。自律规则既有内部自治的私法属性,又因交易所行使监管职责而具备公法属性。基于法律优位和法律保留原则,一般而言行政主体作出行政行为应有法律上的依据,而《证券法》第48条授权交易所依据自律规则决定终止上市,可以视为法律特别授权,从而自律规则可以作为交易所作出终止上市决定的依据。对法院来说,自律规则虽经法律授权,但与法律、法规仍存在位阶区别,依照最高人民法院《关于为设立

① New World v. SEHK, [2006] 2 HKLRD 518.

科创板并试点注册制改革提供司法保障的若干意见》等司法政策,人民法院审理案件中可以“参照适用自律规则”。因此,在行政诉讼中,自律规则的适用规则可以比照规章在行政案件中进行相应适用。

2. 交易所作出终止上市决定的行政程序要求。本案中,原告提出上交所在作出终止上市决定的过程中,仅依据年报、专项审核报告及问询答复等书面文件,而未对原告、审计机构、供应商等进行询问和实地调查,调阅审计底稿,故认为行政程序不合法。这里涉及交易所履职程序的问题。从行政程序角度,除法律、法规对行政程序有明确的要式性要求外,原则上行政主体采取何种程序性措施属于其裁量范围。而证券交易所作出自律监管措施又有别于一般行政行为,因为证券自律监管措施所针对的对象大多为公开市场主体,需要遵循信息披露公平原则,尤其是以信息披露为核心的注册制改革后,更强化信息披露在监管体系中的重要作用。故交易所的调查职能主要通过对相关主体的公开披露文件进行审查分析来实现。之所以课以金融自律组织监管行为的程序义务有别于行政机关,与自律组织的监管职能定位有着密切联系。作为一线监管的自律组织,基于市场前沿可以对金融交易进行实时监测,对高技术条件下的监管需求也可以进行实时回应,这些都是传统行政所不具备的优势。[①] 如果对金融自律组织的监管活动课以过高的程序性要求,可能造成自律组织的监管模式与行政机关的机关模式趋同,降低自律监管的效果。因此,当交易所通过公开披露信息已经足以作出相应事实认定时,应当认为交易所已经履行了调查职责。根据上市规则,组合财务强制退市主要考量的是上市公司公开披露的财务指标是否已经触及退市条件。因此,上市公司本身需要依法主动定期披露相应财务状况,并确保披露信息的真实、准确、完整。在此基础上交易所根据公开披露信息作出相应认定,事先告知了拟处决定并应当事人申请进行了听证,应当认定具有程序正当性。

《健全上市公司退市机制实施方案》明确指出,“要坚持市场化、法治化

① Andrew J. Cavo, *Weissmann v. National Association of Securities Dealers: A Dangerously Narrow Interpretation of Absolute Immunity for Self-Regulatory Organizations*, 94 Cornell L. Rev. 415 (2009).

方向,完善退市标准,简化退市程序,拓宽多元退出渠道,严格退市监管,完善常态化退出机制"。在自律规则构建的退市新规下,交易所依照自律规则开展退市监管,在确保程序正当、公正监管的前提下,不应课以过多的程序性义务,这点也是其他法域司法案例中对交易所自律监管行为进行司法审查时的常见标准。

双重嵌套资管合同下次级管理人的侵权赔偿责任及限制

——戴某诉中科招商投资管理集团股份有限公司等其他侵权责任纠纷案①

王　鑫* 　阮申正**

【裁判要旨】

受债的相对性约束,双重嵌套资管合同中,投资者原则上不得直接向次级投资项目的受托管理人主张权利。但若该管理人明知项目的实际投资者,且存在违反以保护投资者为目的的法律、行政法规,或违背公序良俗的侵害行为,造成投资者在资管合同项下的合法权益受到损害的,尤其是在穷尽其他救济方式的情况下,投资者可依法直接向次级管理人主张损害赔偿责任。

【案号】

一审:上海市虹口区人民法院(2020)沪0109民初5898号

二审:上海金融法院(2022)沪74民终43号

---

① 本案入选2022年度上海金融法院十大典型案例。

* 法学硕士,上海金融法院综合审判三庭庭长。

** 法学硕士,上海金融法院综合审判三庭法官助理。

【案情】

上诉人(原审被告):上海聚潮资产管理有限公司(以下简称聚潮公司)、中科招商投资管理集团股份有限公司(以下简称中科公司)

被上诉人(原审被告):华泰证券股份有限公司(以下简称华泰证券)

被上诉人(原审原告):戴某

聚潮—中科A资管计划由聚潮公司发行并作为管理人,华泰证券作为托管人,资管计划存续期限为24个月,可展期12个月。《资管合同》约定,投资期内,资管计划不低于95%投资于中科公司担任普通合伙人及执行事务合伙人的有限合伙企业的有限合伙份额(私募基金),有限合伙企业主要投资于新三板挂牌公司的股票、拟上市公司股权以及存款工具,其中拟上市公司股权包括但不限于拟在主板、创业板、中小板上市公司或拟在新三板挂牌公司的股权;有限合伙企业投资于单一企业累计不得超过计划净值的20%等。

2016年1月,华泰证券作为代销机构,就上述资管计划组织了多次路演。其间,中科公司委派其工作人员参与部分路演,介绍中科公司以往业绩及有限合伙企业基本情况,预期收益等。

募集完成后,聚潮公司代表A资管计划与中科公司签订《合伙协议》,约定:合伙企业名称为中科华海,普通合伙人中科公司、有限合伙人聚潮公司分别占出资5%、95%,合伙资产由华泰证券托管;合伙企业设投决会,由普通合伙人、有限合伙人委派委员组成,投资事项必须经全体委员通过;投资项目及其限制与《资管合同》的约定一致。中科公司代表中科华海与华泰证券签订《托管协议》。

中科华海进行了以下投资交易:(1)2016年8月,投决会决议购买1.8亿元银行短期理财产品。中科公司据此要求华泰证券向以中科华海名义另行开立于中国民生银行的账户支付1.8亿元用于投资,并表明投资回款后由中科公司负责将资金返还至托管账户。后中科公司将1.8亿元款项全部用于购买《五矿信托计划》。(2)2016年10月至2017年4月,中科华海投决会决议以增资、受让或出资形式各投资“东明化工”“威盛工业”“韶山润泽”“中长健康”4 家公司约 3000 万元。中科公司制作的《分析报告》载明，“东明化工”“威盛工业”已经或将有中介机构进场辅导，拟完成股改并在新三板挂牌，但审理中未能提供相应依据；“韶山润泽”“中长健康”的报告则未表明该两家公司有上市计划，后 4 家公司均未上市。(3)2017 年 6 月，中科公司未经中科华海投决会决议，将民生银行账户中尚未退回至托管账户的 6030 万元擅自用于购买“恒宇 55 号”基金产品，并导致合伙企业实际投资超过《合伙协议》比例限制。聚潮公司得知后对中科公司提起仲裁，中国国际经济贸易仲裁委员会裁决：中科公司向中科华海支付 6030 万元与“恒宇 55 号”清算或债权处理结果差额的 80% 款项及相应利息等。后“恒宇 55 号”亦未能实现资金回笼。

2018 年资管计划到期后，未实现退出。

2019 年 12 月，聚潮公司、华泰证券、中科公司签订《备忘录》，约定：鉴于中科华海不能于短期内实现对投资标的的清收，由中科公司指定其关联公司众科盛祥受让聚潮公司持有的中科华海份额；各方承诺在受让方开始履行付款义务之日起不自行或者通过任何人以任何形式为投资者提供法律援助等。各方根据：第三方机构对中科华海投资的 4 家项目公司的评估（合计价值 2985.6 万元）、仲裁裁决确定的中科公司赔偿金额（按“恒宇 55 号”0 清算价值计算）及部分溢价补偿款 19,389,804 元，确定份额转让价款，并向投资者公告。

2021 年 2 月 3 日，众科盛祥分五期将转让款支付完毕后，聚潮公司将涉及 A 资管计划的最后一笔资产分配完毕，A 资管计划完成清算并注销。

本案投资者戴某认购 300 万元 A 资管计划份额，本金亏损 1,318,033.83 元，以侵权为由，起诉请求聚潮公司、中科公司、华泰证券赔偿戴某投资本金损失、预期收益、利息损失及律师费。

【审判】

上海市虹口区人民法院认为，本案中，华泰证券未违反适当性义务及托管义务,并无过错;聚潮公司、中科公司未按照《资管合同》《合伙协议》的约定决策、管理中科华海的投资项目,存在过错:两者共同决策投资的 4 家项目公司不符合“拟上市公司”的要求;中科公司违规投资“恒宇 55 号”产生损失,聚潮公司对此未尽监管责任;私募基金项目退出转让价款及对象不具合理性。考虑到市场风险因素,戴某酌情自担损失的 30%,聚潮公司、中科公司连带赔偿损失的 70%、相应利息及律师费,于 2021 年 11 月 16 日作出(2020)沪 0109 民初 5898 号民事判决:(1)聚潮公司、中科公司连带赔偿戴某投资本金 922,623.68 元及上述款项自 2021 年 2 月 4 日起至实际履行之日止的利息;(2)聚潮公司、中科公司连带赔偿戴某律师费损失 5 万元;(3)驳回戴某其余诉讼请求。

宣判后,聚潮公司、中科公司均提出上诉,认为自身不存在过错,戴某的相关损失系市场风险所致。中科公司还认为,中科公司与戴某之间不属同一法律关系,戴某无权直接起诉中科公司,中科华海份额转让后,戴某也不能再提起赔偿请求。

经审理,上海金融法院认为,案涉交易包括两层架构:一是戴某与华泰证券、聚潮公司签订《资管合同》对 A 资管计划的投资;二是聚潮公司代表 A 资管计划与中科公司签订《合伙协议》,作为有限合伙人对中科华海的投资。一般情况下,根据合同相对性原则,戴某无权为自己的利益直接起诉中科公司,其只能请求管理人聚潮公司代表 A 资管计划起诉中科公司违约或在聚潮公司怠于行使权利的情况下依法通过代位诉讼寻求救济。但是本案的特殊之处在于,聚潮公司与中科公司约定,相互间不起诉也不为投资者提供法律援助,且 A 资管计划已于一审判决前完成清算,即聚潮公司或投资者代表 A 资管计划提起诉讼的基础已不复存在,投资者难以通过常规的途径寻求救济。戴某在 A 资管计划中的受益权属于原《中华人民共和国侵权责任法》(以下简称原《侵权责任法》)所保护的合法财产权益,比照第三人侵害债权的相关规则,中科公司作为《资管合同》之外的第三人,知道或者应当知道债权债务关系存在,如违反了勤勉尽责等《中华人民共和国信托法》(以下简称《信托法》)规定的以保护该权益为目的的法定义务,造成投资者合法权益受到损害的,行为人应承担相应的侵权责任。故戴某可依法对中科公司提起侵权责任纠纷之诉。根据各方的过错行为及导致的相应损失上海金融法院对各被告的责任进行相应的调整，于 2022 年 10 月 28 日作出(2022)沪 74 民终 43 号民事判决：(1)撤销一审判决；(2)聚潮公司、中科公司连带赔偿戴某投资款本金损失 876,597.95 元；(3)驳回戴某的其余一审诉讼请求；(4)驳回聚潮公司的其余上诉请求；(5)驳回中科公司的其余上诉请求。

【评析】

本案二审包括多项程序、实体争议，鉴于篇幅所限，本文主要围绕中科公司可否作为本案适格当事人承担侵权责任这一争议展开，对其他争议的分析过程不再赘述。

一、投资者权益保护原则上应受合同相对性的约束

（一）合同相对性的一般原则

合同的相对性，又称“债的相对性”，是源于罗马法的一项法律制度。债(obligatio)在罗马法中被称为“法锁”(juris vinelum)，意指“当事人间之羁束(Gebundenheit)状态”，[①]即把债权人和债务人联系在一起的纽带。正是因为该纽带的存在，一方当事人才有义务履行某些行为或表示某种容忍，另一方当事人才有权接受这些行为或容忍，第三人原则上不受影响，[②]故债具有相对性。合同是基于当事人之间意思自治而建立的特定权利义务关系，属于债的一种，故具有相对性。合同的相对性包括三个方面：一是主体的相对性，即合同关系只能发生在特定的主体之间，只有合同当事人一方能够向合同的另一方当事人基于合同提出请求；二是内容的相对性，即只有合同当事人才能享有某个合同所规定的权利义务并承担该合同规定的义务，除合同当事人以外的任何第三人不能主张合同上的权利；三是责任的相对性，违约责任只能在合同关系的当事人之间发生，合同关系以外的人不负违约责任，合同当事人

---

① 参见李宣琛：《日耳曼法概说》，商务印书馆 1944 年版，第 72 页。

② 参见[英]巴里·尼古拉斯：《罗马法概论》，黄风译，法律出版社 2000 年版，第 168 页。

也不对其承担违约责任。[1] 其体现了民事法律关系平等、意思自治的基本原则及维护行动自由的理念,是私法制度的基础。

《中华人民共和国民法典》(以下简称《民法典》)第465条第2款规定:"依法成立的合同,仅对当事人具有法律约束力,但是法律另有规定的除外。"《民法典》颁布前的《中华人民共和国合同法》(以下简称原《合同法》)虽未以立法的形式直接确认该原则,但该法第121条规定,"当事人一方因第三人的原因造成违约的,应当向对方承担违约责任。当事人一方和第三人之间的纠纷,依照法律规定或者按照约定解决",亦隐含了相应内容。[2]

本案所涉资管计划包括两层架构,第一层是投资者对A资管计划的投资,即戴某与华泰证券、聚潮公司签订的《资管合同》;第二层是A资管计划对中科华海的投资,即聚潮公司代表A资管计划与中科公司签订的《合伙协议》。就合同的主体、内容及责任三方面的相对性而言,戴某与第二层投资中的中科公司均没有直接联系,原则上不得向其主张《资管合同》下的权利或利益,只能向与其缔约的聚潮公司主张。

(二)侵权法的主要规范对象

大陆法系国家采取物债两分的法律体系,物权可能受到任何人的侵犯,但是人们不可能预先(ab inito)、准确地知道谁可能侵犯它,也没有想到必须通过诉讼来保护自己的权利;相反,债权则可能受到同其发生关系的人的侵犯,而且一开始(ab origine)就知道将可能针对该人行使诉权。[3] 故物权属绝对权,可针对一切人提起诉讼,而债权属相对权,为维护债权的诉讼只能针对特定人提起。侵权责任法的主旨是保护民事主体的相关民事权益不受侵害。但是,这并不意味着其保护的权益范围可以无限制地扩展,如果将债权像物权一样地纳入侵权责任法的保护范围,赋予所有人不得侵害该权利的义务,将使权利人处于一种动辄得咎的状态,不仅加重民事主体的注意义务,而且

---

① 参见王利明:《论合同的相对性》,载《中国法学》1996年第4期。

② 参见韩世远:《合同法总论》(第4版),法律出版社2018年版,第15页。

③ 参见[意]彼得罗·彭梵得:《罗马法教科书》,黄风译,中国政法大学出版社1992年版,第258页。

容易诱发侵权诉讼的泛滥,影响民事主体的行为自由。[①] 故一般认为,侵权法的保护对象应限定为绝对权,其与债法上的责任分属不同的责任体系,规范功能也各不相同,只有在违约行为同时构成对当事人固有权利,即绝对权的损害时,才可能构成两种责任的竞合。[②]

本案中,戴某主张的投资、利息、预期收益等损失不与任何人身伤害或者固有财产损害相联系,不具有对世效力,一般不能通过侵权法获得救济。

二、合同相对性的突破

合同相对性原则将社会关系理想化地分割成一个个独立的“契约”,但事实上并不存在完全封闭的合同关系,人们之间的利益关系总是紧密相关的。[③] 随着市场交易的广泛程度与复杂性日益增加,严守合同相对性原则在很多情况下不能充分平衡各方利益,故各国立法、司法从实际出发,对合同相对性作出了不同的突破。

(一)合同履行力的扩张

合同履行力的突破是合同权利义务向合同当事人以外的第三人延伸,其旨在积极实现当事人的缔约目的,一般属于合同责任的范畴。其主要包括实现履行利益之义务、辅助实现履行利益之义务两种类型。前者只可由当事人约定,当事人应有以该给付为合同重要之给付的意思,[④]如纯粹利他合同。《德国民法典》《法国民法典》《日本民法典》和我国《民法典》等对此均有规

---

① 参见刘志刚:《基本权利影响侵权民事责任的路径分析》,载《东北师大学报(哲学社会科学版)》2018 年第 5 期。

② 例如,《民法典》第 186 条规定,因当事人一方的违约行为,损害对方人身权益、财产权益的,受损害方有权选择请求其承担违约责任或者侵权责任。

③ 参见吴文嫔:《论第三人合同权利的产生——以第三人利益合同为范式》,载《比较法研究》2011 年第 5 期。

④ 参见陈自强:《不完全给付与物之瑕疵——契约法之现代化Ⅱ》,台北,新学林出版股份有限公司 2013 年版,第 67 页。

定。后者则通常由法律政策所决定,如披露制度①、关联合同制度②、买卖不破租赁、债的保全③等。合同履行力的突破主要基于以下考量:一是交易自由;二是交易成本;三是交易安全。总体上,突破的程度随着合同当事人意思的明确性或联系的紧密性、期待的可能性增大而逐渐提升,实现合同履行范围及责任主体的扩张。

(二)合同履行利益的保护

债权利益无法实现是典型的纯粹经济损失,由于该损失"不与任何人身体伤害或者财产损害相联系",且涉及的多为预期利益,故具有较大的不确定性。为防止侵权责任的泛化,一般不可获得赔偿④,但对此类损失一律不予赔偿在某些情形下可能有违社会一般伦理观念,故法律规定,特定情形下第三人负有不损害当事人当前债权利益状态的消极义务,此即合同履行利益的保护,一般属于侵权责任的范畴。我国一般以特别法或司法解释的形式作出规定,如《中华人民共和国反不正当竞争法》第7条禁止经营者采取不正当手段谋取交易机会;最高人民法院《关于适用〈中华人民共和国公司法〉若干问题的规定(二)》(以下简称《公司法解释(二)》)第18条规定股东、董事因怠于清算损害公司债权人利益的应负赔偿责任等。除列举方式外,《德国民法典》第826条⑤被认为概括性地规定了侵害债权的责任要件;《法国民法典》则更进一步,对合同债权赋予了普遍的保护⑥,当然,这种保护在司法实践中仍会受到过错、因果关系等抽象概念的限制。⑦ 总体而言,侵权法上对债权利益的

① 例如,我国《民法典》第926条。

② 关联合同是多数合同因为交易上的一体性而紧密联结形成的多数合同关系,根据法律规定,这些合同之间在效力上相互关联。如根据《德国民法典》第358条的规定,消费者信贷交易中,贷款合同和买卖合同可以构成关联合同,消费者享有撤回直索和抗辩直索权;我国《关于审理商品房买卖合同纠纷案件适用法律若干问题的解释》第16条亦作出类似规定。

③ 例如,我国《民法典》第535条。

④ 参见张新宝、张小义:《论纯粹经济损失的几个基本问题》,载《法学杂志》2007年4期。

⑤ 参见《德国民法典》第826条规定,故意以背于善良风俗之方法,加损于他人者,对该他人负损害赔偿之义务。

⑥ 参见《法国民法典》第1200条规定,第三人应当尊重合同所创设的法律状态。为了提出某种事实证据,第三人尤其可以主张此种法律状态。

⑦ 参见葛云松:《纯粹经济损失的赔偿与一般侵权行为条款》,载《中外法学》2009年第5期。

保护并非如对物权的保护那样当然,其主要受到行为人主观状态、注意义务、损害因果关系等多重因素的影响。

三、关于资管计划投资者请求次级管理人损害赔偿的司法考量

(一)投资者权益保护的充分性

1. 诉讼利益

诉的利益是指根据每个具体请求的内容,考量作出本案判决的必要性以及实际上的效果,即本案判决的必要性和实效性。[①] 诉的利益的功能在于平衡国家、原告、被告的利益,一方面法律赋予国民诉权从而获得使用制度带来的利益,另一方面禁止原告滥用这一制度避免被告不必要的应诉以维护其合法利益。根据民事诉讼理论,诉的利益是诉讼要件,无利益者无诉权。我国《民事诉讼法》第 122 条第 1 项、第 3 项规定的有直接利害关系,有具体的诉讼请求和事实、理由两项起诉条件[②],可以认为是该理论在立法中的具体体现。

本案中,戴某主张 A 资管计划项下损失,而资管计划本质上属于信托。信托财产具有独立性,在资管计划存续期间,信托财产的管理和运用并不以投资者的名义进行[③],其财产权也不归属于投资者[④]。资管计划的财产损失与投资者的利益损失之间缺乏法律上的直接利害关系,若资管计划因第二层

---

① 参见[日]新堂幸司:《新民事诉讼法》,林剑锋译,法律出版社 2008 年版,第 187 页。

② 《民事诉讼法》第 122 条规定:"起诉必须符合下列条件:(一)原告是与本案有直接利害关系的公民、法人和其他组织;(二)有明确的被告;(三)有具体的诉讼请求和事实、理由;(四)属于人民法院受理民事诉讼的范围和受诉人民法院管辖。"

③ 参见《信托法》第 2 条规定:"本法所称信托,是指委托人基于对受托人的信任,将其财产权委托给受托人,由受托人按委托人的意愿以自己的名义,为受益人的利益或者特定目的,进行管理或者处分的行为。"

④ 参见《信托法》第 15 条规定:"信托财产与委托人未设立信托的其他财产相区别。设立信托后,委托人死亡或者依法解散、被依法撤销、被宣告破产时,委托人是唯一受益人的,信托终止,信托财产作为其遗产或者清算财产;委托人不是唯一受益人的,信托存续,信托财产不作为其遗产或者清算财产;但作为共同受益人的委托人死亡或者依法解散、被依法撤销、被宣告破产时,其信托受益权作为其遗产或者清算财产。"

私募基金投资的管理人中科公司的行为而产生损失的,理应由聚潮公司代表资管计划提起诉讼,投资者戴某并非适格当事人,即使参照《中华人民共和国公司法》(以下简称《公司法》)股东派生诉讼制度,投资者亦无权要求第二层管理人进行直接赔付,[①]而应当由资管计划行使归入权。但是,由于本案中资管计划已清算注销,其财产权益转化为投资者的直接财产,故投资者对次级投资项目的管理人也具备了相应的诉讼利益。

2. 侵权法的规范范围

对于侵权法的规范范围,大陆法系有德国及法国两种立法模式。德国采取了封闭的立法模式。《德国民法典》第823条第1款规定,因故意或过失,不法侵害他人之生命、身体、健康、自由、所有权或其他权利者,对于该他人,负赔偿因此所生损害之义务。通说认为,此处的"其他权利"仅指法律规定的绝对权,限制了法官的裁量权力。法国则采取了开放的立法模式。《法国民法典》第1382条规定,任何行为致他人受到损害时,因其过错致行为发生之人,应对该他人负赔偿之责。该法对于民法所保护的权益的范围未加限定,将其决定权交由法官来行使。

原《侵权责任法》第2条规定:"侵害民事权益,应当依照本法承担侵权责任。本法所称民事权益,包括生命权、健康权、姓名权、名誉权、荣誉权、肖像权、隐私权、婚姻自主权、监护权、所有权、用益物权、担保物权、著作权、专利权、商标专用权、发现权、股权、继承权等人身、财产权益。"

私权的形成本身就是从利益到法益,再从法益到权利的正当化的过程。我国立法虽然未对侵害债权的行为作出特别规定,但司法实践并没有囿于传统观念的束缚,而是从诚实信用、维护交易安全、行为自由等角度灵活解释法律,对第三人侵害债权制度均进行了合理的吸收,从而形成符合客观情形的判决。[②] 全国人大常委会法工委主任黄薇主编的《中华人民共和国民法典合同编释义》中认为,合同债权是一种民事权益,原则上不属于侵权责任编的保

---

① 根据《公司法》第152条的规定,股东直接诉讼只能对董事、高级管理人员提起,类比信托、资管计划,只能向直接管理人提起。

② 例如,上海市第一中级人民法院民事判决书,(2009)沪一中民二(民)终字第898号;安徽省芜湖市中级人民法院民事判决书,(2020)皖02民终1276号;最高人民法院民事判决书,(2017)最高法民终181号等。

护范围,但如果第三人侵害债权的行为足够恶劣,第三人有过错,能够构成相应侵权行为的,可以适用本编规定。[①] 可见,债权可成为原《侵权责任法》所保护的民事权益在我国具有一定的理论和实践基础。

本案中,戴某主张所受损的权益为A资管计划项下"受益权",在性质上属于债权,原《侵权责任法》并未完全排除对该利益的保护,故戴某可以基于侵权请求权提起本案诉讼。

(二)投资者权益救济的必要性

一方面,侵害债权即妨害债权实现,从广义而言,侵害债权应包括由于合同债务人的违约而妨碍债权人债权实现的情形,但若认定债务人的所有违约行为同时构成侵权,债权人可以要求他们承担侵权责任,这将导致违约责任与侵权责任的混淆,破坏民事法律责任体系的和谐和完整。[②] 另一方面,债权并非如绝对权一样具有公开性,外界难以查知,如果行为人动辄需要对自己轻率、不假思索的行为承担责任,将不堪重负,而且法院也会面临着随之而来的诉讼泛滥。故债权的保护应受到一定的限制,并非所有因侵害而产生的损失均可从行为人处获偿。

1.救济手段的补充性

最高人民法院编写的《中华人民共和国民法典侵权责任编理解与适用》指出,对于能够通过债务不履行规则解决的问题,应在准确界定相应法律关系的前提下,首先适用债务不履行的规则,避免将第三人侵害债权泛化,冲击正常的交易秩序乃至社会秩序。[③] 笔者认为,上述观点表明,侵权责任在债权救济中居于补充性的地位,只有穷尽合同法及其他特别法的救济,才可以选择侵权责任的一般条款寻求救济。面对缺乏法律明文规定而依据一般条款、一般法起诉而来的案件时,法院应该慎重对待、从严审核,不能纵容当事人为了直达目的而"抄近路"滥诉。[④]

---

① 参见黄薇主编:《中华人民共和国民法典合同编释义》,法律出版社2020年版,第191页。

② 参见孔东菊:《论第三人侵害债权与合同相对性的关系》,载《法学杂志》2005年第2期。

③ 参见最高人民法院民法典贯彻实施工作领导小组主编:《中华人民共和国民法典侵权责任编理解与适用》,人民法院出版社2020年版,第18页。

④ 参见俞巍:《股东请求确认股东会决议有效的诉讼不宜受理》,载《法学》2008年第9期。

本案中,投资者享有的"受益权"是基于合同而创设,一般情况下,投资者主张受益权应基于违约的请求权基础,并受合同相对性的约束,戴某无权为自己的利益直接起诉次级投资项目的受托管理人中科公司。但是本案的特殊之处在于,首先,违约救济对投资者利益的保护并不完整。案涉资管计划包括两层架构,虽然《资管合同》《合伙协议》在内容上体现了较高的关联性,但聚潮公司、中科公司间不构成典型意义上的"通道业务",[①]在两个合同中的权利义务也存在一定的区别,[②]中科公司在私募基金层面的违约行为不必然导致聚潮公司对投资者构成违约,两者在责任上也不必然重合,可能存在中科公司造成的损失无法通过合同获得救济的情形。其次,投资者对中科公司没有其他适当的债权救济途径。对于中科公司损害案涉资管计划的行为,立法并未赋予特殊的救济手段,但投资者仍可根据现有法律规定寻求以下救济:一是根据合同相对性,请求聚潮公司代表资管计划追究中科公司的违约责任。但本案中,两者已在《关于"资管计划"退出操作事宜之备忘录》中约定互不追究责任,该救济显然无法实现。二是按照《公司法》第151条的规定,自行起诉中科公司,代表资管计划行使归入权。本案中,由于资管计划已注销,投资者亦无法行使归入权。[③] 故投资者在现有救济途径无法实现的情形下,直接起诉次级投资项目的管理人,不违反侵权责任介入债权保护的补充性要求。

2. 实体责任的有限性

(1)可预见性

行为人需要具备"可预见性"。行为人应当能合理预见他的不当行为将

---

① 参见《全国法院民商事审判工作会议纪要》第93条规定,当事人在信托文件中约定,委托人自主决定信托设立、信托财产运用对象、信托财产管理运用处分方式等事宜,自行承担信托资产的风险管理责任和相应风险损失,受托人仅提供必要的事务协助或者服务,不承担主动管理职责的,应当认定为通道业务。

② 《资管合同》《合伙协议》均合法有效,本案不属于《信托法》第32条中典型的共同受托人,聚潮公司、中科公司分别履行各自的合同义务,故而最终法院根据两者的行为及导致的相应损失分别认定其责任。

③ 不同于普通法系国家,我国未承认信托财产具有独立的诉讼地位,涉及信托利益的诉讼一般以管理人的名义进行,但实质的权利义务仍由信托财产承担,不同于管理人自身的诉讼。笔者认为,信托计划注销后,其权利能力及责任能力均不复存在。同理,投资者也不能基于对聚潮公司本身的债权向中科公司行使债权人代位权。

给受害人的利益带来损害或者受害人可以合理信赖行为人不会从事侵害行为。只有对加害于人的结果有预见可能者才能要求其防免,并对未加以防免者课以责任。就本案而言,中科公司符合“可预见性”的要求:中科公司签订的《合伙协议》明确约定聚潮公司代表A、B资管计划成为有限合伙人,同时,《资管合同》中披露了有限合伙具体名称、执行合伙人、投资事项等细节信息。可见,在A资管计划的销售过程中,中科公司设立有限合伙企业投资拟上市公司的构想和计划已经形成,A资管计划实质上是中科公司为了引入包括戴某在内的更多投资者而设立,两者形成类似关联合同的关系。投资者及中科公司分别订立《资管合同》《合伙协议》时,即对彼此的存在及职责有清晰的认识,也对彼此诚实地履行自身的义务存在合理的信赖。同时,就损害结果而言,案涉产品属于封闭的私募投资基金,投资者的范围与投资总额相对确定,故中科公司对最终的受害主体及损害金额均具有可预见性。[①]

(2)近因性

所谓近因,非最初的原因,也不是在时间上或空间上与损失发生最接近的原因,而是指造成损失的最直接、最有效、起主导性作用的原因。近因在损失发生中起的作用十分有力,以致在一连串事件中起着支配作用,使人们在各个阶段能够有逻辑地预见下一个事件,直到意料中的结果发生。[②] 根据本案交易架构,投资者认购聚潮A资管产品后,A资管计划作为有限合伙人投资中科华海,再由中科华海对外投资进而实现最终投资收益。中科公司对整个投资决策起主导作用,如因中科公司的过错导致中科华海损失的,必然导致A资管计划的损失,从而影响投资者权益。故中科公司的行为与损害后果之间符合近因要求。

(3)正当性

本案中,投资者突破合同相对性进行责任追究的正当性或合理性主要包括以下三个方面考量:

---

① 与此相对应的是,公开市场上的虚假陈述等侵权行为,受害主体和损害结果均存在不特定性,行为人可能因自己的行为承担无法预见的损害后果,故此类侵权责任通常需要有法律明确规定,而且一般会设置责任上限。

② 参见杨艳华主编:《保险学》,厦门大学出版社2016年版,第89页。

一是受害人民事利益的可救济性。纯粹经济利益不像绝对权那样具有公示性及明晰的权利界限,损失的发生通常也具有间接性,“只是使受害者的钱包受损”①,故一般在伦理观念上被视为“坏运气”②,不能“有损害就有救济”。但如果这种民事利益被普遍认为应当受到保护,从而赋予行为人必要的注意义务,如存在一些特别的保护性法律规定,则增强了对侵害人施以责任的正当性。苏永钦教授认为,法律若课以行为人不得作为或为一定作为的义务,通常会尽力使潜在的行为人有预知的可能,从而对于违反义务者在命其排除违法状态以外,附带地追究财产损害的责任。③ 本案中,投资者根据《资管合同》享有的信托受益权受到《信托法》的保护,如果这种权益因市场风险以外的异常行为因素受到损害,则具备了可救济性;同时,中科公司作为管理人,根据《信托法》对所管理的私募基金也具有勤勉尽责的义务,当其违反这种义务时,承担相应的法律责任也未超出其合理认知范围。

二是侵害人的过错程度。由于侵权法对债权的保护程度不像绝对权一样,一般认为,行为人侵害债权的过错程度要重于一般侵权行为,才具有“非难可能性”。理论界多认可“故意以悖于善良风俗方法加害于债权人者,始负赔偿责任”④,理由在于:第三人一般并不知道债权的存在,如果过失也可构成侵害债权,就会严重妨碍行为人的活动自由。但是,侵权责任中的过错不仅包括故意、过失的主观过错,也包括无过错或过错推定的客观过错。近代以来,过错的判断基础日益由个人人格非难可能性转为依社会秩序一般客观需要,特别是对于专业领域具有特殊注意义务的主体等情形。⑤ 实践中,第三人侵害债权的行为存在诸多情形,难以穷尽列举,将第三人侵害债权的责任限定于主观故意的情形可能导致责任范围过于狭窄,部分权益难以获得救济。对此,笔者认为,《德国民法典》的做法值得参考:该法第823条第2款规

---

① [意]毛罗·布萨尼、[美]弗农·瓦伦丁·帕尔默主编:《欧洲法中的纯粹经济损失》,张小义、钟洪明译,法律出版社2005年版,第5页。

② 参见葛云松:《纯粹经济损失的赔偿与一般侵权行为条款》,载《中外法学》2009年第5期。

③ 参见苏永钦:《再论一般侵权行为的类型》,载苏永钦:《走入新世纪的私法自治》,中国政法大学出版社2002年版,第300页。

④ 王泽鉴:《民法学说与判例研究(五)》(修订版),中国政法大学出版社2005年版,第171~174页。

⑤ 参见邱聪智:《民法研究一》(增订版),中国人民大学出版社2002年版,第59页。

定,“违反以保护他人为目的之法律者,负同一义务。依法律之内容,无可归责事由亦可能违反该法律者,仅于有可归责事由之情形,始负赔偿义务”。对行为人的过错标准采取了更为细化的处理,既在赔偿责任上体现出注意义务的区别,又避免了遗漏应受责难的过失侵权行为。信托是负有特殊注意义务的专业领域,管理人的勤勉尽责义务应是一种客观责任。本案中,中科公司违反合同约定进行投资、违规操作的行为严重违反勤勉尽责义务,导致投资者的损失,无论其在主观上是基于故意或是重大过失,均具有“非难可能性”。

三是侵害人的行为自由。拉伦茨和卡纳里斯教授指出,“任何侵权规范的基本问题都存在于法益保护与行为自由之间的冲突上……侵权法的目标就是根据最合理的平衡或实际合理性来解决这一冲突”。[①] 过分强调对受害人利益的保护,可能会限制行为人的行为自由,故在界定受保护的利益范围时,要考虑行为人的行为自由。本案中,虽然第三人侵害债权的责任属于对一般侵权责任的扩张,但投资者的利益与《合伙协议》下私募基金的利益存在一致性,投资者突破合同相对性直接向终局责任人中科公司求偿,并不会导致其承担额外的赔偿责任,也不会增加中科公司基于《信托法》而应履行的勤勉尽责义务,故不会导致对其行为自由和交易秩序的额外限制。由于中科公司不具有法定或约定的免责事由,其应向投资者承担相应的赔偿责任。

四、余　论

物权与债权之间并非全无交集,随着市场交易的广泛程度与复杂性日益增加,物权、债权的二元划分逐渐显现一定的弊端,虽然合同相对性原则在绝大多数情况下的适用仍具有其合理性,但合同的相对性已在某些领域被打破。对此,我们既不能脱离现实,盲目冒进,也不能陷入概念法学的窠臼,僵化适用法律,要在确保法律适用可预见性的前提下,协调好权利和义务、自由和秩序,把握好原则和例外,合理维护各方当事人的合法权益。

---

① 李昊:《交易安全义务论》,北京大学出版社2008年版,第19~20页。

银行间债券市场主承销商因利冲侵权承担赔偿责任的判定

——中国一拖集团财务有限责任公司诉上海浦东发展银行股份有限公司侵权责任纠纷案①

吴峻雪*　杨　晖**

【裁判要旨】

银行间债券市场主承销商作为债券存续期间的后续管理人应对发行人及债务融资工具进行动态监测、发现问题督导督促、及时启动突发事件应急响应程序。在其同时作为所承销债券的持有人及发行人的融资银行时,多重身份导致其自身利益与其他债券持有人利益之间形成必然的利益冲突,承销机构应以全体债券持有人的利益优先。在明知影响发行人偿债能力的重大不利信息后,承销机构作为债券后续管理人,应督促发行人及时披露相关信息,并在发行人信息披露前,不得将其自身持有的债券先行交易。承销机构在其自身利益与投资人利益存在冲突时,利用信息优势先行交易的行为违背诚信原则,具有主观过错,造成交易相对方损失的,应承担相应的赔偿责任。

---

① 本案入选2022年度上海金融法院十大典型案例。

* 法学硕士,上海金融法院申诉审查及审判监督庭庭长。

** 法学博士,上海金融法院申诉审查及审判监督庭法官助理。

【案号】

一审:上海金融法院(2019)沪74民初22号

二审:上海市高级人民法院(2021)沪民终962号

【案情】

原告:中国一拖集团财务有限责任公司(以下简称一拖公司)

被告:上海浦东发展银行股份有限公司(以下简称浦发银行)

2014年2月8日,被告浦发银行作为主承销商与国裕物流公司签订《承销协议》,约定国裕物流公司向中国银行间市场交易商协会(以下简称交易商协会)申请注册总额不超过人民币11亿元的债务融资工具。2015年8月5日,国裕物流公司在银行间债券市场发行15国裕物流CP001短期融资券,发行金额4亿元,起息日2015年8月6日,到期兑付日2016年8月6日,票面利率7%。2015年10月26日,国裕物流公司发行15国裕物流CP002短期融资券,发行金额2亿元,起息日2015年10月28日,到期兑付日2016年10月28日,票面利率7%。

《现券买卖成交单》显示,2016年1月13日,原告一拖公司买入15国裕物流CP001,券面总额5000万元,交易金额49,775,300元,应计利息总额1,530,054.64元,结算金额51,305,354.64元,卖出方为"上海浦东发展银行资管",受托方为被告。

2015年11月18日,国裕物流公司组织各融资银行召开债权人会议,会议《备忘录》记载,签字银行包括被告,其签名代表为杨某。2015年12月23日,武汉市地方金融工作局召集国裕物流公司、被告武汉分行等融资银行在内的单位,召开国裕物流公司银行信贷协调会。《协调会纪要》载明,国裕物流公司的盈利能力大幅度下降,出现收不抵支现状,经营现金流日益紧张,企业生产濒于停产边缘。《协调会纪要》载明被告参会人员为俞某、杨某。

2016年1月20日,国裕物流公司向被告报送该公司自助查询版《企业信用报告》。2016年1月22日,被告向国裕物流公司发送邮件,要求发行人填报交船订单延期和撤销情况。2016年1月29日、2月1日,被告向国裕物流公司发送邮件,要求发行人严格做好订单撤销和推迟事项的信息披露工作。2016年2月2日、3月28日,国裕物流公司先后发布两份《造船订单推迟、取消公告》。

2016年2月22日,被告自行查询国裕物流公司银行办《企业信用报告》,发现报告期内有欠息和垫款记录。2016年2月24日、2月26日、3月14日,被告分别向国裕物流公司发送邮件,要求发行人对信贷违约进行全面核查和信息披露。2016年3月14日,发行人发布《债务逾期公告》,披露从2015年12月18日开始,发行人子公司发生贷款逾期;从2016年1月11日开始,国裕物流公司发生贷款逾期。在被告发送给国裕物流公司的相关邮件中,部分邮件抄送"杨某(武汉)"等被告武汉分行江岸支行人员。

2016年3月15日,被告向国裕物流公司发送邮件,告知发行人要求召开投资人沟通会和持有人会议及会议具体安排事宜。2016年3月17日,被告分别发布召开15国裕物流CP001及15国裕物流CP002持有人会议公告,2016年4月6日召开两期短期融资券持有人会议。

2016年8月及10月,被告及国裕物流公司均发布《短期融资券未按期足额兑付本息的公告》,分别宣布截至涉案短融券到期兑付日日终,发行人未能按照约定筹措足额偿债资金,两期短融券不能按期足额兑付。

2019年1月10日,原告诉至上海金融法院,以被告作为涉案短融券主承销商,未履行信息披露督导义务,在知晓发行人重大财务问题后,隐瞒该足以影响发行人兑付能力的内幕信息,将自己持有的债券转让给原告,直接造成原告财产损失,请求判令被告赔偿短融券损失本金9000万元、利息630万元、罚息14,137,200元(暂计)、律师费15万元。

【审判】

上海金融法院经审理认为,本案被告浦发银行履行后续管理义务未有不当,原告一拖公司产生的损失,系主承销商的侵权责任,责任范围应根据浦发的行为和一拖的损失之间的关系链及原因力大小合理确定,浦发银行卖出债券的行为不是一拖公司产生损失的根本原因。浦发银行作为主承销商,不是债券信披义务主体,其仅承担转让债券时因主承销商、债券持有人身份构成的利益冲突而对相对方产生的侵权责任,该责任主要系由其法定义务而产生,并非系对一拖公司有终局性的赔偿责任,故应承担一定比例赔偿责任。

上海金融法院于2021年9月17日作出(2019)沪74民初22号民事判决:(1)被告浦发银行应于判决生效之日起10日内赔偿原告一拖公司人民币2140万元。(2)对原告一拖公司的其余诉讼请求不予支持。宣判后,一拖公司、浦发银行均提出上诉。上海市高级人民法院于2022年10月27日作出(2021)沪民终962号民事判决:驳回上诉,维持原判。

【评析】

目前我国债券市场统一正在推进中。债券主承销商的责任性质以及其在短期融资券存续期间履行后续管理义务的合法性、适当性问题尚未在法律层面加以全面统一规定。在多重身份下,承销商转让持有债券是否构成利益冲突,应否承担侵权赔偿责任尚需深入探讨。该案的审理充分考虑债券行业发展现状和发展要求,按照诚信原则和分类趋同原则,在《全国法院审理债券纠纷案件座谈会纪要》指导下,对银行间债券市场主承销商后续管理义务和利冲行为作出规制范例,确定主承销商在利益冲突下交易债券的限制,参照证券法下内幕交易的规制原则,符合人民银行、发展改革委等六部委联合发布的《关于推动公司信用类债券市场改革开放高质量发展的指导意见》要求,填补了银行间债券市场相应的行为规范空白。

一、银行间债券市场承销商与交易所承销商责任比较

首先,关于责任内容。在公司债券中,承销商的基本责任是销售债券,并不进行后续督导管理;在非金融企业债务融资工具中,主承销商除完成发行销售,还应进行后续督导管理服务。在交易所市场和银行间市场,承销商的

承销责任均应遵守诚实信用、勤勉尽责原则。就信息披露而言,承销商并非信息披露义务人,其仅对债券发行人及融资担保机构披露信息的真实、准确、完整进行必要的核查。在银行间市场,承销商对其出具的文件负有确保真实、准确、完整之责任。

其次,关于责任性质。在公司债券市场,承销商不仅作为销售中介,还可以同时作为受托管理人。进行受托管理的责任性质应为对投资人的信托义务,其行为违反法定的信义义务,造成投资者损失,则应依法或依约承担相应法律责任。如其只进行发行承销,那么则根据法律规定或者合同约定的承销行为内容,其应承担与其过错相应的赔偿责任。

最后,关于过错认定。《中华人民共和国证券法》(以下简称《证券法》)第85条、第163条认定中介机构连带责任,包括两种情形,一是"故意"和"明知"虚假陈述的;二是行为严重违反注意义务,对虚假陈述的形成或发布存在过失的。最高人民法院于2022年1月21日出台的《关于审理证券市场虚假陈述侵权民事赔偿案件的若干规定》第17条、第18条、第19条规定了中介机构的过错责任认定标准,其依照《证券法》的上述规定,中介机构遵守监管规定及行业执业规范已审慎履职,尽到职业谨慎,则认定没有过错。同理,在两类债券市场中的承销商在履行中介责任过程中,因违约或者侵权承担民事赔偿法律责任的过错标准,必须是严重、故意和明知,责任范围应与其过错相当。不论是交易所债券市场还是银行间债券市场,承销商会因法律规定或者自律监管规则的规定对投资者承担法定的信义义务,也会因与投资人签订合同约定受托管理或者后续管理义务,而因此承担合同义务。承销商的责任性质不论是法定还是约定,若造成投资者损失,均应承担与其过错相当的赔偿责任。

二、承销商的后续管理义务及适当履行判定

在银行间债券市场中,监管规范明确规定由承销商承担后续管理责任,会造成承销商可能同时身兼数个不同角色。承销商除进行债券的发行承销工作,还需承担属于受托管理人的后续管理义务,承销商兼任受托管理人。

若承销商购入债券,则又同时成为债券持有人,若出售债券,则又成为债券出让人。另外,在银行间市场,承销商为具有会员资格的银行金融机构,若承销商恰好为债券发行人的融资银行,此时将会引发两个问题:(1)银行间债券市场主承销商适当履行后续管理义务的判定;(2)主承销商同时具有多重身份,其将债券转让给投资者,是否构成利益冲突、应否承担侵权责任。

首先,银行间债券市场主要受自律监管规则调整,与公开在交易所向社会公众发行的其他信用债不同,其投资者是专业机构。机构投资者具备优于公众投资者的专业知识,配有专门人员,按照规范流程进行投资交易,其判断、识别风险的能力明显不同于一般公众投资者。专业投资者在交易中更多地依靠自身的能力作出交易判断。因此,相比对公众投资者的特殊保护而言,应充分考虑专业投资者的交易能力特征,对专业投资者应适用分类、分级保护,并且在个案协商交易方式中,交易一对一进行,反复磋商,双方的交易能力是对等的,专业投资者对交易对手的信赖关系不是推定的,这明显有别于公开竞价交易方式。

其次,不论是何种交易场所,各种信用债券都具有通过承销行为在一定范围发行,发行人承诺到期还本付息的共同属性。因此,虽各个信用债市场投资者主体身份和风险承受能力有差异,但从信用债市场管理和规范的角度看,良好市场秩序的建立和维护,都应以保障债券持有人的合法权益、强化发行人的监督约束、督促中介机构勤勉尽责为目标和导向。

最后,在债券市场中,无论承销商是否承担后续管理义务,单从承销行为内容看,承销商也对投资者负有信义义务。作为发行中介机构,承销商仅与发行人签订承销协议,并未与投资者存在直接的合同关系,但是承销商负有督促发行人规范发行,其在发行过程中出具的中介专业服务意见应核查其真实性、准确性与完整性。因此,承销商应忠实勤勉尽责。从忠实义务内容来看,承销商自身利益与投资者利益冲突,应以投资者利益为重;从勤勉义务内容来看,承销商在执行职责时,应当为投资者最大利益尽到管理者通常应有的合理注意。

综上,在银行间债券市场,承销商均应以信义义务为基本标准,履行后续管理职责,忠实勤勉,处理好利益冲突,禁止不当获利。

(一)承销商适当履行后续管理义务的内容

根据自律监管规定,应从下面三个方面标准判断承销商适当履行后续管理义务。

首先,承销商是否尽职动态监测,对发行人的经营运行情况、风险承受能力、债券兑付情况进行持续跟踪。具体监测方式,应以与监测内容相关的公开途径与方法进行监测。监测内容应包括发行人重大经营合同签订、履行、取消情况,了解重大财务变动情况,包括大额应收账款的支付履行状况等会计信息调整。监测方式应以承销商与发行人约定的联络方式为渠道如电话(做好电话录音)、邮件(做好及时抄送转发留档)、信件(做好签收及内容记录),定期查询相关登记公示平台信息,动态关注发行人情况等。

其次,督促发行人及时信息披露,督导发行人及时处置发现的相关问题。通过动态监测发现涉及经营平稳运行与风险偿债能力问题,应在合理工作时间内通知发行人及时对外披露相关信息,采取相应处置措施。关于督促的时间,并非以发行人出现相关影响经营的重大情况的当时为准。发行人内部的经营状况与偿债能力变化系其内部运行情况,承销商作为外部人了解上述状况,一是需要一定的规范途径,二是需要一定的时间与流程,三是需要通过一定手段加以核实。承销商作为外部监督力量,获取发行人内部信息需要通过一定环节与时间,并且在获取相关信息后还要采取相应的核实核查过程。因此,及时督促督导的时间标准应以受托管理人合理注意义务所需的通常时间进行判断,或者另有证据证明承销商故意拖延时间,未及时督促发行人。

最后,对突发事件及时启动应急响应程序。若发行人对督促督导不予及时处置,怠于履行相应披露义务,则承销商应切实尽到受托管理责任,根据自律监管规则与合同约定,启动持有人会议等程序,采取救济措施。

(二)承销商适当履行后续管理义务的具体判定

交易商协会《后续管理工作指引》规定,主承销商应结合宏观经济、金融政策、行业运行变化情况对企业募集资金用途等进行动态监测,但是关于具体的监测方式,自律规则并未明确。自律规则未规定主承销商在对企业一般的日常动态监测时有权实时监控发行人银行账户。日常动态监测和对入池企业风险排查的监测方式和程度应有所区别。实践中,关于承销商是否适当履行后续管理义务,主要焦点集中在承销商在发现发行人经营情况的重大情况后,是否及时督促发行人披露重大信息,采取相应救济监督措施。

1. 承销商内部操作规范不能作为判断适当履行后续管理义务的标准

承销商自行制定的,关于后续管理义务的相关内部工作流程要求,较之合同约定和行业自律监管规则更为细化严格,是各承销商内部业务流程的操作规范,并不具有普适性的规范效力和法律效力,不能直接将内部规范作为认定具体承销商未适当履行后续管理义务、承担法定责任的基础标准,否则将出现银行间债券各承销商后续管理义务履行不当承担法定责任标准不统一的情况。

2. 承销商以其他身份获取未公开重大不利信息,在具体事项查实前未向投资者披露不属于履行后续管理义务不当

本案中,发行人作为融资人请求召开银行债权协调会,并在会上陈述濒临停产、收支困难,该信息具有重大性、非公开性,属于可能对投资决策产生重大影响的尚未公开的敏感信息。但浦发银行作为参会融资行知晓的上述信息,还不具备直接披露信息的条件。债券发行人作为债务人向融资银行陈述经营困难,而非作为发行人向主承销商报告需要披露的风险和偿债能力问题,二者行为性质、信息明确度不同。浦发银行作为融资银行获知的上述重大不利信息具体内容指向不明,作为后续管理义务人,应采取的适当后续管理义务措施为进一步查实上述重大不利信息指向的发行人具体经营和财务问题,如主要业务经营情况、贷款逾期情况等,并在查实具体问题后督促发行人及时披露,而并非直接披露发行人对公司整体情况的描述。同时,在查实并披露具体问题前,应严格遵守管理人的信义义务,不能以此信息谋取不正当利益。浦发银行在获知上述信息后两周内着手推进了多项后续管理工作,核查了发行人的企业信用报告,并向发行人发送管理邮件,及时督促信息披露,履行后续管理义务并无不当。

3. 不能以发行人相关问题的实际发生日期作为衡量后续管理义务适当性的绝对标准

发行人是信息披露义务人,主承销商进行后续管理,应履行对发行人动

态监测、发现问题督导督促、及时启动突发事件应急响应程序。若发行人发生影响企业稳定运营及债券偿付的重大事项,应及时进行信息披露,承销商并非上述信息的披露义务主体,承销商适当履行后续管理义务,应体现在及时督促发行人履行信息披露义务。因此,即使承销商以其他身份获知尚未公开的重大信息,并不能因此而认为,承销商负有向投资者披露该信息的义务,也不能以此信息产生的具体时点作为判断承销商后续管理义务是否适当履行的时间标准。本案中,在系列重大事件发生后,如重大合同订单取消,发行人负债状况发生重大变化,承销商在此之后一段时间内通过外部登记公示平台对发行人债务信息变动进行了查询并邮件通知发行人及时披露信息。交易商协会亦对涉案债券主承销商的履责行为进行了调查,认为其履行后续管理义务未存在严重瑕疵,未认定其有相应过错或作出相应处罚。因此,从客观角度看,在发行人相关问题发生时,承销商不可能立即知悉,也不能要求其马上就相关问题督促发行人,留有必要的操作时间是必要的,也是合理的。

三、承销商在多重身份下的利益冲突及防范

在银行间债券市场,存在承销商同时兼具债券发行人短期融资券主承销商、受托管理人(后续管理)、系争短期融资券持有人、系争短期融资券转让人、发行人融资银行等多重身份的可能。在承销商转让涉案债券时,其是否因多重身份而存在利益冲突,是否因身份优势获得交易优势,获取不正当利益,由此对交易对手的损失负相应赔偿责任。厘清上述争议点是判定承销商应否承担相应赔偿责任的关键环节。

(一)承销商的多重身份会引发利益冲突

发行人融资银行、债券持有人、债券出让人、承销商、受托管理人,不同角色在债券发行交易中的利益定位不同。

一是融资银行与债券持有人之间是债权竞争关系。发行人融资银行处于债券法律关系之外,与债券持有人一致,均系发行人的债权人,但是二者与发行人的法律关系不同。融资银行与发行人形成借款合同关系,债券持有人

与发行人之间形成债券债权债务关系。从本质看，融资银行与债券持有人对发行人债权处于竞争状态，若发行人偿债能力有限，会引发债务兑付竞争，因此这两种身份之间存在利益冲突。

二是承销商、受托管理人均系发行人发行债券的中介服务机构，对投资者负有信义义务，二者之间不存在利益冲突，二者均应忠实勤勉为投资者（债券持有人）利益服务。

三是债券持有人与债券受让人之间是交易对手关系，二者之间是利益交换关系。通过债券转让，持有人脱离债券法律关系，套现离场，受让人支付对价，获得债券，加入债券法律关系，实现其投资目的。

四是同一主体同时为承销商、受托管理人并持有债券（投资者）情况下，此时出让债券，债券出让人利益定位与其承销商、受托管理人身份利益定位冲突。债券出让人利益目标是通过交易获取最大经济收益，而承销商、受托管理人应忠实投资者利益，为债券持有人最大利益服务。因此，承销商同时为债券持有人出让债券时，同时为债券出让人，两者利益目标不同，存在利益冲突。

若发行人的融资银行召开会议，发行人明确表示收不抵支、濒临停产，该信息直接反映了发行人的经营和偿债能力发生重大困难。一旦其经营濒临停产、收不抵支的信息公开，将对相关债券市场产生重大影响。承销商以发行人融资银行身份参会并获取这类信息，在这些信息尚未向投资者公开披露前，承销商若同时具备债券持有人及出让人身份，进行债券交易，相较交易对手（其他投资者）而言，不同角色之间的利益目标不同，这类信息的使用会引发利益冲突。

本案中，浦发银行作为系争债券的管理人，为维护债券持有人利益，在得知上述信息后，应及时主动开展跟踪、监测和调查工作，并及时督促发行人披露信息。同时，浦发银行作为发行人的融资债权人，在系争短期融资券发行后又购回系争债券，成为债券持有人，亦存在避免自身损失的利益需求。因此，浦发银行同时作为融资债权人、债券持有人和债券管理人等，多重身份的并存导致其自身利益产生冲突。

(二)利益冲突导致债券交易对手之间信息不对等

在一般情况下,基于银行间债券市场交易的交易投资属性、金融产品性质、交易主体机构投资者身份以及平台交易特点,在债券一对一交易中,若双方处于交易自由、身份地位对等前提下,交易对手方之间对风险进行独立判断,达成交易协议,属于市场交易的常态,一般无须因信息披露向交易对手方承担责任。但若交易一方利用交易之外的其他身份获取信息等优势,并将该优势用于交易中,则使交易双方处于不对等状态,有违交易公平与诚实信用。本案中,浦发银行兼主承销商、受托管理人、授信贷款行和债券持有人于一身,其在获知上述重大敏感信息后在披露前处置了自己持有的涉案债券,在交易对手间形成了因交易身份之外的身份优势,交易双方处于不对等状态。

(三)承销商在多重身份情形下的利益冲突防范

忠实勤勉是承销商在多重身份情形下,防范利益冲突的基本原则。承销商作为债券后续管理义务人,服务全体债券持有人,而非某一部分债券持有人,当发生利益冲突时,应以全体债券持有人的整体利益为先,勤勉尽责,而非自身利益(持有债券)的利益最大化。

首先,承销商应建立完善的风险内控机制和业务隔离防火墙。不同业务谨防人员交叉,不同业务严格信息交换,操作规范留痕,并形成完备抄送机制。

其次,承销商在以其他身份渠道获知债券发行人业务经营发生重大变动、偿债能力发生重大变化等相关信息后,应忠实勤勉履行后续管理相应责任。在发生利益冲突时,应以投资者(债券持有人)整体利益为重,承销商维护自身作为融资银行、债券持有人、债券出让人身份的利益,应劣后于其中介职责,严禁将不同身份优势转化为自身利益优势。

最后,设立承销商多重身份下的债券交易防火墙机制。利益冲突是客观存在的,一方面,要求承销商严格履行信义义务,这是从法律责任方面对利益冲突进行限制,树立处理利益冲突的基本原则,同时为防患于未然;另一方面,也要从技术机制层面设立多重身份下承销商持有转让债券的限制制度。

一是在为债券提供承销及后续管理期间，承销商可以购入服务的债券，但是具体金额、出售时间、出售比例应严格限制；二是在信息敏感期，应限制其交易服务的债券，从源头避免利益冲突；三是建立承销商交易债券报告备案制度，限制承销商交易自由，在交易前向市场自律监管部门进行登记备案，作出不存在利益冲突或者不存在利用多重身份导致交易优势的承诺。

（四）利益冲突下承销商向投资者转让涉案债券的赔偿责任认定

1. 承销商在多重身份下交易债券存在悖信过错

在多重身份下，承销商利用未公开信息优势先行转让债券，获取不当利益，有悖诚信原则。根据交易商协会《银行间债券市场非金融企业债务融资工具管理办法》的规定，债务融资工具发行与交易应遵循诚信、自律原则。承销商利用其优势地位，得知发行人"收不抵支，濒临停产"的消息后，在行使后续管理职责前向原告转让了系争债券，转嫁了本应由其承担的投资风险，违反了诚信原则，具有主观过错。承销商在其后的后续管理中，查证了发行人应披露的具体事实，对上述重点情况召开了债券持有人会议，债券最终未能兑付导致债券持有人损失。债券受让人的损失与承销商在利益冲突的情况下转让债券有交易因果关系。因此，承销商在构成利益冲突的情况下，相关信息公开前的敏感期，就所涉债券先行交易有违诚信原则，应向合同相对方承担与其过错相适应的赔偿责任。

2. 承销商利用身份优势导致投资人损失的赔偿范围判定

首先，投资者与承销商的短期融资券交易是一对一协商交易，不同于证券二级市场的公开竞价交易模式。短期融资券是具有法人资格的非金融企业在银行间债券市场发行的，约定在1年内还本付息的债务融资工具。与在证券交易所市场采用公开竞价交易模式的公司债券不同，银行间债券市场债券交易的成交报价一般为询价交易方式，交易流程具有格式化、标准化、规则化的特点，但其性质仍属一对一主体之间的交易。

其次，根据承销商的过错程度及受让人的专业机构投资人身份，酌定多重身份下承销商承担受让人损失赔偿责任范围。银行借款和债券均属金融债务，募集资金用于归还到期债券，均为解除企业的金融债务负担，并不必然产生发行人不能兑付涉案债券的后果。债券受让人的损失最终由发行人造成,发行人到期未兑付是原告发生损失的根本原因。且受让人作为银行间债券市场专业的机构投资者,相较于公开债券市场的普通投资者而言,更具专业性。因短期融资债券的协商交易模式,受让人在选择投资标的时,对债券发行人和债券的基本情况有较高的注意义务。承销商基于金融债权人身份获知发行人重大不利信息,向原告转让部分债券时未依诚信原则履行先合同义务,未履行后续管理责任,以维护债券持有人整体利益为先,利用不同身份优势引发的交易优势,使受让人基于错误的认知购入上述债券,最终产生损失。承销商的过错行为与受让人的投资决策之间具有一定的交易因果关系,但要明确交易对手的损失最终是发行人所致,承销商承担赔偿责任的法律基础是其因多重身份,在利益冲突时,悖信交易存在过错。

供应链金融中虚构应收账款保理合同纠纷的审查规则

——霍尔果斯新骏商业保理有限公司诉苏宁易购集团股份有限公司等保理合同纠纷案①

吴峻雪* 翟 爽**

【裁判要旨】

基于债权人与债务人之间真实的基础合同而产生的应收账款是保理合同缔约的前提。当存在虚构应收账款债权时,应审查应收账款债权人与债务人是否构成共同虚构的合意。若债权人单方虚构应收账款债权,债务人不承担保理合同项下付款责任。保理人受欺诈在违背真实意思的情况下签订保理合同,有权请求撤销。在有追索权的保理合同中,保理人不行使撤销权,保理合同仍有效,保理人可向保理融资人主张回购应收账款。

【案号】

一审:上海金融法院(2018)沪74民初1374号

---

① 本案入选上海法院服务保障长三角一体化发展典型案例,获评2022年全国法院系统优秀案例分析二等奖。

* 法学硕士,上海金融法院申诉审查及审判监督庭庭长。

** 法律硕士,上海金融法院申诉审查及审判监督庭法官助理。

二审:上海市高级人民法院(2020)沪民终364号

【案情】

苏宁易购集团股份有限公司(以下简称苏宁易购)作为产品供应链的核心企业,与其上游供应商贸易福建智宝贸易有限公司(以下简称智宝公司)存在合作关系。2017年10月11日,智宝公司借此与霍尔果斯新骏商业保理有限公司(以下简称新骏保理公司)签订有追索权的《保理业务合同》,合同约定智宝公司将其向苏宁易购提供商品而形成的应收账款债权转让给新骏保理公司,由新骏保理公司向智宝公司提供应收账款管理和保理预支价金服务。合同签订后,新骏保理公司与智宝公司实际发生6笔应收账款转让交易,智宝公司均提供了相应与苏宁易购签订的《大单采购合同》。2017年10月24日,新骏保理公司在支付第一笔转让款前由其工作人员至江苏省南京市苏宁大道1号苏宁易购办公地址办理相应《应收账款债权转让通知确认》的面签手续,由自称苏宁易购工作人员的"陈某"接待,并在对供应商开放公共会议室中进行商谈,最终在相关材料上加盖了苏宁易购合同专用章。后新骏保理公司向智宝公司先后支付了6笔应收账款转让保理价金共计4亿余元。苏宁易购付款期限届满未履行付款义务,故新骏保理公司诉至法院,请求判令苏宁易购支付应收账款及逾期利息,智宝公司在苏宁易购未履行债务清偿范围内向原告履行应收账款回购责任。

上海金融法院经审理查明,2018年12月13日,南京市公安局鼓楼分局汉中门派出所已经对苏宁集团报案的"苏宁印章被伪造"立案侦查,根据侦查结果,新骏保理公司持有的《大单采购合同》《应收账款债权转让通知确认》上苏宁易购合同专用章经鉴定系伪造,并且原告面签时"苏宁易购工作人员陈某"身份也系伪造,公安机关通过人脸识别系统及全国人口基本信息查询系统,核实其真实姓名为刘某,并非苏宁易购工作人员。

【审判】

上海金融法院判决智宝公司依据《保理业务合同》向新骏保理公司履行

回购责任，驳回新骏保理公司对苏宁易购的诉讼请求。新骏公司不服提起上诉，二审维持原判，该案现已生效。

上海金融法院认为，本案的争议焦点为：(1)涉案应收账款债权是否真实；(2)《保理业务合同》的效力及智宝公司对原告应承担的责任范围；(3)苏宁易购是否应承担合同责任。

一、涉案应收账款债权是否真实

保理是以债权人转让应收账款为基础，集融资、应收账款催收、管理及坏账担保于一体的综合性金融服务，债权人与债务人之间的基础合同是保理合同缔约的前提。本案保理合同的基础合同是智宝公司与苏宁易购的《大单采购合同》。本案中公安鉴定书、询问笔录、法院至公安机关调查的情况、原告提供的面签视频、司法鉴定书及鉴定人意见和当事人陈述等证据已形成证据链，可以证明涉案《大单采购合同》并非苏宁易购签订的事实。原告作为保理商，在开展保理业务时应审核该基础合同及应收账款债权的真实存在。虽然原告采取面签《应收账款债权转让通知确认》又以特快专递形式向苏宁易购邮寄，履行债权转让的通知义务及对基础债权真实性的核查，但原告核查是否存在真实债权的意思均未到达苏宁易购，苏宁易购不知晓、也未对原告主张的涉案债权进行过确认。

二、《保理业务合同》效力及智宝公司对原告应承担的责任范围

本案《保理业务合同》是原告与智宝公司签订的有追索权保理合同，其中约定的交易内容和交易流程符合商业保理的形式要件，相关合同条款经双方确认，不存在违反法律或者行政法规的禁止性规定的情形，应为有效。虽然基础债权不真实，但原告系因智宝公司欺诈，违背真实意思建立保理合同关系，并发放了保理预支价款，在无证据证明原告参与欺诈共谋或对智宝公司或相关人员欺诈行为明知的情况下，原告因受欺诈签订合同不构成合同无效

的事由,原告依法享有合同撤销权。现原告并未行使撤销权,故《保理业务合同》在合同当事人之间仍具有法律效力。根据《保理业务合同》的约定,原告有权向智宝公司行使回购追索权,要求智宝公司支付回购本金及相应利息。

三、苏宁易购是否应承担合同责任

虽然《保理业务合同》有效,但合同效力约束的是合同主体,即原告和智宝公司,对于为合同外当事人设定义务的条款是否对合同外当事人有效,需视具体情况而定。智宝公司向原告转让其与第三方之间的基础债权,因智宝公司提供转让的基础债权系其单方伪造,而非其与苏宁易购共同串通伪造,故该约定不产生约束苏宁易购的法律效力。原告在本案中要求苏宁易购承担《保理业务合同》约定的涉案《大单采购合同》项下的合同债务,因债务不真实,苏宁易购无合同责任。

【评析】

近年来,中小企业融资难、融资贵问题凸显,供应链金融因其自身资源整合的优势及实际应用背景脱颖而出,备受关注。供应链金融的本质是将具有行业主导地位的核心企业和其上下游配套企业联系在一起,为供应链上各环节企业提供灵活运用的金融产品和服务,将资金作为供应链的一个溶剂,促进配套企业与核心企业建立长期战略协同关系,从而提升整个供应链的竞争能力。[①] 但供应链金融作为一种新兴融资方式,业务环节多、参与主体多、融资链条长,其中蕴含的风险也不可忽视。近期司法实践中出现大量案件,以供应链上下游小微企业资金短缺为由,假借供应链金融通道,虚构基础交易合同骗取保理公司、小额贷款公司融资款项。这种新型骗局不但会给金融机构带来巨大经济损失,还会使供应链中资信较好的核心企业背负不明债务,影响正常生产经营。本文结合相关案例,揭示供应链金融法律风险,并对虚

① 参见闫俊宏、许祥秦:《基于供应链金融的中小企业融资模式分析》,载《上海金融》2007年第2期。

构应收账款签订保理合同这一高发风险类型背后的法律关系加以梳理，就责任承担提出具有针对性的司法审查规则，为保理人的司法救济提供路径指引。

一、供应链金融运行的法律模式及风险分析

按照所涉及的法律关系不同，供应链金融的运行模式可以分为应收账款转让型和担保型。担保型包括动产质押模式[①]和保兑仓融资模式[②]，两种模式都是供应链上游企业以基础交易的货物作为质物，向商业银行融出资金，而银行通过委托物流企业原地监管质物或直接控制货权的方式，防范因资金融出方违约而带来的风险。不论是动产质押模式还是保兑仓模式，在司法实践中因无真实交易背景的融资业务而产生纠纷频发。例如，最高人民法院审理的(2019)最高法民终1227号案件，法院认为，保兑仓以买卖双方具有真实贸易背景为前提，但是本案买卖双方之间并不存在真实的货物买卖交易，因此买方、卖方、银行之间并不存在真实有效的保兑仓交易法律关系。

因基础交易的真实性直接与应收账款的可兑付性挂钩，所以因基础交易真实性问题带来的风险在应收账款转让型供应链金融模式中更突出。应收账款转让型供应链金融模式的资金融出方不仅为商业银行，更多为风险防范意识较弱的小贷公司或保理公司，业务操作不合规、尽职调查不严格在一定程度上也会加剧风险的形成。本文以此种模式为切入点，详细分析司法实践中的审查要点。

（一）初级模式——应收账款转让

供应链金融中的应收账款转让型融资模式（见图1），在形成的最初是具

---

① 系由银行借助物流服务开发的新型融资模式，融资方将动产动态质押给银行，质物可以补新出旧，在价值控制线上流动，用以盘活出质企业库存；银行委托物流企业原地监管质物，用以解决质物交付、占有中的法律风险和管理难题。

② 该模式的法律关系是票据关系与担保关系相结合。保兑仓是一种新型的融资担保模式，以银行信用为载体，以银行承兑汇票为结算工具，由银行控制货权、卖方（或仓储方）受托保管货物并以承兑汇票与保证金之间的差额作为担保。

有担保属性的债权转让,即上游的中小企业将对核心企业的应收账款转让给金融机构,金融机构融出资金,从而保证中小企业正常运营,若到还款期限中小企业不能还款,则金融机构可向核心企业主张债权。应收账款的真实性是金融机构实现权益的重要保障也是业务开展的核心,对应收账款真实性的审查是开展业务过程中所应承担的职责。①

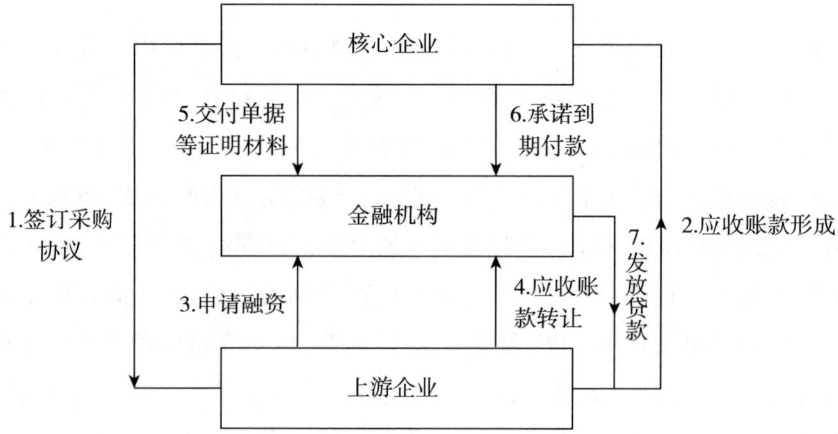

图1 应收账款转让模式

(二)进阶模式——商业保理

随着应收账款融资模式在供应链金融中的广泛应用,商业保理公司加入其中(见图2),该模式的法律关系转换为保理合同关系,即上游的中小企业作为应收账款债权人将现有的或将有的应收账款转让给保理人,保理人为其提供应收账款账户管理、融资、催收和承担坏账风险等一系列综合性金融服务。应收账款到期后,债务人向保理人支付款项,在有追索权的保理中,债务人不支付时保理人还可以向债权人追索。此业务模式最主要的风险还是基

① 参见最高人民法院民事判决书,(2019)最高法民终1445号。法院认为,在主债权人怠于核实该应收账款客观真实性的情况下,该应收账款并不客观真实存在的风险应由主债权人承担,而不应由应收账款债务人承担。

础交易贸易背景的真实性，即应收账款的真实性和可兑付性。①

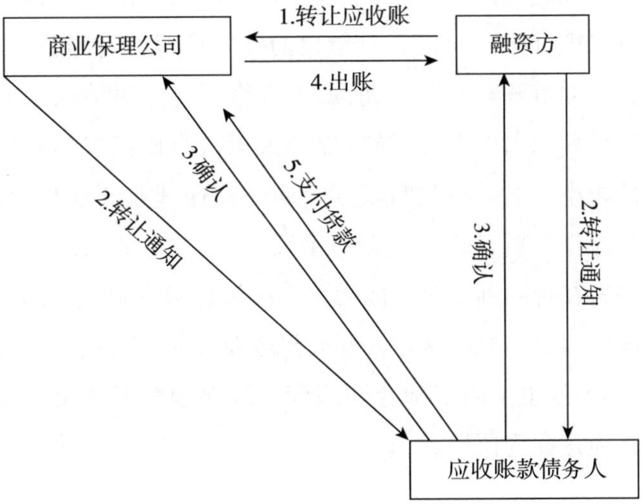

图 2　商业保理模式

二、保理合同纠纷中虚构应收账款的认定

保理合同纠纷中虚构应收账款债权是指通过伪造或变造合同、债权凭证、交易记录等手段，客观上形成真实债权的外观，从而与保理人订立保理合同的行为。供应链金融中典型的虚构应收账款债权主要是作为债权人的中小企业捏造完全不存在的应收账款债权，与商业保理公司签订保理合同，骗取保理预支价款。此外虚构应收账款债权的形式还包括虚构债权的数额、到期时间、转让限制条件等，具体事项如虚增债权的数额；将未到期的债权伪造为已到期的债权；将不可转让的债权伪造为可转让的债权等。虚构应收账款属于严重扰乱市场经济秩序的行为，在供应链上游中小企业虚构债权的情况下，其权利不仅不受到《民法典》保护，特定情况下还要受到行政乃至刑事处罚。因此应当严格把握虚构债权的认定标准，不宜将所有约定债权与真实债

① 参见海南省高级人民法院民事判决书，(2017)琼民终341号。法院认为，商业保理业务的核心要素是真实应收账款的有效转让，用资方通过搭建形式上的保理合同而未转让应收账款，向保理商获得保理融资的，应根据保理商是否明知确定合同的性质即责任的承担。

权不符的情况都认定为虚构债权处理。

对于是否构成虚构债权,应结合以下两方面的标准来判断:一是在判断的时间上应以保理合同协商订立时债权的真实情况进行判断。因为供应链金融中需要一定的审核与放款周期,如保理合同订立时债权真实存在,但在合同履行中因种种原因而消灭,导致保理人无法行使债权的情况,属于虚构债权的可能性较小。二是在判断幅度上应考虑保理业务本身所具有的风险性。供应链金融作为新兴的金融交易手段,具有一定的风险性,在保理模式下体现为保理人在合同到期时可能无法收回保理融资款,这种风险性在无追索权保理中体现得更明显。保理人开展保理业务时,本身就要考虑可能发生坏账的风险,即便发生了因基础合同瑕疵导致保理融资款无法收回的情况,也不能一概认为是虚构债权。

三、虚构应收账款保理的相关立法规定及法律责任理论证成

(一)立法规定梳理

《民法典》颁布前,对虚构应收账款保理多适用原《中华人民共和国合同法》关于欺诈的相关法律规定。保理纠纷中包含两层法律关系,即基础交易关系与保理合同关系,虚构应收账款会导致基础法律关系无效。但就虚构应收账款对保理合同效力的影响,司法和学界有两种观点:其一为肯定说。依照此观点,若保理人未与债权人串通,则不应以应收账款虚假为由认定保理合同无效,亦即保理合同有效。[①] 此观点实质上坚持合同无效应根据法定无效构成要件进行严格限制。其二为否定说。依照此观点,债权人向保理人提供虚假应收账款属于以合法形式掩盖非法目的,保理合同无效。[②] 对于保理合同效力的争议直接影响责任的分担与保理人救济路径的选择,引起广泛的

① 参见聂圣:《〈民法典〉保理合同转让应收账款规范解释论》,载《成都理工大学学报(社会科学版)》2021年第3期。

② 参见杨代雄:《使用他人名义实施法律行为的效果——法律行为主体的“名”与“实”》,载《中国法学》2010年第4期。

关注。

《民法典》第763条针对保理业务中的虚构基础债权作出了规定，具体而言：一是债权人与债务人虚构债权与保理人签订保理合同的，保理合同仍有效；二是保理人有权基于虚构的债权向债务人行使权利；三是保理人明知基础债权为虚构，不再受本条的保护。此规定解决了供应链金融中，上下游企业共同虚构应收账款债权，保理合同的效力认定及责任承担问题。但是对于供应链金融中更常见的债权人单方虚构基础债权骗取保理融资款的情形却未予明确。

（二）法律责任理论证成

保理纠纷中往往包含三方主体，即应收账款债权人、债务人、保理人。三方主体形成了两层法律关系，即基础交易关系、保理关系。在虚构应收账款类保理纠纷中各方主体责任承担是法律分析的重点。

1. 应收账款债权人承担责任的理论证成——瑕疵担保义务

一般而言，债权让与在本质上属于权利转移范畴，转让人负有瑕疵担保义务。应收账款债权人在保理业务中所承担的瑕疵担保义务，其内容包括应当保证其所转让的应收账款是合法、真实、有效的，并且不存在权利瑕疵，即品质担保义务和权利担保义务。权利瑕疵担保义务是指应收账款债权人将应收账款转让给保理人之时，须保证保理人为应收账款的唯一合法权利人，并且保证保理人独占地、完整地享有基于该转让应收账款的所有权利，对其他人具有排他性。品质瑕疵担保责任是保证应收账款本身是合法、真实、有效的，即应收账款债权人应保证其债权是在实际发生、真实有效的交易中产生的。在应收账款不真实的情况下，债权人对此应收账款需要承担瑕疵担保责任，不仅应依法向保理人承担违约责任，而且还应按照有追索权保理合同的约定承担回购责任。

2. 应收账款债务人承担责任的理论证成——保理人合理信赖利益保护

在应收账款债权人与债务人之间通谋虚伪表示的情况下，债务人承担责任的理论路径应当如何证成？根据民法基本原理，双方当事人通谋所为的虚伪意思表示，在当事人之间发生绝对无效的法律后果。但在虚伪表示的当事人与第三人之间,则应视该第三人是否知道或应当知道该虚伪意思表示而发生不同的法律后果。在保理人善意无过失的情况下,应收账款债务人应依其承诺的数额向保理人承担责任,而不得以应收账款虚假的理由对抗保理人。

应收账款债权人单方以虚构债权的欺诈手段,使保理人在违背真实意思的情况下实施了签订保理合同的法律行为,此时保理人有权行使撤销权,在保理人不行使撤销权的情况下,保理合同仍有效,融资人作为合同相对方仍应继续履行合同项下的其应承担的合同义务。但因应收账款债权系融资人(债权人)真意保留的欺诈行为,应收账款是其单方伪造,故保理合同中关于应收账款债务人向保理人履行付款义务的约定,不产生约束债务人的法律效力。

3. 信赖利益保护的例外——保理人明知虚构事实

在债权人、债务人通谋虚构应收账款债权的情况下,保理人有权基于虚构的债权向债务人行使权利,但保理人明知基础债权为虚构除外。根据信赖利益保护原则,对于保理人的信赖保护也应限定在善意无过失的情形,即要求保理人就基础债权的真实性进行了必要的调查和核实,尽到了审慎的注意义务,有理由相信应收账款债权真实存在。但《民法典》763 条将债务人的抗辩事由限定在"保理人明知虚构"情形,排除了保理人应当知道这一抗辩事由,并非立法的疏漏,而是一种刻意选择的规范立场,意在使与应收账款债权人通谋造假的债务人承担不利的后果。

四、虚构应收账款引发保理纠纷的审查要点分析

在审查虚构应收账款类保理合同纠纷时,应注意区分应收账款债权人与债务人通谋虚构应收账款还是债权人单方虚构应收账款,因为两种情况下保理人行使请求权的对象不尽相同。对于此类案件的审查应从四个要素入手。

(一)审查应收账款真实性

应收账款是商业保理企业开展保理业务的基础性资产,为确保交易安全、降低业务风险,商业保理公司往往会对标的应收账款的债权人及债务人的资信状况及相互间的交易活动进行全面、专业的调查。商业保理公司对于

应收账款的尽职调查获得的文件及查询路径为:(1)获取证明应收账款债权人享有该应收账款债权的全部权利证明文件,具体包括交易合同、物流单据、验收清单等;(2)取得应收账款债务人和应收账款债权人确认的应收账款确认函,调查债务人和债权人是否对合同履行;(3)通过企业询问及征信系统查询的方式调查应收账款债权人是否存在已将标的应收账款转让他人或为第三人提供质押担保的情况。①

在司法实践中,法院应结合保理公司的上述尽调内容对应收账款的真实性、合法性、可转让性及权利完整性进行审查。保理人作为原告提起诉讼为证明应收账款法律关系真实有效,往往会提供基础交易合同、入库单、发票等证据材料。法院在审理过程中关于印章真实性、涉案基础合同与发票、入库单等证据是否一一对应是审查的重点。例如,在本案中通过两次公章比对的司法鉴定均证明基础合同并非苏宁易购签订的事实,即使原告提交的发票等材料是真实的也仅能证明应收账款债权人与债务人之间另有其他真实交易关系,但与债权人向原告申请保理业务所依据的基础合同无关。

(二)审查保理合同效力

审查保理合同效力主要是审查保理合同是否是当事人真实意思表示,是否违反法律或行政法规的禁止性规定。法院在审查时应注意保理合同的交易内容和交易流程的约定是否符合商业保理的形式要件,合同条款是否经双方合意确认,是否存在违反法律或行政法规的禁止性规定的情形,以此判定合同的效力。保理合同不因基础债权不真实而当然无效,商业保理公司因受欺诈,违背真实意思表示建立的保理合同,并履行了合同约定的付款义务,在无证据证明其为明知的情况下,保理公司受欺诈签订合同不构成合同绝对无

① 具体来说,商业保理公司对于应收账款真实性的调查方法和内容一般包括:(1)应根据标的的应收账款对应的基础合同文本原件、送货单、物流单据、验收单据、发票等材料,通过印章、笔迹的比对,分别向应收账款债权人、债务人询问交易细节等方法,判断所取得的上述材料是否真实,确保应收账款债务人和债权人不存在伪造材料的情况;(2)审阅基础合同文本,对产品种类、价格、数量、付款条件、付款期限等重要条款进行审核,判断合同约定是否符合行业交易习惯,并对异常交易进行重点调查,以防应收账款债务人与债权人串通,以不实交易骗取保理融资款;(3)在确定材料真实的情况基础上,核对送货清单、验收单等单据所记载内容是否与基础合同约定一致;(4)核查发票金额、发货清单记载金额及合同约定金额三者是否相符。

效事由,法律赋予保理公司决定合同效力的撤销权。

(三)审查债务人责任状态

在保理业务进行的过程中,商业保理公司往往会要求应收账款债务人对应收账款转让事实进行确认,这既是履行债权转让的通知义务,也是对基础债权真实性的核查手段。债务人出具确认函或通过其他方式对应收账款金额及转让事实进行确认,受保理合同约束,应向保理人履行付款义务。转让通知的方式可以是邮寄送达也可以是面签。选择邮寄送达的方式应注意应收账款确认通知的寄送地址应是应收账款债务人的真实地址(如注册地址、具有公示效力的办公地址、基础合同中约定的送达地址等);采用面签形式的应注意核验盖章人身份信息、授权证明、印章真实性等,可以对面签的过程进行全程录音录像,并且在确权后再次送达快递进行补充通知。

在司法实践中,对债务人责任状态的审查,主要在于审查应收账款债务人是否存在通谋虚伪意思表示。如果债务人在明知应收账款不真实的情况下,仍出具确认函,对应收账款的真实性及金额进行确认,即可判定应收账款债权人与债务人通谋虚伪意思表示。在保理人善意无过失的情况下,应收账款债务人应依其承诺的数额向保理人承担责任,而不得以应收账款虚假的理由对抗保理人。但是通知未送达应收账款债务人,应收账款债务人未对债权真实性予以确认的,仅是融资人虚构应收账款并且通过虚构债务人送达地址、伪造债务人公章等方式误导保理人的,因保理人核查应收账款债权真实性的意思未到达债务人,债务人也未进行任何确认,故债务人不承担责任。

(四)审查保理人责任状态

一直以来,我国对金融牌照严格管控,而在保理制度发展过程中,很长一段时间对保理人牌照的管控存在不足,大量保理公司利用保理合同的外壳开展借贷业务,保理人明知基础债权是虚构的,但为了追求业务量对虚构债权的行为选择视而不见。大量不符合开展保理业务资质要求的债权人,通过虚构债权满足保理人业务流程从而获得融资款项。为避免金融领域风险向其他领域扩散、防范大规模金融事故的发生,否定此种情况下保理人向债务人受偿的权利有着现实的必要性。

对于保理人责任状态的审查主要在于审查保理人对虚构应收账款的事实是否明知。首先应区分“明知”与“应知”。与“明知”的故意而为不同,“应知”主要是因过失或过错导致的审查疏忽,具体来说是指保理公司按照应收账款的尽调审查规则应当发现虚构应收账款的事实,但却因操作不到位、审查不规范等疏忽而没有发现。此时保理人与应收账款债权人、债务人之间并无串通,从一般理性人的角度判断,保理公司也不可能自担风险,自愿放弃保理固有的应收账款保障。若证据仅能证明保理人应履行审核义务却未履行,导致其应知虚构应收账款的事实却未知,而签订保理合同,不足以成为否定保理人向债务人受偿的权利的依据。

在司法实践中,“明知”与“应知”的界限较难把握。我们认为“应知”情况基本体现为保理人尽职调查义务履行不当,存在过失履职行为,其中严重履职不当也未必构成“明知”。除部分案件有如刑侦笔录等明确证明保理人应知的证据外,对于部分严重履职不当或其他过失行为应视该行为可否依据证据规定推导出有“明知”的故意。在推导的过程中应坚持两个基本原则:一是在正向认定中,推定的逻辑本身具有合理性。例如,保理人明知债务人的公章并非处于债务人自身控制下,仍在面签的过程中见证非债务人及其工作人员在《应收账款确认书》等证明应收账款真实性的文件上加盖债务人公章,可以推定保理人明知虚构应收账款的事实。二是反向排除环节,能够排除当事人抗辩的合理性。例如,保理公司抗辩明知应收账款虚假却与应收账款债权、债务人串通签订保理合同是其工作人员所为,其并不知情。员工对外代表公司从事商事行为,并且在用章、放款等重要事项上须征得公司同意,保理公司不知情的抗辩显然不具有合理性。

五、虚构应收账款情况下保理人民事救济途径

(一)供应链上下游企业共同虚构债权的救济

针对债权人与债务人共同虚构债权的情况,保理人可以通过如下途径维护自身利益:首先,保理人可以要求继续履行合同即债务人按照合同约定清

偿债务。如债务人拒不清偿债务,保理人可向债权人主张违约责任。此种方法适用于债权虽为伪造,但债务人或债权人自身有足够的资产来清偿债务并承担责任的情形。继续履行合同对保障保理人的权利而言最有利,满足了保理人在订立合同时的合理预期,也不会为保理人增加额外的成本。其次,保理人可以债权人虚构债权为由主张撤销该合同,要求返还相关保理融资款。在虚构债权的情形下,保理合同属于受欺诈而订立,保理人作为受欺诈方有权请求撤销该合同。此种方法主要适用于债权人或债务人资产状况不佳,可能无法承担相关责任的情形,保理人及时申请撤销合同有利于避免损失的进一步扩大。最后,如保理人已因虚构债权而受到损失,可提起侵权诉讼,要求债权人、债务人及相关责任人承担连带责任。债权人、债务人共同虚构债权诱使保理人与其签订合同,属于共同侵权行为,对保理人的损失应承担连带责任。

(二)供应链上游企业单方虚构债权的救济

应收账款债权人单方虚构债权的情况下,保理人有权主张撤销保理合同并请求债权人返还保理款。在有追索权的保理中,保理人也可主张继续履行合同并向债权人行使追索权。需要讨论的是,此时保理人是否有权向被冒名的债务人主张责任。

理论上,债务人因被冒名而参与到保理关系中,对基础债权的存在并不知情,也没有协助债权人欺诈保理人的行为,似乎不应让其承担任何责任。但从实践的角度来看,保理人在订立合同前都会按照相关规章履行严格的审查手续,以证实债权的真实性。为了通过以上审查,债权人须提供由债务人真实签章的合同、承诺书、交易记录等债权凭证,未满足审查流程的保理人不会向债权人开展保理业务。债权虽为债权人单方虚构,但债权人单方虚构的债权能够通过保理人审查,其中可能伴随债务人自身的过错行为,如对公司公章空白合同的不规范管理等。在债务人与债权人共同虚构债权的情况下,因为债务人的过错行为,法律规定保理人有权向其主张债权。同理在债权人单方虚构债权而债务人有过错的情况下,笔者认为,应当根据侵权责任法的规定,基于债务人的过错程度,责令其与债权人就保理人的损失承担与其过错程度相应的连带责任。

会议综述

2022 年长三角金融庭长论坛要点摘编

2022 年 12 月 4 日，上海金融法院主办的第五届长三角金融庭长论坛在上海举行。来自长三角区域的司法机关、金融机构、高校、律所的专家学者围绕“绿色融资租赁前沿法律问题”进行了讨论，上海金融法院研究室就研讨问题及会议讨论的观点意见进行梳理汇总，形成了《2022 年长三角金融庭长论坛要点摘编》，供审判执行工作参考。

一、融资租赁物范围的界定

融资租赁标的物的法律界限和选择标准尚未有明确规定，租赁物规范性不足是导致其范围难以界定的根本原因，以下几个问题在标的物是否适格的纠纷中较为典型。

问题 1：构筑物[①]能否作为融资租赁适格标的物

研讨活动中，并没有形成多数观点。部分观点认为，构筑物能够作为适格标的物。理由如下：首先，我国的法律法规、行业监管政策、会计准则均未限制构筑物作为融资租赁标的物。《中华人民共和国民法典》（以下简称《民

① 构筑物是指不具有居住或者生产经营功能的人工建造物，如道路、桥梁、隧道、水池、水塔、纪念碑等。上述定义参见最高人民法院民法典贯彻实施工作领导小组主编：《中华人民共和国民法典物权编理解与适用》（下），人民法院出版社 2020 年版，第 725 页；胡康生主编：《中华人民共和国物权法释义》，法律出版社 2007 年版，第 306 条。

法典》)第735条①仅明确了融资租赁的交易结构,并未对租赁物的范畴作明确界定。原中国银行业监督管理委员会2014年发布的《金融租赁公司管理办法》第4条②将租赁物限定为固定资产。结合财政部2001年发布的《企业会计准则第4号——固定资产》对于固定资产③的认定,凡是真实存在、权属清晰的符合条件的固定资产,均可作为融资租赁的租赁物。其次,构筑物的所有权具有独立性。根据《民法典》231条④的规定,合法建造房屋属于事实行为,只要权利人依法完成了建造行为,即便没有办理所有权初始登记,也可以取得相应构筑物的所有权。最后,在当前我国努力实现"碳达峰、碳中和"目标背景下,将风力、水利设备作为融资租赁适格标的物,符合绿色金融助力碳达峰碳中和的政策导向,能够扶持绿色金融发展,达到盘活资产的目的。部分观点认为,构筑物担无法作为融资租赁适格标的物。银保监会办公厅于2022年2月发布的《关于加强金融租赁公司融资租赁业务合规监管有关问题的通知》明确,租赁物构筑物须满足所有权完整且可转移、可处置(金融租赁公司可取回、变现)、非公益性、具备经济价值(能准确估值、能为承租人带来经营性收入并偿还租金)的要求。严禁将道路、市政管道、水利管道、桥梁、坝、堰、水道、洞,非设备类在建工程、涉嫌新增地方政府隐性债务以及被处置后可能影响公共服务正常供应的构筑物作为租赁物。⑤ 此前,国务院国资委于2021年6月印发的《关于进一步促进中央企业所属融资租赁公司健康发

---

① 《民法典》第735条规定:"融资租赁合同是出租人根据承租人对出卖人、租赁物的选择,向出卖人购买租赁物,提供给承租人使用,承租人支付租金的合同。"

② 《金融租赁公司管理办法》(中国银监会令2014年第3号)第4条规定:"适用于融资租赁交易的租赁物为固定资产,银监会另有规定的除外。"

③ 《企业会计准则第4号——固定资产》第3条规定:"固定资产,是指同时具有下列特征的有形资产:(一)为生产商品、提供劳务、出租或经营管理而持有的;(二)使用寿命超过一个会计年度。使用寿命,是指企业使用固定资产的预计期间,或者该固定资产所能生产产品或提供劳务的数量。"

④ 《民法典》第231条规定:"因合法建造、拆除房屋等事实行为设立或者消灭物权的,自事实行为成就时发生效力。"

⑤ 《关于加强金融租赁公司融资租赁业务合规监管有关问题的通知》(银保监办发〔2022〕12号)规定:"……二、加强构筑物作为租赁物的适格性监管作为租赁物的构筑物,须满足所有权完整且可转移(出卖人出售前依法享有对构筑物的占有、使用、收益和处分权利,且不存在权利瑕疵)、可处置(金融租赁公司可取回、变现)、非公益性、具备经济价值(能准确估值、能为承租人带来经营性收入并偿还租金)的要求。严禁将道路、市政管道、水利管道、桥梁、坝、堰、水道、洞,非设备类在建工程、涉嫌新增地方政府隐性债务以及被处置后可能影响公共服务正常供应的构筑物作为租赁物。"

展和加强风险防范的通知》也要求,不得接受已设置抵押、权属存在争议、已被司法机关查封、扣押的财产或所有权存在瑕疵的财产作为租赁物,严格限制以不能变现的财产作为租赁物。① 综上,构筑物需符合所有权明确、具有使用价值、具备流通性、不损害公共利益的要求才可能成为融资租赁标的物。但实践中,大部分构筑物因构筑物添附于房屋或土地上不能移动或移动对资产价值不利,往往不具备独立性、可流通和可处置性,存在处理困难,无法变价抵偿。同时,构筑物大多用于公共事业,权属归属于国家,具有公益性质。将构筑物作为租赁物,实际上变相扩大了政府债务的风险,②故主张构筑物不能作为融资租赁适格标的物。

问题2:构筑物无法办理登记是否影响融资租赁关系的成立

对于构筑物能否办理确权或变更登记是否影响融资租赁关系的成立存在争议。研讨活动中,并没有形成多数观点。部分观点认为,构筑物无法办理变更登记,会影响融资租赁法律关系成立。我国实行不动产统一登记制度,按照《民法典》第209条③的规定,不动产物权的设立、变更、转让和消灭,经依法登记发生效力,未经登记,不发生效力。构筑物作为非典型不动产,变更权属要办理过户登记。实践中,国道、桥梁、隧道、堤坝等构筑物所有权归国家所有,地下管网、城市道路等其他构筑物所有权归属亦较复杂,不具有产权清晰、可流通的特点,无法办理权属登记及变更登记,不能实现租赁物物权担保功能。融资租赁交易的特点系以购买租赁物、保留租赁物所有权的方式为租金债权提供担保,因构筑物无法变价抵偿,不具有担保功能,出租人无法

---

① 《关于进一步促进中央企业所属融资租赁公司健康发展和加强风险防范的通知》(国资发资本规〔2021〕42号)规定,"严格规范融资租赁公司业务开展。……规范租赁物管理,租赁物应当依法合规、真实存在,不得虚构,不得接受已设置抵押、权属存在争议、已被司法机关查封、扣押的财产或所有权存在瑕疵的财产作为租赁物,严格限制以不能变现的财产作为租赁物,不得对租赁物低值高买,融资租赁公司应当重视租赁物的风险缓释作用。强化资金投向管理,严禁违规投向违反国家防范重大风险政策和措施的领域,严禁违规要求或接受地方政府提供各种形式的担保"。

② 参见最高人民法院民法典贯彻实施工作领导小组主编:《中华人民共和国民法典合同编理解与适用(三)》,人民法院出版社2020年版,第1624页。

③ 《民法典》第209条第1款规定:"不动产物权的设立、变更、转让和消灭,经依法登记,发生效力;未经登记,不发生效力,但是法律另有规定的除外。"

取得租赁物的所有权,承租人也不能实际占有、使用租赁物,故不应当认定为融资租赁合同关系成立。

部分观点认为,构筑物无法办理变更登记,并不影响融资租赁关系的成立。理由如下:首先,根据最高人民法院《关于审理融资租赁合同纠纷案件适用法律问题的解释》(以下简称《融资租赁司法解释》)的规定,[①]融资租赁关系是否成立要结合《民法典》第735条[②]和第737条[③]的规定和个案情况进行综合分析,并不以租赁物办理登记为前提要件。其次,根据《民法典》第745条[④]的规定,出租人对租赁物享有所有权,未登记只是不能对抗善意第三人。在构筑物无法办理变更登记的情况下,出租人仍能对租赁物实现物权担保功能。最后,在构筑物所有权不能办理登记的现状下,应根据物权法法理来认定构筑物所有权归属、构筑物作为担保物权功能的实现。以附着在不动产之上的构筑物为例,根据《民法典》第231条[⑤]和第352条[⑥]的规定,合法建造房屋属于事实行为,只要权利人依法完成了建造行为,即便没有办理所有权初始登记,也可以取得相应构筑物的所有权。若构筑物所依附的建设用地的使用权人能够提供证据证明其从合法建造人处合法取得构筑物,应认定出租人享有构筑物所有权。因此,只要构筑物符合融资租赁标的物属性,则不影响融资租赁合同法律关系的成立。我国构筑物权属登记机制尚处于探索阶段,采用登记对抗主义,构筑物登记取得对抗第三人的效力,有助于出租人担保物权的实现。实践中,也已有地方政府或相关部门出台相关规定办法,解决了构筑物登记困难问题。出租人可以参考行业主管部门或地方政府发布的

---

① 《融资租赁司法解释》第1条第1款规定:"人民法院应当根据民法典第七百三十五条的规定,结合标的物的性质、价值、租金的构成以及当事人的合同权利和义务,对是否构成融资租赁法律关系作出认定。"

② 《民法典》第735条规定:"融资租赁合同是出租人根据承租人对出卖人、租赁物的选择,向出卖人购买租赁物,提供给承租人使用,承租人支付租金的合同。"

③ 《民法典》第737条规定:"当事人以虚构租赁物方式订立的融资租赁合同无效。"

④ 《民法典》第745条规定:"出租人对租赁物享有的所有权,未经登记,不得对抗善意第三人。"

⑤ 《民法典》第231条规定:"因合法建造、拆除房屋等事实行为设立或者消灭物权的,自事实行为成就时发生效力。"

⑥ 《民法典》第352条规定:"建设用地使用权人建造的建筑物、构筑物及其附属设施所有权属于建设用地使用权人,但是有相反证据证明的除外。"

关于特定构筑物登记的文件,[①]落实构筑物的过户登记问题。同时,出租人也可以向公证处申请办理相关公证,以完善构筑物的过户登记问题。

问题 3:财产性权利能否构成融资租赁的适格标的物

实践中,以权利作为融资租赁标的物的,主要包括两类:一是收费权,如高速公路的收费权;二是专利权、商标权等知识产权。对于上述财产性权利能否构成融资租赁的适格标的物。多数观点认为,知识产权可以作为融资租赁标的物,其他财产权利不可以。"知识产权可以作为融资租赁标的物"的理由如下:一是知识产权是"物化"的权利,更类似于物的所有权,与其他财产权利有本质不同。知识产权与所有权类似,是排他的,具有绝对性,是对世权。知识产权的这种类似于"物"的特征,符合融资租赁交易中对租赁物的可流通性、有使用价值、所有权明确的要求。二是知识产权作为融资租赁标的物不违反法律禁止性规定,融资租赁作为科技型企业的重要融资渠道,符合党的十八大提出的创新驱动发展战略。《民法典》等并未对融资租赁标的物的性质加以限定。与此同时,各地先后出台了多部文件认可和鼓励知识产权作为融资租赁标的物。[②] 三是专利权、商标权等知识产权权属清晰能够办理过户登记,可以通过使用产生收益。司法实践对此亦予以支持,如首份确认知识产权作为融资租赁交易标的物的判决中明确,法律法规未将著作权排除在融资租赁合同标的物之外,租承双方对标的物著作权进行了第三方评估后签订《所有权转让协议》并在国家版权局办理了权利转移变更登记完成转让,且售后回租租金构成相对合理,应认定双方签订的《售后回租赁合同》不违背法律的强制性规定,合法有效。[③] 除知识产权外,收费权、不动产的资产收益权等

---

① 诸如《水库大坝注册登记办法》(水管〔1995〕290 号)、《深圳市海上构筑物登记暂行办法》(深圳市人民政府令〔第 213 号〕)、《辽宁省高速公路土地登记发证实施方案》(辽政办发〔2016〕55 号)、《上海市停车场(库)管理办法》(2021 年修正)等。

② 北京市人民政府于 2015 年 9 月 13 日出台的《北京市服务业扩大开放综合试点实施方案》规定,试点著作权、专利权、商标权等无形文化资产的融资租赁。上海市在《关于进一步加强本市知识产权金融工作的指导意见》中明确提到要鼓励深入开展知识产权融资租赁业务。《上海浦东新区绿色金融发展若干规定》第 18 条明确,支持登记注册在浦东新区的融资租赁公司探索开展绿色低碳相关技术专利等无形资产的融资租赁业务。

③ 参见天津市滨海新区人民法院民事判决书,(2020)津 0116 民初 27378 号。

财产性权利因不具有可使用性,故主张不可以作为融资租赁标的物。

少数观点认为,财产性权利无法构成融资租赁关系的适格标的物。理由如下:一是《民法典》使用“租赁物”的概念,其实质是使用物,而承租人无法使用财产性权利这样的“物”,将其纳入适格标的物范畴已违背了基本的民法权利体系;二是有关租赁物的折旧、残值的计算和折抵的规则不能适用于财产性权利;三是既有监管规定将租赁物限定为固定资产,[①]即显著排除了权利;四是不以物为载体的各种租赁形式,不属于租赁的研究范畴,只是该载体所属领域对租赁概念的借用;五是从法律关系的本质来看,收费权的融资租赁实质上是收费权的质押,专利权、商标权的融资租赁多为知识产权的质押或者许可使用。财产性权利可以通过质押等方式完成融资,但不能构成融资租赁关系的适格标的物。[②]

问题4:生物资产能否作为融资租赁关系的适格标的物

多数观点认为,生物资产可以作为融资租赁关系的适格标的物。近年来,生物资产作为融资租赁物的创新探索,为农、林、牧、副、渔业提供了崭新的融资渠道,缓解了其由于适格资产缺乏而造成的融资困境。多部政策文件明确鼓励将生物资产进行融资租赁,[③]生物资产作为融资租赁物具有一定合法性基础。需明确的是,生物资产作为融资租赁关系的适格标的物应符合一定条件。根据《企业会计准则第5号——生物资产》的规定,生物资产是指“有生命的动物和植物”,且限于“与农业生产相关的生物资产”。依据持有目的的不同,该准则将生物资产分为消耗性生物资产、生产性生物资产和公

---

① 《金融租赁公司管理办法》第4条规定:“适用于融资租赁交易的租赁物为固定资产,银监会另有规定的除外。”

② 参见最高人民法院民法典贯彻实施工作领导小组主编:《中华人民共和国民法典合同编理解与适用(三)》,人民法院出版社2020年版,第1625~1626页。

③ 国务院办公厅2015年8月出台的《关于加快融资租赁业发展的指导意见》(国办发〔2015〕68号)明确和2015年9月出台的《关于促进金融租赁行业健康发展的指导意见》(国办发〔2015〕69号)分别明确规定“在风险可控的前提下,稳步探索将租赁物范围扩大到生物资料等新领域”“探索将生物资产作为租赁物的可行性”。

益性生物资产。[①] 从融资租赁物适格性的角度来看,融资租赁公司开展融资租赁业务应当以权属清晰、真实存在且能够产生收益的租赁物为载体。消耗性生物资产本身不具有使用价值,公益性生物资产不能为承租人带来价值或收益,因此通说认为该两类生物资产不宜作为融资租赁物。生产性生物资产多数具有使用价值,是劳动工具或手段,其价值可分期转化到劳动产品中,可作为融资租赁物,如奶牛、绵羊、蛋鸡等动物,以及非一次性收获的果树、经济林等植物,其使用价值可以收取自然孳息的方式实现。生产性生物资产本身具有难以特定化、难以形成确定的物等特征,故适合作为租赁物的生物资产还应具有特定性的特征。生物资产融资租赁中承租人拥有的生物资产少则数以百计、多则数以万计,若仅在合同中简单约定租赁物的数量,且无其他能够将租赁物特定以区别于其他物的相关证据的,应以租赁物不能特定化而不构成融资租赁法律关系。综上,只有生产性生物资产具有特定化的特征才能作为融资租赁关系的适格标的物。此外,司法实践中,已有多起直接或间接承认生物资产可以作为适格融资租赁物的判决。[②]

虽然生物资产的生长过程容易受各种自然因素(土壤、温度、水分等)的影响,从而造成减产、质量下降、损伤、灭失或死亡的后果或难以形成确定的物,特别是动物活体容易受生长周期、生存环境及动物疫病等因素的影响,其作为租赁物流通和保值风险较大,在承租人迟付或者拒付租金时,出租人即会失去物的保障,无法处理租赁物获取残值,但这都属于租人和承租人双方事先明知的商业风险,不能以此否定当事人之间的融资租赁法律关系。

少数观点认为,生物资产无法构成融资租赁关系的适格标的物。一方面,生物资产在同批或同范围中无法具体确定,不符合融资租赁标的物的属

① 《企业会计准则第 5 号——生物资产》第 1 条规定:"为了规范与农业生产相关的生物资产的确认、计量和相关信息的披露,根据《企业会计准则——基本准则》,制定本准则。"第 2 条规定:"生物资产,是指有生命的动物和植物。"第 3 条规定:"生物资产分为消耗性生物资产、生产性生物资产和公益性生物资产。消耗性生物资产,是指为出售而持有的、或在将来收获为农产品的生物资产,包括生长中的大田作物、蔬菜、用材林以及存栏待售的牲畜等。生产性生物资产,是指为产出农产品、提供劳务或出租等目的而持有的生物资产,包括经济林、薪炭林、产畜和役畜等。公益性生物资产,是指以防护、环境保护为主要目的的生物资产,包括防风固沙林、水土保持林和水源涵养林等。"

② 参见上海金融法院民事判决书,(2020)沪 74 民终 72 号;上海市松江区人民法院民事判决书,(2018)沪 0117 民初 18944 号。

性,因此融资租赁关系不成立。比如,承租人以其拥有的部分牲畜用于融资租赁,少则数以百计、多则数以万计,租赁物特定化存在困难。另一方面,作为劳动对象的牲畜如肉鸡、肉猪,以及一次性收获的农作物如水稻、小麦等,其本身就是劳动目的,不具有租赁物应具使用价值的特征,不宜作为租赁物。最高人民法院在柳林县浩博煤焦有限责任公司、山西联盛能源投资有限公司融资租赁合同纠纷一案中即明确,“作为所有权的标的物,租赁物应当客观存在,并且为特定物。没有确定的、客观存在的租赁物,亦无租赁物的所有权转移,仅有资金的融通,不构成融资租赁合同关系”①。

二、出租人对标的物价值的审查义务标准

司法实践中,当融资租赁物价值虚高时,对于融资租赁公司的审查义务边界尚未形成统一意见。

问题5:如何判断融资租赁公司尽到了对标的物价值的审查义务

多数观点认为,融资租赁公司负有较高的审查义务,除查看评估报告、财务报表、固定资产清单等财务资料外,融资租赁公司应同时审查融资租赁标的物的买卖合同及相关发票的真实性,否则不能视为其尽到了审查义务。理由如下:一是租赁物价值是判断是否构成融资租赁合同法律关系的重要因素之一。租赁物“低值高卖”的情形,实际是“出租人”以融资租赁合同的名义安排交易,实为在信贷管制严格的客观条件下,以融资租赁合同的方式进行变相贷款。若融资租赁公司未尽到合理审查义务,应承担融资租赁合同法律关系被否定的后果。尊重双方真实意思表示,出租人应承担相应商业风险,不得侵犯第三人权益。若双方虚伪通谋,则融资租赁合同无效;若仅承租人单方虚构租赁物价值,融资租赁公司经过审查,不知道或不应知道的,可选择撤销或继续履行合同,避免违约方获益。二是租赁物价值是判断租金是否过

---

① 参见最高人民法院民事判决书,(2016)最高法民终286号。

高的重要依据。根据《民法典》第 746 条的规定[①],出租人购买租赁物的成本是构成租金的最主要部分,出租人购买租赁物所花费的成本,将从承租人支付的租金中得到补偿,故确认租赁物的真实价值,是判断租金是否超过法律规定上限的重要依据。实践中,有约定的租金显著高于前述租金计算方式的数倍,使此类合同只有融资之实,而无融物之质。三是融资租赁公司审查租赁物实际价值是行政监管的要求。《融资租赁公司监督管理暂行办法》第 17 条规定:"融资租赁公司应当建立健全租赁物价值评估和定价体系,根据租赁物的价值、其他成本和合理利润等确定租金水平。售后回租业务中,融资租赁公司对租赁物的买入价格应当有合理的、不违反会计准则的定价依据作为参考,不得低值高买。"《融资租赁企业监督管理办法》第 20 条第 2 款规定:"融资租赁企业在签订售后回租协议前,应当审查租赁物发票、采购合同、登记权证、付款凭证、产权转移凭证等证明材料,以确认标的物权属关系。"该规定明确了出租人审查义务,如未履行此义务,则可认定融资租赁公司在缔约过程中存在过错,进而导致认定名为融资租赁,实为借贷法律关系。上述规定的目的是引导融资租赁公司遵守法律法规,回归本源,合规经营。如果通过购入租赁物时取得的原始发票、企业审计报告中列明的租赁标的物原值、第三方评估公司出具的评估报告核实租赁物价值的操作方式,仅为形式审查,容易出现"低值高卖"。司法审判应与行政监管相协同,通过要求融资租赁公司进行实质审查,引导融资租赁行业良性发展。

少数观点认为,只要融资租赁公司持有评估报告、财务报表、固定资产清单等财务资料,并凭上述财务资料认定租赁物价值即视为融资租赁公司尽到了审查义务。理由包括:一是关于融资租赁公司对标的物价值的审查义务应以形式审查为主,不认为低值高估一定就构成虚构租赁物。二是根据《融资租赁公司监督管理暂行办法》第 17 条的规定[②],融资租赁公司应有合理的、不违反会计准则的定价依据。出租方持有的评估报告、财务报表、固定资产清

---

① 《民法典》第 746 条规定:"融资租赁合同的租金,除当事人另有约定外,应当根据购买租赁物的大部分或者全部成本以及出租人的合理利润确定。"

② 《融资租赁公司监督管理暂行办法》第 17 条规定:"融资租赁公司应当建立健全租赁物价值评估和定价体系,根据租赁物的价值、其他成本和合理利润等确定租金水平。售后回租业务中,融资租赁公司对租赁物的买入价格应当有合理的、不违反会计准则的定价依据作为参考,不得低值高买。"

单能认定租赁物价值,在没有证据证明当事人恶意串通,融资租赁公司在明知数据造假,仍然低价高买的情况下,出租方有合理定价依据,就租赁物价值尽到了审查义务。

三、融资租赁总体收益率计算

问题6:融资租赁合同加速到期后可否以未到期租金为基数计算违约金

在研讨活动中,并没有形成多数观点。部分观点认为,不应以未到期租金为基数计算违约金,理由如下:要求赔付违约金与加速到期的诉请逻辑相悖。根据《民法典》第752条的规定[①],对于支付全部租金(加速到期)与解除合同两种救济途径,出租人只能择一行使。出租人选择加速到期,即选择继续履行合同。以未到期租金为基数计算违约金实属出租人选择解除合同的救济途径,是最高人民法院《关于审理融资租赁合同纠纷案件适用法律问题的解释》第11条[②]规定的出租人要求承租人承担合同解除后损失赔偿责任之情形。在继续履行合同的情形下,从维护融资租赁双方利益的动态平衡角度来说,融资租赁租金中包含了融资本金和资金占用的成本,加速到期后,出租人收回金额为"剩余租金债权总额",即其收回的未到期租金包含了加速到期的本金及利息,故加速到期制度实则剥夺承租人期限利益,对承租人已具有一定惩罚性,已经对出租人形成较全面的保护,如再行收取违约金,则会对承租人造成过重债务负担。

部分观点认为,如果合同约定未到期租金可以计算违约金,还是应当尊重当事人的意思自治,只要不超过以本金为基数的年利率24%。理由如下:

---

① 《民法典》第752条规定:"承租人应当按照约定支付租金。承租人经催告后在合理期限内仍不支付租金的,出租人可以要求支付全部租金;也可以解除合同,收回租赁物。"

② 最高人民法院《关于审理融资租赁合同纠纷案件适用法律问题的解释》第11条规定:"出租人依照本解释第五条的规定请求解除融资租赁合同,同时请求收回租赁物并赔偿损失的,人民法院应予支持。前款规定的损失赔偿范围为承租人全部未付租金及其他费用与收回租赁物价值的差额。合同约定租赁期间届满后租赁物归出租人所有的,损失赔偿范围还应包括融资租赁合同到期后租赁物的残值。"

一是违约金具有补偿性和惩罚性,有利于避免违约、促进诚信交易、降低交易成本,因此无论是根据法律规定还是从促进交易的角度出发,都应尊重当事人的意思自治,不应轻易否定当事人对于违约金的约定。但是约定的违约金过高的,人民法院根据《民法典》第 585 条第 2 款的规定,[①]依当事人的请求,应根据违约程度、违约主观恶性等因素调整违约金,使其总体上不超过年利率 24%。二是司法实践中,判决后至租期届满前的很长时间内,承租人也很少清偿租金,若不支持未到期租金可以计算违约金,则会导致承租人的违约成本过低,违反公平原则,甚至会引发承租人提前违约的道德风险。此外,对于违约金的计算问题,该观点认为,如有证据证明租赁物成本,以租赁物成本与已还租金总额之间的差额为基数计算违约金会更加合理。

问题 7:如何认定并计算律师费

《最高人民法院关于审理民间借贷案件适用法律若干问题的规定》(以下简称《借贷规定》)第 29 条规定:"出借人与借款人既约定了逾期利率,又约定了违约金或者其他费用,出借人可以主张逾期利息、违约金或者其他费用,也可以一并主张,但是总计超过合同成立时一年期贷款市场报价利益四倍的部分,人民法院不予支持。"司法实践中,对于"其他费用"的范围存在一定争议。有观点指出《借贷规定》明确了逾期利率、违约金、其他费用总计不超过一年期贷款市场报价利率的 4 倍,律师费属于该条款中的"其他费用",也应当受此限制。

本次研讨会一致意见认为,《借贷规定》第 29 条中"其他费用"的范围不包括借款人按照合同约定应当承担的律师费、诉讼费等为实现债权支出的合理费用。即使违约金、逾期利率等总计达到一年期贷款市场报价利率的 4 倍,借款人仍有权要求债务人依照合同约定支付相应的律师费。理由如下:一是律师费不是融资成本,不属于《借贷规定》规定的其他费用。《借贷规定》第 29 条所称的"其他费用"性质应为借款人为获得融资而支出的必要成

---

① 《民法典》第 585 条第 2 款规定:"约定的违约金低于造成的损失的,人民法院或者仲裁机构可以根据当事人的请求予以增加;约定的违约金过分高于造成的损失的,人民法院或者仲裁机构可以根据当事人的请求予以适当减少。"

本,是为了防止当事人巧立名目,以各种名义收取超过法律规定标准范围之内的利息。律师费是出租人为维护自己合法权益的必要支出,与融资成本并无直接关系。在司法实践中,合同明确约定违约方应当承担律师费损失,诉讼中亦能举证证明该律师费损失实际发生的,对于该合理的、必要的律师费损失应予支持,在没有约定标准时,可以根据当事人实际支付的相关费用,参照当地律师服务收费政府指导价标准、案件的难易程度、律师的实际工作量酌定律师费。二是在最高人民法院民事审判第一庭编著的《民事审判实务问答》[①]及相关司法判例[②]中,最高人民法院明确律师费和诉讼费用不受民间利率上限限制。

四、融资租赁业务重复登记的法律后果

融资租赁业务因登记内容不规范而导致重复登记的法律后果如何认定,司法实务界存在不同意见。

问题8:重复登记是否能取得类似于抵押质押登记的轮候效力

多数观点认为,重复登记取得类似于抵押登记的轮候效力。该种情形应参照最高人民法院《关于适用〈中华人民共和国民法典〉有关担保制度的解释》(以下简称《担保制度司法解释》)第57条第3款的规定,同一动产上存在多个价款优先权的,应当按照登记的时间先后确定清偿顺序,无论后登记的出租人是否善意,其获得位于次顺位的物上权利。理由如下:一是对抗主义模式下,融资租赁登记的功能类似于动产担保交易登记制度,不在于设定权利,而在于公示标的物上的权利状况及确定竞存权利的优先顺位。[③] 融资

① 最高人民法院民事审判第一庭编著:《民事审判实务问答》,人民法院出版社2021年版,第45页。

② 参见最高人民法院民事判决书,(2016)最高法民终613号。

③ 参见最高人民法院民法典贯彻实施工作领导小组主编:《中华人民共和国民法典合同编理解与适用(三)》,人民法院出版社2020年版,第1661页。

租赁作为非典型担保,根据《民法典》第 414 条的规定①,融资租赁登记可参照抵押权确定登记清偿顺序。故多个已经办理融资租赁登记的出租人,可参照抵押权登记清偿顺序,取得轮候登记效力。租赁物具有担保租金实现的功能,因此,不应否定登记在后租赁业务的性质,但在后登记应承担相应的租赁物处置后无法清偿租金的风险。二是轮候效力应理解为融资租赁作为一种非典型担保手段,在登记取得后其担保功能的顺位问题。国务院出台的《关于实施动产和权利担保统一登记的决定》实施后,中国人民银行自 2021 年 1 月 1 日起对融资租赁实施统一登记。该规定第 3 条②明确,登记系由当事人自主办理,并对登记内容的真实性、完整性和合法性负责。关于该登记的效力,根据《民法典》第 745 条③的规定,"出租人对租赁物享有的所有权,未经登记,不得对抗善意第三人"。因此,当事人所作融资租赁登记,其目的在于对该物的相关权利产生公示效果,结合《担保制度司法解释》第 57 条第 3 款及第 65 条④的规定,登记应取得相应顺位的物上权利。实践中,存在不同登

---

① 《民法典》第 414 条规定:"同一财产向两个以上债权人抵押的,拍卖、变卖抵押财产所得的价款依照下列规定清偿:(一)抵押权已经登记的,按照登记的时间先后确定清偿顺序;(二)抵押权已经登记的先于未登记的受偿;(三)抵押权未登记的,按照债权比例清偿。其他可以登记的担保物权,清偿顺序参照适用前款规定。"

② 国务院《关于实施动产和权利担保统一登记的决定》第 3 条规定:"纳入统一登记范围的动产和权利担保,由当事人通过中国人民银行征信中心(以下简称征信中心)动产融资统一登记公示系统自主办理登记,并对登记内容的真实性、完整性和合法性负责。登记机构不对登记内容进行实际审查。"

③ 《民法典》第 745 条规定:"出租人对租赁物享有的所有权,未经登记,不得对抗善意第三人。"

④ 最高人民法院《关于适用〈中华人民共和国民法典〉有关担保制度的解释》第 57 条第 3 款规定:"同一动产上存在多个价款优先权的,人民法院应当按照登记的时间先后确定清偿顺序。"

第 65 条规定:"在融资租赁合同中,承租人未按照约定支付租金,经催告后在合理期限内仍不支付,出租人请求承租人支付全部剩余租金,并以拍卖、变卖租赁物所得的价款受偿的,人民法院应予支持;当事人请求参照民事诉讼法'实现担保物权案件'的有关规定,以拍卖、变卖租赁物所得价款支付租金的,人民法院应予准许。

出租人请求解除融资租赁合同并收回租赁物,承租人以抗辩或者反诉的方式主张返还租赁物价值超过欠付租金以及其他费用的,人民法院应当一并处理。当事人对租赁物的价值有争议的,应当按照下列规则确定租赁物的价值:

(一)融资租赁合同有约定的,按照其约定;

(二)融资租赁合同未约定或者约定不明的,根据约定的租赁物折旧以及合同到期后租赁物的残值来确定;

(三)根据前两项规定的方法仍然难以确定,或者当事人认为根据前两项规定的方法确定的价值严重偏离租赁物实际价值的,根据当事人的申请委托有资质的机构评估。"

记机关进行登记的情况,亦应按照登记时间先后确定清偿顺序。三是《担保制度司法解释》第57条[①]将以融资租赁方式出租动产的出租人作为可以主张超级价款优先权的权利人,并规定对此种价款的优先权,人民法院应当按照登记的时间先后确定清偿顺序。这也是出租人获得位次顺位的物上权利的依据。

少数观点认为,重复登记不能取得类似于抵押质押登记的轮候效力。鉴于融资租赁登记的信息系当事人自报,登记机关不作真实性审核,应理解为固定事实的证据作用,即固定所有权声明而非抵押权质押权登记。因所有权为排他性权利,故在后登记自始即不能取得声明所有权将来或可能归属自己的法律效果。理由如下:一是根据《民法典》对融资租赁法律关系的定性,功能主义担保观念强调交易的本质。就融资租赁而言,出租人对租赁物享有的所有权只是交易手段,其目的在于担保租金债权的清偿。所有权是形式,担保是目的。出租人在行使权利时,手段不能超过目的。二是初始所有权本来就是出租人的,质押抵押登记时,初始所有权属于债务人的。登记的形式性审查,固定事实的证据作用,固定所有权声明更符合客观实际。三是根据2022年2月1日施行的《动产和权利担保统一登记办法》[②]的相关规定,当事人通过统一登记系统自主办理登记,并对登记内容的真实性、完整性和合法性负责,人民银行征信中心不对登记内容开展实质审查。动产和权利担保登

① 最高人民法院《关于适用〈中华人民共和国民法典〉有关担保制度的解释》第57条规定:"担保人在设立动产浮动抵押并办理抵押登记后又购入或者以融资租赁方式承租新的动产,下列权利人为担保价款债权或者租金的实现而订立担保合同,并在该动产交付后十日内办理登记,主张其权利优先于在先设立的浮动抵押权的,人民法院应予支持:(一)在该动产上设立抵押权或者保留所有权的出卖人;(二)为价款支付提供融资而在该动产上设立抵押权的债权人;(三)以融资租赁方式出租该动产的出租人。买受人取得动产但未付清价款或者承租人以融资租赁方式占有租赁物但是未付清全部租金,又以标的物为他人设立担保物权,前款所列权利人为担保价款债权或者租金的实现而订立担保合同,并在该动产交付后十日内办理登记,主张其权利优先于买受人为他人设立的担保物权的,人民法院应予支持。同一动产上存在多个价款优先权的,人民法院应当按照登记的时间先后确定清偿顺序。"

② 《动产和权利担保统一登记办法》第24条规定:"担保权人、担保人和其他利害关系人应当按照统一登记系统提示项目如实登记,并对登记内容的真实性、完整性和合法性负责。因担保权人或担保人名称填写错误,担保财产描述不能够合理识别担保财产等情形导致不能正确公示担保权利的,其法律后果由当事人自行承担。办理登记时,存在提供虚假材料等行为给他人造成损害的,应当承担相应的法律责任。"

记的目的在于公示担保权利,使市场主体便捷了解担保人名下动产上的担保权利状况,提高担保权利透明度。登记并非行政管理,也不具有设权效力。如果因在先的登记不规范,导致发生在后的重复登记,在先的权利是所有权,在后权利适用善意取得规则。

五、融资租赁物的权属确定问题

问题 9:承租人破产过程中融资租赁公司的权利实现

出租人对租赁物享有的权利在性质上属于担保物权还是所有权一直存在争议,当承租人破产时,融资租赁债权的性质和分组的确认比较复杂。

多数观点认为,破产过程中出租人对于租赁物享有的权利在性质上属于担保物权,参照抵押权进行处理。理由如下:一是出租人对租赁物享有的所有权只是交易手段,其目的在于担保租金债权的清偿。出租人对租赁物享有的"所有权"系为担保其租金债权的实现,出租人对租赁物的权利名为"所有权",其实质更接近基于融资租赁合同取得的"担保物权"。《民法典》第 745 条规定:"出租人对租赁物享有的所有权,未经登记,不得对抗善意第三人。"此条款是在删除原《合同法》第 242 条的后半句"承租人破产的,租赁物不属于破产财产"的基础上,新增了"未经登记,不得对抗善意第三人"的登记对抗主义条款,将出租人对租赁物的所有权进行了一定弱化,反映了出租人通过保留"名义所有权"以担保租金收取权的融资租赁交易实质。二是当合同继续履行的情况下,出租人可基于担保物权有限受偿。首先,出租人所能行使的权利因合同是否解除而不同。承租人未按时履行支付租金义务,出租人可以选择请求支付全部租金(加速到期)或者经催告后解除合同。若符合合同解除情形,出租人可以行使取回权。在融资租赁中,出租人的破产取回权以其所有权为基础。这种基于所有权而享有的请求对方当事人返还所有物的权利称为所有物返还请求权,所以出租人的破产取回权在法律性质上属于所有物返还请求权,是物权请求权的一种。若出租人选择继续履行,则出租人享有加速到期权利。若出租人起诉加速到期符合条件,或者破产管理人选择继续履行[①]且出租人同意,融资租赁合同继续履行,出租人可享有行使“加速到期”权利,同时可依照《担保制度司法解释》65 条[②]的规定,请求就拍卖、变卖租赁物的所得价款优先受偿,出租人对租赁物不享有取回权,这里的优先即为基于担保物权的优先。

少数观点认为,破产过程中出租人对于租赁物享有的权利在性质上属于所有权,参照抵押权进行处理。融资租赁公司对租赁物的所有权虽然实质上发挥着担保功能,但其享有的权利是所有权而非担保物权,这个权利的性质不会因承租人的破产而改变。所以《担保制度司法解释》第 65 条规定的“出租人请求参照民事诉讼法‘实现担保物权案件’的有关规定,以拍卖、变卖租赁物所得价款支付租金的”只是一种行权方式的参照,而非权利属性是担保物权。租赁物所有权归出租人,但租赁物中的部分价值归承租人所有,因此破产程序中出租人对租赁物的所有权的部分权能受限,不得随意处置,管理人得以一方面将租赁物列入破产财产清单中,一方面认定出租人的融资租赁合同项下债权为针对租赁物的优先债权。

另有观点认为,从物的有效利用以及破产资产价值最大化的角度出发,出租人享有的应属于基于担保物权的破产别除权。在融资租赁合同中,由于融资租赁“融资 + 融物”的属性及其引起的当事人之间权利义务关系的特殊性,致使出租人的所有权相较于传统所有权发生了弱化,主要表现在以下方面:一是出租人的所有权丧失了传统所有权的基本内涵;二是出租人的所有

① 破产管理人对是否决定解除合同具有选择权,但破产管理人的选择权应受限制。《中华人民共和国破产法》第 18 条规定:“人民法院受理破产申请后,管理人对破产申请受理前成立而债务人和对方当事人均未履行完毕的合同有权决定解除或者继续履行,并通知对方当事人。管理人自破产申请受理之日起二个月内未通知对方当事人,或者自收到对方当事人催告之日起三十日内未答复的,视为解除合同。管理人决定继续履行合同的,对方当事人应当履行;但是,对方当事人有权要求管理人提供担保。管理人不提供担保的,视为解除合同。”根据上述规定,破产管理人对破产申请受理前成立而债务人和对方当事人均未履行完毕的合同,享有选择权。但在融资租赁合同中,出租人负有支付租赁物购买价款、将租赁物交付承租人使用的积极义务并承担保证承租人在租赁期间对租赁物占有、使用的消极义务。若出租人就其中的积极义务履行完毕,即实现了签订融资租赁合同的实质性目的,应认定出租人就融资租赁合同已履行完毕,此时,对破产管理人的解除合同选择权应加以限制。

② 《担保制度解释》第 65 条第 1 款规定:“在融资租赁合同中,承租人未按照约定支付租金,经催告后在合理期限内仍不支付,出租人请求承租人支付全部剩余租金,并以拍卖、变卖租赁物所得的价款受偿的,人民法院应予支持;当事人请求参照民事诉讼法‘实现担保物权案件’的有关规定,以拍卖、变卖租赁物所得价款支付租金的,人民法院应予准许。”

权受承租人的占有和使用权的限制；三是租期内出租人基于所有权对租赁物的处分实质上是对租金债权的处分。出租人弱化的所有权实际是一种担保物权。故应对出租人的取回权予以限制：第一，在融资租赁中，出租人虽然是租赁物的所有权人，但取得租赁物的所有权并非出租人的目的而只是其实现资本增值的手段，所以出租人并不关心租赁物的状况，出租人也从未像传统所有权人一样想要恢复所有权的完整性。第二，在融资租赁中，担保租金债权实现才是出租人所有权的真正目的和意义所在，从这个角度来说，出租人在租赁物上享有的应该是担保利益而非所有者利益。第三，在融资租赁中，由于租赁物一般都是大型机器设备，给租赁物的取回造成了很大的困难，在租赁物的取回过程中极有可能产生巨大的取回成本或者造成租赁物价值的减损。由于租赁物一般都是根据承租人选择购买的，租赁物的通用性低，再加上出租人设备残值处理能力的不足以及我国租赁物二手市场的不完善，导致出租人在对取回的租赁物进行清算时极有可能出现租赁物难以变现以及租赁物变现成本高、变现价格低等情况。反之，如果出租人不取回租赁物，而是由承租人的破产管理人将租赁物作为企业整体的一部分或将租赁物与相关配套设备一并进行清算，然后再对其中租赁物的价值进行评估，这样租赁物清算所得价款通常会高于出租人取回租赁物后清算所得价款。

问题 10：解除合同并收回租赁物的价值清算

在融资租赁纠纷中，双方未明确约定租赁期限届满租赁物应属于何方，而只约定承租人可支付象征性留购价款取得租赁物所有权，出租人因承租人逾期支付租金要求解除合同并取回租赁物，是否需要适用《民法典》第 758 条①的清算规则，出租人是否可以仅主张到期租金而不进行租赁物价值折抵。

一致观点认为，应该进行租赁物残值的折抵，全部未付租金及其他费用抵扣租赁物残值后确定出租人解除合同后的损失金额，如出租人主张的金额高于前述金额，则判决承租人支付清算后的损失金额。理由如下：首先，出租

① 《民法典》第 758 条第 2 款规定："当事人约定租赁期限届满租赁物归承租人所有，承租人已经支付大部分租金，但是无力支付剩余租金，出租人因此解除合同收回租赁物，收回的租赁物的价值超过承租人欠付的租金以及其他费用的，承租人可以请求相应返还。"

人能获得的损失赔偿应以可得利益为限,不得双重受偿。根据《民法典》第584条的规定,违约损害赔偿的范围包括实际损失和可得利益,且以违约一方订立合同时预见或应当预见的因违约可能造成的损失为界限。在融资租赁合同履行过程中,当承租人无力支付剩余租金构成违约时,出租人有权解除合同,收回租赁物,并要求承租人赔偿损失。在融资租赁实践中,损害赔偿金是以相当于欠付的租金以及其他费用计算的。若此时对租赁物价值不进行折抵,这样出租人不仅收回了租赁物,而且可以获得一笔相当于欠付的租金以及其他费用的损害赔偿金。而在融资租赁合同完全履行时,出租人仅可取得全部租金、费用及期满后租赁物的残值。由此,出租人中途解约取得的利益,超过了合同履行利益,这不仅对承租人不公平,而且还会引发道德风险。其次,出租人行使取回权的本质是要求承租人对违约行为进行赔偿,出租人享有的物上返还权与违约损害赔偿权发生竞合。出租人虽基于物上返还请求权取回租赁物,但出租人行使的取回权的目的是担保租金债权的实现,故出租人行使取回权的本质还是对承租人违约行为要求损害赔偿。出租人所能获得的损失赔偿范围应以承租人全部未付租金及其他费用与收回租赁物价值的差额为限。再次,融资租赁交易实际上是一种"租买",即承租人通过支付租金的方式,逐次将租赁物买入,所以融资租赁合同项下承租人支付的租金不仅是使用租赁物的对价,包括了一部分所有权转移的对价,而且有的合同约定了较高的首付租金。所以,当出租人因承租人逾期支付租金要求解除合同并取回租赁物时,应当适用《民法典》第758条的清算规则,进行租赁物残值的折抵,全部未付租金及其他费用抵扣租赁物残值后确定出租人解除合同后的损失金额,出租人不能通过仅主张已到期租金来加以规避。最后,进行清算可以减少当事人诉累。《担保制度司法解释》第65条第2款规定,出租人请求解除融资租赁合同并收回租赁物,承租人以抗辩或者反诉的方式主张返还租赁物价值超过欠付租金以及其他费用的,人民法院应当一并处理。

问题11:融资租赁公司的私力救济边界

多数观点认为,在双方有明确约定的情形下出租人可以私力取回。融资租赁合同系双方当事人真实意思表示,合同对承租人逾期付款后出租人可自力取回租赁物的约定属于当事人权利自治范畴,此类约定并不违反法律禁止性规定。应充分尊重当事人意思自治,出租人可以依据双方约定的措施自行解决,并不需要司法介入。理由如下:

首先,出租人可以自力取回。《民法典》未明文规定出租人可以自力行使取回权,但依法理也不应视为禁止,认为法律不支持自力取回的观点没有依据。由于出租人行使取回权往往发生在双方产生争议之时,承租人不会自愿放弃对租赁物的占有,双方对租赁物的争夺使出租人很难和平取回租赁物,因此自力取回得以适用的情形很少,司法解释作出相应规定的现实意义不大。《民法典》第458条规定:"基于合同关系等产生的占有,有关不动产的使用、收益、违约责任等,按照合同的约定;合同没有约定或约定不明确的,依照有关法律规定。"故若融资租赁合同中约定承租人违约时,出租人有权自力取回租赁物,则出租人的自力取回即具备了合同依据,符合物权法的规定。但也要注意解除合同前的催告义务,注意取回租赁物的方式(不得采取暴力、胁迫等损害社会公共秩序的手段)。

其次,出租人自力取回应符合承租人严重违约的情形。承租人基于融资租赁合同约定而合法占有、使用租赁物,出租人对租赁物的取回权只有在承租人丧失合法占有时方能行使,而承租人的一般违约行为本身尚不足以构成其丧失合法占有租赁物的资格,因为一般违约行为本身可以通过损失赔偿、承担违约责任的方式来予以弥补,合同依然可以继续履行,只有在承租人严重违约导致合同解除的前提下,出租人才能以其丧失合法占有为由行使取回权。对于出租人的权利救济方式,建议出租人通过诉前保全而非自力救济的方式保全租赁物。现实中,由于出租人在履行通知程序后承租人极有可能转移、变卖租赁物,故出租人往往在自力救济时未履行通知程序,而是通过偷盗、暴力方式取回租赁物。法院自不应对此种自力救济作肯定评价,但法院可以引导出租人积极通过诉前保全方式保全租赁物。

最后,私力救济应当有合理边界。最高人民法院在2021年7月5日作出《对十三届全国人大四次会议第9022号建议的答复》中表示:"民法典第758条明确了收回租赁物的前提是解除合同,这一规定的法理基础是只有在承租人严重违约导致合同解除的前提下,出租人才能行使取回权,并且是充分考虑到融资租赁交易中承租人的正常生产经营和租赁物使用价值的发挥。在当事人无法就合同解除和租赁物收回达成一致意见时,出租人可以起诉到人民法院,请求解除合同、收回租赁物并在执行程序中通过拍卖、变卖等方式确定租赁物价值,或者依据《担保制度司法解释》第65条第1款规定请求参照民事诉讼法实现担保物权案件的有关规定处理,而不提倡出租人在合同尚未解除的情形下,采取自力取回的方式。”考虑到社会生活中的大部分纠纷,当事人可以自行协商解决,而且协商解决的成本最低。但是,私力救济应当有合理边界。首先合同中有明确约定,其次出租人应履行通知义务,最后取回租赁物即表明出租人选择了解除合同的救济方式,取回租赁物后出租人应当及时对租赁物进行评估处置,以免造成租赁物价值进一步贬损。出租人负有以公允价格处置租赁物事实的举证责任,出租人取回租赁物后,再行主张租赁物残值不足弥补实际损失的,应负举证责任。

少数观点认为,出租人不能私力取回,承租人对租赁设备依法拥有占有、使用、收益的权利。承租人出现逾期支付租金的情况后,如协商不能,出租人必须通过仲裁、诉讼等途径取回租赁物。出租人私自取回租赁物的行为,侵犯了承租人的使用权,由此造成承租人损失的,应予赔偿。